经验与自然

〔美〕约翰·杜威 ◎ 著
傅统先 ◎ 译　马荣 ◎ 校

杜威著作精选
刘放桐　陈亚军　主编

华东师范大学出版社

Schools of To-Morrow
School and Society
Human Nature and Conduct
Democracy and Education
Reconstruction in Philosophy
Psychology
The Quest for Certainty
The Public and its Problems
Art as Experience
Ethics
How We Think
Experience and Nature

目录

CONTENTS

主编序 / 4

原序 / 8

第一章　经验与哲学方法 / 1

第二章　存在是动荡的和稳定的 / 39

第三章　自然、目的和历史 / 72

第四章　自然、手段和知识 / 111

第五章　自然、沟通和意义 / 151

第六章　自然、心灵和主观 / 188

第七章　自然、生命和身心 / 224

第八章　存在、观念和意识 / 270

第九章　经验、自然和技艺 / 320

第十章　存在、价值和批评 / 357

附录 / 398

1. 未完成的导言 / 399

2. 经验与哲学方法 / 436

校后记 / 466

主编序

在杜威诞辰160周年暨杜威访华100周年之际,华东师范大学出版社推出《杜威著作精选》,具有十分重要的纪念意义。

一百年来,纵观西方思想学术发展史,杜威的影响不仅没有成为过去,相反,随着20世纪后半叶的实用主义复兴,正越来越受到人们的瞩目。诚如胡适先生所言:"杜威先生虽去,他的影响永远存在,将来还要开更灿烂的花,结更丰盛的果。"

在中国,杜威的命运可谓一波三折。只是在不远的过去,国人才终于摆脱了非学术的干扰,抱持认真严肃的态度,正视杜威的学术价值。于是,才有了对于杜威著作的深入研究和全面翻译。

华东师大出版社历来重视对于杜威著作的迻译出版,此前已推出了《杜威全集》(39卷)、《杜威选集》(6卷)的中文版,这次又在原先出版的《全集》的基础上,推出《杜威著作精选》(12种)。如此重视,如此专注,在国内外出版界都是罕见的,也是令人赞佩的。

或许读者会问,既有《全集》、《选集》的问世,为何还要推出《精选》?我们的考虑是:《全集》体量过大,对于普通读者来说,不论是购买的费用还是空间的占用,均难以承受。而《选集》由于篇幅所限,又无法将一些重要的著作全本收入。《精选》的出版,正可以弥补《全集》和《选集》的这些缺憾。

翻译是一种无止境的不断完善的过程,借这次《精选》出版的机会,我们对原先的译本做了新的校读、修正,力图使其更加可靠。但我们知道,尽管做了最大努力,由于种种原因,一定还会出现这样那样的问题。我们恳切地希望各位方家不吝赐教,以使杜威著作的翻译臻于完美。

最后,我们要特别感谢华东师范大学出版社王焰社长,感谢朱华华编辑。杜威著作中文版本的翻译出版,得到了华东师范大学出版社一如既往的大力支持,朱华华编辑为此付出了很多的心血。没有这种支持和付出,就没有摆在读者面前的这套《杜威著作精选》。

刘放桐　陈亚军

2019 年 1 月 28 日于复旦大学杜威中心

Schools of To-Morrow
School and Society
Human Nature and Conduct
Democracy and Education
Reconstruction in Philosophy
Psychology
The Quest for Certainty
The Public and its Problems
Art as Experience
Ethics
How We Think
Experience and Nature

原序

PREFACE

这个新版本的出版,使我得以完全重写第一章并在全书中作几点小的修正。第一章本来是想用来作为导言的。它没有达到这个目的,因为,总的讲来,它比它所要介绍的各个章节更加晦涩、更加难读。叙述的方式是相当混乱的,思想上有一个重要的地方也是不清楚的。希望这个新版本更为简单,连续性更强。如果说,原来的意图在这个版本中阐述得更清楚了的话,这大部分要归功于许多善意的批评者的帮助。在此,我特别想感谢威斯康星大学的奥托(M. C. Otto)教授和哥伦比亚大学的拉特纳(Joseph Ratner)先生。

除了对第一章进行了完全的修订之外,还提供了这样一个机遇:可以插入一些在原来的文本中找不到的序言性的评论,即按照全书思想发展的顺序对其作一个概括。思想的这些进展乃是受这样一个意愿所决定,即我们想要在一个更加广泛的哲学领域中应用那种我们在处理一切真正的问题(从复杂的科学问题,到日常生活中琐碎的或重大的实际问题)时行之有效的思想。这种思想经常要履行的任务,就是在新旧题材之间建立生动的联系。假如不利用我们已有的观念和知识,新的东西就不能获得,甚至不能保持在心里,更谈不上理解它。但是,正因为新的东西是新的,它就不是已经拥有和已经掌握的东西的简单重复。当旧的东西被用来把握和解释新的东西时,它便着上了新的颜色,具有了新的意义。在已占有的熟悉的东西和新题材中所呈现出来的特点之间的间隙、分歧愈大,则思考所要承受的负担就愈大;新旧题材之间的距离,可以用来衡量所需要的思想的广度和深度。

无论在集体文化中或个人生活中,都存在着中断和冲突。现代科学、现代工业和政治已经给予了我们大量的材料,而这些材料对西方世界中最珍贵的知识遗产和道德遗产来说是陌生的,两者之间时常是不相容的。这就是现代思想上的窘困和混乱之所以发生的原因。它为当前和将来很长一段时间的哲学设定了特定的问题。每一种意义重大的哲学都是处理这个问题的一种尝试;看上去似乎最不适用这个说法的那些学说,则是一种通过逃避和安慰来弥补这个裂痕的尝试。在本书中,我并不是要寻求新旧之间的调和。我想,这样的努力对于一个人良好的信念和坦率也许会有所损害。但是,在我必须运用许多旧信念和旧观念去认识和理解新东西的时候,我会留意在这些旧信念上发生的修改和变更。

我相信,本书中所提出的这个经验的自然主义的方法,给人们提供了一条能够使他们自由地接受现代科学的立场和结论的途径;而且,这是唯一的途径,虽然绝不会有两位思想家以完全相同的方式行走在这条道路上。这条途径一方面使我们能够成为一个真正的自然主义者,而另一方面仍然维护着许多以往所珍爱的价值(只要它们经过批判的澄清和巩固)。这个自然主义的方法,将它贯彻到底的话,会毁坏许多过去的美好事物;但它是通过揭露这些东西与事物本质之间的不一致来摧毁它们的——这个缺点始终伴随着那些美好的事物,使它们除了情绪上的安慰以外,完全没有实际的作用。但是,这个经验的自然主义的方法的主要意义并不是破坏性的,它毋宁说是一个簸扬器。只有糠麸才会被簸扬出去,虽然这糠麸在过去也许被看作宝物。符合自然的经验方法是无所"保存"的;它不是一种保险设施,也不是一种机器防腐剂。但是,它鼓舞心灵,使它在新世界的惶惑面前具有创造新理想和价值的勇气和生命力。

因此，新的导言（第一章）讨论方法问题，特别是关于经验与自然之间的关系问题。它指向当经验被理智用来作为揭露自然真实面目的手段时我们对经验所产生的信念。它发现自然和经验并不是仇敌或外人，经验并不是把人和自然界隔绝开来的帐幕；它是连续不断地深入自然深处的一种途径。在人类经验中，没有哪一个特性会导向不可知论的结论；相反，在经验中，自然本身不断地在揭示它自己。经验中内在包含着一种指导力量，只要人们有智慧有勇气去追寻它，而哲学的失败就是由于不信任经验中所固有的这种指导力量。

第二章阐释我们的出发点，即日常经验的事物自身蕴藏着一种危难不定与安定一致的混合状态。安全的需要迫使人们紧紧抓住有规则的东西，以便使动荡不定的成分减少至最低程度而加以控制。在现实经验中，这是一种实践的事务，它之所以可能，是由于人们对于重复和稳定的东西、对于事实和规律具有了知识。要深入经验的真正本质，就要进行这种实际的工作。但是，哲学却时常用建立一种纯理论上安全和稳定的办法来试图放弃这种实际的工作。在这里，我们指出了这种尝试对于偏向于统一、永恒、普遍而轻视多数、变易、特殊的传统哲学的影响，以及它对于"实体"这个传统的而为现代物理科学所推翻的概念所产生的作用。现代科学有着这样一种倾向，即使用以某些性质相似而反复发生为特征的质性事件（qualitative events）去代替固定的实体这个古老的概念，而这种倾向乃是和朴素的经验的态度是一致的。这两方面都指出物质与心灵这种观念不是指两种基本的、终极的实体，而是指在不同的环境中所呈现出来的事件的重要特性。

第三章和第四章讨论了哲学中一个重大的问题，即关于一方面有规律、机械的一致性,而另一方面又有终点(ends)、目的(purpose)、功用与享受的问题。我们指出:在实际经验中,后者代表一系列变化所带来的结果,在这些变化中所产生的后果或目的可谓是一种圆满和完善。我们也指出:由于拥有这种价值,便有一种使它们永远保持下去,让它们稳定下来和重复它们的倾向。然后又说明价值的基础与实现价值的努力都是在自然之中,因为当我们认为自然是由许多事情构成而不是由许多实体构成时,它的特点就是具有许多历史过程(histories),即由始到终进行着连续的变化。因此,在经验中发生着真正的创始和圆满完成,这就是很自然的了。由于在这些历史过程中存在着不稳定的和动荡的因素,因而目标的完成、善的获得是不稳定的和瞬息无常的。唯一使它们比较稳定的途径,就是要有能力控制一个过程中从头到尾所发生的变化。当这些中间环节被置于我们的控制之下时,它们就成为手段了,无论在这个词的字面意义上,还是在实际意义上。当它们被我们在实际经验中所掌握的时候,它们便成了工具、技巧、机械等等。它们不是目的的仇敌,而是执行的手段;它们也能区别出真正的目的与仅仅是感情上的、虚幻的理想。

物理科学的职责就是要发现事物的那些性质与关系,而事物借助于这些性质与关系而成为工具。物理科学所要求揭露的不是事物的内部本质,而只是事物间的那些相互联系,这些联系决定着结果,因而能被用来作为手段。事件的内在本质,乃是作为事物被直接体验到的性质在经验中显现出来的。这些性质和成为知识对象的规律性的密切配合,以及两相融合,乃是有理性指导的经验的特点,它与单纯偶然的和非批判的经验是不同的。

科学认识的对象具有工具性,这个概念成为进一步(第五章)

讨论的中心点了。日常经验所具有的特点是,它在很大程度上是社会交往的结果,而这一点遭到哲学彻底的忽视。因为这个因素被否定了,于是有些人便不承认意义具有任何客观的效用性,而另一些人便把意义当作一种从自然界以外闯入的神秘的东西。然而,例如,假使承认语言乃是社会合作和共同参与的工具,那么便在自然的事件(动物的声音、呼叫等)和意义的发生和发展之间建立了它们的连续性。心灵被视为社会交往的一种功能,而且被视为自然的事情在彼此之间达到了最广泛和最复杂的交相作用的阶段上所具有的真正特性。具有回应意义和运用意义的能力,而不是仅仅回应物理性的接触,这构成了人与其他动物之间的区别。正是它把人类提升到平常所谓理想的和精神的领域。换言之,这种在交往(通过语言和其他工具)的影响下所进行的社会参与(social participation)是一种自然主义的联系,它抛弃了那种通常认为必须把经验的对象分裂成物理的和理想的两个世界的说法。

我们已经明白,意义的社会性质形成了心灵坚实的内容。第六章便从这一点过渡到把心灵作为个体的或"主观的"东西来加以考虑。现代思想不同于古代和中古思想的最突出的特点之一,就是它强调心灵乃是个人的,乃至是私人性的,它等同于自我。这个基本的但被误解了的事实和经验之间的联系可以这样建立起来,即指出现代文化不同于古代文化的特点,在于它着重创造、发明和变异。因此,我们指出,心灵在它的个体方面就是对于那些附着在事物上面的意义与价值进行变更与改进的方法。联系到自然事情的特殊性、可变性、偶然性,心灵的这个特点就与自然的事情衔接起来了。这个因素就其本身来说是很费解的,它是用来说明偶然事故和非理性现象的。在人类历史上,长期以来,它是被这样对待着的:心灵的个体特征被视为对常规的叛离,是社会为了维持它自己必须加以反对的危害。因而,就出现了风俗习惯的长期统治、顽固的保守主义以及仍然存在着的盲目顺从的制度和思想上的标准化。在某些技术性研究的领域中,当人们意识到利用变异来作为新的观察、假设和经验的出发点所产生的力量时,这便是现代科学发展的开端。心灵从事于实验的习惯(不同于它的武断的习惯)的日益增长,乃是由于人们有了不断增长的能力来利用变异(而不是抑制变异)达到建设性的目的。

生命,作为自然有机体的一个特性,偶尔地被看作是与工具、语言和个体变异的发展相联系的。而把它作为联系物理自然与经验之间的环节来加以考虑,这就形成了心身关系的问题(第七章)。把自然和经验彼此分裂孤立开来,这就使得思维、知识的效用性和有目的的动作同身体之间的那个不可否认的联系变成一个不能破解的神话了。我们指出:恢复两者之间的连续性就消除了心身问题。它留给我们的就是一个有机体,在它里面的事件有着平常所谓感觉这一类的性质,而这是我们在那些组成无机物的事件中所意识不到的,而且当有生物彼此交往而分享共同的因而也是普遍的对象时,这个有机体就具有了明显的心理特性。我们也指出,自然与经验的连续性解决了许多问题,而当我们忽视这种连续性时,这些问题就只能变得更加繁难。

然后(第八章),我们把生物的这个特性同行为和经验的意识方面相互联系起来加以考虑。而所谓行为与经验的意识方面,乃是指当它们借助于有机的和社会的交相作用,在经验中实现出来时所具有的那种附加在事件上的直接的性质。在这里,提出了心灵与意识的区别和联系。在意义里面或在运用它们之中,当有些东西变得可疑了并且在疑问中的意义需要重新组织的时候,那些形成心灵的意义就变成了意识或观念、印象等。这个原理也说明了意识本身的对象所具有的那种结集于一个焦点上而又迅速转移的特性。一个敏感的和有生气的心灵生活因而就有赖于不断对于疑问和问题的察觉;当这种兴趣消逝的时候,意识便壅塞不流,变成局限而迟钝的了。

在技艺中,我们发现了:自然的力量和自然的运行在经验里达到了最完备,因而是最高度的结合(第九章)。技艺是一个生产过程,这个过程对原来在自然界较低层次上、在一种不很规则的方式下所发生的一系列的事情加以调整,并通过这种调整追求圆满,从而使自然的材料得以重新塑造。当自然过程的目的,它的最后终点,愈加明显地使人快乐时,技艺的"美"的程度就愈高。所有的技艺就其使用技术和工具来说都是工具性的。我们指出:正常的技艺经验在事件的结果方面和工具方面之间求得较好的均衡,而这种较好的均衡状态是在自然或经验的其他任何地方都见不到的。因此,技艺既代表经验的最高峰,也代表自然的顶点。在这种联系中平常把技艺与科学截然分开的情形受到了批评;我们主张,科学作为一种方法要比科学作为一个主题更加基础。而科学的探讨乃是一种技艺,它既是控制(事物)的工具,也是作为一种纯粹心灵上的享受而成为终极的目的。

这样,我又回到关于目的或圆满的结果以及对它们的愿望与追求这个题目上来,从而引出关于价值本质的问题(第十章)。立足于自然主义观点,价值被解释为事情就其指向圆满结果而言所具有的内在性质。如何控制事情的发展过程以求获得稳定的作为目的或终点的对象或创造其他价值,这个问题引出了关于价值判断或评价的问题。把它们总括起来,就成了所谓的批评。在这里,我们又回到第一章的主题,它着重指出:为了理性地控制经验,批评在经验各方面都具有重大意义。于是哲学便成为一般化的批评理论。它对于生活的最终价值在于:它不断地提供对于在经验的各个方面所发现的各种价值(无论是关于信念的、制度的、行动的或生产的)进行批评的工具。把自然与经验截然分开的传统思想,乃是我们对于各种现有的价值进行更有效的批评的主要障碍,而本书的目的就是要用连续性的观点来代替这个割裂自然与经验的传统观点。

约翰·杜威

1929 年 1 月于纽约市

第一章 经验与哲学方法

本书题名为《经验与自然》，就是想表明这里所提出的哲学或者可以称为经验的自然主义，或者可以称为自然主义的经验论；如果把"经验"按照它平常的含义来用，那么也可以称为自然主义的人文主义。

把人与经验同自然界截然分开，这个思想是这样地深入人心，有许多人认为，把这两个词结合在一块儿似乎是在讲一个圆形的正方形一样。他们说，经验对于具有它的存在者来说是重要的，但是它的发生太偶然、太零散了，以至于在涉及自然界本质时，它没有任何重要的意义。在另一方面，他们又说，自然是完全和经验分开的。的确，按照某些思想家的看法，这个情况甚至还要坏些：他们认为，经验不仅是从外面偶然附加在自然身上的不相干的东西，而且它是把自然界从我们眼前遮蔽起来的一个帐幕，除非人能通过某种途径来"超越"它。因此，某种非自然的东西，某种超经验的东西，通过理性或直觉被引进来。按照另一个相反的学派的看法，经验的角色也不妙，自然被视为完全是物质的和机械的，因而，依据自然主义术语建成的关于经验的理论也就贬低和否认了经验所特有的高贵而理想的价值。

我不知道怎样用辩论的方式来回答这些相反的意见。这些意见是从一些文字的使用中产生的，是不能用争辩的方式来处理的。我们只能希望在全部讨论过程中把与"经验"和"自然"有关的意义揭示出来，从而使过去附加在它上面的意义，假使幸运的话，在不知不觉中产生变化。假使我们使人们注意到：自然与经验还在另一种语境中和谐共处，在这里，经验乃是达到自然、揭示自然秘密的一种且是唯一的一种方法，并且经验所揭露的自然（在自然科学中利用经验的方法）又得以深化、丰富化并指导经验进一步地发展,那么,这个变化过程也许会加快。

在自然科学中,经验和自然是联合在一起的,而这种联合并没有被当作一件怪事。相反,如果研究者要让他所发现的东西成为真正科学的东西,那么他就必须利用经验的方法。当经验可以被明确控制着的时候,它就是通向自然的事实和规律的大道,这被科学研究者视为理所当然之事。他自由地运用推理和演算,没有这些,他是不能进行工作的。但是,他认为,这类理论的探求要以直接经验到的材料为出发点和归结点。理论可以在长长的推理过程中加入很多远离直接经验的东西。但是,空悬着的理论的葛藤其两端却都是依附在被观察到的材料的基柱上面的;而且,这种被经验到的材料,无论对科学家而言,或者对平常人而言,都是一样的。平常人如果没有专门的准备,就不能理解其间的推理过程。但是,星辰、岩石、树木和爬行的动物在科学家和平常人双方的眼光中,都同样是经验的材料。

当我们讨论经验对于构建一个关于自然的哲学理论的关系时,这些很平常的话便具有了重要的意义。它们指出:假使科学的研究是合理的话,那么经验就不是自然微不足道的表层或是遮挡自然的东西,而是能透入自然,达到它的深处,使得对自然的把握可以不断扩大;经验向四面八方深入自然,因而把原来蕴藏着的东西发掘了出来——正如矿工们把从地下掘出的宝藏高高地堆在地面上一样。除非我们准备否认科学研究的一切有效性,否则,这些事实对于这个关于自然与经验之关系的一般理论就具有一种不能忽视的价值。

例如,有时有人主张:既然经验在我们的太阳系和地球历史中来得比较晚,而且既然太阳和地球在广阔的空间中只占有一个微小的地位，那么，经验至多也只是自然中一个微不足道的偶然事件而已。尊重科学结论的人都会承认，只有在非常特殊的条件下才会出现经验。只有在高度组织化的生物中才会发现它，而这种生物又需要有一个特殊的环境。没有证据证明，无论在任何地方和任何时间都有经验。但是，对于科学研究的真诚的尊重也迫使人们承认：当发生了经验的时候，不管它在时间和空间上所占的地位多么有限，它就开始占有自然的某一部分，而且通过这种方式，使得自然领域的其他邻近部分也因而成为可以接近的。

一个生活在1928年的地质学家告诉我们许多不仅是在他出生以前发生的，而且是任何人类在地球上出现之前千百万年间发生的事情。他是以现有的经验材料为根据来做到这一点的。莱叶尔(Lyell)在地质学上的革命，就是由于他看出了在水、火、压力的运动过程中所经验到的事情，也正是地球在过去借以形成它现有的结构形式的那一类事情。当一个人参观自然历史博物馆时，他看见一块岩石，再看一看标签，就发现它被断定为是从一棵生长在五百万年前的树木变化来的。一个地质学家不能跳过他目前所看到和所接触到的东西而去看在久远的年代发生的事情，他把所观察到的事物和在整个地球上发现的其他各种各样的事物进行对照，然后再把通过这种对照所得到的种种结果和其他经验，例如天文学家的经验等，进行比较。这就是说，他将所观察到的东西解释成没被观察到的、被推论出来的事情序列。最后，他把他的对象放置在一系列事情中去，再推定它的年代。他用同样的方法预测在某些地方还有某些尚未经验到的事物将被观察到，然后再努力设法把它们带入经验的范围之内。而且，科学的直觉对经验的必要性非常敏锐，当它对过去的东西进行改造时，它也不完全满足于即使是从大量积累的不相矛盾的证据中得出的推断。他还开始设置热力、压力和湿气等条件,以求在实验中再产生出他所推论出来的结果。

这些普通常识证明了经验既是属于自然的,也是发生在自然以内的(experience is of as well as in nature)。被经验到的并不是经验而是自然——岩石、树木、动物、疾病、健康、温度、电力等等。在一定方式之下相互作用的事物就是经验,它们就是被经验的东西。当它们以另一些方式和另一种自然对象——人的机体——相联系时,事物也就是事物如何被经验到的方式。因此,经验深入到了自然的内部,它具有了深度。它也有宽度而且可大可小。它伸张着,这种伸张的过程就是推论。

由对讨论中的概念所下的定义而带来的论辩上的困难需要提出来。有人说,仅仅是自然中一小部分的东西却能包容广大的自然,这很荒谬。但是,即使这在逻辑上是可笑的,人们也不能不看到它是事实。何况,这里并没有逻辑上的问题。发生了一件事情这个事实并没有决定它是属于哪一类的事情,那只有通过考察才能被发现出来。从经验"就是经验"到它属于什么和关于什么,这个论证不能通过逻辑来进行,虽然现代思想曾经千百次地试图这样做。一件赤裸裸的事情不成其为事情,那只是意味着发生了什么①。至于所发生的到底是怎么一回事,那只有经过实际的研究之后才能发现。对于看见一道闪光是这样,而对于把握比较长久的事情也就是所谓经验也是如此。科学存在的本身就足以证明:经验是这样一类事情,它深入于自然而且通过自然无限地扩

---

① 英文原书中用斜体表示强调,本书中处理为楷体。——译者

张开来。

这些说明不是为了建立某种哲学主张而对经验与自然有所论证，也不是想确定经验的自然主义有些什么价值。它们是要指出：在自然科学方面，我们习惯于把经验当作出发点，当作研究自然的方法，而且当作揭示自然真相的目标。明白这个事实，至少可以削弱那些阻碍我们认清经验的方法在哲学中的力量的种种字面上的联想。

同样的意见可以用来反对业已提出的另一种见解，即认为从自然主义观点去看经验，就是把它归结为失去了所有理想意义的某种唯物主义的东西。假使经验实际上呈现出美感的和道德的特性，那么，这些特性也可以被认为是触及自然内部而且证实了真实地属于自然的事物，正如物理科学证实了自然的那种机械的结构一样。假使有人想要利用某种一般的推论方式排除这个可能性，那就是忘掉了经验方法的全部意义与重要性就是在于：要从事物本身出发来研究它们，以求发现当事物被经验时所显现出来的是什么。经验材料所具有的这些特性，与太阳和电子的特性一样真实。它们是被发现出来的，被经验到的，而不是利用某种逻辑的把戏推究出来的。当它们被发现之后，它们所具有的理想性性质和那些通过物理研究所发现的特性，都和一个自然哲学理论相关。

本书的目的就是要发现被经验的事物所具有的某些普遍特征，并且说明它们对一个关于我们生存其中的这个宇宙的哲学理论所具有的意义。我们所采取的观点是：哲学中的对待一般意义上的经验材料的这种经验方法正是专门的科学在专门的技术层面所使用的方法。在本章内，我们特别注意方法的这个方面。

假使经验的方法在哲学思考中已被普遍地或者甚至被一般地采用了，那就无须再谈到经验。科学研究者谈到了特殊的、被观察到的事情和性质，谈到了许多特定的计算和推理。他并没有提到经验；一个人大概要在许多科学研究的报告中花费很长的时间才能发现这个字眼。原因是："经验"这个字所指明的一切东西，都已经很充分地融入在科学的程序和材料里面，因而再提到经验，那仅仅是把已经被许多明确的词句所包括进去的东西再用一个普遍的名词来重复一下罢了。

然而，情况并不总是这样。在发展并广泛采用经验方法以前，有必要明确地思考一下"经验"的重要性，以作为解决问题和检验提出的解决办法的起点和终点。传统的习惯是用罗吉尔·培根（Roger Bacon）和弗朗西斯·培根（Francis Bacon）来说明这个问题，我们不应满足于这一点。牛顿（Newton）的后继者和笛卡尔学派的后继者，当他们把科学里的经验、实验和直觉性的概念、推理相比较时，对于经验与实验在科学中所占有的地位，就有着明显相反的意见。笛卡尔学派把经验放到一个次要的而且差不多是无足轻重的地位，而只有当"伽利略-牛顿"的方法取得了全面胜利时，经验的重要性才不言而喻。假使我们足够乐观的话，就可以预见到在哲学中也会有同样的结果。但是，这个日期似乎并不近在咫尺。在哲学理论方面，如果与罗吉尔·培根的时代和牛顿的时代相比的话，我们还是比较接近于前者的。

简言之，经验的方法和哲学思考中所应用的其他方法之间的对立，以及由经验的方法所产生的结果和那些公开承认是用非经验的方法获得的结果之间惊人的差异，使我们关于经验对于哲学在方法论上的重要意义的讨论成为适时的，而且确实是不可避免的了。

对方法的这种考虑,如果从我们在原初经验中粗糙的、宏观的和未加提炼的(内容)与反省中精炼过的、推演出来的对象之间进行对比开始,是比较合适的。这个区别乃是在经过少量的偶然的反省的经验和受到持续的有秩序的反省探究后的经验之间的区别。因为推演出来的和提炼过的产物之所以被经验到,仅仅是有了系统的思考参与其中的缘故。科学和哲学两者的对象,明显地主要属于第二级的和精炼过的体系。但是在这一点上,我们却在科学与哲学之间遇见了一个明显的分歧。因为自然科学不仅从原初经验中汲取原料,而且又把它追溯回去以求验证。达尔文是从饲养员和园丁们的家鸽、牲畜和植物开始工作的。在他所得到的结论中,有些结论和人们已接受的信念背离太远,以致被指责为是可笑的、违背常识的等等。但是,科学工作者们,不管是否接受他的学说,会把他的假设当作指导观念,在原初经验的事物中进行新的观察和实验——这和冶金者一样,从原矿中提炼出精炼的金属,用它来制造工具,然后再来控制和使用其他粗糙的原料。爱因斯坦运用高度精密的反省方法从事工作,从理论上算出了光线在太阳面前的偏斜角度。一个有专业配备的工作队被遣往南非,通过对一个在粗糙的原初的经验中的事物——日食——的经验,观察得以与推论和计算出来的结果进行比较,从而证实了那个学说。

这都是人所共知的事实。提一提它们,是为了请大家注意原初经验的对象与次生的反省经验的对象之间的关系。原初经验的题材设定问题并为第二级对象的反省提供第一手材料,这是很明白的。对于后者的测验和证实,要通过还原到粗糙的或宏观的经验中的事物中——普通日常生活中的太阳、地球、植物和动物——才能获得,这也是很显然的。但在反省中所得到的这些对象起着什么作用呢?它们是从哪儿进来的呢?它们解释原始的对象,它们使我们能够通过理解去掌握这些原初对象,而不是仅仅和它们有感性上的接触。这如何可能呢?

是的,它们定义或制定了我们所借以回到经验事物中的途径是这样的,即所经验的东西的意义和内容通过达到它们的途径或方法而获得了丰富和扩大。在直接的、当前的接触中,它们也许正和过去一样,是坚硬的、有颜色的、有气味的等等。但是,当第二级的对象,即被精炼出来的对象,被用来作为通达它们的一种方法或途径时,这些性质就已不再是一些孤立的细节。它们获得了的意义被包含在许多相关对象的一个完整体系中;它们是与自然界其他的东西相连续的,而且拥有的是与它们相连续的事物的意义。这些在日食中所观察到的现象,检测而且在它们的范围内证实了爱因斯坦关于物体质量使光线偏斜的理论。但这还远不是整个的故事。这些现象本身也获得了它们以前所未曾有过的深远的意义。假使未曾运用过这个理论来作为观察它们的向导或道路,这些现象也许甚至就不会被人们所觉察。即使它们曾被觉察,也会由于无关紧要而被忽视掉,正如我们日常对于成千上百为我们所知觉但对我们没有理智上的用处的琐碎细节不加注意一样。但是,这些细微偏斜的光线,借助于理论而被探讨时,却具有了巨大的意义,这个意义和发现它的革命性理论所具有的意义一样巨大。

这种经验的方法,我将称之为指示的方法(the denotative method)。哲学是反省的一种方式,时常是精巧的和深入的,这毋庸多言。哲学思考的非经验的方式之所以受到指责,并不是说它依赖于理论活动,而是说它未曾利用精炼的、第二级的产物来作为指出和回溯到原始经验中某些东西的一个途径。这样所产生的缺点有三方面。

首先,没有实证,甚至也没有努力去检验与核对。第二,尤其糟糕的是:日常经验中的事物没有像它们以科学原则与推理为媒介而被探讨时那样获得在意义方面的扩大和丰富。第三,缺少了这样一种功能,便回过来反作用在哲学题材本身上。这种题材,由于没有被用来观察它在日常经验中所带来的结果以及它所提供的新的意义,从而受到检验,于是就变成专断的和孤立的——亦即所谓"抽象的"了,而这个词是在一种坏的意义中用来指某种完全局限于它自己的领域而不与日常经验的事物相接触的东西。

这三个缺点的直接恶果是:我们发现,许多有文化修养的人对各种形式的哲学都发生了反感。哲学反省的对象乃是通过一些在使用它们的人们看起来带有理性命令色彩的方法而获得的,而这些反省的对象却被认为在其本身上是"真实的"——而且是至高无上地真实的。于是,为什么粗糙的、原始的经验事物就应该是它们现有的这个样子,或者乃至说,它们到底为什么要存在,这就成为一个不可解决的问题了。然而,在自然科学中由反省而来的精致的对象,不会由于解释了产生问题的题材就终结了。毋宁说,当它们被用来描述一条道路,通过这条道路指出在原初经验中的某些目标时,它们解决了由这种粗糙的材料引起而它本身却又不能解决的许多疑难。它们变成了控制日常事物并扩大对它们的使用和享受的手段。它们也许产生新的问题,但这些是属于同一种类的问题,将通过进一步利用同样的探究与实验的方法加以处理。一句话,经验的方法所引起的问题提供了进行更多考察的机会,在新的和更加丰富的经验中开花结果。但是,非经验的方法在哲学中所引起的问题却阻碍着探究,都是一些死路。可以说,它们不是问题,而是一些困惑不解之谜,解决的办法仅仅是把原始经验的原材料称之为"现象的"、单纯的现象、单纯的印象或另一些带有蔑视性的名称。

因此,我认为,正是这里提供了一个一流的标准去检验放在我们面前的任何哲学的价值:它是否达成这样的一些结论,即当它们被回溯到日常的生活经验和它们的具体景况时,它们将使这些经验变得更有意义些,对我们更明朗些,并使我们对它们的处理更富有成果一些?或者说,它最终使日常经验的事物变得比它们过去更加晦涩些,而且甚至连它们以前似乎在"实际"上所具有的意义也被剥夺?当物理科学的结果运用于日常事务时所提供给日常事物的力量,哲学使它得到了丰富和增进吗?或者说,这些日常事物为什么应该是它们现在这个样子,这已变成了一件神秘的事情吗?而哲学概念是孤立地局限于某个它们自己的专门领域之内的吗?我再重复一遍,事实就是这样:许多哲学最后所得的结论,必然使它们蔑视和谴责原初的经验,以至于那些主张这些哲学的人们以其距离日常生活关系的远近来作为衡量他们在哲学上所界说的"实在"是否高贵的准绳,这就导致有一点文化修养的人误解哲学。

这些一般的陈述必须再作进一步的明确。我们必须把经验方法的某些结果和非经验的哲学引导我们达到的那些结果加以对比,从而去说明经验方法的意义。开始时,我们要注意:"经验"

是一个詹姆斯(William James)所谓具有"双重意义"的字眼。① 好像它的同类语"生活"和"历史"一样,它不仅包括人们做些什么和遭遇些什么,他们追求些什么,爱些什么,相信和坚持些什么,而且也包括人们是怎样活动和怎样受到其他活动的影响的,他们怎样行动和如何遭遇,他们怎样渴望和享受,以及他们观看、信仰和想象的方式——简言之,经历的过程。"经验"指开垦过的土地、种下的种子、收获的庄稼,以及日夜、春秋、干湿、冷热等变化,这些为人们所观察、畏惧、渴望的东西;它也指种植和收割,工作和欢快、希望、畏惧、计划,以及求助于魔术或化学、垂头丧气或欢欣鼓舞的行动。它之所以具有"双重意义",这是由于它在其原初的整体中不承认在动作与材料、主观与客观之间的区别,而认为在一个不可分析的统一体中包括这两个方面。"事物"和"思想",正如詹姆斯在同一个地方所说,乃是"单方面的",它们仅指从原始经验中通过反省鉴别出来的产物。②

"生活"和"历史"具有同样完整的、未予分裂的意义,这是重要的。生活是指一种机能,一种包罗万象的活动;在这种活动中,机体与环境都包括在内。只有在反省的分析下,它才分裂成为外在条件——被呼吸的空气、被吃的食物、被踏着的地面,以及内部结构——能呼吸的肺、进行消化的胃、走路的两条腿。"历史"的范围是众所周知的:它是所作的事迹、所经历的悲剧,以及不可避免随之而来的人类的评价、记录和解释。在客观上讲,历史包括河流和山岭、田野和森林、法律和制度;从主观上讲,它包括目的

---

① 《彻底经验主义论文集》(*Essays in Radical Empiricism*),第10页。
② 然而,这并不是试图认为詹姆斯也持有与本书完全同样的解释。

和计划、欲望和情绪，而上面的事物就是通过它们而被管理和改变的。

经验方法是能够公正地对待"经验"这个涵盖万有的统一体的唯一方法。只有它，才把这个统一的整体当作哲学思想的出发点。其他的方法是从反省的结果开始的，而反省却业已把所经验的对象和能经验的活动与状态分裂为二。于是，问题就是再把业已分裂的东西结合起来——这正好像国王的大臣们试图从打碎了的鸡蛋碎片出发来构造一个完整的鸡蛋。对经验方法来说，这个问题一无所是，没有办法解决。它的问题是注意整体怎样和为什么被区分成为主体和客体、自然和心理活动。这样做了之后，它就去看这样的区分会有什么结果：这些被区分出来的因素在对粗糙而完整的经验的题材进行进一步的控制和丰富中有着怎样的作用。非经验的方法从一个反省的产物出发，而把它当作好像是原初的，是一开始所"给予"的。所以在非经验的方法看来，客体和主体、心和物（或者无论所用的字眼和观念是什么）乃是分开的和独立的。所以，在它的手头上便有了这类问题：认识到底怎样是可能的；外部世界怎样影响内部心灵；心灵的活动怎样伸张出来而把握到客体，而客体按界说是和心灵的活动处于对立的地位的。当然，它是不会找到答案的，因为它的前提使知识活动成为既非自然的、又非经验的。形而上学的唯物主义者否认心灵的实在；而心理学的唯心主义则主张物和力仅是伪装起来的心理事件。问题的解决被当作一件没有希望的工作而放弃了，其他学派则把各种复杂理论堆积起来，经过一个漫长而曲折的过程，而仅仅是抓住朴素经验本身所业已具有的东西。

因此，是使用经验方法还是非经验方法，在哲学上带来的第一个而且也许是最大的一个区别,就是在于什么被选择来作为原始的材料。在一个真正的自然主义的经验论看来,在主体与客体间的关系上悬而未决的问题是:由于物理的和心理的或心灵的东西被区别开来了,这在原初经验中将产生什么结果?答案并不难找。在反省中把物理的东西区分开来并把它临时悬隔起来,这就是开始了通往工具与技术、通往机械的构造、通往紧跟着科学而来的技艺的道路。这些工作可以更好地管理原初经验,这是明显的。工程和医药,一切使生活得到扩张的服务性事业,这些就是答案。旧的、熟悉的事物有了较好的管理,同时也发现了新的对象和需要。随着管理能力的增加,事物有了丰富的意义、价值和明晰性,深度和连续性也增加了——相比控制的力量的增加而言,这个结果甚至还要更珍贵一些。

物理科学的发展史,就是人类在处理生活与行动环境时不断拥有更多更有效的工具的过程。但是,当一个人忽略了这些科学对象和原初经验之间的联系时,结果就是一幅与人类利益无关的世界图画,因为它完全和经验分开了。它不仅仅是孤立的,而且是对立的。所以,当它被看成它本身就是固定的和最后的东西时,它就成了压抑心灵和麻痹想象的根源。既然这幅关于物理世界的图画和物理对象特性的哲学乃是与每一个工程项目、每一个公共卫生的合理措施相矛盾的,那就似乎应该检查一下它所依据的基础,并找出产生这些结论的方式和原因。

对象是通过经验而获得的,而且也是在经验中发生作用的。当对象从这种经验中孤立出来时,经验本身就被降低地位而变成了单纯的经验过程,而且经验过程因此就被当作好像它本身就是完备的了。我们便遇见了这种荒谬可笑的事情,即一个经验过程只经验它本身意识的状态和过程,而不经验自然的事物。自从17世纪以来,这种把经验和主观私自的意识等同起来的经验概念,就和全部由物理对象构成的自然对立起来,这对哲学产生了很大的破坏。这也就是在开始时我们所提到的把"自然"和"经验"当作彼此毫不相关的事物的那种感觉所产生的原因。

我们不妨来追究一下:当这些心理的和心灵的对象在与原始的、活生生的经验的联系中被人们考察时,事情将是怎样的。如已经为我们所揭示的,这些对象并不是原初的、孤立的和自足的,它们代表了对经验过程与所经验到的题材之间进行的区别性分析。虽然呼吸事实上是既包括空气又包括肺的操作的两方面的一个机能,但是即使我们不能在事实上把肺的活动分隔开来,我们却可以把它暂时分隔一下,以便进行研究。所以,当我们总是在认识、爱好、追求和反对事物(而不是在经历观念、情绪和心愿)的时候,这种态度本身可以成为我们注意的一个特别对象,因而凸现出来成为反省经验的题材,尽管它不再是原始经验的题材。

我们首先是观察事物,而不是观察"观察"。但是,观察的动作是可以被研究的,因而就可以形成一个研究的主题,并从而被提炼出来作为对象;同样,思维活动、欲望、目的活动、爱慕、幻想等也可以这样。只要这些态度不被区分和抽象出来,它们和题材就是浑然结为一体的。这是一件很明显的事实:一个在憎恨的人发觉被他憎恨的那个人是可憎的和可鄙的;在一个爱人的心目中,那个被他所爱慕的人却是充满着内在地使人喜悦的惊人的品质。这类事实和泛灵论之间具有直接的联系。

人的自然的和原初的偏向总是倾向于客观的事物,凡被经验到的东西都被当作是独立于自我的态度和动作之外的。"在那儿"以及情绪与意志的独立性,使得事物具有外在于空间的特性(不管它自身是什么)。只有在涉及虚荣、特权、所有权的时候,一个人才倾向于把那些他所特有的东西跟他生活在其中的环境和人群分隔开来。很明显,一个整体的、未经分析的世界不适于控制;相反,它等于使人屈服于任何所发生的情况,正好像屈服于命运一样。只有在把某些动作及其后果明显地与人类的有机体联系起来,以及把别的能量与效能和其他的机体联系起来后,我们才拥有调节经验进程的杠杆,才有用力之处。将事物的某些性质抽象出来,使之与人的行动挂起钩来,这是产生控制能力的立足点(pou sto)。毫无疑问,人类之所以长期停滞在一种低落的文化水平上,大部分是由于没有把他自己及其行为看作专门的对象,这些对象有自身的特点,能够产生特定的结果。

从这个意义讲来,把主体看作经验的中心,并提出"主观主义",这是一个巨大的进步。它意味着,出现了一些媒介,这些媒介具有观察和实验的特定能力,也具有可以使自然产生特定改变的情绪和欲望。否则的话,这些动作媒介便潜存于自然之中而产生一些人们所必须接受和屈从的事物性质。承认主观心灵具有特殊的心理能力,这乃是使自然力能够被用来作为实现目的的工具的一个必要因素。这个说法并不是简单的文字游戏。

产生个人的或"主观的"心灵的反省分析所带来的后果,可以有无数的例证加以说明。从这里面,我们来引证一个事例。它关于在社会中产生的习惯信念和期望对于被经验到的东西所发生的影响。原初经验的事物是这样引人注目和具有独占性,以致我们倾向于把它们看作是其所是——平坦的地面,太阳从东方向西方转动并沉落到地平线下面去。在道德、宗教和政治方面流行的信念，同样反映着当时所呈现出来的社会条件。只有分析才显示出：我们相信和期望的方式对于我们所相信和所期望的东西具有一种惊人的影响。我们已经发现，这些方法差不多是无条件地被社会的因素、被传统与教育的影响所规定的。因此，我们知道，我们之所以相信许多的东西，并不是因为事物就是这样的，而是因为我们通过权威的势力，由于模仿、特权、教诲、语言的无意识的影响等，而已经变得习惯于这样的信念了。简言之，我们知道了：凡被我们视为对象所具有的性质，应该是与我们自己经验它们的方式相关的，而我们经验它们的方式又是由于交往和习俗的力量所导致的。这个发现标志着一种解放，它净化和改造了我们直接的或原初的经验对象。只有分析了个人的信仰方式对于所信仰的事物的影响，以及这些方式在不知不觉中为社会习俗与传统所固定的程度，习俗和传统在科学和道德信念中的力量才能得到严肃的考察。虽然希腊人具有敏锐而深入的观察力，但他们的"科学"只是反映了把习得的社会习惯的影响和有机构造的影响直接归诸自然事情的程度。某些非人格化和非社会化的对象（它们因此成为物理科学的对象），是我们能够通过控制参与到经验中的态度与对象而去调节经验的一个必要的先在条件。

这个伟大的解放和"个人主义"的兴起是同时发生的，而所谓"个人主义"实际上就是通过反省发现具体的自我在经验中所扮演的角色以及它的行动、思考和实现愿望的方式。如果用经验的方法来解释它，这个结果在各方面都是好的。因为这会使得思考者的目光经常注意到所谓"主观的"东西是源于原初经验的，并且发挥它的鉴别作用,这在管理经验对象的过程中是有用的。但是,与经验的源泉和工具性效用的隔绝导致了这样一种方法的缺失,心理学探究的结果就被理解为形成了一个分隔的、孤立的心灵世界,它是自根自本、自给自足的。既然这个心理学方面的运动必然同时产生一种把物理学上的对象当作相应地完备的和自我封闭的东西的运动,结果便产生了心灵与物质、一个物理的世界和一个心理的世界的二元论。这个二元论从笛卡尔时代一直到现在,都支配着哲学问题的提问方式。

我们并不是要在这里讨论二元论的问题,而只是指出:从逻辑上推论起来,它是不承认粗糙经验之原初性与最后性的必然结果——当这种经验在一种未经控制的形式中给予我们时,它就是原初的;当这种经验在一种比较有规范的和有意义的形式中(这种形式之所以可能,是由于反省经验的方法和结果)给予我们时,它就是最后的。但是,在这个讨论阶段,我们所直接关心的乃是主观对象的发现给创造出主观主义的哲学所带来的结果。结果就是:在实际生活中,对于个人的态度及其后果的发现,乃是一个伟大的解放人类的工具,而与此同时,心理学对哲学来讲,如桑塔亚那所说的,却成了"害人精"。那就是说,心理的态度,经验的方式,被认为是自足的;它们本身就是完备的,好像是原始的所与,是唯一原有的,因而是不可怀疑的资料。因此,真正的原始经验的特性(在其中自然的东西在产生一切变化的过程中是决定性的因素)或者被认为是一种非给予的、可疑的东西,只有当心灵这个唯一可靠的东西被赋予某种神秘的力量时,才能够得到它们;或者就根本否认它们的任何存在,仅仅是一些心理状态、印象、感觉、体验等的各种复合体。①

　　接下来我要给出一个从众多事例中挑选出来的事例。这差不多是随意挑选的,因为它既简单又具有代表性。为了说明经验的性质,说明什么是真实的经验,有一位作者写道:"当我看着一张椅子的时候,我说我经验着它。但是,我所实际经验到的只是组成一张椅子的因素中很少的一部分,例如在这些特殊的光线条件之下属于这椅子的颜色,从这个角度观望它时所显示出来的形状,等等。"这种陈述中包括两个论点。一点就是:"经验"被归结到与能经验的动作相关联的特性上,在这个事例中,即与视觉的动作相关联的特性。例如,某些颜色小块,当它们和一些与肌肉的紧张状态和视觉的适应作用有关的性质相关联的时候,就具有了一定的形状或形式。当视觉的动作成为一个反省探究的对象而和所看见的东西对立起来的时候,这些说明视觉动作的性质在当前或直接的经验中就变成了这张椅子本身。从逻辑上讲来,这张椅子不见了,代替它的是一些伴随着视觉动作而来的感觉性质。不再有任何其他的对象,更没有这张椅子是买来的、放在一间房里、用来坐的等这一些事了。如果我们偶尔回到这整个的椅子上,它将不是直接经验的、供人使用和享受的椅子,它将不是一个有它自己独立的来源、历史和经历的东西;它仅仅是一个以直接"所与"的感觉性质为核心,加上周围的一群

---

① 正因为把心灵和原始唯一"所与"的东西等同起来,所以如果有一个哲学家诉之于经验,许多人就会认为他必然要陷入主观主义。这说明了在本章第一段所指出的那种在自然与经验之间的所谓矛盾。它是如此根深蒂固,以至于当本书运用经验的方法时,批评者们认为,这不过是把纯粹主观哲学重述了一遍,虽然事实上它和这种哲学是完全相反的。

在想象中才活跃起来的所谓"观念"的性质所组成的一个复合体而已。

另一点就是：即使在刚才所引用的这样一个简略叙述中，也不得不承认有一个经验的客体，它较之被肯定为单单被经验的东西有天渊之别并且多出一些东西来。这张椅子存在着，它正被我们望着；这张椅子表现出一定的颜色，和这些颜色所借以表现出来的光线；视觉的角度意味着有一个具有视觉器官的有机体。涉及这些事物是带有强迫性的，否则那些感觉性质就不能有任何意义——虽然如此，这些感觉性质仍被断定为是经验到的唯一的资料。实际上，上面所提出的这个说法，只与现实经验一个被选择出来的部分有关系，即说明能经验的动作的那个部分，而为便于进行手头的研究起见，把所经验到的东西有意识地省略掉了。对事实的这个认知没有比这个更全面的（虽然不是公开承认的）了。

所举的这个例子作为一种哲学主张，在一切"主观主义"中是具有典型性的。对于现实经验中某一个因素进行反省的分析，然后把反省分析的结果当作原始的东西。结果，虽然在分析的每一个步骤上都承认有现实经验的题材，而且分析的结果是从它推演出来的，但它却变成可疑的和有问题的了。真正的经验法是从原初经验的现实题材出发，承认：反省从中区别出一个新的因素，即视觉动作，把它变成了一个对象，然后利用这个新对象，即对光线的有机反应，在需要的时候去规定对业已包括在原初经验中的题材的进一步经验。

刚才所讨论的这个题目，即物理的和心理的对象的分隔，将在本书的主体部分得到广泛的讨论。① 不过,关于方法方面,在这里概述一下我们的结论是适宜的。首先,涉及日常经验的材料所具有的原初性和终极性,会防止我们产生一些人为的虚假问题,它们使得哲学家们的精力和注意力偏离现实题材所引起的真实问题。第二,它为哲学探究所得到的结论提供了一种考核或检验。它经常提醒我们:我们必须把这些作为第二级的反省产物,再放回到它们所由发生的经验中去,从而它们可以借助它们所引进到经验中来的新的条理和清晰性,以及它们建构一个方法所指向的新的意义丰富的经验对象而得到证实或改变。第三,由于认清了它们在进一步的经验中所起的这种作用,这些哲学结果本身就获得了经验的价值:它们不是贴着某种标签、陈列在玄学博物馆里的古玩,而是对于人的普通经验有所贡献的东西。

哲学采用经验法还有另一个重要的结果(当我们把这个结果发挥一下时,它就把我们引入下一个题目了)。哲学,和一切反省分析的形式一样,暂时使我们离开在原初经验中为我们所具有的事物;在原初经验中,这些事物是直接地发生作用和被作用的、被利用着和被享受着的。现在,正如哲学的进程所经常显示出来的那样,哲学经常诱惑着人们把反省的结果看作是具有在其自身、属于其自身的实在性,优越于任何其他经验样式的材料。各派哲学最普通的假设,即使彼此分歧很大的哲学派别也有的共同假设,就是,把认识的对象和最终的实在的客体等同起来。这个假设深入骨髓,因而它平常并不被表述出来。它被视为是理所当然的,最基本的,所以无需加以申述。笛卡尔学派——包括斯宾诺

---

① 第四章和第六章。

莎在内——的主张就是这种观点的一个专门的例子,他们认为情绪和感觉一样,只是模糊的思想;当它变得清晰而明确或达到它的目标时,它就是认知(cognition)。美感经验和道德经验也和理性经验一样,真正地揭示真实事物的特性;而诗也和科学一样,可以具有一种形而上学的意义,这一类的说法很少被肯定,而且当它被肯定时,这句话就似乎具有某种神秘的和玄妙的意义,而不是具有一种直截了当的日常意义了。

然而,假定我们不从已有的假设出发,而只是认为:所经验到的东西,既然它是自然的一种显现,就可以而且必须被用来证明自然事情的特性。在这个基础上,想象和欲望对于一个关于事物之真正本性的哲学理论来说,都是适宜的。在想象中而不是在观察中所发现的、所呈现出来的可能性,要纳入到我们的考虑中。由科学的或反省的经验所得到的对象的特点是重要的,但是一切关于魔术、神话、政治、绘画和忏悔院的现象同样是重要的。社会生活的现象和逻辑的现象一样,都和殊相与共相之关系的问题有关。在政治组织中,各种边界和障碍、集中、越界的交往、扩张和兼并等的存在,对于讨论分隔与连续的形而上学理论来说,与来自化学分析中的材料一样是重要的。无知的存在和智慧的存在一样,错误乃至疯狂的存在也和真理的存在一样,都要考虑在内。

那就是说,自然是在这样一种方式中被加以说明的,即所有这些事物,既然它们是现实的,在自然上就是可能的,它们不能被解释成为与实在相对立的单纯的"现象"而遭到忽视。错觉就是错觉,但是错觉的存在却并非错觉,而是一个真正的实在。真正在经验中的东西较之被知的东西要广泛得多。从知识的角度上看,对象必是分明的,它们的特征必是明显的,而模糊的和未曾揭示出来的东西便超出了知识界限。所以不管什么时候,只要当这种把实在和认识的对象本身等同起来的习惯占优势时,晦暗和模糊的东西就通过某种解释而被抹杀掉了。对于哲学理论来说,意识到清晰和明白的东西是宝贵的东西,以及它们为什么是宝贵的,这很重要。但是留意到黑暗和模糊不明的东西大量存在,也是同等重要的。因为在任何原初经验的对象中,总有不显明的潜在的可能性,任何外显的对象都包含有潜伏着的可能后果,最外显的动作也有不显著的因素。我们可以尽量地使思维保持紧张,但不是所有的后果都能被预见或成为反省与决断中一个明显的或已知的部分。在这些经验事实面前,如果认为自然本身全部是属于同一个类型的,都是清晰的、外显的和明白的,没有任何隐蔽的可能性,没有任何新奇或矛盾,这样的假设只有以一种在自然与经验之间的某个方面进行武断的区别的哲学为基础才是可能的。

隐含在这里的论断,即哲学的重大缺点是有一种武断的"理智主义"(intellectualism),丝毫也没有责备智慧和理性的意思。被指责的所谓"理智主义",就是指这样一种学说,它认为一切经验过程都是以认识为模式,而一切的题材、一切自然在原则上都要被还原和转化,直到它们能被与科学的精致对象具有共同特征的术语定义出来。"理智主义"的这个假设是和原初经验中的事实背道而驰的。因为事物就是为我们所对待、使用、施加行动、享受和保持的对象,它们远多于被认知的事物。在它们是被认知的事物之前,它们便已是被享有的事物。

把被知的对象所特有的特性孤立起来而说成是唯一的最后

实在,这就说明了为什么我们会否认事物拥有可爱的和可鄙的、美丽的和丑恶的、可敬的和可怕的性质。它说明了为什么我们相信自然是一个冷漠的、死气沉沉的机器;它说明了为什么在现实经验中,对象的价值特征被看作是一个很令人苦恼的哲学问题。承认它们是真正的和原始的实在,这并不意味着当事物被爱惜、想望和追求时就没有思想和知识参与其中。它的意思是说:后者是从属的,因而真正的问题乃是,被经验到的事物怎样和为什么被转变成这样一种对象,以及这将产生什么结果。在这种对象中被认知的特性是高级的和可爱的,而属于意志方面的特性却是偶然的和附属的。

"理智主义"作为哲学的一种主要方法,和原始经验的事实大相径庭,以至于不仅被迫求助非经验的方法,而且其最终结果使得无处不在的知识本身也成为不可解释的了。如果我们从主要存在于行动和经历中的原初经验出发,那就容易看见知识有什么作用——,它能够对行动和遭遇中的因素进行理智的管理。我们涉及某些事物,而正如俗语所说的,最好是要知道我们所涉及的是什么。如果在行动中和遭受(和享受)中是有理智的,那么,即使当条件不能被控制的时候,也会有满足感。但是,当有了控制的可能时,知识就是实行控制的唯一媒介。在原初经验中出现了这种知识因素之后,就不难理解它怎样从一个屈从的和附庸的因素发展成为一个主要的角色。行动以及接下来的遭遇、实验以及使我们的感觉和神经系统相互作用以产生反省的材料,这些活动会使得认知和思维从于行动与经历的这种原初情境颠倒过来。而且,当我们沿着这个线索追溯到认知的起源时,也会看见知识具有一种改善和丰富粗糙经验题材的作用和职能。我们准备在一个更大的范围内去理解我们所涉及的东西,而且要去理解即使当我们似乎是不可控制的命运的不幸的傀儡时所遭遇的东西。但是,所谓无所不在的、无所不包的和无所不能的知识在它失去一切的关联时,也就失去了意义。当它被视为高贵的和自足的东西的时候,它之所以看起来没有失去意义,这是因为,实际上它不可能完全排除那种赋予*所知*以意义的非认知的、被经验到的环境。

这个问题在本书以后各章中将有较详细的讨论,而在这里有一点值得提出来谈一谈。当理智的经验及其内容被视为原初的东西时,联结经验与自然的绳索就被割断了。生理性有机体及其结构,无论在人类或在低级动物中,都是与适应和利用材料以维持生命的过程相关的,这一点是不能否认的。大脑和神经系统原本上是行动的器官,从生物学上说来,我们能够这样说,它也不违背原初经验与此类似的说法。所以,如果历史的和自然的连续性没有断裂,认知的经验必然起源于非认知的经验之内。而且,如果我们不把认知作为行动与经历中的一个因素并以此为出发点,就势必陷入这样一个错误,即引入一个超自然的,或者一个在自然以外的媒介和原则。许多自诩的非超自然主义者却十分轻易地就赋予有机体一些没有自然事情作为基础的能力。这个事情是十分奇怪的,只能用传统学派的惰性来解释。否则,要维持自然连续性的主张的唯一途径,就是承认理智的或认知的经验具有第二级的和派生的特性,这就会很明显了。但是,在整个哲学传统中,相反的主张如此根深蒂固,以至于不用奇怪哲学家们不愿意承认这个事实,因为它会迫使(那些哲学派别)在形式和内容上进行广泛的改造。

我们已经讨论了,在主客体问题上以及认知经验的无所不包这个问题上接受哲学中的经验方法会带来什么样的影响。① 这两个问题之间有着密切的联系。当实在的客体和知识对象一一对应时,一切在情感上和意志上的对象都不可避免地被排除在"实在的"世界之外,而被迫到一个私人性的经验主体或心灵之中寻找它们的避难所。因此,认为包罗万象的认知经验乃是无所不在的这个概念,其结果必然在能经验的主体和被经验到的自然之间筑起了一堵坚强牢固的墙壁。自我不仅变成了一个来到圣地朝觐的香客,而且成为这个世界上非自然的也不可能变成自然的外乡人。在作为经验过程之中心的心灵和被经验的自然世界之间,避免一种僵硬的隔绝的唯一途径就是,承认经验活动的一切式样都是自然界某些真实的特性之显现。

偏爱认知的对象及其特征而牺牲激起欲念、指挥行动和产生激情的特性,这是给哲学带来偏激性和片面性的所谓选择性强调原则(principle of selective emphasis)的一个特殊案例。有选择性地强调某一方面,伴随着对另一些方面予以忽视和拒绝,这是心灵生活的生命所在。反对这种活动,就是抹杀一切思维活动。但是,在日常事务中和在科学探讨中,我们总是保持这样一个认识,即所选择的材料乃是为了某一个目的而被选择出来的,对于被舍弃掉的东西并无否认之意,因为被忽视的东西仅仅是与手头的特

---

① 为了避免误解起见,在后一方面上,最好还加上一句话。我们并不否认任何被经验的题材都可以变成反省的、认知考察的对象,但重点应该放在"变成"上,认知永远不是无所不包的。那就是说,当一个先在的、非认知的经验材料是认知的对象时,它和这种认知的动作本身也被包括在一个新的和更广泛的非认知的经验之内——而这个情境是永远不能超越的。只有当被经验的事物所具有的时间性被遗忘时,才会有全部的超越性的知识观念。

殊问题和目的无关罢了。

但是在哲学中,这个制约性条件有时完全被忽视了。人们没注意到、没记住的是:受偏爱的题材是为了一个目的而被选择出来的,而被舍弃的东西在它自己的特殊环境中是同样真实和重要的。人们倾向于假定:因为那些在诗的语言中所描绘的品质和那些在友谊中具有中心意义的品质并没有出现在科学的探讨中,它们便不具有真实性,至少没有那些构成物质的数理的、机械的或电磁的特性所具有的那种不可怀疑的真实性。人们把那种在当时对他们是主要价值的东西当作唯一实在的东西,这是很自然的。真实性和高贵价值被等同起来了。在普通经验中,这个事实没有什么特殊的害处,它由于转向其他有价值的因而具有同等真实性的事物而立即得到了弥补。但是,就哲学家们很熟悉的经验的整体对象这一方面而言,哲学经常表现出一副顽固不化的形象。在任何境遇之中,它都是真实的,而且只有它是真实的。其他的事物只有在某种次要的和特殊的意义中,才是真实的。

例如,在我们所居住的这个充满了不安定和危险的世界中,确定性、保险性就是有极大价值的。结果,任何可能具有确定性的东西就被假定为最后的存在,而其余的一切东西都被认为仅是现象的,在极端情况下则被说成是虚幻的。这样产生的"真实性"所具有的武断性特征,可以从这个事实中看出来,即不同的哲学家所选择的对象是极不相同的。这些对象也许是数理实体,也许是意识状态,或者是感觉材料,那就是说,任何东西,如果一位哲学家从他所迫切要解决的特殊问题的角度看来,觉得它是自明的因而是完全可靠的,就会被他选来构成实在。为真实的东西规定一个哲学定义之时,所谓高贵的和庄严的东西,与在世俗中确定的东西具有同等地位。经院哲学认为"真"和"善"以及"统一体",乃是"存在"本身的标志。在面临问题之时,思维总是力求把那些原来是零碎的和分散的东西统一起来。行动在深思熟虑中追求善;获得知识,就是把握住了真理。于是,我们努力的目标就是把在紧张与不定的条件下所提供出来的满意和安宁的事物变成唯一终极的真实的存在物。后来的机能被当作最初的特性。

把选择性偏爱的对象建立为唯一的实在,这种情况的另一方面可以从哲学家们对简单的东西、对所谓"原素"的爱好中看出来。粗糙的经验里充满着纷乱和复杂的东西,所以哲学就急于离开它,去寻求某些使心灵得以安然寄托其中的简单事物,它没有贮藏任何令人吃惊的东西也不会产生任何会引起麻烦的东西,它是搁置着的,没有隐藏任何潜在力量。这里既有对数理对象的偏爱;也有斯宾诺莎对一个真的观念内在地蕴涵着真理的信念;有洛克和他的"简单的观念";有休谟和他的"印象";有英国的新实在论者和他的终极的原子材料;有美国的新实在论者和他的现成本质。

这种选择性强调产生错误的另一个显著案例,就是"永恒"这个概念所发生的具有催眠作用的影响。永久的东西能使我们安定,它给予我们宁静,而可变化的和正在变化的东西是一种持久的挑战。在事物发生变化的地方,某些东西就会向我们逼来。这是使人烦扰不安的一个威胁。即使当变化标志着有较好事物即将来临的希望时,那种希望也倾向于把它的对象设想为一种在达成后就永久停滞不前的东西。再者,我们只有借助于稳定和恒常的东西才能够对付这种变化和动荡的东西,"不变量"——在这时候——好像它们在数学的函数中一样,在取得某种成就的实践中就变成了一种必要。这种永久性的东西满足了情绪上、实践上和理智上的真正要求。但是，这种要求以及满足它的反应，在经验中总是在一种特别的环境之中的。它起源于一个特殊的需要，从而产生特定的后果。哲学，即一般意义上的思维，沉湎于妄诞地追求一种绝对的、全面的、普遍的哲学点金石，为了某一个目的而把功能上具有永久性的东西孤立起来，把它转变成内在永恒的东西，或者（如亚里士多德所理解的）把它理解为在一切时间上始终同一的东西，或者把它当作与时间没有关系、在时间之外的东西。

这种把由于在某种特别的关联中具有价值而被选择出来的对象当作"真实的"东西的偏见，在一种优越的和偏袒的意义中证实了一个重要的经验事实。哲学上的简单化是由于选择，而选择标志着一种道德上的兴趣，所谓"道德上的兴趣"就是一般意义上的对善的关注。我们经常不可避免地会关心兴盛和衰落、成功和失败、成就和障碍、好和坏。既然我们是有生命并要活下去的动物，而且发觉我们是处于一个不安定的环境之中，那么，我们是天生地要根据祸福——在价值上——的后果对事物进行观察和判断。然而承认这个事实，和哲学家们把他们所发现的好的特性（简单、安定、高贵、永久等）转变成实在存在物的固定特性，是完全不同的两件事情。前者所提出的是某种要去完成的东西，是通过行动去争取的东西，而在行动中选择就是显明的、真实的。后者忽视了追求更好的东西以及证明选择之真诚性的行动，它把所需求的东西变成了实在的前提性和终极性特征，而且假定：为了把这个实在当作真实的存在而静观地去体验它，仅仅需要逻辑上的根据就够了。

对反省思考而言，后来的结果总是比原来的所与好一些，或者坏一些。但是,如果现在把后来产生的好结果呈现出来,它可能还会产生更好一些的后果。因此,属于有闲阶级出身而无迫切需要对付环境之累的哲学家,就把后来的结果转变成一种存在物,即使它是不存在的(exist),但却是有这么一回事的(is)。永久性、真实的本质、整体、秩序、统一体、理性、古典传统中的真、美、善(unum, verum et bonum),都是一些具有颂扬之意的谓词。当我们发现这些名词被用来说明一个哲学体系的基础及其本身的结论时,就有理由怀疑这已经是把存在人为地简单化了。偏好终极之善的反省,在思辨中造就了一个实质转变(transubstantiation)的奇迹。

无论什么时候,只要有反省,选择性强调和选择就是不可避免的。这并不是一件坏事。只有当选择的出现和活动被隐蔽起来、被伪装起来、被否认时,才有欺骗。经验的方法发现和指明了选择活动,正和它发现和指明任何其他的事情一样。因此,它防止我们把后来的机能转变成为先有的存在:这样一种转变可以称之为哲学谬误(the philosophic fallacy),不管这种转变是以数学的存在、美的本质、自然界纯物理的秩序或是以上帝的名义进行的,那都是一样的。作者只是想唤醒我们的哲学家同事们,这是他最大的心愿。他认为,遵循经验法乃是保证实现真诚意愿的唯一途径。不管在选择中有什么东西决定着它的需要并给它以指导,经验的方法总是坦率地指出它是为了什么;而对于选择这个事实及其活动的过程和后果,经验的方法也以同等坦率的态度把它指明出来。

经验法的采用并不保证一切与任何特殊结论有关的事物都会作为事实被发现出来,或者在发现后它们会被正确地揭示和传达出来。但是，经验法却能指出被明确地描述出来的事物曾经在什么时候和什么地方以及怎样被达到的。有一幅已经有人走过的路途的地图，如果他们愿意的话，就可以按照这幅地图重新走一遍这条道路，亲自看看这个景色。因此，一个人的发现可以被其他一些人的发现所证实和扩充，就人类所可能核对、扩充和证实的范围来说具有十足的可靠性。因此，经验法的采用，使哲学的反省获得了像自然科学探究那样的趋向于意见一致的合作方向。科学研究者并不是凭借着他的定义的耸人听闻和他的论证的坚强有力去说服别人，而是把寻求、行动和到达的进程（某些事物已循此途径而有所发现）放在他们的面前。他的请求是要别人走过一个类似的进程，借以证明他们所发现的东西是和他的报告两相符合的。

诚实的经验法将说明选择的动作是在什么时候、什么地方以及怎样进行的，因而使得别人可以照样做并检验它的价值。有所取舍的选择已被指出是一件经验的事情，它揭示了理智简化的基础和影响，于是就不再具有自我封闭的性质了，似乎只是有关意见与争论的事情，除了完全接受或完全拒绝之外，别无其他的道路。把选择伪装起来或予以否认，便是在不同哲学信念上产生惊人差别的根源，这些差别使初学者震惊，是专家的玩弄对象。公开承认的选择，就是一种实验，以其优势为基础来展开，以其结果来检验。一切所谓直接的知识，或自足的、真实无疑的信念，无论是逻辑方面、美学方面或认识论方面的信念，总是为了某一目的而被选择出来的东西，所以它不是简单的，不是自明的，也不是生来就是可被颂扬的。说明这个目的，它就可以被重复加以实验，而为它进行的选择是否有价值、是否合适，就可以得到检验。无论是科学的或哲学的思考,其意义不在于消除选择,而只是使它少些武断和更有意义一些。如果选择具有这样的品质和结果,以致当别人按照所指示的情况进行工作时足以引起他们的反省,那么选择的武断性就消失了;当进行选择的理由被发现是重要的而其结果是紧要的时候,它就变得有意义了。当公开承认选择时,别人就能重复这个经验的进程。它是一个要被尝试的实验,而不是一个自足的安全保障。

这里涉及的特殊事情,并不是为了提出一个理论上的主张,而更多的是为了说明经验方法的性质。真或假依赖于当人们小心翼翼地对观察到的、反省到的事件进行试验时所发现的是什么东西。否认某人发现事物是如此这般的,这不足以用来证明一个经验的发现是虚假的。要驳斥一个经验的发现,就要指出一个经验过程的方向,按照这个方向其结果是相反的。辨明错误,和导向真理一样,是要帮助别人看见和发现他在这以前所未曾发现和认识的东西。一切在反省和逻辑方面的机智和灵巧,都是在阐明和传达方向,这个方向指出了智慧的道路。每一个哲学体系呈现的都是这类实验的后果。作为实验,它们每一个都提供了一些有价值的东西,以供我们对可经验到的对象的事情和品质进行观察。一些对传统哲学的尖锐批评业已被提出来了,另一些无疑还会跟上来。但这种批评并非针对这些实验,它的目标是针对那种只选择部分实验性质的哲学传统对实验的拒绝,因为这种拒绝使它们从它们的现实关联和机能中隔绝出来,并从而使富含活力的启示变成了生硬的断言。

这个关于经验法的讨论一直有两方面的内容。一方面,它曾试图弄清楚科学研究中的经验法对于哲学有什么意义(和没有什么意义)。然而,只有指出了由于采纳经验法而在哲学中带来的影响,这种讨论才会取得比较明确的意义。因为这个原因,我们考察了传统哲学由于未曾把其反省结果与原初的日常经验事务联系起来以致误入迷途的某些典型方式和要点;也曾经提到三个主要的错误,而每一个错误中都包含了诸多变种,比提示的要多。这三种错误是:主体与客体的完全分隔(把被经验的东西(*what*)与它是怎样(*how*)被经验到的这一过程分隔开来);夸大对象认知上的特点,以致牺牲关于享受和困扰、友谊和人类聚会、技艺和工业等方面的对象所具有的特点;把那些为了没有明示的目的而采取的各种选择性简单化结果完全孤立起来。

这并不是说,这些采用非经验的、因而是错误的方法的哲学体系所获得的产物,对于一个遵循严格的经验法的哲学来说,是完全没有价值或很少有价值的。情况正相反,因为没有一位哲学家能够脱离经验,即使他想这样做也不行。迷信者所采纳的最奇怪的观点也有某些经验事实的根据,对于这些观点及其形成的条件有足够了解的人就能够解释它们。而哲学家们和他们的同胞们比较起来,迷信要少一些,作为一个阶级,他们曾经富有反省和探究的精神。如果在他们的作品中有一些曾经是幻想,这不是因为他们在不知不觉中没有从经验法出发,不是因为他们用未经审查的想象去代替思维,而是因为他们未曾注意到产生他们的问题的经验要求,同时,也未曾把提炼过的产品再带回到现实经验的环境中去,在那儿接受考核,抓住其意义的全部内容,并在原来发生反省的那种直接的困境中给予启示和指导。

以后各章同样不故作姿态地重新开始哲学思考,好像过去未曾存在过哲学一样,或者好像它们的结论从经验上看是没有任何价值似的。毋宁说,后面的讨论有赖于伟大的哲学体系所取得的主要成果(这种依赖是有过之而无不及的),并且将指出,当它们的结论被当作回到粗糙的日常经验题材的指导者时(正如一切反省的精致对象必然就要被如此运用的一样),它们有哪些优势和缺点。

从分析和控制的目的说来,我们的原初经验原来是没有什么价值的,其中塞满了需要分析和控制的事物。反省本身的存在,就证明它是有缺陷的。正如古代天文学和物理学由于缺少实验分析的仪器和技术而只能获得一开始所观察到的事物的表面价值,从而缺少科学价值一样,"常识"哲学也时常重复当时流行的风俗习惯。坚决地肯定我们要完全信赖普通经验所给予的东西,这很可能只是为了支持某些宗教迷信或维护某些业已发生疑问的保守传统的遗迹而乞灵于偏见而已。

于是,哲学结论所带来的麻烦,丝毫不是由于它们是反省和推理的结果。可以说,麻烦在于,哲学家们从各个方面借用了一些由专门分析所得到的结论(特别是在当时占有统治地位的科学结论),既不考察它们所由产生的那些经验对象,也不考察这些有关的结论所指向的那些经验对象,便直接把它们搬运到哲学里面来了。因此,柏拉图私底下从毕达哥拉斯学派那里搬运了一些数学概念;笛卡尔和斯宾诺莎采用了几何学推理中的那些基本假设;洛克把牛顿的物理粒子输入心灵论中,把它们变成了被给予的"简单观念";黑格尔无所忌惮地借用和概括了当时新兴的历史方法;现代英国哲学从数学中引入了原始的、不可界说的命题这个概念,并利用在当时的心理科学中已经毋庸置疑的洛克的"简单观念"来充实它们的内容。

既然所借用来的东西具有坚固的科学基础,那么为什么不可以呢?因为在科学的探究中,精致的方法是这样证明自身的:它们开辟新的探究题材,它们创造了观察和实验的新技术。因此,当米切尔森-莫利实验(Michelson - Moley experiment)在粗糙的经验中揭示了和现有物理法则的结果不相符合的事实时,物理学家们从来未曾否认过在那种经验中所发现的东西的有效性,即使它使一整套复杂的理智工具和体系出现了危机。干涉仪(interferometer)的光带吻合一致的情况,虽然是和牛顿的物理学不相容的,但还是在表面上被接受了。因为科学研究者在接受它的表面价值的同时,立即开始准备重建他们的理论,他们怀疑他们反省的前提,而不是怀疑他们所看见的东西的全部"真实性"。在发展一个更完备的理论的过程中,这种重新调整的工作迫使人们不仅从事新的推理和演算,而且开辟了探究经验题材的新途径。他们从未想过,由于粗糙经验中的一个对象在逻辑上与理论不协调,就要通过一种解释去抹杀它的特点——正像哲学家们经常这样做的一样。假使他们曾经这样做的话,也许已经把科学变得愚蠢而无力并使他们自我封闭起来,远离了经验中的新问题和新发现。简言之,精致的科学方法的材料和我们亲身经验到的现实世界之间是连续的。

但是,当哲学家们把他们从科学中,无论从逻辑、数学还是物理中借用来的这种经过提炼的结论,全部当做最后的东西一样移置到他们的理论里面来时,这些结果并非用来揭示粗糙经验中的新题材和阐明其中的旧题材,而是被用来诋毁粗糙的经验,制造新的和人为的问题,怀疑这些粗糙经验中的事物的真实性和有效性。因此,脱离了它们自己的经验环境的心理学发现,被用到哲学里面去怀疑心灵与自我之外的事物的真实性,去怀疑也许是普通经验中最显著的事物和特性。同样,物理科学的发现和方法,质量、空间、运动的概念等也被哲学家们全盘孤立地采纳下来,以致在具体经验中的爱好、目的和享受这些事情的真实性都变成可疑的,乃至是不可信的东西了。数学的对象,没有明显地涉及现实存在,而在数学技术领域的运用中却是有效的,在哲学中却曾被用来决定本质对存在的先在性,并制造了这样一个不能解决的问题,即纯粹的本质为什么会下降到这个纠缠曲折的存在情境中来。

经验法要求哲学家做两件事情:第一,被提炼出来的方法和产物应追溯到它们在原始经验中的全部丰富和错综复杂的状态,因而就要面对它们所由产生以及所必须满足的需要和问题。第二,派生的方法和结论要放回到平常经验的事物中来,在它们粗糙和自然的状态中求得实证。这样,分析的反省方法就能提供哲学中的直指法(a method of designation, denotation)的基本材料。物理学或天文学的科学工作就是记录了以过去的观察和实验为基础的演算和推论。但它不仅仅是一个记录,也指示并且承担了进一步的观察和实验。如果一个科学报告没有叙述进行实验的仪器和所获得的结果,那就不会有人听这个报告。这并非崇拜仪器设备,而是因为这个工作程序告诉了其他的研究者工作的结果是怎么得到的,这个结果将会在他们的经验中与过去已经达到的结果比较同异,并从而核实、修改和矫正过去所得的结果。记录下来的科学结果,实际上即是对遵循一种方法的指示,以及当特定的观察开始时将会发现什么结果的预见。哲学就是这样,哲学能做的全部事情就是这样。在以后的各章中,我将把若干历史上的哲学体系中的结论、报告进行一次校正和改造，希望它们成为有用的方法，使一个人可以运用这些方法回到他自己的经验；而且由于看清了运用这个方法所发现的东西，从而更好地了解在人类普通经验内已经有的东西。

哲学研究还可以具有一个特别的作用。经验的探求将不是一种哲学研究，而是一种借助于哲学对生活经验的研究。但是，这种经验笼罩和渗透着过去历代各个时期反省的产物。它充满了由复杂的思考产生的解释、分类，它们与新鲜的、朴素的经验材料结成一体。要把这些已被吸收的借用品追溯到它们原始的根源，即使是最聪敏的历史学者所具有的智慧，也不足以完成这个任务。假使我们暂时把这些材料称之为偏见（只要它们的来源和根据还未被知道，即使它们是真的，也可以这么看），那么，哲学就是对偏见的一种批判。这些已经融入在真正的第一手经验材料中的过去的反省成果，如果对它们加以审查和思考，那么也可以变为增进提高的工具。假使不对它们进行审查，它们就会经常产生迷惑和歪曲。对它们进行审查和释放之后，跟着就会有澄清和解放，而哲学的伟大的目标就是去完成这个任务。

无论如何，经验哲学都是一种理智上的解脱。当我们和我们自己的时代的文化同化之后，我们就染上了许多理智上的习惯，我们永远不能摆脱这些习惯。但是要推动理智和文化的发展，就要求我们摆脱它们中的一部分，批判地考察它们，这样才能看清楚它们是由什么构成的，以及我们有了这些习惯之后它们对我们有什么影响。我们不可能恢复到原始的淳朴状态，但可以在眼睛、耳朵和思维上得到一种熏陶出来的淳朴状态，这种状态只有通过严肃的思维锻炼才能获得。如果以后各章对于培养一种人为的天真和简朴能够有所贡献,那么这正是它们一直想要达到的目的。

在结束本章之前,我很想论及当我们用经验法钻研哲学时它所具有的那种较大的自由人文的价值。对非经验的各种哲学所提出的最严重的控诉,就是说它们遮蔽了日常经验中的事物。他们一直不愿意去矫正它们。他们全盘地不信任它们。他们诋毁日常经验的事物,即行动、感情和社交的事情,相比于他们很少给予这些事情以理智指导而言是更恶劣的事情。假使哲学一直仅仅是作为少数思想家的奢侈品而被保留下来的话,则这一点也没有多大的关系。我们保留着许多的奢侈品。问题的严重性在于:许多哲学派别否认了普通经验可以在它本身以内发展各种方法为它自己提供指导方向,以及创造进行判断和评价的内在标准。没有人知道,有那么多由于脱离经验而带来的罪恶和缺陷,其本身是由于那些特别富于反省的人们轻视经验而造成的。除了时间和精力的浪费,除了在每一次偏离具体经验时随之而来的那种对生活的幻灭以外,还必须加上一点可悲,即未能认识到理智的探求也能在通常经验的事物之中显现出来和成熟起来。我不清楚当前流行的厌世主义、冷漠和悲观主义中到底有多少是由于他们所引起的对理智的歪曲所造成的。有许多人甚至把认为生活乃是或能成为欢乐和愉快之源泉的想法当作缺乏思考的一种标志。对于这个结果的产生,哲学和宗教一样是不能推卸责任的。掩蔽日常经验具有产生快乐和自我调节的潜能性,在这一点上,超验的哲学家大概比公开的感性主义者和唯物主义者起了更大的作用。即使本书中所写的东西除了引起和提高对于具体人类经验及其潜能的尊重之外,别无其他成就,我也就满意了。

第二章 存在是动荡的和稳定的

上一章曾暗示，经验就等同于历史、生活、文化这些事情。提及这些事情可以使我们把那些容易与经验连在一起的宗派性和狭隘性的意义抛弃到一边。照泰勒(Tylor)的说法，文化是"那种复杂的整体，它包括知识、信仰、技艺、道德、习俗，以及任何其他作为社会成员的人所获得的能力"。它从某种意义上说是一个整体，但它是一个错综复杂、变化多端的整体。它分化成宗教、魔法、法律、美术和工艺、科学、哲学、语言、家庭关系和政治关系等等。下面是一位人类学家所讲的话，但我们不妨考虑一下，问问它们是不是很好地明确了哲学的问题（虽然这些话别有指向）："文化的存在既不是完全命定的，也不是完全偶然的；既不是完全心理的，也不是完全客观的；既不是完全属于昨天的，也不是完全属于今天的，而是在它的存在中把这一切都结合在一起了……一种改造性的综合把在分析性肢解过程中必然消失的综合性统一体重新建立起来。"① 我并不是说，要把哲学吸收到一种关于文化的人类学观点中去；而是说，哲学对经验进行分析性肢解和综合性的重建，在不同的环境中需要不同的方法。人类学家所指出的文化现象为这个作用的发挥提供了宝贵的材料，这种材料比那种和文化论相隔绝的心理学所提供的材料，更适合于哲学思考。

文化现象所强调的存在有一个特点，即它是动荡不定的。萨姆纳(Sumner)认为，格里姆(Grimm)是这句话的权威，即"日耳曼民族有上千种关于运气的老话、谚语和格言"。我们的时间不多，这个题目虽然值得长篇大论，我们也只能在这儿止住。人发现自己生活在一个碰运气的世界中。他的存在，往坏里说，就是一场

---

① 见戈登韦泽(Goldenweiser)，《历史、心理与文化》，第604页。

赌博。这个世界充满风险，它不安定、不稳定、不可思议。它的危险无规则可循，不期而至，讲不出它们的时间和季节。这些危险虽然始终存在，但却是零散的、出乎意外的。黎明前正是最黑暗的时期，骄傲之后紧跟着失败，最兴盛的时期就是凶兆最多的时候，也最容易引起恶毒的眼神（The evil eye）①的关注。灾祸、饥荒、歉收、疾病、死亡、战败总会随时降临，而丰收、强力、胜利、欢宴和歌舞也是如此。众所周知，运气既带来好事，又带来坏事。神圣和低贱是同一情境的两种可能性。人物、字句、场所、时间、空间中的方向、岩石、风向、动物、星辰等等，这些事物既象征过神圣的东西，也象征过低贱的东西。

人类学家无可争辩地指出了世界的这个动荡的方面在产生宗教及其仪式、礼节、信仰、神话、魔法中所起的作用，而且，这些事情已经普遍渗透到道德、法律、技艺和工业之中。那些和它们相关联的信念和性情就是哲学和世俗道德慢慢发展起来的基础，也是那些随后而来的缓慢的发明、纯技艺和商业发展的基础。这个事实虽然是有趣而又有益的，但这些细节的东西并不是我们在这里所关心的。我们不必分心去考虑有关哲学来源的这些事实对于哲学，乃至对于今天占统治地位的学说所产生的结果。我们只要留心一个突出的事实：这个经验的世界，包含着不安定的、不可预料的、无法控制的和有危险性的东西。

有一句古话说：神灵生于恐惧。这个说法最易助长一个由牢固的主观习惯养成的误解。我们首先赋予孤立的人类一种恐惧

---

① 按古时迷信，这种眼睛所具的魔力是由嫉妒心和固执心所产生，一视即可加害于人。——译者

的本能,然后想象,他毫无理性地把那种恐惧投射到环境中去,广泛地散布开来,就好像是他的纯个人的局限性带来的结果一样,最后产生了迷信。但是恐惧,无论它是一种本能或是一种习得的东西,都是环境的一个机能。人恐惧,因为他生存在一个可怕的、恐怖的世界中。这个世界是动荡的和危险的。所引述的这些原始经验便很容易、很明显地证明了这个事实。话仍是初民的话,但手是自然界的手,而我们仍然生活在这个自然界中。创造神灵的并不是对于神灵的恐惧。

如果初民的生活中充满着向神赎罪求恕的行为,如果在他的节日宴会中所享受的东西也要愉快地与神灵们分享,这不是因为对超自然力量的信仰产生了一种赎罪、求恕和向神献礼的需要。每一种为人所获得和占有的事物都是由于他的行动而得到的,而这些行动除了可以使他得到所需要的愉快结果之外,也可以使他陷于其他可憎的结果之中。他的动作向未知的领域侵入,所以赎罪之礼,如果供奉及时,可以驱除那种甚至在兴旺的时候也会来临的(或者是这时候最常来临的)可怕后果。未知的后果既然从过去追逐而至眼前,那么,未来就更属不可知,具有更多的危险性了。按照这个事实,现在是带有凶兆的。如果决定未来命运的那些未知力量是可以抚慰和解的,那么,那种拒不研究如何获得它们的恩宠的人简直就是非常轻率而无知的。在享受现有的食物和友爱时,自然、传统和社会组织曾经协调合作,以增补我们自己的努力;而我们这种努力若是没有这种外来的增援,乃是十分微弱的。幸福来自恩典而不是我们自己。一个人若不能用自愿捐献的方式来答谢那些支撑他的帮助的话,他真是一个危险而又吝啬的人了。

这些事实在早期文化时代如此,在今天也还是如此。并不是事实已经改变了,而是保障、调节和承认的方法改变了。斯宾塞(Herbert Spencer)有时用直接经验的事实来描绘他所热衷的象征经验。当他说每一事实都有两个相对的方面——"一个是近的或者可以看见的方面,而另一个是远的或者看不见的方面"时,他表达了经验中每一个对象所具有的永恒特点。可看见的东西就是在看不见的东西里面,而结果,未被看见的东西决定着在已被看见的东西里面所发生的事情;可触知的东西动荡不安地躺在未被触及和未被把握到的东西上面。在事物之直接的、显著的中心面和决定着现有东西的来源与发展的那些间接的和隐蔽的因素之间,存在一种对立和潜伏着的不协调状况,这是任何经验都具有的一种不可磨灭的特征。我们可以把祖先对付这种对立情况的方法说成是迷信的,但这种对立情况却不是迷信。它是任何经验中最首要的成分(the primary datum)。

我们曾经以思辨代替迷信,至少是尽其所能这么做的。但是,思辨时常和它所代替的迷信一样,是不合理性的,且经常受文字的摆布。我们对付这个世界不安定性的一个奇妙的护身符就是否认机遇的存在,口里含糊其辞地嚷着普遍的和必然的法则、因果的普遍性、自然的一致性、普遍的进步,以及宇宙的内在合理性等等。这些魔术似的公式通过非魔术的条件获取力量。通过科学,我们已经获得一定程度的预见和控制的力量;通过工具、机械以及相伴随着的技术,我们已经把这个世界变得更适合于我们的需要,变成了一个更为安全的家园了。在我们自己和这个世界的危险之间,我们已经积累了一些财富和使自己安适的手段。我们有专门的娱乐活动,它是我们逃避和忘怀忧患的手段。但是,当这一切都说完、做完之后,这个世界最基本的恶并没有重大的改变,更别说消除殆尽了。一件偶然的事情,如最近的一次战争以及对未来战争的准备,使我们想到:我们很容易忽视这个事情,即我们所获得的成就只不过是设法把我们不愿意承认的事实掩蔽起来,并不能够改变这个事实。

以上所述初听起来有点悲观主义的色彩。但是,我们所关心的不是道德问题,而是形而上学问题,那就是说,关于我们生活其中的这个世界的本性问题。强调好运气、恩惠、喜出望外和不可强求的欢乐,以及我们称为幸福的那些不期而遇的事情等等,这是很容易做的事而且令人舒适。我们曾经求助于好运气,用来证明自然界中有危险。喜剧和悲剧是一样真实的。但是照传统的看法,喜剧听起来比悲剧肤浅一些。我们更有理由把不幸和错误作为世界动荡性的证据。恶是个问题,这是大家都承认的,而我们很少或从未听见过善也是个问题。对于各种善,我们视为理所当然;它们是其所应是;它们是天然的和固有的。善是我们应得的东西。当我们从事物中抽出了好东西时,我们用它来证明世界上有真实的因果秩序。因此,很难把存在中的好事像坏事那样用来作为自然界不安定的有力证据。我们把坏事称为偶然事件,而不把好事称为偶然事件,即使后者的偶然性是同样确定的。

有人会问,说这些话到底是为什么呢?说善和恶的随意的分配乃是存在的动荡性、不安定性的证据,这句话是真的,从某个角度看来,这是老生常谈,反复说这句话并没有提出什么问题来。但是,这里却提出了这样一个看法:正是由于稳定性和不安定性两者不能分解地混合着这样的一个情形产生了哲学,哲学中反复出现的问题和争论都是对这个情形的反映。如果说古典哲学讲了很多统一性,但很少讲不可调和的分歧性;讲了很多永恒的东西,但很少讲变易(只是把它融合在永恒物之中);讲了很多必然性,但很少讲偶然性;讲了很多包罗万象的共相,但很少讲难以驯化的殊相,这也许恰恰由于实在的含糊不清和模棱两可的状态实际上是普遍存在的。既然这些事情构成了问题,那么,这个世界所呈现出来的稳定性和安全性越为我们所掌握和肯定,就表明问题的解决越明显(虽然不是更为现实一些)。从表面上看,各个哲学派别对这个世界的认识是多种多样的,乃至产生尖锐的对立。从唯灵主义到唯物主义,从绝对主义到相对主义的现象主义,从超经验主义到实证主义,从唯理主义到感觉主义,从唯心主义到实在主义,从主观主义到纯客观主义,从柏拉图式的唯实论到唯名论,这一系列矛盾让人印象如此深刻,以致使怀疑论者认为,人的心智在从事着一种不可能完成的工作,或者认为,哲学家们沉溺于幻想之中。然而,哲学家们的这些激烈冲突却暗示我们向另一个方面去考虑问题。它们暗示着一切不同的哲学派别都具有一个共同的前提,而它们之间的分歧是由于接受了这个共同的前提。不同的哲学派别可以被看作是为了否认宇宙具有偶然性的特征而提供的不同答案,但宇宙的偶然性如此根深蒂固,于是对偶然性的否认就使得从事反思的心灵陷入一团乱麻,使得接踵而至的哲学思考只能听命于个人的气质、兴趣和局部环境的支配了。

因此,在各个冲突的哲学派别之间的争吵,乃是一种家庭内部的争吵。这些争吵是在一个很狭小的家庭范围内进行的,只要超越这个场所而走出家门,问题就能解决。他们都盼望这个真实存在的世界具有完全的、已完成了的和确切的特性。为了达到这个结果,他们不惜把事物分裂成两个没有联系的部分,这样一来,他们所需要的特性似乎就可以在理性或方法之中发现;在理性的概念(如数学概念)或在粗糙的事物(如感觉材料)之中发现;在原子或在本质之中发现;在意识或在控制和驾驭意识的外在的物理存在中发现。

与这种把确切的、有规律的和完成了的东西和实在等同起来的做法相反,未经思辨的经验发现了一个另外的世界,并指向另一个形而上学。我们生活在这样一个世界之中,它既有充沛、完整、条理、使预见和控制成为可能的反复性,又有独特、模糊、不确定的可能性以及后果尚未决定的种种进程;而这两个方面(在这个世界中),令人印象深刻且无法抗拒地混合在一起。它们并不是机械地而是有机地混合在一起,好像比喻中的小麦和稗子一样。我们可以区别它们,但不能把它们分开来,因为它们和小麦与稗子不同,它们是在同一个根上长出来的。有缺点是它们有优点的必要条件;真理的作用是产生错误的原因,变化使得永恒有意义而规律性使得新颖的东西成为可能。在一个全是风险的世界中不可能有冒险,而只有在一个有生命的世界里才有死亡。这些事实曾经被思想家们如赫拉克利特(Heracleitus)和老子所颂扬过;它们也曾受过神学家们的欢迎,被看作是颁赐神恩的时机;它们也在相对的原则之下为各个学派详细阐发过,自身被看作终极的和绝对的东西。它们很少被坦诚对待,被看作是形成自然主义形而上学的基本要素。

亚里士多德也许最接近于从这个方向开始的。但是,他的思想在这条道路上走得并不远,尽管它可以用来提示那条他本人并没有走的路径。亚里士多德承认有偶然性,但是他从不放弃他喜欢固定的、确切的和完成了的东西而产生的偏见。他的关于形式和目的的学说全都是在主张：圆满固定的存在是优于一切的。他的物理学就是把必然性和偶然性排列起来分成贵贱的等级，即以必然性作为衡量高贵性和真实性程度的准绳，而同时以偶然性和变易性作为衡量"存在"之缺陷程度的标准。关于在经验上常碰到的那种普遍性、特殊性和机遇性混合的情况，他是这样回避的，即把空间划分为若干区域，而使这些特性在自然界的各个不同部分中各有它们的寓所。他的逻辑学就是一种关于定义和分类的逻辑，当变化着的和偶然性的事物被归结到低级事物的类别之中去而与必然的、普遍的和固定的事物区别开来之后，逻辑的任务就算完成了。出现在思想之中的机遇，没有被用来计算可能性，从而预测可观察的事件，它只是被当作低级推理的标志。变动的事物和具有永久规律性的事物之间有着内在的区别。变易被坦率地认为是某些事物的真正特点，但他把变易作为"存在"的内在缺陷而与永不变易的"存在"相对立起来，这样又把他所承认的这一点回避了。变易的事物属于涤罪所①内的东西，在这里面，它们无目的地漂流着，直到后来由于它们热爱永恒的形式而得到拯救，于是得以升入一个充实无缺的"存在"的天堂中去。略为夸张一些，我们可以说：亚里士多德对于静止和运动、完成了的和没有完成的东西、现实的和潜存的东西下定义、加以区别、进行分类的这个彻底的做法，较之那些走捷径、肯定变易即是虚幻的人们的做法，更加有利于巩固那个把固定的和有规律的东西与"存在"的

---

① "Purgatory"：按天主教的教条，人死之后进入天堂之前先要在这个涤罪所内洗净他在生前所犯的一切罪恶云云。——译者

真实性等同起来,把变动的和危险的东西与"存在"的缺陷等同起来的优雅的传统。

他的哲学较之大多数的近代哲学更为接近经验事实的地方,即在于它既不是一元论,也不是二元论,而是公开的多元论。不过,他的多元仅限于一个语法体系之内,语法体系的每一部分都有相应的空间等级与之相对。因此,他的多元论解决了如何使鱼与熊掌二者得兼的问题,因为这种把多种多样的东西分门别类、按照一定等级次序排列起来的办法丝毫不会有我们这个现实世界中所有的那种杂乱无章和不相协调的气味了。就这个从分隔出发的分类计划而言,各个不同的哲学家都追随着他所指出的道路,虽然也许是在无意之中这样做的。因此,康德(Kant)把一切杂乱无章的东西都归结到一个领域——感觉领域中去,而把一切整齐和有规则的东西归结到理性的领域中去。因而,那些在存在中由于变化的东西和恒常的东西、必然的东西和不安定的东西混乱多样的结合而产生的具体问题就不见了,代之而起的乃是关于感觉与思维相结合这样一个简单的、包罗一切的辩证问题了。

前面曾阐述过,一个在行动中有益的道德灼见已被转变成一个先在的关于存在的形而上学,或者被转变成一个普遍的知识论。努力地使意义的稳定性胜过事情的不稳定性,这是人类智慧活动的主要任务。但是,当这种活动脱离技艺领域而被看作一定事物(不管宇宙论的还是逻辑的事物)的特性时,人的智慧活动反倒成为无用的;而某一类人偶然的幸运则被赋予很高的价值,但这种幸运来自另一类人的劳动成果,正是这些劳动成果赋予生活以尊严和稳定的闲暇。

这个论点并没有忘了自赫拉克利特到柏格森(Bergson)以

来，关于变易的各种哲学体系或形而上学体系。人们很感谢他们，因为他们使被古典的、正统的哲学所丢掉的东西仍然活着。但是，这些动的哲学也显示出其对于确切和稳固的东西有着一种强烈的渴望。他们把变易变成了普遍的、有规则的、确定的东西，因而使得变易神化了。我这样说，并不是文字上的游戏。请考虑一下黑格尔、柏格森和那些自称主张变易的进化论哲学家们对待变易时那种全盘颂扬的姿态。在黑格尔看来，变化是一个理性过程，它定义了逻辑，虽然这是一种新颖奇怪的逻辑，也界定了一个绝对的神，即使这是一个新颖奇怪的神。在斯宾塞看来，进化只是求得一个具有和谐适应性的、固定的和普遍的均衡的一个过渡过程而已。在柏格森看来，变易是神的创造性的活动，或者就是神——到底是哪一个，我们也弄不清楚。变易之变易不仅是这个世界中转瞬即逝的烟花表演，而且是一个神圣的、精神的能量的运行过程。在这里，我们提供的是药方而不是描述。浪漫主义乃是披着玄学外衣的福音。它为了变易本身而歌颂变化，因而它回避了变易所要求的从事于了解和控制这种艰苦的劳动。流动变成了一种被尊敬的东西，与我们所拥有的最好的东西（即意志和创造力）最为接近。它不再像它在经验中一样，是一种努力奋斗的号召、一种激起人们从事研究的挑战、一种潜在的灾难和死亡的厄运。

如果我们依照古典术语，哲学是对于智慧的爱，而形而上学是对于存在之普遍特性的认识。按照形而上学的这个意义讲来，不完全的状况和动荡的状况乃是一种特性，它必须拥有与已经完成了的和固定的东西同等的地位。爱智就意味着要发现这一点对求善的生活所具有的意义。在认识方面，问题主要是，在生活的情境中,如何认识这两方面之间的比例、程度。而在实践方面,它所关心的问题是如何利用每一方面,使其得到最好的安排。人在从事观察和描述时是天生具有哲学精神的,而不是倾向形而上学或是冰冷的科学理智的。既然谈到明智,就不得不谈被尊称为智慧的东西,人类之所以天然赞赏知识,只是因为知识在我们趋善避恶时能影响到成功和失败。这是一个关于我们自身结构上的事实,而把它奉为一个理想的真理,什么也得不到。认为理智与纯真理本身或纯事实本身具有一种内在的关系,这同样什么也得不到。第一个方法鼓励武断,而第二个方法表达的只是一个神话。为知识而爱知识,是道德上的一种理想,它是正确地理解善果和有效地追求善果的智慧的一个必要条件。因为要实现目标,智慧就要依赖于对条件和手段的熟悉;如果这种熟悉不充分、不正确的话,智慧就会变成自欺——经过了升华的愚昧。

一方面,除了洞察事实或真理在行为中对我们所要求的是什么,以及在苦乐中所加给我们的是什么以外,否认心灵对于事实或真理本身有什么内在的关系;另一方面又肯定,忠实于事实、忠实于真理乃是一个必要的道德要求,这两方面之间并没有矛盾。否认与独立于人的选择和企图的自然条件有关;而肯定则与选择和行动有关。但选择和选择中所包括的反省活动本身也是偶然性的事情,而和其他事情的动荡不定联系如此密切,以至于哲学家们很容易就假定形而上学和关于事实与真理的科学本身就是智慧,并欲借此避免必然要从事的选择或认可选择的活动。结果是把自己所未言明的道德观念或智慧变成了宇宙论,变成了关于自然的形而上学,在上一章里这曾被称为"最基本的哲学错误"。它提供了一个技术性的公式,思想家们就借助这个技巧把不安定和没有完成的东西贬黜到惹人怨恨的不真实的境界中去,同时却有系统地把已确定的和已完善的东西抬高为真正的"存在"。

就智慧而言,由于人类乃是从事物与人类行为的联系中去注意好的事物和坏的事物的,因此,思想家们关心于如何减少生活中的不稳定状况,提倡中庸、节制和经济,而当遭遇到最坏的事情时就提出安慰和补偿的方法。他们考虑如何使好的事物更稳定一些,使坏的事物更不稳定一些;他们留意如何可以把变易所达到的后果变成有用的事情。这个持续不断的、不完善的和充满了各种模糊的可能性的世界中的种种事实,对于追求绝对和终极的行动来说,是刺激和悲哀。于是,当哲学家们在反思中偶然见到一个在性质上稳定良好,所以值得持续追求选择的事物时,他们便裹足不前,并从选择所要求的努力奋斗中退出来;就是说,不去努力使这个被观察的事物具有当它被思及时在性质上所具有的那种稳定性。因此,它就变成了一个避难所,可以安然地从事玄想,或者变成了一个辩证推演的主题,而不是激励和指导行为的一个理想。

既然思想家们宣布他们所关心的是存在的知识,而不是想象,他们就得证明这种对知识的要求是合适的。所以,他们把对这个稳定良好的对象在想象中的知觉转变成一个对真正实在的定义和描述,把它和低下的、似是而非的存在物进行对比;而且,既然后者是动荡的和不完善的,因而只有前者才使得我们有必要进行选择和积极的斗争。因此,他们便把产生哲学思考和赋予那些结论以意义和影响的特点排斥于现实存在之外。在最简化的公式中,"实在"变成了我们希望存在变成的那个东西,这是在我们分析了它的缺陷并决定用什么来消除这些缺陷之后的事情。

"实在"就是存在物将变成的样子。我们在理性上的爱好在自然中业已完备地建立了起来,它们包括和说明了它的全部存在,因而使探求和斗争都成为不必要的了。所剩下来的东西(既然烦恼、斗争、冲突和错误在经验中仍然存在,就确有东西被剩下来)通过定义,被排斥在全部实在之外,于是就被安排在一个从形而上学上讲来是较为低下的存在的等级或秩序上。这个秩序,跟真正的和实在的东西对比起来,有各式各样的称呼,被称为现象、错觉、人心或者单纯的经验。于是,形而上学的问题改变了:它不再去观察和描述存在的普遍特征,而是努力去调整或协调两个分开的存在领域。在经验中,我们现有的正是我们所由出发的东西,即动荡的和有问题的东西跟确定的和完善的东西两相混杂的状况。但是,通过一个建立在欲望之上而为反思性的想象所阐发的分类办法,把这两个特征分裂开来,一个被称为实在,另一个被称为现象。于是,怎样通过积极地运用那种稳定的因素以求减少和节制麻烦的因素这个真正的道德课题,便被置于视野之外。而如何把这两个概念在逻辑上调和起来这样一个思辨的问题,便取而代之了。

在这些分类的办法中,流行最广、最吸引人的一种办法就是把存在分解成为超自然的和自然的东西。人害怕神灵,但尽人皆知,没有什么东西让神灵害怕。他们过着一种无忧无虑的宁静生活,这种生活使他们愉快。在划分经验对象的原始形式和那种在思辨上把全知、全能、永恒性和无限性视为神灵之属性,而相反地,把有限、缺陷、限制、斗争和变易视为人类和被经验到的自然所具有的属性的办法,这两者之间有很长的一段历史。但是在人类的心理结构之中,后者的历史乃是蕴藏在早期粗糙的划分办法之中的。一个领域是安然享受和占有的地方；另一个领域则是艰苦奋斗、瞬息即逝和挫折重重的地方。在今天，有多少人能看到：他们只是通过指明人的"有限性"（即产生愚昧、偶然生灭、失败和奋斗的自然特征性）来解决愚昧、斗争和失望的——好像有限性，它除了对自然本身所具有的若干具体的、可区别的特征进行抽象的分类性的命名之外，还别有所指似的。人类喜欢用思辨活动（即展示"有限"如何与"无限"共存，或"有限"如何在"无限"之中）来代替如何应对偶然性事物的问题，想通过区分和命名来解决问题。这种做法肯定是要失败的，但这种失败却可以用来再一次证明人的理智的有限性和无用性，因为"有限的"生物软弱无力，无法消除愚昧和残酷的厄运。于是，智慧就变成了借助于教条和迷信对暂时的、有限的和属于人类的东西与永存的、无限的东西的关系进行管理，而不是通过对现实条件的了解来对生活事务进行控制。

在这里要发现这个混乱颠倒，并不需要多少聪明才智。很明显，起点就是有规则的和可靠的东西跟不安定的和不确定的东西的现存混合状态。据说现在已有许多方案，可以获得一种对稳定的和最后的东西的替代性的占有，而不必投身于艰苦的理性工作中去努力控制这些最后结果所依赖的条件。

这种情境是值得注意的，因为这个例子说明了一个关于智慧、对善的反省领悟的学说是多么易于变成一个关于存在的描述。它对某一种形而上学的主张有着直接的影响。这种形而上学的主张不像超自然的和自然的东西的区分那样流行，但却是专门而有学术性的。哲学家对这种关于天地、神灵、自然和人类的通俗形而上学所具有的那些粗俗形式，也许是不大尊敬的。但哲学家进行工作的方式有时却和产生这种通俗形而上学的方式相类似,有些最令人喜爱的形而上学区别相对于通俗的信仰中关于超自然和自然的、神圣的和人间的粗俗概念来说,似乎只是依赖于一种复杂的理智技巧而产生的一个精致的副本而已。我所指的是这类的事情:例如柏拉图式的对理念的模型和物理的要素的区分、亚里士多德式的对作为现实性的形式和作为潜能的物质的区分,这种区分被理解为实在在等级上的一种区分;康德的对本体事物(即物自身)与作为自然客体的现象事物的区分,此外,还有流行在当代绝对唯心主义者之中的本体和现象的区分。

然而,这种区分并不限于倾向唯心主义的哲学家们。有证据表明,柏拉图是从德谟克利特(Democritus)那儿得到"理念"(Idea)这个名词来命名本质形式的。无论事实是否如此,德谟克利特的"理念",虽然和柏拉图的"理念"有着极其不同的结构,它的作用同样是用来指称一种完美的、完善的、稳定的、完全不动荡的实在。这两位哲学家都渴望坚实性而且都找到了它:柏拉图所说的现象的流变,就是德谟克利特所说的在流俗或普通经验中的事物;相应于理念的型式,便有实体性的、不可分割的原子。相应于柏拉图的理念论的,还有近代关于数学结构的理论,认为只有数学结构才是独立自在地真实的,而由它们所产生的经验上的印象和暗示则相应于柏拉图所说的现象领域。

除了唯物主义和唯心主义的学派以外,还有斯宾诺莎式的关于属性和样式的区分,旧式的本质和存在的区分,及其近代的对应物,潜存和存在的区分。我们不可能把罗素(Bertrand Russell)先生强行纳入传统哲学柜子中的任何一个小格子里去。但是,当他说数学把我们"带进了一个绝对必然的领域,对于这个领域不仅这个现实世界,而且每一个可能的世界都是必然要遵照的"时,在他的形而上学中显然具有道德或哲学意义的动机。的确,运用他的流利的语言,他说,数学"发现了一个永久长存的寓所,在这儿,我们的理想完全得到满足而我们最好的希望也不会受到阻碍"。他还说,对于这些对象的沉思默想,乃是"克服软弱无能、缺点、被流放于恶势力之中等可怕的感觉的主要手段,我们承认外来力量之万能,就容易产生这些感觉"。这句话里显然有道德因素夹杂在内。

没有一个现代的思想家曾像桑塔亚那那样很有说服力地指出,"理想世界的每一方面都生发于自然",又说"感觉、技艺、宗教、社会丰富了自然"。然而,如果人们没有误解他的意思——他主张,自然只有在对物理科学所获得的本质进行的一种审美的冥想中才能够通达。这种冥想是一种想象,它是通过一种使物质发生实体变形(eransubstantiation)的思辨过程"从存在过渡到永恒的方式)来实现的。"——那么,这些说法将会使他的追随者们迷惑,使他的批评者们混乱模糊。再者,这条路如此完整以致没有回头路可走。作为自然之果实的那些稳定的理想意义,由于它们是自然的最高和最真的果实,而被禁止在自然中散布种子,继续种出果实来。

因此,他虽然看到了自然的动变和静止的理想形式的永恒性之间在生成意义上的连续性,但他重复了旧传统,终于又造成了一种尖锐的区分。如果说理性的最后状态被认为就是把自然看作一个完整的机制,并且这个机制又产生和支持着对这个机制的观看,这种说法也许是一个讽刺。但这个讽刺却不是我们任意制造出来的。假如偶然性和必然性的分隔被消除了,那么就必须相信:科学在它掌握自然界中有规则和稳定的机制的同时,也是一种这样的工具,通过它本身的扩展,对自然界在人类交际、技艺、宗教、工业和政治中的那种更丰富而又不规则的表现予以调节和充实。

沿着上面这个建议推论下去,就会使我们论及一个留给我们以后考虑的主题。在这里,我们所涉及的是这个事实:人类之所以热爱智慧而建立哲学,乃是由于在存在中,这种稳定的和动荡的东西、固定的和无法预测的新奇的东西、确定的和不定的东西复杂混合的状态所致。然而这种探求的结果,其方法虽是多种多样的,却往往易于转变成为一种形而上学,而这种形而上学却又否认或者隐藏产生它的(或是使它的结论具有意义的)那个存在的特征。这样的否认最经常采取的形式就是那种显著的区分:一个高级的、真正的存在领域和一个低级的、虚幻的、无意义的或现象的领域。这是各种不同的形而上学的体系,如柏拉图和德谟克利特、圣·托马斯(St. Thomas)和斯宾诺莎、亚里士多德和康德、笛卡尔和孔德(Comte)、海克尔(Haeckel)和爱迪(Eddy)夫人的体系所共有的特征。

这种既承认又否认的混乱情况也出现在"绝对经验"这个概念中,似乎还有什么经验比标志着人类生活的那种经验更能绝对地成为经验。这个概念是最近提出来的策略,首先承认然后再否认世界具有这种既稳定而又不稳定的本性。它痛苦地看到,我们的经验是有限的和暂时的,是充满错误、冲突和矛盾的。这就是承认,构成自然(在历史中所表现出来的自然)的那些对象和联系乃是动荡不定的。然而,人类的经验对于真、美和秩序也有真诚的渴望。不仅有这种渴望,而且也有成功的时刻。经验表明,我们有占有和谐对象的能力。它表达的是一种在一定范围以内维护优良的对象,以及回避和减少令人厌恶的对象的能力。只是而且永远是完善和良好的绝对经验的概念,首先阐明的是,现实经验中的事物具有为人们所渴望的含义;然后就断定说,只有它们才是真实的。因此,那些所经验到的事情,如果它们巩固、适应了有一个更好的世界的愿望;那些实验性的企图和计划,如果它们使现实经验的对象有可能得到现实的改良,那么,它们就被排斥于真实的存在之外,而被纳入到不稳定的现象之中。

因此,"绝对经验"这个概念可以用来作为代表两个事实的一种符号。一个事实是,相对稳定的东西和相对偶然的东西在自然中有一种不可分割的联合。把被经验到的事物的运动和指向划分成为这样两个部分,即一部分构成和界说绝对的和永久的经验,而另一部分构成和界说有限的经验,这丝毫也没有告诉我们任何有关绝对经验的事情。它按照经验自身存在的情况,告诉了我们许多有关经验的事情,例如经验既包括永久的和一般的参照对象,也包括暂时的变化的事情;既有真理也有错误的可能性;既有明确的对象和善果,也有一些事物,它们的重要意义和本性只有在一个尚未决定的未来中才可得到决定。如果把一种类别称为绝对经验,而把另一种类别称为有限经验,这除了给我们一种讨论思辨问题的快感之外,是一无所得的。这种关于绝对的和现象的经验哲学的拥护者诉诸一个逻辑的标准,即在每一个判断中,无论它是怎样地错误,都暗示了一个排斥任何矛盾的、具有一致性的标准。这个学说本身所有的内在逻辑矛盾是值得注意的。

第一,终极性的"绝对经验"无论在内容和形式上都是从现实经验的各种特点中派生的,而且是以它们为基础的。这种现实经验在这时被至高无上的实在(它自身是从非实在之中来的)贬谪为非实在的东西。它只有在它提供到达最后的实在的一个跳板和提供寻求最后实在的本质内容的一个启示时才算是真实的,之后便顺从地变成了单纯的现象。如果我们从这种绝对经验的立场出发,便会再一次出现矛盾。虽然绝对的、永恒的、无所不包的、圆融无碍的一个完整体在逻辑上是这样完美无缺,以致其中不能有任何分隔物存在,更谈不上有任何裂缝存在,但接下来,它却对自己开了一个悲剧式的玩笑(因为此外再也没有其他东西可被愚弄了)。它将变成褴褛的衣服和光耀夺目的装饰品所组成的一种光怪陆离的结合,日常经验中的那种暂时的、片面的和冲突的事物(包括精神的和物质的事物)是其外表。我并不认为这些论证上的矛盾具有什么内在的重要性。但是有一派学说,它公开宣布它是以逻辑上的一致性为其方法和标准的,而它的拥护者在一些专门问题上又是以在辩论上的敏锐性著称的,结果竟陷入如此的矛盾之中。引用这个事实是为了证明:归根到底,这个学说仅仅是把自然中总是相互连接和相互渗透的事物的特征武断地加以分类而已。

偶然的和稳定的东西、不完善的和重复发生的东西的这种结合,确实是我们的困难和问题的条件,也同样确实是一切被经验到的满意状态的条件。它固然是无知、错误和失望的根源,但同时也是愉快(由事情的完成所带来的)的根源。因为假使中途没有障碍,假使没有偏差和阻力,事情就会立即完成;但在这种情况下也就无所谓完成,而仅仅有那样一个情况而已。它就会和欲望或满意没有联系。再者,当一个事情的完成被断言是好的,这时候,它之所以被判断为是好的,被突出而加以肯定,就是因为它处在危险之中,就是因为它产生于许多冷漠的和有分歧的事物之中。由于这种有规则的和不稳定的东西的混合,一个好的对象一旦被经验到之后,就获得了理想的性质从而引起了对它的需要和努力。某一个特定的理想也许只是一个幻想,但具有理想这一件事,其自身却不是一个幻想。它体现的是存在的一些特点。虽然想象经常是幻想,但它也是自然的一个工具,因为它所代表的环节正是从不确定的事件转向确定后果(现在还是可能性)的过程。一个纯粹稳定的世界不容许有幻想,但也就不会有理想了。它只是存在而已。"是好的",意思是"比较好一些";但是只有在令人震惊和不和谐的地方而且有确切的把握可以获得和谐的时候,才会"比较好一些"。较好的对象,当其变成现实的时候,就不再是理想的,而是存在的东西了。只有在回顾中把它们当作由原先的冲突所产生的结果的一种纪念物,以及在前瞻中与使它们毁灭的力量进行对比时,它们才仍然保留其理想的性质。解渴的水,或者解决问题的结论,只有当口渴或问题仍然使结果显得很重要的时候,它们才有理想的特性。但不是用来满足需要的水,和从水管中流入蓄水池的水一样,并没有理想的性质。当产生疑惑、含糊和探求行为的前提条件脱离了它的具体环境时,对问题的解决方案就不再是一个方案而仅仅是一个存在的事件了。生存的动荡性的确是一切烦恼的根源,同时也是理想性的一个必要条件;当它和有规则的和确切的东西结合在一起时,就变成理想性的充足条件了。

处于一个烦恼的世界之中,我们渴望有完善的东西。我们忘了:使"完善"这个概念具有意义的,乃是这些产生渴望的事情;而离开了这些事情,一个"完善的"世界就只是一个不变化的无感觉的存在物。美感对象的理想意义也适用这个原则,并不是例外。它们所具有的这种使人满意的性质在被激起的同时,它们所具有的那种令人平静的能力,并不像实用的和科学的对象所具有的那种在理想中使人满意的性质一样,依赖于某种先前的欲望和努力。它们是无缘无故的,不是任何努力所能得到的,这是它们特有的这种使人满意的性质的一部分。在这个世界中,大多数理想的实现都是从辛劳中得来的,而美感对象却超脱于这种辛苦劳动,和烦恼与不安有显著的不同,这就赋予了美感对象以特殊性。假如我们获得一切事物和我们获得美感对象一样,那么就没有事情会成为美的快乐的来源。

近来,某些哲学很重视需要、欲望和满意的问题。批评者们时常认为,其结果仅仅是一种旧的主观经验主义的重演,不过用情感和意志的状态代替认识的感觉状态罢了。但是,需要和欲望乃是自然存在的表现者。如果我们运用亚里士多德的术语,它们乃是自然存在之偶然性和缺陷的现实化过程(actualizations)。自然本身原来就是使人渴望和惹人哀怜的,是激动的和热情的。假使不是这样的话,人之所以有需要就会是一个奇迹。在一个世界里,如果一切东西都是完善的,那么任何东西的完成都不需要其他的东西。如果事情的完成只有经过其他瞬息万变的事情的同步协助才能达到,那么这个世界就是有需要的,就是一个有所不足的世界,就像一个乞丐有所乞求一样。如果人类经验是表达、反映这个世界的,它必然具有需要的特点;当意识到事物的这种既需要也被需要的性质时,它必然会投射出各种满意或完善的状态。因为不管对满意是否有意识,满意或不满意乃是具有客观条件的一个客观事物。它意味着客观因素的要求得到了满足。快乐标志着人意识到了这种满意,而且它就是满意的最高的形式。但是,满意并不是主观的、私自的或个人的,它是受客观的片面性和缺陷所制约的,并且由于客观的情境和完善而成为真实的。

根据同样的逻辑,必然性意味着动荡和偶然性。一切都具有必然性的世界就不会是一个必然世界,它只会是存在而已。因为在它的存在中,没有东西对其他东西来说是必要的。但是,如果某些事物是有需要的,那么要满足要求,某些东西就是必要的了。一个完善的世界,是一个必要性在其中没有意义的世界。人们之所以没有看到这个事实,乃是由于从一个语言领域(universe of discourse)迅速地转移到了另一个语言领域的缘故。首先,我们设定有一个"存在"的整体,然后我们转移到一个部分上,现在,既然一个部分从逻辑上讲来,它本身在其存在和特性方面都是依附性的,它必然需要其他部分。但是,在我们把某些东西标明出来当作一个部分的时候,已然在无意之中引入了偶然性。如果坚守原来那个概念的逻辑含义,一个部分就已经意味着是"整体的一个部分"。部分之所以为部分,并不是这个整体或其他部分需要它,而只是整体之所以为整体的另一个名称而已。同样,整体和部分都只是存在之为存在的命名而已。但是在我们能说"假使怎样怎样,那么别的东西就怎样"的地方,就有了必然性,因为这里包含有片面性的意思,它不仅是"一个整体的部分"而已。一个"假使"的世界,才是一个"必须"的世界——"假使"表示真实的差别;"必须"表示真实的联系。稳定的和重复发生的东西是实现可能性所需要的,令人疑惑的东西只有在它适应了稳定的对象之后才能安定下来。必然并不是为了必然而必然,它是为某些别的东西所必需的,它是为偶然所制约的,虽然它本身是全面界定偶然的一个条件。

在哲学思想史中,最突出的一种情况就是,反复地把统一性、长久性(或"永恒性")、完备性和理性的思维结合在一起,而在另一边把复杂性、变易、暂时性、片面的、有缺陷的东西和感觉与欲望结合起来。这样的区分显然是把动荡的、不安定的东西和有规则的、确定的东西进行粗暴割裂的又一事例。然而,它有一个方面是值得注意的:思维和统一性被联系起来了。从经验上讲,一切的反省都是从疑难的和混乱的情境出发的。它的目的是要求清晰明确。当思维成功的时候,它的整个进程的结果乃是把混乱的东西变成有秩序的东西,把混杂在一起的东西变得泾渭分明,把不清楚和模糊的东西变成明确无疑的东西,把割裂了的东西变成有系统的东西。从经验上可以肯定:思维的目标并非仅仅是一个理想,而是时常能够被实现的,因而使得去达到这个目标的努力是合理的。

我以为,在这些事实中,我们找到了某些哲学学说在经验上的根据。这些学说主张,实在确实是一个理性系统,是前后融贯的关系整体,除了借助于理智之外是无法理解它的。反省的探究在每个特殊的事例中都是从差别转向统一;从不确定的和模糊的位置转向明白确定的位置;从杂乱无章转向有条不紊。当思维在一件特定的事情中实现了有组织的总体目标,实现了使许多截然不同的要素获得确切的关系这个目标时,这个目标便成为推进经验的现有出发点和确切的题材,先前的昏暗和不可调和的差别、那个过时了的前提被当作无知和曲解的一个过渡状态而消失了。保留这个目标和它所由达到的思维之间的联系,再把它和真正的实在等同起来,以区别于单纯现象的东西,于是在我们的面前便有了一个关于理性的和"客观的"唯心主义的逻辑轮廓。思想和"存在"一样,具有两种形式:一种是实在的,另一种是现象的。它被迫去反思,这包括怀疑、探究和假设,因为它是从一种为感觉所制约的题材出发的。这个事实证明了人的思想、理智并不是纯洁的,而是被一个生物有机体所限制的;而这个有机体又是与自然的其他部分相联系的一个部分。但是,反省思维的结论给我们提供了思想上的范式和保证,它是建构性的,与客观实在的体系是一致的。这是形成一切本体论的逻辑学说的一种大概程序。

一种采用直指法或经验法的哲学完全接受这样一个事实:反省思考把混乱、模糊和矛盾转变成明朗、确切和一致。但是,它也指出思考所由发生的那个情境,它留意到出发点是那个实际有问题出现的地方,而这个有问题的阶段就寓于某种现实的和特定的情境之中。

它留意到:把可疑的不完备的东西变成确定的东西的那种方法,就是对确定的和已经建成的事物的利用,而这些事物和不确定的东西一样也是经验的,也具有被经验到的事物的特性。因此,它留意到:思维跟用自然的材料和能量(例如火和工具等)来提炼、整理和塑造其他自然的材料(例如矿)是一样的,没有种类上的差别。在这两种情况之下,既存在着其现况使人不满的事物,又存在着能够处理它们和连接它们的手段。两者在任何地方都没有跳出经验的、自然的对象及其关系。思维和理性并不是特殊的力量。它们的活动程序就是有意识地将令人不满的混乱和不定的状态和有规则的、稳定的状态联结起来。这些观察概括出来的结论就是,经验哲学感到:思维乃是始终在一个经验世界中在时间上的连续重组的过程,而不是从这一个世界跳跃到另一个被思维构造出来的对象世界的过程。因而,它发现了理性唯心主义的经验根据,以及它在经验上走入迷途的地方。唯心主义未曾把思想所由发生的那种不确定情境所具有的特殊性或具体性估计在内;它未曾留意到获取确定性和一致性的那种题材、动作和工具在经验上所具有的具体性;它未曾留意到作为最后的结论的那些具有确定性和一致性的对象,它们本身和我们要处理的情境是一样地纷繁众多。因此,把反省的逻辑转变成一个关于理性实在的本体论,乃是武断地把一个最后产生的那种自然的统一功能转变成一个因果性的前提性的实在的缘故。而这又是由于一种想象的倾向,这种想象是在这样的一种情绪影响之下活动着的,即把统一化的作用从一个现实的、客观的和实验性的活动(这种活动仅限于需要它的那些特殊情境之中)带到一个无拘无束、广阔无边的运动中去,而这个运动最终走向包罗一切的幻梦。

反省的出现对二元论的形而上学,像对唯心主义的本体论一样至关重要。反省只发生在具有不安定的状态、有选择的可能、有疑问询求假设、有衡量思维价值的暂时的尝试或实验等性质的情境之中。自然主义的形而上学必然认为,反省本身是自然的事情,因自然所具有的特性而发生在自然之中。它必须精确得像科学从日月星辰、辐射作用、闪电风暴或任何其他自然事情中进行推论一样,从思维的经验特点中进行推论。反省的特征像这些自然事情的特征一样,可以用来指示和证明其他事物。如果有人否认太阳的显明特征,或者否认这些特征是和其他自然事情的特征联系着的,以致它们能够用来作为证明其他事物本性的根据,从而建立一个关于太阳之发生和运行的本性的学说,那么这个学说就很难具有科学依据。然而哲学家们,而且十分奇怪的是一些自命为实在论者的哲学家们,却常常主张思维所特有的这些特征,如不安定的状态、有选择的可能、探究、寻求、抉择、对外界条件进行试验性的改造等等,不具有像有效的知识对象一样的存在特性。他们否认了这些特性能用来证明思维所由发生的这个世界的性质。作为实在论者,他们未曾说这些特性仅仅是现象,但是却时常说或暗示说:与客观世界相比,这些东西只是个人的或心理的东西。但是,经验法和直指法的兴趣跟自然主义形而上学的兴趣是完全相合的。现实的世界必然是这样的:它产生无知和探究、怀疑和假设、试验和暂时性结论。后面的这些乃是来源于生存的,虽然是完全"真实的",但同时却不像在它们经过重新组织之后所变成的那些东西那样令人满意、那样好或那样有意义。因此,在自然中真实存在的混乱、偶然、不规则和不确定的状况,其最终的证实是在思维的发生中被发现的。自然存在的特性激起了迷信的原始人类的恐惧和膜拜,也同样促成了秩序井然的文明社会中的科学工作。后者的优越性并不在于它们是以"真实的"存在为根据,而前者则是以一种一般来说不同于自然的人类本性为依据。它的优越性在于这样一个事实:科学研究获得了较好的对象,而它之所以如此乃是因为它运用了一种控制这些对象并加强对生活本身之控制的方法,运用了减少偶然事故、化偶然为有用之物、解放思维和其他活动形式的方法。

在自然中疑问性的特征和确定性的特征两者的结合,使得每一个存在乃至每一个观念和人类的动作,即使不是在计划安排上,也是在事实上变成了一个实验。所谓理智的实验态度,就是要意识到自然条件这种相互交叉的情况,因而从中取得利益,而不是对它唯命是从。基督教把这个世界当作一种暂时居住的地方(probation),这是一种歪曲的认识。它是歪曲的,因为它把这个观念笼统地应用到人的生存之上,而与原初的、最后的存在相对立。其实,能够在任何地方和任何时候存在的任何事物,都要服从于四周环境加在它身上的考验,环境中只有一部分因素能够与它相融或是对它有所促进。环境考验它的力量,衡量它的持久性。我们只有借助于与其他事物有关系的速度和加速度来谈变动,因此,对长久的和持续的东西的断言也是相比较而言的。我们所能讲到的最稳定的事物,也不能避免其他事物对它的制约。即使坚如磐石的山岩被当作恒定的标志,也和云烟一样,生灭无常,这是道德家和诗人的一个古老的主题。德谟克利特的原子所具有的那种固定的和不变的存在,现在据研究者说来,具有德氏所说的"不存在"的特性,因而体现了一种为了自然之调和与适应而保持的暂时的均衡状态。一个事物可以延续,长存现世,但并不是永存的。当它超越了一定的限度时,它将被时代的齿轮所碾碎。每一个存在都是一个事件。

  这个事实既没有什么可以令人愤懑的,也没有什么可以令人幸灾乐祸的。它是我们应加以留意和利用的东西。假使当它被应用到好的事物上,应用到我们的朋友身上,应用到财富上和宝贵的自我身上,它是令人沮丧的,①但可以使人感到安慰的是:任何恶事,并不是永远持续的;最长最直的道路,迟早总要转弯;对于失去了的最近最亲的人的悼念,会随着时间而逐渐淡下去。一切存在的这种善变的特点,既不能成为把变动理想化而奉为神灵的理由,也不能成为把存在分派到纯现象的领域中去的理由。重

---

① 意指这些东西是不长久的。——译者

要的是尺度、关系、比例，以及对于变化快慢的比较知识。在数学中，有些变数在某些问题中乃是常数，在自然和生活中也是这样。某些事物的变化速度是这样地缓慢，或者说是这样地有节奏，以致在对付变动更大的、更不规则的事情时，这些变化——如果我们对它们有足够的认识——便具有了稳定的东西所具有的一切优点。的确，某一个与我们有关的事物必然要有变化，但幸运的是，一切其他的事物也都要发生变化。一个"绝对地"稳定不变的事物会超越于作用与反作用、抵抗和杠杆作用以及摩擦作用等原理的范围之外。在这种场合下，就没有可应用性和可能性用来衡量和控制其他事变了。把这种较缓慢的和较有规则的、有节奏的事情称之为结构（structure），而把比较迅速的和不规则的事情称之为过程（process），这种做法具有实际的意义。它是就着另一事物表达了某种事物的功能。

但是，唯灵论的唯心主义和唯物主义同样把这种关系和机能上的分别当作某种固定的和绝对的东西。一个是在理想形式中发现结构，另一个是在物质中找到结构。他们都假定结构具有某种最高的真实性。这个假设乃是偏爱稳定的东西而轻视动荡的和不完备的东西的另一种形式。事实上，任何结构都是某些东西所具有的结构；任何被界说成为结构的东西乃是事情所具有的一个特点，而不是一种内在的、独自存在的东西。一组特性之所以被称为结构，乃是因为它对事情的其他特性具有限制的作用。一座房屋有一种结构，如果没有这种结构就会发生解体和崩溃，而和这个情况比较起来，结构就是固定的。然而，这个结构并非外在于在建筑和使用这座房屋时所包括的那些变化过程。毋宁说，它是对许多变化着的事实作的一种安排，其中变化慢的特性限制和指导着一系列快的变化而且赋予它们一个秩序,而这种秩序是它们在其他情况下所没有的。结构乃是手段的恒常性,是用来达到某种结果的事物所具有的恒常性,而不是事物本身绝对地就具有恒常性。结构使得架构成为可能,而且只有在某种现实的架构之中,它才能被发现或被界说;当然,架构就是变化的一个明显的程序。结构乃是变化所具有的一个稳定的条理。因此,如果把结构从变化中隔离开来,这将使结构变成一个神秘的东西——使它变成形而上学的(按照这个字眼的通俗意义)一种鬼影般的陌生的东西。

唯物主义者的"物质"和唯心主义者的"精神"在缺乏想象力的人们的心目中,乃是一种类似美国宪法一样的东西。显然,真正的宪法乃是这个国家公民活动的一定的基本关系。它是这些活动过程的一种特性或状态,它与这些活动密切联系着,从而影响了它们变化的速度和方向。但是,它时常被那些按照字面解释宪法的人们理解为在这些过程之外的东西,它被认为本身是固定的,是一切变化所必须遵循的一个严格的框架。同样,我们所谓物质的东西乃是自然事情所具有的特征,它与迅速而可感知的变化联系紧密,给变化提供一种独特的节奏和秩序,也就是因果秩序。物质不是事情或过程的原因或来源,不是一个绝对的君主,不是解释的原理,不是在变化背后或下面的实体——除非把实体用在这个意义上,即当一个人能够得到这个世界上那些有利的事物的支撑,因而能够面对环境的突变而生存下去,他便是一个具有实体的人。物质这个名字系指一个活动着的特性,而不是指一个实体。

结构,无论属于所谓物质的这一类,或属于统称为心灵的这一类,乃是一种在关系上、在它的职能上稳定和持久的东西,这一点可以通过另一方式来予以说明。没有一个作用是没有反作用的,没有一种制约力仅仅朝着一个方向活动,没有一种调节的样式是完全从上到下或从里到外或从外到里进行着的。凡影响其他事物变化的东西,其自身也要变化。一个不动的推动者,一个朝着一个方向进行的活动——这种观念乃是希腊物理学的一种残余。这观念早已为科学所摒弃了,但是还在继续困扰哲学。心灵和物质所具有的那种模糊和神秘的特性,传统思想中的心灵和物质概念,都是一些地下的游魂野鬼。在科学实践中发现的物质概念和唯物主义者所说的物质,毫无共同之处——而且,差不多每一个人对待物质的态度仍然是一个唯物主义者,他仅仅是在物质上加上了第二个坚固的结构,即所谓的心灵。科学中的物质乃是自然事件的一个特性,而且随着自然事情的变动而变动,它体现的特性是自然事件中有规则和稳定的秩序。

自然的事件如此地复杂和多种多样,无怪乎它们具有许多不同的特性,甚至不同到很容易把它们看作是相互对立的程度。

心灵和物质乃是自然事情两个不同的特性,其中物质表达它们的连续性的秩序,而心灵表达它们在逻辑的联系和依附中的意义秩序。妨碍我们这样想的,只是不习惯而已。过程可以是许多事件的机能,这些机能,如果我们把它们抽象地分开来,可能处于对立的两端,正如生理的过程分成了食物同化作用和分解作用两个方面。把物质和心灵当作同一事物的两边或"两方面",好像一根曲线上的凸曲线和凹曲线一样——这样的想法简直是不可思议的。

一根曲线是一个可以理解的东西,而凸曲线和凹曲线乃是根据这个对象来予以界说的,它们的确只是包含在这个对象的意义中的特性的两个名字而已。我们并不把凸凹两曲线当作两个独立的东西并从此出发,然后提出一个未知的"第三方面"(tertium quid)来把这两个不同的东西联合起来。虽然这样两相比较在字面上看来是可笑的,不过我们可以把它理解成一种传达真理的暗示(inkling)。心灵和物质双方面所从属的东西,乃是构成自然的那些复杂事情的混合体。只有当心灵和物质被当作静止的结构而不当作活动的特性时,这个复杂的混合体才变成一个"第三方面",一个没有指称的东西。下面这个预测是有道理的:假使在一代人中禁止使用如"心灵"、"物质"、"意识"等这些名词,而我们不得不用形容词和副词如"有意识的"和"有意识地"、"心理的"和"心理上"、"物质的"和"物质上"等,那么,我们会发现很多问题变得简单了。

有许多事例可以用来支持这个观念,即生活和哲学的主要问题和争论乃是有关动荡的和确定的东西、不完备的和完满的东西、重复的和变化的东西、安全可靠的和危险的东西之间联结的程度和方式的问题。我们已选择了几个事例对之进行说明。如果我们信任经验事物所提供的证据的话,那么,这些特点以及它们互相作用的样式和节奏,乃是自然存在物的基本性质。不同的后果,有相对孤立的,也有令人愉快或不愉快地结合在一起的,对它们的经验证明了:智慧以及爱智,即哲学,是对这些结果之间的综合进行选择和管理的问题。结构和过程、必然和偶然、物质和能量、持久和流动、一和多、连续和中断、常规和发展、法律和自由、一致性和生长、传统和革新、理性的意志和冲动的欲望、证明和发现、现实和可能等等,都是不同的联合状态的名称,而生活的争端能否解决依赖于使这些事物相互适应配合的技巧。

形而上学可以只注意这些特性而把它们简单地记录下来,但人却并不能在沉思中超脱它们。它们使人纠缠于惶惑和烦恼之中,但也是快乐和成就的根源。这个处境对人来说不是冷冰冰的事实,它使人成为一个有欲望的、艰苦奋斗的、有思维的、有感情的动物。人从记录这些特点到发生兴趣去控制它们,进而走向理智和有目的的技艺,这并不是出于自我中心主义。兴趣、思维、计划、努力、圆满和挫折都是这些力量和条件所上演的一幕戏剧。一个特殊的选择也许是任意武断的,这只是说,它没有让自己成为反思的对象。但是,这个世界还没有完成,而且到底它将往何处去和做些什么,它还没有下定决心,前后一贯。在这样的宇宙中,选择并不是任意武断的,或者说,如果我们要称之为任意武断的,那么,这个任意武断也不是属于我们而是属于存在本身。而把存在称之为任意武断的,或者用任何有道德意义的名称,无论带有蔑视意义的或带有推崇意义的,这都是在以高人一等的态度对待自然。这是一个自然的补偿:当生活困窘时,人们会采取一种自我贬低的态度。然而,它却是哲学中那种伪装的、不坦诚的和廉价的东西所由产生的最终的根源。这种补偿性的处理方式,使人忘却了反省之存在是为了指导选择和努力。所以它的爱智只不过是通过思辨的方式对存在进行一种不费气力的转变,而不是在人类中揭示和扩大自然的道路。一种专门致力于这种揭示和扩大自然道路的工作的真正的智慧,便是要在富于思想的观察和实验中去发现如何管理、控制这些未完成过程的方法,从而使脆弱的善果得以充实,巩固了的善果得以扩大,而期望中的经常伴随经验事物而来的尚在动荡的善果将更自由地得以实现。

第三章 自然、目的和历史

广义上的人类经验,就其日常的特点而论,有一个显著的特征,即它充满了各种各样直接的快乐和享受:宴会、庆祝、装饰、舞蹈、歌唱、哑剧、叙述奇闻异事和表演故事。与在理智和道德方面所下的功夫比较起来,经验的这个特点未曾得到哲学家们应有的注意。即使有哲学家曾经认为快乐是人的唯一动机而追求幸福是人的全部目的,但他们对于快乐的作用和对快乐的追求所做的描述也是严肃的、乏味的。功利主义者考虑到了人们怎样勤劳、怎样纺织,但是他们从未看到人们可以像田野里的百合花一样,沉浸在生活的欢乐之中。在他们看来,快乐乃是一种有关于计算和策划的事情,或者是一种在数学簿记指导下的辛劳之事。然而,人类的历史却显示:人是善于享受的,而且是尽可能走捷径来取得它的。

除了那些最基本、最迫切需要的慎重之外,直接的评价和满足先于任何事情。正如实际的工艺技术先于科学知识一样。人的身体在穿衣之前已先用花纹来装饰了。在人类的住处还是草棚的时候,庙宇和宫殿便已是装潢得很美丽的了。奢侈品一向就是压倒必需品的,除了在必需品被当作节日庆祝的对象时。钓鱼和打猎对人们来说原本是一种游戏,只有当他们无法找到低贱人,如妇女和奴隶做工的时候,才把它们变成有季节性的、讲究规则的农业劳动。有用的劳动,只要有可能,总是被仪式和礼节伴随而改变面貌,使它从属于产生直接享受的技艺活动;或者,在环境的逼迫下,人们只好牺牲空闲来从事劳动。因为空闲可以使人们有时间忘形地从事欢乐,举行各种仪式和谈话。然而,需要的压迫也从未完全消失过,而这种需要的感觉(好像会使人们在暂停工作时良心上感到不安)赋予游戏和仪节以实用的效能,赋予它们以控制事情而取得事情之统治者的欢心的能力。

而且,魔法活动和迷信神话的地位有扩大的可能。主要的兴趣在于舞台上的演出和欣赏表演。有些故事叙述存在中的一些偶然状况,在经过种种紧张的场面之后加上一个比周围环境所允许的更为愉快的结局,人们对于这些故事具有一种牢不可破的兴趣,而人类原始的兴趣也在于使这种兴趣有充分表现的余地。使得人们忠诚于迷信和礼节以及忠实于部落的传统的并不是良心。使得虔诚不致衰落的,是对于生活之剧的没有负担的直接享受,而不是日常惯例。对作为影响生活进程之手段的礼节的兴趣,以及神话在认识或解释上的职能,只不过是一种装饰而已;这种装饰把不可避免的需要所要求于实际的那种式样,在一种愉快的形式中重复了一遍。当礼节和神话自发地重演实际需要和行为所具有的影响和发展进程时,它们必然具有实际的力量。少年们庆祝独立日,这也许刷新了 1776 年 7 月 4 日的政治意义,但是这个效果难以说明之所以要庆祝这个节日的那种热忱。任何事情都可以作为假日的理由,一个假日,如果装饰它的事物越是与工作中的压力不相干但又能表现这些压力时,这个假日就越像一个假日。自由的幻想愈是无拘无束,假日和平日的差别就愈大。超自然的东西比自然的、习见的东西有更大的刺激作用,假日(holidays)和宗教节日(holy‐days)是分不开的。死亡意味着一场丧事活动,吊丧的人要飨以一桌酒肉。

经验的这个状况在经过反省之后,显现出许多对象,而这些对象是最终的。在欣赏它们时的态度是美感的。在生产它们时所进行的操作便是不同于实用技艺的美术。但是,对它们进行命名是危险的,尤其是在这样一篇论文中,因为论文与那些要命名的事物是不相干的,那些事物就是——对偶然事物和有用事物交互作用的直接享受,却没有任何实践上的危险和惩罚。美感、美术、欣赏、戏剧带有一种赞美的意味。我们不愿意把廉价的暴力小说称为艺术,因此,我们称之为低级小说或称之为对艺术的糟蹋。群众所直接享受的大部分东西在有文化修养的人看来并不是艺术,而是堕落的艺术,一种没有价值的沉溺。因此,我们就未能看到问题的症结。一种愤怒的情感、一个梦境、辛劳后四肢的松弛、互相开玩笑、恶作剧、击鼓、吹哨子、放爆竹和踩高跷,同样有着被尊称为美感的事物和动作所具有的那种直接的和移情的终极目的性。因为人们不是单调地活着,而是更多沉湎于丰富迷人的生活之中。因而,当生活伴随着劳动和实用的时候,对这种生活的感觉就不是内在的,内在的感受是在那些无忧无虑的时期,即当活动带有戏剧性的时候所产生出来的。

  说这些事情只是说:相对于准备的过程来说,人自然而然地对完美的结局更感兴趣。在结局能够成为预见、发明和工业的对象之前,它们原先一定是自发和偶然地被想到的——好像婴儿得到食物和我们大家从太阳那里获得温暖一样。意识,不是迟钝的疼痛和麻木的安适,而是一种和想象相关的事情。由想象产生的扩展和转变最后也会加在工作之上,致使工作成为有意义和适意的事情。但是,当人们原先忙于生计的时候,他们太忙了,既无暇从事幻想,也无暇从事反省的探究。原先,狩猎只有在享受猎物的餐宴中才有乐趣,或者在造矛、制弓箭的平静时期才有乐趣。后来,这些经验内容被带进了狩猎活动本身中,以至于即使是狩猎中的危险之物,也可以成为乐趣的来源。劳动,通过它的结构和条理,赋予游戏以形式和情节;然后,游戏又回过来使工作具有乐趣,给予它一种开端、发展和高潮的感觉。只要想象的对象是令人满意的,戏剧的逻辑,悬而不决、激动和成功的逻辑,便统治着客观事情的逻辑。关于宇宙创造的传说都是神话式的,这不是因为野蛮人喜欢从事不科学的解释,而是因为想象的对象即使当它们在重演自然中的危害时也是可以有某种圆满感的,越是远离自然环境中的压力,这种圆满感就越多。适意性乃是秩序性的最初形式。

如戈登韦泽所说,如果超自然主义流传于早期文化之中,大部分是因为"超自然主义的幻景有美感上的吸引力,它具有思想和形式之美以及运动之美,它充满了令人愉快的逻辑融贯性,对创造、设计和观看这些幻景的人充满了吸引力"。而且,我们还可以进一步说,产生这种快感与其说是由于经过检验而与事实融贯一致,毋宁说是由于逻辑的融贯性所具有的这种美感的性质。论及礼节仪式在早期文化中的地位时,戈登韦泽认为,它具有一种"心灵激奋"的特点。因为有了这种仪式,"正在炽热发光的物体(习俗的聚合物)不会冷淡下去,情绪不会衰退,文化的交流不会降落到纯观念联系的层次"。

现代精神病学和人类学一样,都证明了象征在人类经验中的巨大作用。然而,"象征"这个词乃是对直接现象进行反省所产生的结果,而不是对在所谓象征符号起作用时所产生的结果的描述。因为象征突出的特点显然是这样的:后来反省所称为表征的东西并不是一个符号,而是一个直接的牵引工具,是一个具体的表征过程、一个活生生的化身。假使要找一个与它相类似的东西,我们不应把它比作传达消息、观念和指示的信号旗,而应该把它比为使一位忠贞爱国之士情绪高度激动的国旗。从这个意义说来,象征作用不仅统治着一切早期的艺术和信仰,而且统治着那时的社会组织。礼节、图案、花样都具有一种意义,这种意义在我们看来是神秘的,但在那些具有这些礼节、图案、花样而且崇拜它们的人们看来,却是当下的和直接的。就图腾的起源来说,它并不是社会组织一个冷冰冰的、理智的记号,而是一个呈现出来的可见的组织,是充满情绪的行为的中心。它和心理分析在梦中、在神经病态中所揭露出来的象征作用一样。这类表征并不是指示的或理智的记号,它们是现实的事物和事情的一种浓缩了的替代品。现实的事物具有迷乱、假象和不相干的状况,而这类记号能够较之事物本身更直接、更丰富地体现现实的事物。意义在理智上被扭折和挤压了,但是在直接的接触中却被提高和集中了。

杰斯珀森(Jesperson)以类似的话论及语言的起源。他说,许多语言学的哲学家们似乎是"按照他们自己的形象,把我们原始的祖宗想象成具有丰富常识的、严肃而有良好意图的人……他们留给你们这样一个印象,似乎这些言语的首创者们乃是一些头脑冷静的公民,他们只对生活中的日常事务具有强烈兴趣"。但是杰斯珀森发现:早期文化的普通语言只能发出短促的单音节的惊叹词,这种惊叹词是语言中最不会变动的部分,而且现在还停留在基本上与几千年前相同的层次上。他作出结论说:"语言……发生于生活的诗意的方面。言语的根源不是愁苦的严肃,而是快乐的游戏和青春的欢乐。"我想,没有人会否认,是文学而不是商业和科学发展和巩固了我们现在的语言。

对一个关于存在的自然主义形而上学来说,没有一个事实较之人类经验分裂成为现实但生硬的对象与可供人享受但却是想象的对象这样一个事实,更能表现自然的特性,更有启发意义了。人们也许会想,哲学家们在他们寻求某些具有毫无疑问的特性的事实根据时,也许曾经注意到经验的这个直接的一面,其中对象并不是感觉、观念、信仰或知识方面的事情,而是一些直接被占有和享受的东西。一切"自明"的东西能被人理解的意义,就是现有事物的清楚明白;而平常的事物,如人们对游戏和庆祝的兴趣,是最显著明白的。与之比较起来,哲学家们的所谓"自明"之事都是艰深费解而专门的。

  在经验中,另外一件最为自明之事就是有用的劳动以及对它的迫切需要。直接欣赏到的享受显示出在圆满状态中的事物,而劳动则显现出处在互相联系中的具有效能、生产力,起着推进、阻碍、发生和破坏作用的事物。从享受方面来讲,一个事物就是它直接对我们所起的作用。从劳动方面来讲,一个事物就是它将对其他的东西所发生的作用——这是能够说明工具或障碍的唯一方式。曾经有人提出一些特别的、微妙的理由来说明人类为什么信仰因果关系原则。然而,劳动和使用工具似乎是一个充足的经验理由;的确,关于这个问题,这是我们所能够特别指明出来的唯一的事情。在说明为什么人们接受因果关系的信仰这一点上,劳动和使用工具比起自然界有规则的顺序,或比起理性范畴或所谓意志的事实等,是较为恰当的根据。当思想家第一次宣布每一件事情都是某些事情的结果和另一些事情的原因,每一个特殊的存在既是受制约的也是制约其他存在的时候,他只是把劳动者的工作程序用文字表达出来,把一个实践的方式变成一个公式罢了。外在的合规则性是我们所熟悉的日常的理所当然的东西,是在无意识的日常活动中体现出来的,而不是被想到的。在生产活动中的合规则性,是作为一个控制性原则呈现给思维的。工艺是显露事物互相联系的一种典型的经验形式。

反之,对于事物的享受(遭受痛苦也包括在内)就是公布这样一个事实,即自然存在并不仅仅是从一个事物通向其他事物,以至无穷,就像通道一样。对于美感经验有兴趣的思想家们,很愿意指出这个观念的矛盾,即事物只有对于别的东西说来,才是好的或有价值的。他们却详细地讨论着这种为美感欣赏所特有的事实,即有的事物本身就是好的或有价值的,而不是为了别的事物才被珍惜的。不过,这些哲学家通常把这个见解仅限于与自然隔离开来的人类事务上,而对于这些事务,他们是完全用劳动或因果联系来解释的。但是,在每一件事情中,总有一些东西是独立自足的、完全直接的,既不是一个关系,也不是在一个关系整体中的一个因素,而是终极的和独一无二的。在这方面,和在许多其他别的事情方面一样,唯物主义者和唯心主义者对这样一个基本形而上学都是同意的,这个形而上学为了维护关系和关系体系,忽视了那些不可还原的、无限多的、不可说明、不可形容的性质,而这些性质是一个事物为了存在、为了能够成为一个关系的主体和谈论的主题所必须具有的。存在的直接性是不可言传的。但是,这种不可言传的情况丝毫没有任何神秘的地方,它只是表达这样一个事实,即关于直接的存在,我们既毋庸对自己说些什么,也无法对别人说些什么。谈论只能暗示一些联系,如果顺着这些联系,就会导致人们占有一个存在物。在直接状况中的事物是未知的和不可知的,这并不是因为它们相隔很远或是在某种不可穿透的感觉观念的帷幕背后的缘故,而是因为知识与它们无关。因为知识只记录它们出现的条件,如顺序性、共时性和关系性等。直接的事物可以用字句指点出来，但不能被描述或被界说出来。当我们试着对它们进行描述时，这种描述只是迂回曲折的意指方法中的一部分，是某个起点和某条道路的指针。如果有这个起点和道路的话，它会把我们带入直接的不可言传的事物中去。在经验主义的思想家看来，直接的享受和遭受就是在充分地显示和证明：自然具有目的性，正如它具有关系性一样。

许多现代的思想家们，受了以知识为掌握事物唯一的经验方式这个概念的影响，假定认识作用是无所不在的，而且看到直接状况或质的存在(qualitative existence)在真正的科学中是没有地位的，因而他们断定：性质总是而且仅是意识的各种状态而已。这是一个合理的信仰：如果事情不是处在它们不能还原的现有存在的状态，没有原始的、不被制约的"如是"状态的一面，那么就不会有像"意识"这样的东西。因此，意识作为感觉、意象和情绪，乃是发生于复杂条件下的直接性的一个特殊情况而已。而且，如果没有直接的性质，那些为科学所研究的关系就会在存在中失去其立足之点，而思维除了它本身以外便无可咀嚼或挖掘了。如果没有一个具有性质的事情作为基础，知识所特有的题材将会是一种代数式的幽灵、一些无所关联的关系。实际上，处理因被称作为要素而不在关系之中的事物，恰是要放置到关系的、逻辑的框架中来讨论。只有当要素不仅仅是一个整体中的要素，只有在要素具有它们自己的质性特点的时候，一个关系的逻辑体系才能免于全盘崩溃。

希腊人比我们朴素一些。他们的思想家们是被经验对象的美感特性支配的，正像现代思想家们是受科学的和经济的(或关系的)特性支配一样。因此，他们在承认性质的重要性和内在自足的或目的性的事物的重要性上面，没有什么困难。他们认为，心灵是自然存在的实现，或是参与在自然存在中的一种活动。因此，他们未曾陷于这样一个认识论的问题之中：事物与心灵这两个被界说为对立的东西，怎样能够相互关联起来？假使存在在其直接的状态之中能够说话的话，它会宣布说："我拥有关系，但是我不是被关系着的。"在美感对象中，即在一切直接被享受的、被遭受的事物中，在直接被占有的事物中，它们就是这样为它们自己说话的，希腊的思想家们听见了它们的声音。

然而，不幸的是，这些思想家们不愿意作为技艺家来说话。对于技艺家们，他们是轻视的。既然他们是思想家，目的在追求真理或知识，他们就把技艺放在一个低于科学的地位上。他们发觉，唯一值得严肃注意的享受便是对思维对象的享受。结果，他们建立了一种思想，把美感的和理性的东西在原则上混淆起来，而且把这个混淆作为一个理智的传统留给了他们的继承者。亚里士多德曾经说："当差不多一切的必需品和使生活安适愉快的事物都具备了的时候，哲学便在闲暇中开始了。"他这样说，要比他自己意识到的更加正确。因为这样开始的，与其说是科学的知识，毋宁说是哲学的"知识"。哲学也是在讲关于自然的故事，而且是按照令人愉快的原则来讲的。这是一个有情节又有高潮的故事，也具有许多融贯一致的特性，以适应那些要求事物能满足逻辑规范的头脑。

对象激起人们的惊奇和赞扬，并且引导着人们发明技艺，对象当然不会因此而损失什么。但是，当它们与叙事诗、神庙和戏剧的血肉相连的关系被否认，而说它们具有一种独立于虔诚、戏剧和故事之外的理性的、广大无边的身份时，这些对象就被歪曲了。在希腊的古典哲学中，按照技艺的模型而构成的世界图画，总被说成是理智研究所获得的结果。本来是为了一种精致的享受而造就的故事，由于要符合谈论和思辨对融贯性的要求，便变成了宇宙论和形而上学。这个故事的作者们对待技艺和祭祀礼仪的态度，和现代的美学家对待庸俗形式的美感满足一样，都采取了高人一等的态度。要求比技艺活动的题材和方式更优越，这本来是合适的，但他们认为，这其中有种类的不同。技艺是对在自然中的日常经验生活的一种装饰性模仿；哲学则是科学，是对于处在一切摹本、一切现象背后的实在的一种领悟，或是对能够形成有效实体的本质的把握。伴随着这种领悟而来的愉快，被说成是由于理性所感知到的宇宙对象所具有的最后的内在高贵品质；而不是坦率地承认，这是由于为了增进宁静的愉悦感而对事物所作的一种选择和安排。

对礼节、故事和幻想的迷恋，它的神秘性起源于实践中对偶然事物加以控制的欲望，但是，从更广泛的范围来说，它体现着一种从动荡不安的状态中获得成功而来的快乐心情。想象无论它所采取的形式是在舞台上演出的戏剧、叙述的故事还是宁静的独白，主要是带有戏剧性的，而不是属于抒情诗之类的。不安定和麻烦时常出现，它们刺激人们把自己置身于这样一个境况中，在这个境况中，不安定和麻烦臣服于确定性和安宁。在一种不致使它们陷入明显的危险的条件下，重新安排生活中的变化、危机和悲剧的，乃是"意识"的天然作用。它被规训成这样，即只有当环境迫使它采取劳动的方法时它才去尊重现实，这种训练对人来说是一件好的事情，因为它使人从生活中的紧切需要中解放出来，而这一点正是戏剧式想象的特点。

现代的美学批评家们曾经批评柏拉图和亚里士多德的"技艺即模仿"这个概念。但是，在其最初的陈述中，这个概念乃是对戏剧、音乐和叙事诗所观察到的事实所作的一种描述，而不是理论上的解释。因为这些思想家并非如此愚笨，以至于把技艺视为对死板的事物的一种描摹。他们认为，技艺是对于自然力量的模仿，这种自然力量根植于人类生活和命运中，它的行为表现急剧而多变。这样的一种重现自然是在一个新的和自由的环境中，它容许理想化，但这种理想化是对自然事情的理想化。它是自足的，它本身就是目的。自然事件的存在，只是使这个理想化的再生物的完美得以可能。人类诉诸美感对象，乃是人类从痛苦和艰难的世界中自发地寻求逃避和安慰的一种方式。如果一个世界全都是稳定的对象，直接呈现出来而为人们所占有，这个世界就没有美感的品质。它就只是存在而已，而且缺乏满足和启示人们的力量。当对象把混乱和失败转变成一个超越烦恼和变化的结果时，它们实际上就具有美感性质了。欢欣的庆祝和圆满的快乐仅属于一个能体味艰难困苦的世界。

在一个不宁静的、斗争的和不安定的世界中，如果人们在已完成的事情中发现了欢乐，而由于这种欢乐是在已完成的事情中发现的，因而不致使我们再陷入正在继续前进着的事情的混乱不定的泥潭之中去。希腊的哲学，和希腊的技艺一样，就是对于这种欢乐的一种回忆。如果没有希腊技艺提供的这种经验，我们就难以理解为什么那种从变易过渡到安宁，从偶然的、混杂的和动荡的东西过渡到组合的和完整的东西的愿望，会建立一个据以设计柏拉图和亚里士多德式宇宙的模型。形式完全是哲学的用语，因为它也完全是技艺的用语；形式是某类特殊事物变化的终止。

形式传达一种关于不朽的和永恒的东西的意义,虽然形式所赖以体现的物质材料是要毁灭的和具有偶然性的。因此,形式就意味着存在某些潜能,这些潜能只有在一个至善(happier)的世界中才能完全实现。在这样一个至善世界中,事件并不单纯是事件,而是停顿和结束在一个永远自给自足的活动之中的。这样一个领域,它内在就是一个安稳自足的意义领域。它所包括的那些直接享受的对象,被凝固成为超经验的实体了。这就是希腊人的美感静观受了希腊人的反省影响之后所产生的变化。

这里产生的形而上学的技术结构,是大家所熟悉的。在宇宙中,真实的东西和已经完成的、完美的或完全成功了的东西是等同的。甚至对亚里士多德来说,一个冷冰冰的说明"存在"之特性的学说,即所谓形而上学,变成了一种神学、一种关于最后的和永恒的实体的科学,能够归之于这个实体的东西就是人的极度愉悦。这个宇宙包括着许多纯粹的、自足自给的、自我封闭的和自我证明的形式,包括着永远处于高潮中的自我运动或生命。形式是理想,而理想的东西就是理智所领悟了的合理的东西。这个观点的材料来源是经验中的圆满终结和最后的东西,而在希腊的文化中,技艺活动培育和增强了对这类直接被享受到的对象的注意。从旁观者的角度看来,技艺对象是客观所与的,它们只需要为人们所欣赏。希腊的有闲阶级为了扩大闲暇的领域而进行的反省,显然是属于旁观者的一种反省,而不是生产过程的参与者的一种反省。劳动、生产似乎并不创造形式,它处理材料或变化着的事物,以便使预先存在的形式得以在材料中体现出来。在工匠们看来,形式是外铄的、不被感知的、不会被享受到的。由于他们专心从事于处理材料,即使当他们的劳动在形式的显现中结束时,还是生活在一个变易、物质的世界之中。柏拉图曾经为那些生活在实用的、工业的和政治的世界中的人们忽视形式而产生的后果感到苦恼,因而他苦心孤诣地制订了一个计划,按照这个计划,这些人的活动要受那些超然于劳动之上而不纠缠于变易和实用之中的人的管理,他们以法律的形式培养劳动者的习惯。亚里士多德则将自然界置于技艺之上,赋予自然界一个巧妙的目的,而自然界的大部分都会达到目的获得圆满——亚里士多德就用这个方式来逃避那个两难的局面。因此,人类工匠的作用,无论是在工业还是政治方面,就变得比较微不足道了;同时,人类技艺上的失败也被看作无足轻重的事情。

亚里士多德关于四重"原因"的概念,是公开地从技艺中借用来的。这个概念,在工匠看来,是实用的和微贱的;而只有在有文化教养的、有闲的,即不需要辛苦地投入到变易和材料中的旁观者看来,它才是"美术的"或自由的。自然是一个技艺家,它是从内部工作的而不是由外部推动的。所以,一切的变化或材料,都是完成了的对象的可能性存在。像其他的技艺家一样,自然首先占有了形式,然后把它表现出来。在做鞋子、造房屋或演戏的技艺需要遵循固定的模型时,以及在设计中个人发明的因素被贬低为幻灭无常的东西时,形式和终结(目的)都必然是在个体劳动者之外的东西了。它们在任何特殊的实现之前。设计和计划是普遍的,是不知出于谁之手的,而且它们并不暗示有一个从事设计的、有目的的心灵。模型是客观上被给予的,而且必须被遵从、被追随。因此,把确切的规范性的形式归之于自然变化(即在变化的终结处现实化),就并不困难,不像我们今天那样。在事物中发现的形式在有机体中的实现便构成了心灵,它被看作自然界的目的。对于这些形式的直接占有和颂扬便构成了意识,就希腊思想中关于意识的观念来说,就是如此。

亚里士多德的这个主张并不是武断的推测,它是从这样的事实中自然地流露出来的:希腊思想家们很幸运地在手边在眼前发现了一个现成的美感对象的领域,这些对象具有条理与比例、形式和目的。技艺是在许多现实的、客观的和非个人的设计和计划的基础上进行的,而这些设计和计划,与其说是个人的目的和发明的产物,毋宁说是在个人的设计和行动之前就事先存在的。材料屈从于对客观形式的接纳和表现这个想法,并非希腊哲学家们凭自己的空想所创造出来的。他们在那个时代的技艺中发现了这个事实,再把它解释成为一个理智公式。把具有条理和比例的理想性对象和由原先的变化过程产生的最后的有魅力的结果视为一物,这并不是哲学家的首创。那样的等同,至少是隐含在工匠的操作之中。认为内心占有某些对象内在地就是一种高尚的满足,这个观念也不是哲学家所首创的,那是他们文明中的美育所给予他们的。哲学家们所要负责的,是他们对于这些经验事实所作出的一种特殊的片面的解释;不过,这个解释是希腊文化的一个根本特色(虽然是一些不大光彩的特色)。

因为希腊的社会有一个特点,即它被严格地划分成劳役的操作者和有闲的自由人,这就意味着在熟悉事实和沉思欣赏之间,在无智慧的实践和不实践的智慧之间,在变化、有效的事情(即工具性)和静止、自足的事情(即结局)之间,有着区别。所以,经验并没有提供实验探究的概念和在行动中之反省的概念模型。结果,自然的唯一可以留意的、可以理解的东西,就被认为是寓于终结的对象之中的,因为这些对象给变化规定了极限。变化着的事物，不可能在它们互相之间关系的基础上为人们所认识，而只能在它们与超出变化以外的对象的关系的基础上为人们所认识，因为这些对象是对变化的限制而且直接让人们觉得是可贵的。终结的对象使变化着的对象成为可知的东西。变化着的对象所具有的这种稳定性，乃是从它们所趋向的终结对象所具有的形式中推演出来的。所以，它们被看作对这些终结的和静止的对象有一种内在的嗜好或倾向。宇宙变化的整个体系乃是达到目的的一个工具，这些目的能够成为一切次要事物前进的对象，这些次要事物在它们达到构成其真正本性的目的之前是动荡不宁的。因此，对思辨上被条理化的对象在直接沉思中的占有和享受，便被解释成了既是对自然的真正知识的界定，也是对自然所具有的最高终结和最高的善的界定。因此，一个关于道德、关于什么是在反省的选择中较好的东西的主张，就转变成为一种关于"存在"的形而上学和科学。它的道德层面，在现代人的心目中匿而不见——因为从整体上主导现代道德理论的是这一事实：最高善是美学性的，而不是处于社会条件之中的。

作为目的的对象乃是科学的固有对象，因为它们是真实存在的最后形式，这一学说在17世纪的科学革命中遭遇了厄运。各种本质和形式被认为是神秘莫测的而受到了攻击，"最后因"或者全部被否认了，或者被逐放到神圣的领域中，而为人类知识所不能及。自然目的，被在视野之内的目的、独立于自然之外而在个人心灵中建立和分享的有意识的目的所代替了。笛卡尔、斯宾诺莎和康德在这个问题上，至少是和培根、休谟和爱尔维修（Helvetius）一致的。认为自然的事情向往着目的，把自然事情的变化理解为是要达到一个静止的和完善的自然状态的努力，人们

第三章　自然、目的和历史

认为，这些想法是科学中贫乏与幻想的主要根源。和这个主张相关联的三段论式逻辑学被认为只是咬文嚼字的、争辩式的，或者是与自然的微妙的运行不相干的东西而被抛弃了，目的和偶然性同样被降低为纯人类和纯个人的东西。自然没有性质上的不同，而是一个同质的物质整体，它们由于在一个同质的空间中所进行的同质的运动上的差异而分化开来。希腊思想家认为与纯偶然的混沌统治相等同而加以拒绝的机械关系，变成了规律、一致性和条理等概念的主要基石。如果也承认目的的话，那只是在设计的名义之下承认的，但设计是出于有意识的目的，而不是出于客观的秩序和构造的形式。凡是现代物理学的影响所渗透的地方，这种古典的学说就变成过时的、暗淡的、混乱的，即自然的变化乃是向着它们自己的圆满和完善的对象的内在运动，因而这些对象乃是知识的真正对象，它们提供了唯一可能借以认知变化的形式或特性。随着这个主张的崩溃，那种认为宇宙具有质的差别和种类的不同的信仰也被淘汰，因而性质和直接的状况就必然无处存身，被放逐于客观自然之外，只得在个人的意识之中去避难了。

  关于存在的古典学说的这种厄运，是不可避免的吗？对自然本身中所包括的目的的信念必须加以舍弃吗？或者说，这种信念可以通过对这样一种知识的迂回检验而被确定，即从有意识的认知意愿出发，进而得出宇宙乃是一种巨大的、非自然的有意识意愿的实现吗？或者说，在古代的形而上学中还有一些真理的成分可以被抽选出来重新予以肯定吗？从经验上讲来，为我们直接所掌握、所占有、所利用和所享受的对象的存在是不能否认的。经验上的事物是痛苦的、悲惨的、美丽的、幽默的、安定的、烦扰的、舒适的、恼人的、贫乏的、粗鲁的、抚慰的、壮丽的、可怕的。它们本身直接就是这样。如果我们在广义上使用"美感的"(esthetic)一词，而不仅限于应用到美和丑的方面，那么，美感的性质，即直接的、最后的或自足的性质，毫无疑问就是在经验中所发生的自然的情境的特征。这些特性本身和颜色、声音、触觉、嗅觉和味觉方面的性质显然是站在同等地位上的。把后者当作最后的和"坚实的"材料的准绳，如果公平地加以应用的话，对于前者也将得到同样的结论。任何这样的性质都是最后的：它既是起点，也是终点；它是怎样存在的，就正是那个样子。它可以涉及其他的事物，它可以被当作一个结果或一个记号。但是，这就包括一种向外的推广和运用。它使我们超越了性质本身所具有的那种直接性。如果经验到的事物乃是有效的证据的话，那么在其本身以内具有各种性质的自然界，就具有按照字面上的意义必然被称为终结、终点、停顿、完整之类的东西了。

贸然地把存在的过程与"目的"(ends)一词联系起来使用，是有危险的。护教论和神学上的争论是围绕着这个词进行的，而且影响了它的含义。即使排除了这个内涵，这个词还是有一种几乎牢不可破的颂扬的意味，因而如果说自然具有目的这样一个特征——这是心灵生活最显著的一方面，那似乎对自然所从事的就是一种颂扬的而不是经验的说明了。然而，在这些含义之外，还有更中立性的东西。我们经常谈到事物即将结束：终了了，完成了，做好了，完结了。没有事物是永远继续下去的，这是一个普通的常识。我们也许是愉快的，也许是忧愁的，但那完全是一件正在结束的历史事件。我们可以把目的、结束视为由于得到了满足和完美的成就，由于过去了的饱足，或者由于消耗殆尽，由于瓦解了，由于某些东西毁坏了或已到尽头。目的也许远不是一种极度的狂欢,事实上的结束也不是一个不幸的悲剧。终点处的对象到底是哪一种事物,这与目的的特性丝毫没有关系。

关于自然目的的真正含义,如果我们从开端而不从末尾来考虑,就可以明白一些。坚持说自然之内有开端,这就是说任何一件事物都没有一个独一无二的、突然的开始。这只是用另一个方式来说明自然是一件关于各种事情的事情,其中无论每一个东西怎样和其他的东西联系在一起,都各自有它自己的性质。这并不意味着说,每一个开端都标志着一种进步或改进,因为我们不幸地知道:意外之事、疾病、战争、说谎和犯错误也都有开端。很明白地,开端这个事实和观念是具有中立性的,而不具有颂扬意义的;是有时间性的,而不是绝对的。而且,既然在某一个东西开始的地方,另一件东西就终结了,那么对开端来说是这样的,对终结来说也是如此。通俗小说和剧本表现出人性中喜欢愉快的结尾的偏见,但由于它们是小说和剧本,就更为确切地表现出来:不愉快的结尾也是自然的事情。

在习惯于对目的作一种含有颂扬意义的理解的人们看来,对于目的作刚才所提出的这样一种中立的解释,似乎把目的(ends)看作是一件无所谓的事情了。如果目的仅是有时间性的事变的结尾或完结,为什么还要自寻烦恼地去注意目的呢?至于建立一个关于目的的学说,乃至以自然目的论(teleology)的名称去推崇它,那就更谈不上了。然而,心灵愈是割断片面的、自我中心的兴趣,承认自然是一个不断有开端和收尾的情景这种说法,就愈能成为哲学启蒙的源泉。它使得思想可以领会到:原因的机制和有时间性的后果乃是同一自然过程的不同时段,而不是两相对立、各不相容的。机制(mechanism)是一个历史事件中涉及到的秩序,是可以根据各种各样的历史过程相互支持的秩序来加以说明的。因此,既然一个有秩序的系列事件总是包括最后的结尾,那么机制就可以用来作为控制任何特定结果的工具。

自然目的的传统概念大意是说:自然并不是徒然地做一件事。这句话一般公认的意义是说:每一个变化都是为了某件不变的事物而进行的,是为了它而发生的。因此,心灵是从一套现成的良好事物或完美之物出发,这些事情正是自然界要完成的任务。这样一个观点在字面上被区别为所谓有效因的东西和所谓最后因的东西。但是,实际上,这仅是在那种以发号施令为满足的主人的原因和实际上从事体力操作的奴仆的效能之间的区别。这仅是把理想的和心理的东西——主人的有指导性的条规命令——当作最后的原因,而使它从执行命令的所谓低贱的体力劳动中解放出来的一种方法,也是避免由于在物质的领域以内夹入一个非物质的原因而产生的各种困难的一种方法。但是,在一个把目的当作事物的终结的合理解说中,一切有指挥作用的命令都是寓于这种有秩序的事件系列之中的。它不是为了这个目的而发生的,正像一座山不是为了作为山之顶点的山峰而存在的一样。一节音乐有一个结尾,但是前一部分并不因而就是为了这个结尾而存在的,好像到了结束的时候,它就是将被抛弃的东西似的。同样,人在成为成人之前曾是一个儿童,但童年却并不是为了成年而存在的。

从这种情况的性质看来,因果性,不管怎样界说它,乃是包含在有秩序的事件系列本身之中的,而不是包含在与因果无关的最终的事物之中;虽然此外它还可以是,而且当然也会是在另一个有秩序的事件系列中的一个开端。有些"机械论者"把一个开端当作仿佛具有一种内在的原动力,开端把这种原动力在某种方式之下发射出来,并加在它的后继者的身上,他们所主张的——或者意味着的——这个看法,和那种认为目的里面包括着之前存在的东西的目的论者的主张并无二致。一件事情总是有它的历史,而且只有在它的历史中才有它自己的特性。而以上的两个见解,都把事情与它的历史隔绝开来。两者都把一个在连续的条理中人为地隔绝开来的位置当作一个真正实在的标志,一种学说选择了开始的一端,而另一种学说选择了最后的一端。但是事实上,因果关系乃是这个有秩序的事件系列的另一个名称,而且既然这是一个有始有终的历史顺序,那么就没有比那种把因果关系与开端或末尾对立起来的做法更为可笑的了。

　　同样的考虑允许对动和静的观念作一种自然主义的解释。每一个目的本身是静止的,这句话乃是一个自明的真理:一个事物正在转变成另一个东西的时候,显然是有过渡性的,而不是最终的。然而作为一段历史的结束的事物,总是另一个事物的开始;从这个性能上讲,这里所涉及的事物乃是过渡的或变动的。这句话也是一种同语反复,因为变动并不意味着具有"力量",或者能够把它放射出去,刺激其他的事物而使它们运动起来,它只是意味着在一个有联系的事情的系列中所发生的变化。对于"力"的传统看法,必然强调一个超越事情以外的超经验的东西,或是"上帝"或是"意志"或是"不可知的"。同样,对于"静"的传统看法,也强调某种固定的和不动的东西,它是不能够变化的,也是在事物的进程以外,因而是非经验的。然而,从经验上看来,一段历史过程乃是许多历史过程的连续;任何一件事情既是一个进程的开始,又是另一个进程的结束;它既是有推动力的,也是静止的。"事态"(state of affairs),这一个经常挂在我们口头上的词,虽然它在传统的唯心论和机械论中是毫无意义的,却正确地描述了事实。没有一件事情之中是没有变化的,而且所有的事情都是有界限的,因而它就显示出一种状态或条件。当一个事态被感知时,"对于一个事态的知觉"又是一个事态。它的题材就是俗语所谓的事物"广延"(res),它或者是一个太阳系、一个星座,或者是一个原子。事情之间的一种多样化的、或紧密或稀松的相互联系,自成一定的范围,这些范围相当确定,大致上可以勾画出轮廓来。这大体上就是对于经验的一个公正的说明,而且实际上这就是常人所能看到的近代物理学的结论。由于这个理由,而不是由于所谓心灵的或心理的存在所具有的一种独特的特性,才使得每一个情境或意识场都具有创始、倾向或意向、后果或意义这样一些特点。独一无二的并不是这些特性,而是觉察或知觉所具有的特性。由于这个特性,就能够根据它可能的进程和后果来判断这个初始阶段。在这里有预见,每一个连续的事情是一个系列过程中的一个阶段,既是展望未来的,也是怀念过去的。与我们目前主题明显相关的是:这个终点的后果,当被预见到的时候(即当事情的推动因被感知到的时候),就变成了一个"在预见中的目的"(end-in-view),一个目标,一个目的,一个可以用来计划如何推进一个事情进程的预测。在古典的希腊思想中,对于终结(目的)的感知,只是对于自然过程所借以完成的对象形式所具有的一种美感体验。在大部分现代的思想中,它是受个人欲望指导的一种私人的心理活动所任意创造出来的结果。它在理论上的另一种说法则是:这些终结(目的)乃是一个无限的心灵已经得到满足的意愿的有限摹本。在经验的事实中,它们是对于可能的后果的筹划,它们是预见中的目的。对于目的的预见,也和对于在有机体外面的与有机体同时存在着的对象的知觉一样(例如对于树木和岩石等的知觉),是同样受先在的自然条件制约的。那就是说,在目的能够被心灵所把握以及成为欲望追求的对象之前,自然的过程实际上一定已经结束于某些特定的结果中,而这些结果给予了这些过程以限制和特性。到目前为止,我们必须站在希腊思想这一边。但是在经验中预见的目的,和在古典思想中所理解的目的,有两个重要方面的区别。它们不是静观中的占有和使用的对象,而是理智上具有调节作用的手段。如果不把它们当作在事态中的计划来加以应用,它们就会堕落到回忆和梦想之中。而且当达到了这些目的时,它们所揭示出来的对象就成为结论、成果;而且只有当这些对象乃是先在的反省、审慎的选择和有方向的努力所产生的后果时,它们才是成果、结论、完善、美满。一个自然过程的终结,没有人类技艺的参与,乃是一个终点、一个事实上的界线,但没有权利来享有任何如古典的形而上学所赋予它们的所谓完善和实现这一类光荣的身份。

当我们把有意识的经验,即意识生活所特有的对象和性质,当作一个自然的目的时,我们就势必将把一切的对象都当作亚里士多德意义上的终结(目的)。我们不能有所挑选。当我们有所挑选时,我们显然是在和实用的目的打交道,即和一些我们认为值得通过反省和深思熟虑的选择加以抉择的对象和性质打交道。如果我们注意到经验对象和其他自然事情的连续性,这些"目的"就是很自然的;不过,如果没有反省的观测和选择之类特别的事情参与进来,它们就不是目的。但是,和希腊的传统一致,流行的想法是在一切的目的中挑选那些它所喜欢和推崇的目的,同时却忽视或在无形之中否认这个选择的过程。像那些把一次幸免于灾难的情况视为神灵的参与而忘了所有未曾逃脱的人们一样,通俗的目的论把好的对象当作自然的目的,而坏的对象和性质则仅是意外或偶然之事、令人痛惜的机械体系上的过剩或不足。通俗的目的论,像希腊的形而上学一样,曾是一种护教派,为自然的仁慈而辩护,它的乐观是一种自满。

原始人类,和朴素的常识一样,认为自然有终结的性质——在这方面,它遵循着一个健全的实在论的形而上学。但他们也认为,这些性质是有因果决定性的,而这是为科学所拒绝的。为科学所拒绝,不足以证明这些性质就仅是"主观的"或"私人的"现象,它只是表示它们乃是一系列事情的终点、结束。达到和占有这些性质的事情是互相联结着的,是通过一定的中介的,是可以传递的,是有所指的,而且是知识的适当的材料。从科学所关心的因果秩序或条理的观点来看,性质是多余的、不相干的和非物质的。我们永远不能因为充分地熟悉那些形成知识的对象的性质而预测它们的发生。

从后者,即具有关系性质的序列的观点来看,目的是突如其来和骤然使事情中止的。所以,在一个以知识的题材为唯一的和完备的东西的哲学看来——正如许多现代哲学所做的——这些目的就成了一个极其使人惶惑不解的问题、一个神秘的东西。因为它们既是外来的和多余的,而又弥漫到各种事物上对人有一种吸引力。正如我们所说,只有它们才是有趣的,而且它们是引起对其他事物发生兴趣的原因。在有生命的东西看来,它们形成了关注其他事物的自然的平台。它们是直接和间接地对事物形成主动的反应的基础。和它们比较起来,其他的事物就是获得和避免包含它们的情境的障碍和手段。当"意识"（consciousness）一词——像经常这样做的一样——被用来作为代替在现实中呈现出来的这类直接性质的总和的一个简称时，它就是自然事情的目的或终点。当实在是根据科学的关系对象（relational objects）来加以界说时，目的是无缘无故的、多余的和不可解释的了。

所谓"目的"，我们也指在预见中的目的、目标、经过深思熟虑之后视为值得获取和足以激励奋斗的事物。它们是由从它们直接的和终结时的性质中所采纳的对象所构成的：这种对象作为目的存在，但现在不存在；只有通过改变环境的行动，它们才会存在。古典的形而上学乃是目的的这两个意义的一种混乱的结合：一个是指原初意义上的自然目的，另一个是指派生意义上的自然目的，或者说是实用的、道德上的目的。每一个意义本身都是可以理解的、有根据的、合法的。但是，它们的混淆不清乃是哲学中许多"巨大缺陷"之一。因为它们把那些值得反省选择和适合反省选择的对象当作了与反省分离开来的自然目的。通俗的目的论在不知不觉之中追随了那种控制引导希腊哲学的东西，唯灵论的、半神学的形而上学则曾有意识地采纳了后者的观点。

这种混乱的形而上学的特点有：第一，把一切罪恶的和麻烦的对象从自然目的的地位中排斥出去；第二，把构成自然目的的对象安排进一个固定的、不可变更的等级秩序中。具有斗争、痛苦和失败等性质的对象不被认为是终结（目的），而被认为是达到终结（目的）的障碍，被当作意外的和不可解释的偏差。神学曾经诉诸原罪以使它们的发生成为可以解释的事情，希腊的形而上学则诉诸自然中出现的一种顽抗的、固执的因素。在这个关于自然目的的狭隘见解之上，流行的目的论还加上了一个把对象分等级的办法;按照这个办法,有些对象是更为完备的目的,最后达到的对象则成为唯一的目的,永远是不变动的、没有时间性的——唯一的终结(目的)。这个等级制度在希腊思想中是很明显的:第一级也是最低一层,是植物性的目的,正常的生长和繁殖;第二级是动物性的目的,移动和可感受性;第三级是理想的和理性的目的,其中最高的目的乃是在思维中对自然的全部形式的一种极乐的静观。在这个等级的排列中,每一较低的等级是一个目的,同时也是较高一级目的的手段或先在的条件。经验的事物,属于工艺方面的事物,是属于第二级的;但是在和思想的偶然混合的影响之下,最后也成为在纯理性中占有理想对象的生活的潜在的工具。现代的目的论不是这样简要明确,然而它们在这个概念上,意见是一致的,即有一系列低级目的,它们为目的作准备并最终走向目的。

这样一种分类的工作对于那些享有特权的人们,无论是哲学家,还是圣贤学者或者希望为其特殊地位进行辩护的人们,自然起着一种安慰的作用。但是,这种具有安慰作用的辩解不应该使我们看不见这个事实,即把对象当作程度不等的目的是丝毫没有意义的。它们或者具有直接的、终结的性质,或者并没有这种性质:性质本身是绝对的而不是比较而言的。一件事物,当它和某些它所缺少、所需要求得的性质比较时,具有某种程度的蓝色,但它的蓝色本身并不比蓝色性更蓝些或少蓝些;同样,事情之终结和有趣的性质也是如此。对象也许有较大的或较少的吸收力,因此相对于最后的目的而言,便具有一定程度的强度。但是这种强度的差别,只是从属于反省的选择而已,并没有目的上的等级或类别上的区分。这种差别既可以用于不同的牙痛上面,也可以用于不同的思维对象上,但是它并不内在地用于牙痛和观念的对象之间的差别上——它只是说明像牙痛这样的事情时常具有一种较为强烈的目的性而已。如果我们按照后者这个事实提供的线索,大概将得到这样一个结论:寻求纯粹的、完全的最后目的,就会把我们带到一种模糊的感觉和强烈的激情之中。因为这些事情就是说明这种本身完备自足、旁无牵连的事物的最好事例。

如果说理性的本质或意义与通过感性的和情欲的对象所占有的东西相比乃是较好的静观对象,这并非因为前者是较高的或较为"真实的"先在过程所产生的结果。它们不是根据现实性的多少来区分等级的。这是因为,它们对反省赞扬之心来说是更为值得追求的东西。而这个理性的特征就意味着:具有较好性质的事物既有直接性和目的性,也具有变动性和工具性。它们具有潜能和生产性。它们指向某些地方,可能指向其他的具有为人们所领会和深思的性质的事件。如果思辨不是这样在美感上被有些人所欣赏的话,它就永远不会扮演把人类从感觉和冲动中解放出来的那种角色。这就显示出:美感对象可以是有用的,而一个有用的对象也可以是美感的;或者说,直接性和效用性①虽然是两个可以区别的性质,在存在上却不是分割的。但是也没有理由,把静观的知识或任何其他特殊的事件当作一切自然目的中最高

---

① 为了避免误解,也许在这里应该明确地说明:在此处和在其他地方应用的"效用性"(efficacy)一词,并不意味着要按照旧的关于发射力量之物的学说来予以解释。使用它,是纯指示性的;它指明在一件将有一个特定收尾的事情进程中的经验地位;它的意义并不是用任何理论来说明的,而是用这类的事情来说明的,例如,要取火,就要使用火柴,而且它能用来点燃纸张或薄木片而不能用于岩石。这些字眼,如媒介、工具性、因果条件等经常出现在本书之中,我们也要作同样的理解。

的目的。所与的或由深思熟虑所构成的东西是不是一个较好的或较高的目的,这不是一个内在性质的问题,而是一个在反省中决定判断的问题。正因为某些对象直接就是好的,所以凡足以保证和扩大它们的东西,在反省的选择中其本身也许就变成了一个直接的最高善,这是可以理解的。

历史充满了数典忘祖之事。一切存在都不仅只是过去事物的产物,它们有它们自己的性质和独立的生活。在一切的后裔中,都有像李尔王(King Lear)的女儿那样的。这种数典忘祖之事,只有当它反过来否认自己的祖宗的时候,才是可以责备的。柏拉图和亚里士多德从公共的美术对象中,从希腊文化的仪式、祭祀和圆满终结的对象中,曾经借用过材料;而且也曾经把所借用的东西理想化而成为新的技艺对象,这是应该感谢的事情。但在他们已经借贷之后,却把他们的模型和规范所由派生的东西弃如敝屣,这就不是值得敬佩的事情了。这种缺乏虔敬的情况,使他们看不到他们自己的建筑物所具有的那种诗意的和宗教的特征,而且在古典的西方哲学的传统中树立了这样一些观念:对于对象的直接掌握和融合就是知识;事物按照它们能够使一个有修养的心灵从事这样的掌握或进行这样的谛视的程度而被安置在有等级的实在中;在"存在"中实在所具有的条理秩序与一个预先已经决定的"终结"(目的)的等次是相一致的,等等。

如果我们认识到,一切在有意识的经验中直接占有而脱离了使用过程的性质,由于其直接性和目的性而被证明是自然的特征,那么就有理由毫不矫饰地把对于事物的使用和享受当作自然的,既是属于事物的,也是属于我们的。事物是美的和丑的,是可爱的和可恶的,是晦暗的和光辉的,是有吸引力和排斥力的。我们内心的激动和兴奋,和长度、宽度和深度一样,同样是属于事物的。即使对事物的利用以及它们被用来作为手段和媒介的能力,也首先不是一种关系,而是一个被占有的性质。既然是被直接占有的,它和任何其他的性质一样,也是美感的。如果劳动把一个有条理的序列变成一个达到目的的手段,那么,这不仅把一个偶然的结尾转变成一种对于目的的满足,而且也使劳动具有了一种直接的目的和圆满的性质。技艺,甚至于美术既是一种所期望的东西,也是一种直接所享受的东西。

　　从控制和利用的观点来看,把原因视为较高的实在的这种倾向是可以解释的。一个"原因"不仅是一个在前面的东西,它是那样的一个先在条件,即如果为我们所操纵,它就调节着结果的出现。这就是为什么把太阳当作白天,而不把夜晚当作白天的原因的道理。如果具有并控制了条件则就有一定的结果出现,由于懂得了这一点,一种根深蒂固的自然的实用主义就很容易发生,而把原因理解成为内在的较为基本的、必要的东西。时间是一个柔化者和赞美者,这个事实更增加了这种实践的倾向。现有的烦恼,当隔了一段时间而不再在眼前时,它们的尖锐性就消失了。按照谚语说,旧的时代总是好的时代,而历史是从一个天堂或黄金时代开始的。好是适宜于人的,也就被认为是正常的,而受苦则是一种偏差,于是产生了罪恶的问题。因此,早一些出现的东西既得到道德上的尊重,也有实践上的优越。但是在存在中,或者从形而上学上来说,原因和后果是处于同等地位的,它们乃是同一历史过程的不同部分,各有其直接的或美感的性质,也各有其效能或一系列的联系。因为存在是有历史性的,所以只有其每一部分被区分开来或关联起来时,它才能够被认知。从认识上说来,"原因"和"后果"都是片面的和残缺的存在。原子在时间中,由于关系的不断复杂化而产生了蓝和甜、痛和美等性质;同时在时间的横切面,它们还有广延、质量或重量等,这一情况都是原子的真实存在的一部分。

这个问题既不是属于心理学方面的,也不是属于认识论方面的。它是属于形而上学方面的,属于存在方面的。问题在于存在是否包括着事情,是否具有时间的性质,具有开始、过程和结尾的特点。如果是这样的,那么晚一些和早一些的事情,不管它们在特殊的实践问题上多么地重要,对于一个论述存在的学说来讲,是一视同仁的。把原子视为全部的真实而牺牲了心灵和有意识的经验,与在空间上在这里和那里之间作一个严格的分隔,是同样武断的。区别是真实的,而且为了某种目的是必要的,但它并不是一种在实在的种类上和程度上的区别。这里的空间和那里的空间是连接在一起的,而那时候的事情和现在的事情也是连接在一起的,连接和区别同样有实在性。为了控制事情的过程,就要知道它们的条件。但是,为了突出这些条件的特点,就必须沿着它们追溯下去,以达到某一端,一直要我们达到某种被我们在有意识的经验中所享受或遭受、所占有和使用的东西时,才算完全追溯到底。有生命的和有意识的事情,实现了在那些所谓物理的简单关系中所尚未充分表现出来的特性。

然而,不应该把有时间性的性质和时间秩序混为一谈。性质就是性质,是直接的、即时的和不可界说的。秩序是与关系和定义相关的,它确定时间、地点,描述事情。它是在反省中被发现的,而不是像时间性的性质那样被直接占有的和被指明的。时间秩序是科学方面的事情,有时间性的性质是无论发生于意识之内或意识之外的每一事件所具有的直接的特性。每一件事情本身总是在这样的方式之下过渡到另一件事情,而后来所发生的事情乃是现有存在所具有的特性或本性的一部分。一件"事情",一个"事物"(Res),无论它是化学变化,或是有关于生命、语言、心灵的创变的,或是构成人类历史的片段,总是处于争斗之中。每一件事情总是从另外的事情而来的,而且当它来到的时候,每一件事情都有它自己原初的、不可预测的、直接的性质,也有类似它自己的终结的性质。后来的东西永远不是仅仅消融到早期存在的东西之中的。这样的所谓解决,仅仅是对我们所借以调节先在东西向后来的东西过渡的那种秩序的另一种说法而已。我们可以利用关于童年的更完善的知识来解释成年的特征,但成年绝不是童年再加上一点什么。

在作为事实结尾的目的和作为满足需要的目的之间加以区别,而同时又要记住后者和前者的联系,这是不容易的。对经验中的某些对象,我们带着一种想要保持和维护的意愿对它们直接作出反应,所以这样一个观念很难成立,即把一个事物当作一个完全不受深思熟虑的选择和策划的影响的目的,当我们想到它或谈论到它的时候,才把联系带进去了。既然我们要从烦恼和受苦中逃脱,既然只有在逃避之中这些事物才是选择和策划的对象,那就似乎迫不得已而把它们也称之为终结(目的)。这样来称呼它们,从语言上来说,是不恰当的。我十分愿意在语言的这一点上让步,如果它的含义被承认和被接受的话。因为在这种情况下,我们除了要面对在深思熟虑的指导下的事物进程之外,还要面对那些直接为我们所利用、享受和遭遇的对象,这些对象本身并没有提出要成为目的。在这种情况下,健康本身并不是任何自然过程的一个终结(目的),它本身更不是一个终结(目的)。当为病魔所扰之后而恢复了健康时,它就是一种为我们所享受的好处。同样,信仰和陈述的真理性也是一件具有好的性质的事情;但是,它并不正因为是好的,所以就成为一个终结(目的);只有当它由于它具有好的性质而为我们所追求或作为一个结果而达到的时候,它才成为一个终结(目的)。根据这一点看来,一切的终结(目的)都是在预见中的目的。它们是有意识的意愿的对象,而不是像希腊学说中所说的那样,是一个作为"存在"所具有的特性的理念。当它们在存在中被达到的时候,它们就是终结(目的),因为这时候它们乃是通过前面的努力所达到的结果,正像一根竹竿,其本身并不是一个目标,但它与一个赛跑者和他的竞赛产生关系时,它就成为一个目标。或者,我们必须始终坚持,终结(目的)和有意识的努力的目标是等同的,或者,我们就要承认:一切为我们直接所占有的具有不可还原的和自足的性质,如红和蓝、痛苦、坚实、粗糙、光滑等事物,都是自然的目的。

然而,把终结(目的)和"在预见中的目的"完全等同起来,以及把后者和心理状态完全等同,这不是自明的,甚至也不是清晰的。这样的等同乃是把有意识的生活和客观的自然隔绝开来了,是一个特殊的历史情境产生了这个分隔。现代科学已经弄清了:自然对于坏的东西和对于好的东西是无所偏爱的,它的磨盘一视同仁地碾出各种粮食。假使希腊思想曾经只是满足于这样说:存在的一切直接性状态都有一定的最后性和后果性、一定的不可测量性和不可计算性。假使它曾经引用有意识的经验,作为说明自然过程对于好的和坏的终结是一视同仁的一个突出的事例,那么,现代科学对于自然目的论就不会形成毁灭性的打击,甚至它会进一步丰富这个理论。如果我们明白地发现了在这个好的事情和那个坏的事情前面存在着的那个条件,就掌握了管理具有这些性质的事物之发生的手段。但是,自然能量对产生好的结果和坏的结果乃是一视同仁的这个发现,以及对于导致不同后果的各种过程的这种相互重叠和相互混淆情况的发现,却完全推翻了这个关于终结(目的)的古典学说,乃至似乎把关于自然目的的任何概念都给废弃了。其逻辑的结果就是将接受直接性质的"意识"与自然割断了联系,而且创立了一个关于物理的自然和心灵的二元论,这就是现代认识论上各种问题的根源。

从历史的进程来看,重新考虑这个自然终结的学说,这对正确地领会有意识的生命和自然的联系乃是必要的。"意识",在其众多的含义中,有一个意义就是直接的显现,是性质和意义的明显而生动的呈现。如果把这些直接的显现当作具有突出特征的自然的事情和物理的事情以外的其他什么东西,对象本身就变成了在存在中疏远的、不确定的东西,只有通过意识的中介才能达到。再者,性质是直接的和绝对的,同时任何特殊的性质又显然是不稳定和流变的。直接的对象说的就是变幻无常。意识,按照适才所指出的这个意义,乃是一个流变,其中没有一个东西是停留不动的。永久性、"实质"(substance)仅仅在一些不可接近的事物之中才能发现,为了对这个流变提供一个实体和轨迹,才不得不求乞于它。因此,我们就面临一个在认识论中很常见的惶惑不解之谜。在这里,只要提一个问题就够了。在直接性质的领域中,包含了每一个有价值和有意义的东西。但是,它是不稳定的和动荡不安的。第一个考虑就是诱导我们给予意识以高贵的赞扬,次一个考虑则是引导我们把它和与它相反的所谓具有永久性和固定性的事物进行比较,从而否认它具有真实性。既然直接的性质来去无常,没有内在的节奏和理由;既然生命比无机物更为不稳定,而有意识的生命较之生理学上所理解的生命又更加变幻无常;既然直接性质的来往只有经过出自意识的事物的中介才会接受节制,那么,意识就变成一个异常的东西了。"物质"作为由许多间接的、不是直接所给予的、从某种意义上说来是不可知的事物所结合起来的一个复杂体,变成唯一真实的和坚固的东西。

如果我们忽视对有规则和重复的东西的实际偏好,因而对与后果对立的"原因"也有那种同样的偏好,那么,这种具有直接性质的事情的流变情况就只能表明:直接性就是直接性而已。就这个事例的本性来看,直接事物的发生是受事件序列的秩序支配的。而在那种被常识视为实质的事物中,这些特性如质量(mass)和惰性、不变的坚固性和广延性等,则最被重视。在这里,变动速率是慢的,这个过程既有消耗又有积累,静止的空间性质最为突出。对坚固的实体的变化来说,时间相对来说是不太重要的,一百万年就是一天。但是,如果事物的存在依赖许许多多独立的变动因素之间的交相作用,那么,它就处在一种不稳定的均衡状态之中。它的变动速率迅速,相连续的性质之间彼此没有明显的联系,任何部分的移动都可以改变整个配合情况。因此,光和水是"实质",而依赖于光线和水蒸气的一种高度特殊的结合才能形成的迅速变动的虹就仅仅是一个"现象"。这样的直接性质,如红和蓝、甜和酸、声调、愉快和不愉快,都是依赖于由许多有制约作用的事情所形成的一种不寻常的混合物和复杂体,所以它们是变幻无常的。它们从未完全一样地重复过,因为作为最后的结果的事情不可能在完全相同的情况下重新结合起来。所以,它们是比虹更为"现象的"。如果它们要在"实在"中占有一定的地位,就要作为实质的各种"样式"(modes)而依附于实质之上。

因此,那些最稀少的、终极的,也就是不稳定的、最容易变化的事物,便似乎和那些好的、坚实的传统实体有着种类上的差别。物质并不是缺乏想象力的偏见所理解的那样成块的、厚实的东西。但是,当它跟直接性质的变动比较起来时,在任何情况下,它又似乎是坚固、有实质的。我认为,就是这一个事实解释了:出于"物质实体"的类比,我们在心理的事情下面插入了一种非物质的实体。但是当我们认识到心理的事情乃是自然的事情高度复杂的交相作用所产生的结果时,它们这种迅速变化的性质本身就变成可以理解的了。这样就没有根据来论证,它们和物理的东西有一种极大的差别,因为物理的东西也可以分解成事件过程中的性质。"意识",作为直接性质和意义的一种显著而生动的呈现,是唯一具有直接价值的,于是,那种不在当前直接呈现出来,而它们的内在性质又不是直接为我们所占有的事物,从控制的角度看来,乃是基本的。因为正是由于为我们直接享有的事物既是稀少的又是变幻的,因而唯一能被我们所思及的就是在它们被我们所享有时的各种条件了。从保卫和维护对于终极性质的享有的角度来看,普遍的和重复的常见之物就是属于高级的东西。直接讲来,除了占有、享受和遭受这些终极的性质以外,我们就不能对它们有所作为。所以,反省乃是与那种制约、防止和保证这些性质之发生的条理有关的。有讽刺意味的是,许多历史的哲学体系却把这种实际情况完全颠倒过来了。一般的、重复发生的、广泛的东西被视为有价值的和属于高级的"存在"。直接的、强烈的、流变的和具有个别特性的东西,只有当它依附于某些通常的事物

(普遍之物所能指示的全部)时,才能具有重要性。实际上,普遍的和稳定的东西之所以是重要的,乃是因为它们具有促使产生独特的、不稳定的、转瞬即逝的东西的工具作用,它们是后者发生的有效条件。

亚里士多德通过拉丁基督教所遗留给现代世界的思想体系,表达的就是这个把具有工具性的普遍存在的东西当作终极的东西的做法的后果。实际上,圆满的对象并不是在少数几个类别之下所排列的一系列可数的和不变的各种存在,而是无数的、变动的和个别的事情。在兴盛中歌颂失望而在黑暗忧郁之中歌颂希望的诗人,一直是真正的关于自然的形而上学者。眼前的荣耀和眼前的悲剧一定会过去的。偶然的、不定的、不完全的东西使得圆满的对象具有深度和广度,同时那种不直接为我们所占有的、只有通过反省的想象和理性的构筑才可能接近的事物,却是控制它们发生的条件。

一个对象所具有的终极性质愈为丰富,这个对象就愈为动荡不定,因为它依赖于许多不同的事情。所以,充其量,控制是片面的和带有试验性的。一切的预测都是抽象的、假设性的。设定其他事情是稳定的,那么在思想中所选定的一定条件就决定着一件事情(例如红)的发生是不是可以预测的。但是,既然别的条件并非始终固定不变的,现实所发生的事情绝不会恰好是在思想中所产生的东西;并没有单纯"红"的东西,而只有具有一定色度和一定深浅的红色的东西,这些细节不可能被重复。因此,在任何终结的对象之中,都可以发现一些不可预测的、自发的、不可解释的无法表达的东西。标准化、公式、概括、原则、共相都各有它们的地位,但这种地位乃是有助于更好地获得独特而不可重复的事物的工具而已。

歌颂这个事实,我们应归功于浪漫主义。如果一件事实没有得到大量的颂扬,它就不会明显地被发现和交流。对浪漫主义作为一个思想体系产生厌恶,是十分有理由的;但是即使一个十分讨厌的体系也可以偶有更加严肃的方案中所不知道的真理。不管称这个事实是浪漫的或某些别的更好听一些的名字,这仍然始终是真的:直接的和终结的性质(无论是否称之为意识)形成了包括许多直接的、变动的、冲动的、有风险的方向的一个不可预测、不可言传之流;而在古典思想中被歌颂的那些普遍的、有规则的对象和原则,相对于它而言,只是具有工具作用而已。

在我们结束本章之前,最好再提醒一件事:指出某件事情是一回事,赞赏和颂扬这个事实是另一回事。当我说,凡直接所享有的圆满结果和稀有的东西是变幻无常、独特的,应该永远不要完全服从于原则和规律,我并不是说,这是一件美好和可贵的事情。不要因为一位新闻记者报道了某种情况而去责备他。在这里所报道的这个事实,在一位诚实的经验主义者看来,是不可避免和十分显明的,因而也就没有必要去颂扬或贬责它。唯一的问题是准备怎样对付它所有的那些各种各样的组成我们的生命并给予我们生命以悲欢离合的事情。这个问题在反省中是迫切的,在"谋求生活"这样一个最实际的经常需要行动的事情中,它也是迫切的。用于反省的材料,甚至比用于解决饥渴的材料还要变化得迅速些。它们新陈代谢的过程还要来得更快些。真正思考一件事情,就是去思考在我们着急追求它们的含义时立刻想到的那些含义。对于思考者而言,这是没有止境的,他一直在思考的过程之中。也许就是由于这个原因,反省,总的说来,在人类的文化中一直被视作繁重的劳动,视作沉闷和忧郁的东西。幻想跑得很快,因为在幻想中没有背负使其中的联系紧密而连贯的任务。只有在古代希腊那样幸运的环境中,从事理解的努力才能变成一种丰富的乐趣,以致可以把它认为不仅是自然的一个目的,而且是许多目的之目的,因为它是其他一切发生的原因。

然而,参与这种圆满终结的活动的还仅限于少数人。既然它被理解为一个目的,自发地或"自然地"给予少数人,而不是一个所要达到的实用的和反省的结论,他们便断定说:有些人天然就是奴隶,他们唯一的职能就是供应物质资料使别人不致为了需要求生而分心,从而可能在纯理论的活动中从事思考。因此,思想乃自然之最后的、完备的终结这个概念,就变成一个使社会上现存的阶级划分"合理化"的手段。把人类划分成为没有思想的人和从事探究的人,被认为是自然的内在工作,实际上就等于把人们划分成为劳动者和有闲者。哲学家们和科学研究者们是自然完善的最高极点,他们对外在的行动和联系的依赖最少。

从某种意义上说来,思维和悠闲的领悟之发生是自然的,它发生在自然过程的进展之中。它可以说是"被给予的"(given)。像所有的终结一样,它在变成反省选择和寻求的对象之前,必先是被直接偶然遇到的,未经预先的思索。但是,当它一经被反省的时候,其意义就被误解了。把静观的思维本身当作终结(目的)的这个想法,一方面是由于在实践中不能使理性发生有效作用而进行的一种补偿,另一方面是一种使社会阶级划分永存的手段。一个具有历史性质的、局部的和暂时的政治变成了关于永恒存在的形而上学了。当思维达到真理的时候,它的确可以说实现了自然的规律性和普遍性,成为它们的自然终结(目的)。但是,它在某些东西中而不在另一些东西中作为终结（目的）体现出来，并不具有普遍性。它是偶然的、意外的。只有当它的成就是政治和教育的审慎技艺所产生的结果时，这种成就才是一种有理性的实现。

既然在自然中没有一个东西是完全终极性的，那么理性（rationality）就既是手段，也是终结（目的）。只有当那些已经实现了善的人们把它再用作手段来改变条件，使得其他的人也能共享此善，而善果的普遍性在事件的进程中存在的时候，所谓理性终结（目的）的普遍性和必然性的主张才能证明是有效的。愈肯定说思维和理解本身就是"终结（目的）"，那么，思维就愈必然会发现为什么它们只能在一个很小的、排外的门类之内才能实现。思维进一步的问题就是要使思维在经验中占优势，不是要变成灌输到别人头脑中的思想成果，而是积极的思维过程。在古典的和上流社会的传统中，其最后的矛盾是：它使思维成为普遍的、必要的和终极的自然之善，但同时它又满足于偶然的、依靠于出身的、依靠于经验的和政治的地位的情况散布在人们之中。如果有一种哲学在说理性是最后的和普遍的时候，却不关心决定理性发生的条件，那么一贯的、合乎人情的思维就会觉察出这个可恨的矛盾。当对象的性质被发现对结果有价值的时候，这种发现就必然会产生技艺。只有在这儿，思维和认识不仅在它们的来源方面，而且在它们的后果方面，都是在自然过程之内的事情，因而充分地发挥了它们的作用。

第四章 自然、手段和知识

人们最熟悉的一个神话,就是讲劳动是怎样由于人类触犯了神权而产生的,以及劳动是一种给地球带来祸患、给人类带来痛苦的行为。由于这个对上帝的最初反抗,男子在忧患中做苦工,以求得一个不安定的生活;而女人,则在痛苦中养育儿女。这个故事是一个生动的证据,说明人类发现:自然界支援他的各种活动,是很自然的;而持续的和艰难的工作负担加在他的身上,是不自然的。欢乐是自发的,劳动就需要有一定的理由。这个古老的传说的产生和古典政治经济学的形成之间有一段很长的距离,但是后者主张,作为价值之源泉的劳动,意味着付出高昂的代价,意味着要牺牲当前的圆满结果以求后来的好处。这种主张表达了与前者相同的态度。

但是,事实上,人类之所以变成像神灵一样(不是占有和享受到善恶,而是认识到它们),这不是由于享受了那个苹果,而是由于受到了劳动这个强迫性的惩罚。为自然所要求的、为了使工作能够获得成功所必须遵守的那些条件,乃是人们对于自然界所作所为进行观察和记载的根源。自然提出了这样一种规训,即迫使丰富的幻想尊重事情的运动过程,使思维服从于一种适当的空间和时间的秩序。闲暇是戏剧、运动和文学辞藻之母,需要乃是发明、发现和持续的反省之母。虽然在运气好的时刻,异常的事变是可以用令人舒适的仪式或者礼节来诱导或加以安慰的,但是只有工作才使家庭的、日常的事情具有一种消除一切疑惑的魔力。戈矛、网罟、陷阱、机关、器皿、筐篮等物也许由于它们与一定的仪式符号相关而使它们的能力更加扩大,但是这种设计永远不能完全代替那种对自然材料的有效抵抗和适应。敏感、机警、发明以及知识的积累和传递,乃是人类在劳动中避免沉湎于直接的占有和享受，以便在事物活动的联系中把它们当作手段和记号来加以考虑而产生的必然结果。同样的需要也使那种除它本身具有刺激性以外，与任何事物无关的直接情绪转变成对自然事物的运动和可能性的兴趣。对于用具、工具，人们用尽一切办法来装饰它们，使它们可以引起对具有圆满结果的事情的回想，以减轻它们的负担；但是，工艺品又回过头来为仪式艺术提供材料、用品和图样。

工具、手段和媒介乃是工业中所特有的事物，这样一句话乃是同义反复。从它的本质上讲，技术所涉及的乃是具有工具作用的事物和行动，而不是处于直接状态的事物和行动。这样的对象和事情在工作中并非作为对于需要的满足、实现而呈现出来，而是作为达到其他事物的手段和具有预示性的标记而突现出来的。一个工具是一个特殊的事物，但它不只是一个特殊的事物，因为其中还体现出一种自然的联系、一种一连串的连接。它具有一种客观的关系，而这种关系也就说明了它自己的特性。对它的感知以及它的实际用处，使得心灵涉及其他的事物。戈矛并不直接暗示出欢乐的情况，除非是作为通向其他外在事物的媒介，例如看到武器会使人想起猎物和狩猎活动。人抱持某种偏见，使他倾向于单从一个工具与他自己、与他的手和眼的关系来考虑它，但它的基本关系却是相对于其他外在的事物的，例如榔头之于钉和犁之于土壤等。只有通过这个客观的关联，它才保持着对人以及他的活动的关系。工具表达的就是对自然中一连串关联的感知和承认。

古典哲学孕育于惊奇，产生于安闲，培植于圆满的静观。所以，它留心到在美术中圆满的或有后果的对象和在工艺中具有工具性、从事操作的对象这两者之间的区别。然后，它运用这个区别，依据一种思辨的物理学去解释自然。工艺之所以是可能的，因为事物具有可以观察得到的效能；但它们之所以是必要的，却是由于欠缺、匮乏、不完备和"非存在"(non-being)。在感觉和欲望中，这样的缺陷是明显的。原料之所以可能转变成有用的形式，这是由于原料本身具有可以转变的性质，而这种可变性本身证明了它们不是完美无缺的"存在"。事物之所以有潜能性或工具性，这是因为它们还没有存在，更确切地说还是在变化过程中的存在。它们把自己托付给完善它们的操作性联结，因为它们本身按照一种充分的意义讲来，并不是所谓"真实"的东西。这个观点使希腊思想得以避免把工具视为单纯的主观方便之物的现代偏见。但是，这个保障也付出了代价，它在自然中引入了一种存在本身中的分裂，把它区别成某些事物内在地是有缺陷的、变化的、关联的，另一些事物则是内在地完善的、永久的、自足的。其他的二元论，例如在感情的欲念和理性的思维之间、在殊相和共相之间、在机械的和有目的的之间、在经验和科学之间、在物质和心灵之间所存在的二元论，都仅是对这个原始的形而上学的二元论的反映而已。

把美感的对象转变成科学的对象，转变成既真且善的统一的东西，与把活动、转化着的对象转变成缺乏完善存在的事物是完全相符的。由于这些事物不是完善的存在，这便产生了它们这种变动的不稳定的状况，然而这种不稳定的状况和工艺原料一样，对超越于它们本身以外的终结（目的）具有潜存的作用。社会之划分成为一个劳动阶级和一个有闲阶级，区分成为工业和美感静观，便变成了在形而上学上对仅仅是手段的事物和作为终结（目的)的事物的区分。手段是卑贱的、从属的、有奴性的,而终结(目的)则是自由的和最后的。作为手段的事物意味着有缺陷、有依赖性,同时终结(目的)则意味着一种独立的和内在自足的存在。所以,前者永远不能在它们本身就被认知到,而只能当它们从属于最后的对象时才被认知到,但后者根据一种独立自足的推理,在它们本身并通过它们本身就能被认知到。因此,把知识和美感的静观等同起来,而把尝试、工作、对事物的操纵和管理都排除在科学之外,这两者构成了一个完整的思路。

  技艺家们通过创造出和谐构成的对象,为唯心主义哲学心目中最后的真实对象提供了在经验中的模型;但是,思想家们对这些技艺家们则表现出一种忘恩负义的态度,而对于工匠尤甚。农民、航海者、建筑工人的观察和工作所积累的结果,提供了有关自然事情的事实资料,而且供给了在逻辑上和形而上学上将变化从属于直接所占有、所享受的满足结果的一种模型。在思想家们责备工人阶级和轻视劳动的同时,却又从他们那儿借用了那些给予他们自己的理论以形式和实质的事实和概念。因为离开了技艺的过程,就缺乏把满足、现实这种观念引入到终结(目的)这类概念中去的根据,也就没有把先在的活动解释成为潜能性的根据。

  然而,我们却不应该也跟着忘恩负义。因为如果说希腊思想家们还没有成就科学,但他们却已经获得了科学的观念。这个成就越出了技艺家和工匠的范围。因为不管他们自己对于自然事情的观察和信念如何坚实,那种内容仍然与缘起和使用是连在一起的。他们所认识的关系在时间和空间上都是限于局部范围之内的。当题材从这种情境中提升上去并置于一个永恒形式的领域之内,它就受到了一定的歪曲。但是知识的观念却因而得到了解放，在存在中的那种逻辑关系的体系也被奉为探究的理想了。思维被发现了，具有了它自己的对象和工作程序；而这种把思维当作对一切技艺方法之方法的发现，为一切后来的经验增加了一个新的维度。如果有人试图在"由于把思维和逻辑当作一种自由事业的这个发现所得到的收益方面"和"由于把有工具性的东西和终极的东西截然划分的后果所应付出的债务方面"这两者之间求其平衡，这会成为一种学究式的工作。

在荷马（Homer）和赫西俄德（Hesiod）时代和公元前5世纪之间，在希腊的经验中，曾经发生过一个大的变化。在那个时期，表现出一种对生活的忧郁的心情，为命运（大部分是厄运）所支配的感觉广泛地流行着。如下一些引语显示出来这样的心情："因此，神灵已为这些不快乐的生灵决定了：人们应该在痛苦中生活，而它们自己则在无忧无虑中生活"、"成千的苦难横越人类的住处，它们遍布地面而充斥于海洋。夜以继日带来悲痛。它们静悄悄地就来临了，因为聪敏的宙斯（Zeus）①已经消除了它们的声音"、"凡为赫卡谛（Hecate）②所宠爱的人们就不需要有知识、记忆或努力以获得成功，因为她是不需要她的宠爱者的帮助而独自行动的"。对不可见的力量的内容的占卜和虔诚的牺牲是人类唯一求助的手段，但这是无益的。没有人在死亡之前是快乐的。神灵的确也曾赐予人类一些技艺来改善他们的苦难命运，但这种恩赐又是不确定的。终结（目的）是在神灵和命运的一边，而命运甚至还统治着神灵，它既不为敬献所贿赂，也不会受到知识和技艺的

---

① Zeus 是希腊神话中的神王。——译者
② Hecate 是司月亮、地球及冥世的女神。——译者

威胁。

到诡辩学者（Sophists）以及他们伟大的雅典继承者们的时代，在心情上又有了显著的变化。这时候，促使表达希腊人宁静心情的神话的条件具备了。诡辩学者们教导说：人类通过精通技艺能在很大程度上控制生活的命运。柏拉图是最明白现有的苦难的了。他认为，既然这些苦难是由于无知和偏见，它们可以用适当的知识去加以补救。哲学应该以获得一种控制社会的技艺为其终极目的。柏拉图的伟大竞争对手教导说：命运乃是"人们所发明的一个幻影，用来掩饰他们自己的鲁莽。命运不容易对抗思维，而且一个受过教诲、有远见的灵魂将在最大程度上达到它的目标"。总之，以知识为根据的技艺要与自然合作而使它服从于人类的幸福。神灵已退到了黄昏的时期。神权有了一个强有力的敌手。崇拜变成了道德。医药、战争和手艺离弃了行会护神的庙宇和神坛，而发明、工具以及行动和工作的技术则大大地增加了。

这个大胆扩展的时期并没有持续很久。它不久就让位了，接它而来的是默里（Gilbert Murray）所谓的神经衰败和对超自然的境界的回复，哲学从一种高尚的技艺变成了一个进入超然境界的通道。这个插入的事变虽然很短，但它却不仅仅只有历史上的意义。它为处在一个不安定、不完全和动荡的宇宙间的人类敞开了另外一条道路，那就是说，除了在人的烦恼生活中所发生的那种赞美欢乐和休息的时间等方式以外，还可以有另一种方式。通过工具性技艺，以对自然、对具有使人满足和感到好的对象的研究为基础的控制手段，可以倍增并且得到保证。这条道路，在差不多两千年的晦暗和荒芜之后，又被发现并再度被采用了，它的再发现,标志着我们所谓的现代时期。把科学当作在一个危难不安和一致、安定相混合的世界中获得支援的一个手段而考虑它的意义,就成为我们这一章关于经验的主题了。

科学产生于技艺,物理科学产生于手艺和医疗、航海、战争的技术,以及木工、铁工、皮革工、亚麻和羊毛工等,心理科学则产生于政治管理的技艺。我认为,这是大家所承认的一个事实。科学探究的特征是明显的理智态度,这种理智态度产生于人们控制人和物从而使得后果、收获和成绩更加稳定而可靠的努力之中。当人类使用工具去操纵事物,用它们来满足期望时,这便是脱离直接事物之威胁的第一步。当人们不是在事物的直接性质中,而是为了某些后来的结果而应付事物时,直接的性质便暗淡不明,而那些作为其他事物的标记、指示的特点便突出显明了。一个事物比较重要的意义,是它将使得什么成为可能,而不是它直接就是什么。认知的意义、理智的意义的概念本身就是说:事物在它们的直接状况之中,乃是从属于它们所预示着的和指证着的东西的。一个理智的标记指明:一个事物并不是直接被接受的东西,而是某些由于它而可能来临的东西。理智的意义本身可以被占有、享受和欣赏,但是其特性却是工具性的。所幸的是,工具和它们的功用都能直接为我们所享受,否则,一切工作都会单调无味。但是,这个附加的事实并没有改变一个工具的定义,它始终是一个用来作为达到某些结果之媒介的东西。

在界说空间和时间性质,在把局部事物之纯粹直接的性质转变成为种属的关系上,人们是通过技艺而开始了摸索的第一个步骤。手指、脚、行走的步子曾被用来测量空间,重量的测量起源于商业交易和制作。几何开始是一种农业技艺,后来才把空间从一种直接广延性的局部性质中解放出来。但是,古代和现代科学中对几何所产生的极端不同的理解方式,证明了几何形式从其直接的或美感的特性中解放出来的这个过程是很缓慢的。在希腊的天文学中,图形的内在性质总是比它们在科学研究中的工具性意义占优势。它们乃是现象所不得不符合的形式,而不是间接的测量行为的手段。直到今天,空间关系才从美感的和道德的性质中得到解放,完全变成了理智的和关系的,变成从直接条件中抽象出来的因而是极度概括的东西。

对事物的理智的和工具性方面的认识发展史的研究,远不在我们目前范围之内。我们只能指出其中的某些纯粹的结果。无论在什么时候,只要当对象淡化了它们作为完全对象的身份而被当作其他对象的标记或指针,在原则上便开始走了第一步。如果进入这条道路,这样的时候就一定会到来,即适当的知识对象将会丧失一切直接的、有性质的东西以及一切最后的、自足的东西。这时候,它就变成了一个解剖后的骨架,只包含那些具有直指的意义或工具意义的特性。抽象不是一个心理上的偶然事件,它是对自然存在的某些方面进行逻辑总结的产物;这些自然存在是其他事物可靠的和有效的证据,它们是预测的手段,而这一点是通过用一种名词意味着另一种名词的表现方式来实现的。自明之理已不再是感性的或纯理性的对象所具有的特征。原始命题是对对象所作的这样一种陈述,它构成了形成和检查其他命题的最简单最完整的形式。可能有许多公理和设定的体系,而且是越多越好,因为由此可以发现新的作为结果的新命题。如果把事物本身的内在性质尊奉为知识的对象,真正的科学是不可能的。它的完备状态,它的内在意义,不可能使它被用来作为有所指明、有所暗指的东西。

威廉·詹姆斯曾说："有许多东西都是理性条理的理想模型：有事物之间的目的上和美感上的联结……也有逻辑上和数理上的关系。在这些东西中，最有希望的首先当然是比较丰富的东西、比较富于感情的东西。最空泛而希望最少的东西就是数学的东西；但是，数学的应用史乃是一部稳定进步的历史，而关于那些在感情上比较丰富的东西的历史，却是一部比较贫乏和失败的历史。以最使你们人类感兴趣的那些方面而论……你们的一切结果都是没有收获的。尽量按照你们的意愿用一些感情上、道德上和美感上的名称去称呼自然的事物，而在这样称呼的后面并没有自然的后果。……但是当你们给予事物以数学上和机械学上的名称，而说它们是在某个位置的许多固体，在某个速度下按照一定的路径来运动时，那么一切都改变了……你们的那些'东西'，实现了你们所据以把它们分门别类的那些名称所包含的后果。"[①]

对这些意义丰富的语句的恰当解释是：当从目的方面来看对象时，当真正的知识对象，即存在所具有的最真实的形式被认为是终结（目的）时，科学就不前进了。对象是被占有的和被欣赏的，但它们并不是被认知的。所谓认知，意思是说：人们已经愿意放弃宝贵的所有物，为了要去掌握那些他们在目前尚未享有的东西而愿意放弃他们现有的东西。未来更多的、可靠的目的依赖于放弃现存的目的，而把它们变成有所指明、有所暗指的手段。对科学最大的历史障碍就是不愿意放弃现有的东西，深恐这样做会使道德的、美感的和宗教的对象受到损害。对于大部分人来说，

---

① 詹姆斯：《心理学原理》(*Principles of Psychology*)，第2卷，第665—666页。

自然科学那些空洞和枯燥的对象仍然是令人恐惧的。机械学的或"数理-逻辑"学的对象,乃是作为理想的、最后的对象的对立物而出现的。于是,哲学运用了一种把物质的和机械的东西解释成为心灵的东西的办法,而变成了一种维护"宇宙之精神价值"的工具。借助于对知识可能性进行推演的一种辩证法,物理的东西就变成了某种心理的、心灵的东西——似乎心灵的存在一定内在地比物理的东西更为理想一些。

这种新的科学方法的最后结果,就是把自然理解成"数理-机械"学的对象。如果说反映这种新科学趋势的现代哲学废弃了自然中的最后因,这是因为对质性的目的以及对占有和享受现存的对象的关心阻碍了探究、发现和控制,结果造成了在定义和分类上一些空洞无物的思辨上的争执。一个诚实的心灵不能否认,感觉性质如各种颜色、潮湿和干燥、硬和软、轻和重,都是真正的自然目的。在它们之中,身体的潜能性发挥了作用,同时由于这样而产生的身体上的活动,又回过来使在身体以外的自然的潜能性也得到实现。然而,主张把知识吸收到美感静观之中,把最后的对象当作知识的适当对象这个学说,曾给予科学以致命的打击。一切自然现象必须根据性质才被认知。热和冷、湿和干、上和下、轻和重乃是用以认知和据以认知的东西。它们是自然所具有的基本形式、积极的原则。但是,伽利略及其科学的和哲学的后继者们(如笛卡尔和霍布斯)却把这个方法颠倒过来,说这些感觉的形式乃是要被认知的事物,是激起人们从事探究的原因,是问题而非问题的解决,也不是解决问题的条件。这是一个一般性的断定,它使得对知识对象的探究成为必要。认识的可靠材料在不同的存在领域中被发现,在根据数学所界说的空间关系、地位、质量中,以及在具有方向和速度的空间变化的运动中。性质不再是直接对付的事物,它们也是已经完成的事物,是效果,要求通过在数学和机械学的关系中所作的陈述和描绘来被认知。唯一能够界说、描述和解释的世界,乃是一个在笛卡尔式坐标的系统中被安排着的、在运动中的物质世界。

当我们从经验中观看这种变化时,所发生的事情与工艺中发生的事情如出一辙,这时候,自然的对象,像原始的矿石一样,被当作获得其他东西的原料。它们的特性不再在它们的直接性质方面,不再在它们是什么以及为人们所直接享受的方面。现在,它们的特性是表征性的,某些纯金属、铁、铜等乃是它们的本质,那种可以提炼出来的东西才是它们"真正的"本性和它们的"实在"。要获得这种"实在",许多现存的因素就不得不被排除掉。从这个对象即纯金属的角度来看,这些要排除掉的东西便是"假的"、不相干的、具有障碍作用的。它们横阻在中途。而在存在的事物中,只有指明将来的目标并且为了达成这个目标而提供手段的那些性质,才是有重要意义的。

现代科学是对这种工艺态度一个概括的承认和采纳,因为它的工作程序也是运用一种类似的操作技术来从事操作和还原的。如果没有分隔和联合各种工艺的用具和程序,物理科学是不可能的。在工艺中,其结果就是力量增长了,直接所占有和享受的目的翻倍了,并且用以达到终结(目的)的手段有更大更多的伸缩性,更为经济。金属能够有几千种的用处,而原矿仅仅由于它偶尔呈现出一些美感性质而为人所重视,或者用来向猎物或敌人整个地猛力掷去。因此,把自然存在减缩到成为一个手段的地位,这并不和所占有和欣赏的目的有什么内在的矛盾,而毋宁说是使后者成为一件更加可靠、涉及更广的事情罢了。

那么,为什么在现代哲学中一直这样认为,物理科学的进步产生了严重的形而上学的问题,即作为知识对象(一个机械的世界)和终结(目的)之间的关系问题,以及如何将描述和欣赏的这两个对立的世界调和起来的问题。在经验的事实上,机械科学的进展已经增加了各种各样的终结(目的);已经增加了需要和满足;已经增加了各种各样达到它们的手段。为什么还有这个问题呢?可以提出两个历史的、经验的理由来回答它。首先,亚里士多德关于潜能和现实、关于自然过程圆满终结的对象的形而上学,与现在已不足凭信的天文学和物理学混淆不清地错综在一起。它也和那些很快就和当代社会需要脱离关系的政治和经济中的学说和制度混淆不清。最简单的补救办法,就是把古典的传统当作科学中的约拿(Jonah)①而把它整个地抛入大海。这个方法是危险而急躁的,但是它满足了需要。通过一个简单的行动,它就使科学探究得以回避那些阻碍甚至破坏对自然进行考察的观念,以及用许多过时的禁令去限制新的实践的观念。

然而,这个原因本身顶多也只是造成一个瞬息即逝的历史事件而已。人们之所以缺乏耐心地废弃任何关于自然目的的理论,那是因为,他们坚持了这个古典的认识论。希腊思想把占有、静观当作科学的实质,而把后者本身当作对于实在的完全的占有,认为它已和心灵融汇一气。当作为一件现实事情的认识活动发生了激烈的改变时,把知识当作直接占有"实在"的这个观念却仍

---

① Jonah 是希伯来的预言者。他因违抗上帝,乘船逃遁,上帝施以飓风,使之被吹入海中,为巨鱼所吞食。现在特指在乘船时遭遇厄运之人。——译者

然保留着。甚至当科学已经把实验的追求和发现的方法包含在内的时候,知识仍然被界说为对于真实存在本身的领悟、掌握,而与它比较起来,其他的经验方式是不完善的、混乱的和易入迷途的。所以,这就产生了一个严重的问题:如果科学固有的对象乃是一个数学的和机械的世界(如科学的成就所业已证明的那样),而且如果科学的对象说明了真正的和完善的存在(如古典传统中的永恒观念所陈述的那样),那么,爱、欣赏的对象——无论在感觉方面还是在理想方面——和虔信的对象又怎能被包括在真正的实在之内呢?

为答复这个问题所做的努力,便构成了现代形而上学思想中大部分技术性内容。在这些前提之下,它的内涵包括了几乎从自由、理想和观念问题到物理和心理之关系问题等方面的一切内容。关于后者,有关于它们现存关系的因果问题,也有关于由一种存在的条理怎样认识另一种存在的条理的认识问题。在这里,我们不涉及这些浩如烟海的文献和所产生的各种(争论和辩驳的)观点。然而,回想一下这个问题所产生的根源,以下这句话就是很恰当的:如果没有背后那个可疑的假定,我们就不会被要求去寻找解决方法,当某些前提被舍弃时这些问题也就不会再是惶惑不解的了。在这里,与我们有关的前提就是:科学乃是对实在所具有的最后的、自足的形式的掌握。如果知识的固有对象具有那种为工艺的题材所具有的特性,那么适才所提出来的这个问题便烟消云散了。科学的对象,和技艺的直接对象一样,乃是关系的秩序,它们是产生直接的占有物和存在物的工具。当目的和一个有秩序的事情系列之间的联系已被决定时,善果即具有满足的性质的对象,是科学发现和使用方法的自然结果。关于直接的经验事物，它们过去一直是怎样，它们现在就是怎样：它们是事情自然的结尾。物理科学并未曾建立另外一个对立的存在领域，它只是揭示了直接的和最后的性质发生时所必须依赖的那种状态或条件。它使目的不仅是一种偶然为我们所占有的东西，而且使我们具有一种调节它们产生的时间、地点和方法的能力。断言有条理的关系是属于数学方面的或机械学方面的这个说法，从根本上说来，是同语的反复。那就是说，对任何事物的知觉和应用使我们能够控制后果或达到最终的性质，这种事物的意义就是一种数理的、机械学的或也可以说是逻辑的条理。在审慎地计划和执行计划的地方，如果我们没有发现那些已经发现的东西，我们就必须发现其他东西。

如果科学是完善地掌握和领会存在的东西，而且如果科学是以一个"数理的-机械的"世界为目标，那么，接下来的事情就是：我们要面临关于实在和现象的那些问题。在古代思想中，这个问题是以一种最简单的形式出现的。有高级形式的知识和低级形式的知识，但一切等级的知识同样都是"存在"在某一层次上的实现，因而与实在相对立的现象仅仅是程度较低的"存在"，是不完善的，没有完全实现的。在现代科学中，它的自然世界乃是同质的，因而这种完善和欠缺的"存在"的对立就变得没有意义了。它是一种关于知识或错误的问题，而不是在认识上所具有的和不同层次的"存在"逐一相适应的差别问题。在古代的视野中，感觉和信念在它们的位置上都是知识的良好形式。它们所知道的东西，它们的地位，只是一种低级的"存在"而已。在现代人的心目中，如果它们不能和科学的方法结合在一起的话，就不是任何事物的知识。心灵是真正的实在，而物质是心灵的现象吗？或者说，物理的东西是最后的实在,而心理的东西只是物理的东西的现象吗？或者说,它们两者都是另外某些最后的实在的现象吗？

在把知识解说为直接的掌握和领会的前提之下,这些问题既是必要的,而又是不可解答的。如果科学的固有对象乃是具有工具性的自然,那么,这些问题便消失了。于是,任何一个直接对象,从探究方面讲来,都变成某种被知的东西,都变成一个现象。称之为"现象",乃是就其在功能上的一个地位而言,而不是指一种存在。任何一个性质,在它的直接状态之中,乃是一个有着双重意义的现象。第一,它是显现出来的：它是明显的、显著的、突出的,再重复我们已经用过的语言,它是被占有的。一个事物显现出来,这意思是说,一个光亮的对象在黑暗中显现出来,而其他的东西则隐晦不见。这件事情乃是视觉和听觉等在物理方面和生理方面的限度问题。我们看见许多岛屿似乎浮在海面上,我们称它们为孤岛,因为它们显然和它们四周的环境缺乏连续性。但它们是我们在上面行走的同一个土地的隆起部分,这个联系平常并不呈现出来,它们在那儿,不过未曾为我们所占有。显现和不显现之间的差别是有着巨大的实际上和理论上的意义的,它迫使我们进行推理。然而,如果事物的全部联系都呈现在我们的面前,而不是由于感知性的限制而有截然划分的界线的话,就不会有推理的必要了。但是,这种差别的基础,和在固体、液体和气体之间的差别一样,是物理的。官能的事情,如视、听等,它们的终结处在短时间内或在眼前,乃是一切自然事情的历史的终结处。在一个较长的事情进展过程之中,在一个范围较广的事态以内,重建一个历史的联系,这就要求我们进行挖掘、探查和利用超越于现象的东西以外的技巧来开阔我们的视野。借助于不直接显现出来的东西，使得与直接地和显然地为我们所占有的东西互相联结起来，并因此而创造具有新的起始和新的结尾的新的历史的连续过程，这又回过头来要依赖于形成科学本身固有对象的那些"数学的和机械学的"体系。

因此，显现的和不显现的东西之间的区别在经验上的基础，就表现在有推论的需要。当我们拿特别明白的东西作为证据时，在地位上，它乃是从属于未被知觉的事物的。在这个时候，从探究的对象而论，这是建立某种较现象本身尤为基本的事物的一个方式。如果我们把这个直接显现的事物的世界当作显现出来的山峰（除了顶峰或所谓终结处之外，其他部分都淹没在水中），当作一个开始向上攀登的世界，其以后的进展只是随时随地突出到表面上来。如果我们注意到这个事实，即无论怎样的控制能力总是依赖于把这些不同的现象结合成为一个连续的历史的能力；然后对于这样一个事实给以应有的注意，即只有借助于一个恒常关系的体系（物理学中"数理的—逻辑的—机械学的"对象所符合的条件），才能够使联系成为一个连续的历史，那么，我们就不难看出，何以我们所由出发的直接事物会使它们自己被解释成为物理学之对象的标记或现象。同时，我们也认识到，我们之所以能够说物理学的对象是比较"真实"的，那是就构成这样的联系的功能而言。在它们发生功能的整个情境中，它们是把原来不联系的一些开始和末尾编织成为一个连续的历史的手段。在这个联系中，在下面的"实在"和在表面的"现象"具有的是为探究的功能所固定下来的一种意义，而不是一种内在的、形而上学的意义。

所以，把科学对象——实际上是物理学的对象——当作一种完全的和自足的认识对象或认识的目的，这只是使我们自己担负了一个不必要的、不能解决的问题。它一方面使我们不能不承认有一个直接显现的事物的领域,所谓知觉的条理,这只是出于礼貌称之为一种条理;而在另一方面,又不能不承认有一个推论出来的、在逻辑上构成的真实的对象的领域。这两个领域乃是彼此敌对的。如果知识就是占有或掌握,那么就有两类不相容的知识,一类是感觉的,另一类是理性的。哪一个是真货,哪一个是赝品呢?如果我们说感觉的知识是真正的,那么,我们就势必陷于一种有些混乱的现象主义之中,除非我们追随贝克莱之后,求助于神灵,把这些直接的事物结合起来。

假使我们说理性的知识是真货,那么,按照不同的修养和气质,真正的实在就变成了唯物主义的、或逻辑实在论的、或客观唯心主义的实在。跟随经验的线索,就是要看出所谓感觉世界乃是一个直接的有始有终的世界,它并不是关于知识的许多事例,而是许多具有一定性质的事情的一个连续过程。同时,所谓概念的条理则被认为是科学的真正的对象,因为它构成了一个恒常关系的体系;借助这个体系,多余的、零散的和偶然的事情结合起来而组成一个有联系的历史。那些突现的直接的事情始终是知识的开端和终结,但是既然它们的出现与它们被人们在感觉上、情绪上和欣赏上所占有是一回事情,那么,它们本身就不是被知的事物。当这些直接显现的事物和"物理学的对象"结合起来,即借助于物理学的数理和机械学的对象联系起来时,它们的性质和特征就大大地改变了,这个改变和钟表中的钢丝弹簧乃是原铁矿的那种改变是一样性质的。物理学的对象的存在,正是为了带来这样一种改变——把偶然的终结改变成在一个有条理的系列中的成就和结论,并伴随着对其意义的发展。

实际上，一切认识论上的讨论都依赖于一个从直接占有的领域到语言谈论的领域的突然的不知不觉的来回变换。在开始时，通常经验的事情如桌椅、岩石、棍棒等，都被称为物理的对象——当这个名词是这样应用时，它很明显是属于理论解释方面的一个名词，并且带有完全的形而上学的含义。于是，物理的对象便被界说为物理学的对象，而我猜测，这是唯一正确的称呼方式。但是，这样的一些对象和植物、灯、椅、雷、电、岩石等原先所谓物理的对象，显然是十分不同的事物。于是，在画景中另一个转变术登台出场了。原来的"物理的事物"，通常的经验对象，因为不是物理学的对象，就变成了非物理的，而是心理的了。然后出现了一个巨大的溶解过程，这时候，物理学的对象显示出它们是脱离经验对象的，现在装扮起"心理"这件衣服来，因而自身就是心理的了。

现在，一切的东西都是心理的了，而这个名词原来所具有的那种对立的或有区别性的意义就消失了，于是一系列新的、不同的转变（transformation）显露出来了。直接经验的事物分解成为坚硬的感觉所与（sensory data），它们被称为真正的物理的事物，而物理科学的对象被视为一种逻辑的结构；剩余下来构成心理存在的东西，就只有影像和感触了。至于其他一些为研究知识可能性的学说的学者们所熟悉的转换和结合的情况，就无需再说了。上述事例说明的是，当我们把对直接对象（无论是可感觉的、可爱的，还是可欣赏的对象的）的占有当作某种知识时所发生的事情。

如果有色的、有声的、有味的、为人们所接触的、所喜爱的、所痛恨的、所享受的、所敬佩的对象，有吸引力的、有排斥性的、令人兴奋的、漠不相关的和使人郁闷的无数不同式样的对象，乃是复杂自然事件的开始和终结；而且，如果物理的对象（即被界说为物理科学的对象）乃是为"数理的-机械的"条理所构成的，那么，物理的对象就不会使我们陷于那种在两种对立的而各自认为是真实的东西之间势必有所选择的窘境，却具有作为获得和回避直接对象之有效手段时所应有的特征。我们可以注意其中的四个特征。首先，直接的事物来去无常。事情是在直接看见、听见、触到、喜爱、享受的方式之中的，而其余的东西则是在迅速变化之中的，每一个题材都各自有其一定的独特性、不可重复性。可以用数理的公式陈述出来的"空间-时间"的条理，对比起来是恒常不变的。它们表现出有稳定性，有最大程度的重复可能性。质的事情，如红和蓝，虽然它们本身是各不相似的，但可以根据物理学的对象来加以比较。在与事件系列的条理建立联系的基础上，一个定性光谱或标度就变成了一个具有共同单位的数量差异的体系。

跟随这个特点而来的，便有科学对象的第二个特征。控制任何事情发生的可能性依赖于建立代替物的可能性。借助于后者，一个在我们掌握范围以内的事物就能够用来代替另一个不为我们直接所占有的事物或超出我们控制范围以外的事物。为现代科学所特有的方程式、函数等专门手法，从其发生上讲来，就是一个彻底进行替代的方法。它就是把交换和互相转换进行到其极限的一个体系。① 它在认知方面的结果是现代科学中那个完全同质的自然世界，这和古代科学那个在性质上错综复杂的世界是相对立的。后者是由内在的种类不同、运动的性质不同的

---

① 现代数学把无限视为部分和整体相融合的概念，似乎是在它的概括的形式之中来表现这种功能。

事物(如上下、横向的和圆的等),以及时间上迟早不同的各种事物所构成的。但这些事物由于可以相互替代而变成了易于转换的东西。

第三,把知识的对象当作一种手段,这就说明了原素或数量上离散的单位所具有的重要性。通过方法去控制开始和终结,这只有当我们把个体的、独特的东西当作事件系列的分化和统一所造就的部分的组成成分时才是可能的。① 一个直接的事物,在它本身的统一之中,就如它存在的那个样子而存在着,它停留着或者过去了,它是被享受着或是被遭遇着。所能说的,仅此而已。但是,当它被认为是许许多多基本而独立的变数、点、矩、数值单位、质量和能的质点,或者更为基本的"空时"单位(它们虽然是独立的,但在它们之间仍然是可以一一对应的)进行复杂的组合而产生的结果时,情况就改变了。这种单体或原素其实就是控制条件时所需凭借的最后依据,所谓最后的,系指在当前的工具所容许的范围以内。

沉迷于基本单位中,既是物理和化学的特点,也是逻辑学、生物学和心理学的特点。有时候,它似乎会导致以单纯思辨上的实体代替现实的单体原素,但是这在逻辑上并不必然如此。这样的结果,仅仅意味着未曾找到正确的单位。当人们遗忘了原素的工具性时,就会引起严肃的反对;而且当它们被当作独立自在的、终

---

① 莱布尼茨(他的单子论是这个概念在哲学上的第一次体现,是分析的实在论或外在关系论的原型)根据"每一组成部分都包含着原素"这个理由来肯定单子(monads)的存在。确实。但是他未曾留意到:从形而上学上说来,当一件事情,无论其构造多么复杂,被视为组成部分时,这种情况就立即陷于丐辞的错误。成为一个组成部分是一回事情;通过一定的测量方式而能够归结到一个组成部分,是另一回事。

极的东西,当人们把它们当作形而上学上的最终对象时,就产生了许多无法解决的认识论上的问题。任何被指为原素的东西,不管在逻辑方面、数理方面、物理方面,还是在心理方面,都特别依赖于直接的、在质上统一的对象的存在。寻求原素是从这类已有的经验对象出发的。因此,感觉所与,不管它们被指为心理的或物理的,都不是出发点,而只是分析的产物。否认直接的经验对象是首要的实在,在逻辑上推论下去的结果势必也要否认原素的真实性,因为感觉所与乃是分析这些原始事物所获得的剩余物。再者,分析的每一步骤都依赖于连续不断地涉及这些经验对象。如果在我们心目中稍有片刻放弃它们,就失去了任何寻求原素的线索。如果不承认有宏观的事物,细胞、电子、逻辑的原素都变成了没有意义的东西。后者之有意义,乃是因为它们属于某些事物的原素。例如,既然只有命题才有含义,那么命题就不仅仅是许多名词的结合。当名词没有含义时,由它们所形成的命题也就没有意义。名词必然具有一种意义,而且既然它们只有在一个命题中才具有意义,那么,它们就要依赖于某些先在的统一体。同样,一个纯粹的单独的物理原素是没有实效的;它既不能作用于其他的事物,也不能为其他的事物所作用。

  我们这里引用一位精神病学者的一段话,他所讲的是在他自己的那个领域中所特有的一个问题。当他涉及心理变态学说发展的一个阶段时,迈耶(Adolph Meyer)博士说道:"人们存在着一种渴求,想寻找心理的元素以及它们和最近对大脑结构的发现之间的直接联系。中枢说和细胞与神经细胞的学说似乎是非此不可的观点。今天,我们对这样一种片面的、不是充分的功能性的唯物主义已经感到害羞了……原素总是有一个地位的,但我们所见到的那些关于生命的重大事实也一定是有一个地位的……心理病理学者必须学会不仅仅做一个所谓的'原素主义者',因为原素主义者总是退回到原素和最小单位,然后躲避了解决具有更大复杂性的具体问题的责任。精神病学者必须把个体和集体当作完整的东西来研究,把它们当作一些复杂的单位,如那些我们必须与之合作的'你',或'他',或'她',或'他们'。我们承认:在全部自然中,我们必须面对单位组成这个一般原则,以及这个事实,即新的单位不必是各组成部分之单纯的总和,而能够是一个实际的新实体,它无法从这些组成部分中预测出来,而只有通过和这个特定的产物发生实际经验才能被认知。"①

最后,知识对象的工具性说明了规律和关系的中心地位。它们所描述的就是在理智上和其他方式上管理直接显现的事物所依赖的规则。在数理科学中,原素的可变性似是而非。原素是彼此独立而发生变化的,但并不是脱离了与其他事物的关系而独立变化的,关系或规律乃是变数中之常数。这是一个自明之理:数学乃是一种方法,借助这种方法,我们能够把原素说成是在固定关系中的一些项目,而且是从属于等式和其他变换函数和替代函数的。一个原素总是由一个相应的数学变数代表着的,因为既然任何一个变数都在某一个等式之内,它就被视为其他变数的一个常定的函数。在需要时,就时常从可变性转移到常定性。因此,只有从形式上看(pro forma),变数才是可变的。这个可变性并非指独特的、个体的存在物是可变的。不可避免的后果就是要使

---

① 阿道夫·迈耶:《一个精神病学的里程碑》(*A Psychiatric Milestone*),第 32 页、第 38 页。

变异的个体或独特的方式从属于外在的关系,从属于一致性的规律(laws of uniformity),那就是说,要排除个性。如果我们留心到原素关系的工具性,那么取消个性仅仅是为了注意个体得以显现的条件所作的一种暂时的忽视——一种抽象化的凝视。如果把知识的对象转变成真实事物本身,个体也就变成了反常的或不真实的东西。从科学上说来,它们不是许多的个体,而只是某些在种属上的关系或规律的事例、情况、样本而已。

按照这种情况去研究道德问题显然是有困难的,唯一能够"补救"的办法就是假定另有一种不同于自然科学所涉及的存在的"存在"。历史和人类学也处于类似的窘况。前者的题材不仅是个人的,而且是不可重复的情境和事件。为了企图逃避这个两难论式而乞援于一致的、直线发展的序列规律或"进化"规律,这是不合适的。它跟它所假定的前提是矛盾的,而且也不是从事实中得出来的。当代的人类学家们已经弄清楚了他们所研究的这种现象的历史性质。文化在许多方面说来是个别的或独特的,而它们的显现则用彼此间的联系和由偶然的联系带来的文化上的借用来"解释"。它们变化的主要(即使不是唯一的)法则,就是个别文化之间的传递性。

无怪乎历史主义(*Historismus*)已成为所有学派的思想家们所钻研的问题,其中许多思想家主张,对历史情境和历史人物所唯一能采取的那种态度是非理智的,是一种美感的欣赏或者能够移情的技艺重构。把知识与重视或掌握自足的对象等同起来的学说,当用它来处理和物理学相对立的历史科学时便陷入了一个绝境。文德尔班(Windelband)公正地得到这样一个结论:"存在"和知识势必走到"唯信仰论",有些问题不可避免地迫使我们寻找解决办法,但是一切寻找解决办法的努力都是无望的。①

在经验中,存在着的是个体的对象、独特的事件。但是,它们是变幻的、不稳定的。它们刚出现时,便已接近于消逝的边缘。工艺证明,在一定限度以内,忽视其独特性而注意共同的、重复的、与时间无关系的东西,这就促使和保持着其中某些独特事物的发生。没有时间性的法则,单就其本身而言,和一切的共相一样,表达的是一种思辨上的含义,而丝毫也不表达任何事实上存在的事情。但是,它们终极的含义在于应用。它们乃是方法,而且当它们被当作方法而加以应用时,它们调节着独特情境中那种动荡着的流变状况。自然科学的对象并不是历史事情的形而上学对立面,前者是指导后者的一种手段。事情是变化着的,一个个体让位于另一个个体。但是,具有个别性质的事物却具有一些普遍的、共同的、稳定的性质。说它们超越于时间之外的意思是说,一个特殊的有时间性的性质是与它们不相干的。假使有人由于把它们称为永恒的而感觉到痛快些,那么就把它们称之为永恒的吧。但是,在这里却不要把"永恒的"一词理解为一种绝对持久的存在,它只是指它所指的东西和具有时间性的存在是不相干的。这些非时间性的、数学的或逻辑的性质是可以抽象化的,是可能转变成关系的,成为时间性的、数量性的和空间性的条理

---

① "为什么没有时间性的实在需要在有时间性的事情进程中实现出来,或者为什么它要在它本身中和一个在时间进程中具有某些性质不同的东西的事情进行协调,这始终是一个没有解决的问题。我们不懂得为什么既已存在的东西还必须要发生,更不懂得为什么从那个在其本身没有时间性的东西中会产生一些不同的东西。"见《哲学概论》(*Introduction to Philosophy*),英译本,第299页。

的。① 它们本身是属于思辨方面的,是不存在的。但是,它们本身又是工具,具有可以用来帮助调节历史事情之进程的工具性。

全部这些讨论只有简单的一点。它的目的就是要指出:构成现代认识论(包括那些敌对着的唯物主义的、唯心主义的、二元论的主张;以及那些敌对着的实在论的、观念论的、代表论的学说;以及那些敌对着的关于心物关系的主义,如机遇论、前定的和谐论、平行论、泛灵论等等)的问题,只有一个简单的来源,即不承认实在之本身也有时间性这个教条的看法。这样一种学说势必把解释成为原因的事物当作优越于结果和后果的东西,因为后者依赖于时间的情况是不能掩盖的,而"原因"从表面上看来,似乎能够转变成独立的存在物、法则或其他没有时间性的形式。正如以上所曾经指出的,这个否认真正存在也有变化的看法,乃是起源于人们对静观享受之对象的偏爱,以及把这种对象当作科学的恰当题材的那个理论。

这种偏爱是自发的而且有其合理性。但伴随它而来的关于知识和实在的理论,却是一种歪曲。这种对于有价值的欣赏对象的偏爱具有一种合理性,它对技艺是必要的,或对控制对象所依赖的那种事件系列的条理是必要的。而这种必要性的本身又具

---

① 为了得到一个具有说服力的讨论,请参阅布朗(Brown)的文章《理智和数学》(Intelligence and Mathematics),载《创造的理智》(*Creative Intelligence*)一书,特别是关于"事物、关系和数量"的这个题目。"不把性质归结为关系的办法,而把关系理解为对待一般性质的一些抽象的方式,把关系理解为当它们在两个过去曾被认为分隔的事物的实在之间发生沟通和过渡的功能时所思及的性质,这在我看来似乎是一个高明得多的看法。"(第159页)因此,"项目(因素)和关系"都是(第160页)对于性质不同的实在所作的一种抽象的代替,即"象征着它们在特殊方面的效用性"。"效用"一词突出了本书和这个观点的一致性;而关于这个观点,我十分感谢布朗博士。

有进一步的含义，即意味着，通过探究而可以被发现的、通过实验行动可以被证实的秩序乃是知识的适当对象。然而，承认这一点，就会退一步承认有闲阶级的静观功能乃是依赖于工匠——也包括一切技艺家在内——的用具和技术。而且在旧时代，技艺的实践大部分是呆板的，为习俗和既存的式样所束缚的。认识到这一点就势必要转变技艺本身，如果想使所产生的目的不是一个偶然的意外之事，而是一种真正的满足，一种（目的的）实现的话。最后，要使这样的一个转变成为可能，就需要把具有创新性的思想介绍到技艺中去，而且解放工人阶级。

当人们在探究中采用了已经变得更为精密的技术用具时，当透镜、垂摆、磁针、杠杆被利用来作为认知事物的工具时，以及当人们把它们的功能当作解释物理现象时所应遵循的典范时，科学便不再是对于高贵和理想的对象的欣赏静观，而从对美感的完美状况的从属下解脱出来，变成了一个在理智管理之下有时间、有历史的事务了。目的在后果中不再是受物理的偶然事情和社会的传统习俗决定的了。无论任何一种东西，只要能够找到达到它的手段，就是一个为人们所逃避或所追求的目的。从固定的终结（目的）的体系中解放出来，才使得现代科学成为可能。在一般的事情中，在能进行观察和陈述之前就有了实践，实践的结果积累到一定程度才能有事物让心灵观察。所以，也不用惊奇，在科学的对象已不再是事物本身而早已变成工具性的东西之后，旧的学说还继续存在着；而哲学还花费许多工夫，努力在把知识当作直接占有的传统学说与新的实践方法所产生的条件和所获得的结果之间求取调和。

由于哲学所具有的这种在道德方面不可避免的偏见，以及现代思想的主观转向，许多批评家认为"工具的"认识论意味着：认识的价值乃是对于认识者具有工具的作用。在个别的情况之下也许是这么一回事，但是在许多情况中，对科学的追求好像其他的身体运动一样，当然是为了它本身的满足而进行的一种身体运动。但是，"工具主义"并不是关于个人在认识中的倾向和满足的理论，而是关于科学适当的对象的理论，而所谓"适当的"乃是按照物理学的界说而言的。

在工具（或在客观状态中的事物）和由于使用工具而获得的满足之物之间的区别，也可以用来说明一方面是认知的对象和另一方面是欣赏爱好的对象两者之间的区别。但是，这种区别首先是关于对象本身的，其次才应用到态度、意向、动机方面。制造和使用工具本身，就内在地使人感到愉快。在为了大量生产而运用机器和为了利润而销售商品之前，用具本身时常就是技艺作品，在美感上使人感觉到满意。然而，这个事实并不能成为用具的定义，它并未把它们特有的特性赋予它们。同样，对于知识的追求时常是一件直接使人愉快的事情，它所获得的产物具有比例、条理和匀称的美感性质。但是，这些性质并未标明或说明科学所特有的适当的对象。对象的特性正像一个工具（例如一个杠杆）的特性一样，它是一种秩序，决定着事件序列的变化以某一个预见到的后果为终点。

我们就被引导到关于方法的问题上来了。在古代科学中，科学的本质就是证明；现代科学的生命源泉是发现。在前者中，反省的探究是为了求得一种稳定的题材而存在着的；在后者中，系统的知识在实践中是为了刺激、指导和考核进一步的探究而存在着的。在古代科学中，"学习"是属于低级存在的领域，属于转化、变易的领域。它是变动的,而且在最后的和固定的对象的实现中,它就停止了。有人用师徒关系的类比来考虑它:老师已经占有了真理,而学生只是去获得老师仓库里已有的东西。在现代科学中,学习是寻求前人所未知的东西。它是这样一项工作:在其中,自然界是老师,但是这位老师只有通过在探究着的学生的学习,才能接近知识和真理。

因此,从以最后的事情为题材的"知识"转变成对付具有工具性的对象的知识,伴随着这一变化而来的就是逻辑上的富有特色的差异。当知识的对象被当作自然界之最后的、完善的、完全的、在形而上学上的实现时,界说和归类就是适当的方法:学习的最终结果就是证明界说和归类在理性上的必然性。证明就是把对象所具有的永久的、普遍的、最后的和固定的本性揭露出来。考察仅仅指材料的积累而言,这种材料是用来填补在一个先在的现成的种属等级中所存在的裂缝。发现仅仅就是感知到:某些在以前尚未为学者所归类的特殊材料被列入已知的某一个普遍的形式之下。普遍的共相之所以被认知,这是因为,它是直接给予思想的;而特殊的殊相之所以被认知,这是因为,它是直接给予知觉的:学习只是把两个所给予的形式结合起来,因而所"发现"的东西就是把特殊的东西归类在它的普遍形式之下。

除了他们的这些理论以外,或者说虽有这些理论,希腊人还是具有一种生动的好奇心,他们的实践比他们的逻辑要好一些。在中古基督教时期,便是从字面上去了解逻辑。启示、圣经、教会的神父以及其他可靠的来源增加了已有的普遍真理的数量,而且也增加了已有的特殊事实和事情的数量。主人——老师就是上帝,他不是通过理性思维这种晦涩的工具进行教诲,而是直接通过官方的代表来进行教诲。领会真理的形式仍然是证明性的三段论式；普遍真理的库房里又增添了启示这一神圣恩赐,而在小前提方面的资源则为神灵安排的历史事实所扩充了。真理是直接赐予理性和信仰的,而人类心灵的作用就是使它自己俯首称臣,唯命是听,唯命是从。

这个纲领体系在逻辑上是完备的,在新的环境之中旧的观念得到贯彻:人的最高目的和最高善就是对于"实在"的认知,心灵同化于这个已知的实在,根据知识的程度而有不同层次。在旧的理论前提之外,它还加上了这样一些为使它们发生实际效果所必需的制度和习惯,因而在人类中,最卑贱的人们至少也可以开始出发去寻求那种知识,有了这种知识就可以得救和得福。比较起来,大多数现代的理论乃是一种矛盾的混合物。在思辨方面,现代学者容易为传统学者所俘虏,他在他的理智的行装中携带许多传统的概念,以至于很容易被人家所驳倒。使他前进的,是他的实践,而不是他的理论。他所承认的逻辑仍然大部分是关于先在的真理、证明和确信的逻辑;他的实践则是怀疑,形成假设,进行实验。当他放弃了在理性方面的先在真理时,常常只是为了接受在感觉方面的先在真理。因而,约翰·密尔(John Stuart Mill)创造了一种归纳逻辑,在这种逻辑中,一定的规则和对事实的探究之间所发生的关系,与三段论式的法则和古典的"演绎"证明或思辨之间所发生的关系是完全相同的。他承认科学乃是一种有关于推论的事情,但是他和亚里士多德同样地明确,推论是以某些为人们直接所占有的真理为基础的,所不同处仅在于我们占有它们时所使用的工具。

但是在科学的实践中,知识是一件关于确证(而不是抓住)先前已有的确切事物的事情。已知的东西,作为真理而被接受的东西,非常重要;没有它,探究工作就不能前进一步。但是,它要服从应用的过程而且要依赖使它成为可能的那些发现。它必须适应后者,而不是后者来适应它。当事物被界说为工具时,它们的价值和有效性在于由它们产生的东西。后果,而不是先在条件,提供了意义和真实性。已有的真理可以具有实践上或道德上的确切性,但是在逻辑上,它们从没有丧失假设的性质。它们在这种情况下才是真实的:某些其他事物最终呈现出来,而且当后来的这些事物发生时,它们又进一步提示出更多的可能性,"怀疑——探究——发现"这个操作过程是重复发生着的。虽然科学在实践中所关心的乃是偶然的事情,而它的方法乃是形成假设,然后在现实的物理条件的实验变化之中进行尝试,但在传统的陈述方式中它却是依赖必然的和固定的对象而持续下来的。因而各种不融贯的情况就发生了。愈是顽固地坚持这个传统的陈述方式,这些不融贯的情况就变得愈为严重。

当列奥纳多(Leonardo)说真正的知识起源于意见时,他实际上宣布了现代科学方法的诞生。这种说法包含有一种革命在内,再没有其他的说法能够这样使传统的逻辑发生震动。并不是说,意见不只是意见,或不只是一个未经证明的臆测,而是说,这样的臆测是可以有价值的,当它被用来作为假设时,它们就推动了实验工作。于是,它们就成为真理的先行者,而心灵从先在的信念的束缚中得到解放。意见,按照古典的理解,乃是有关内在偶然和变异的东西,如可能性和盖然性;反之,知识则是有关于内在必然和永存不变的东西。所以正如科学在它自己的范围内是最后的、无可置疑的一样,意见在其本身适用的范围内也是最后的、无可置疑的。但是，意见作为一种冒险的事情，作为"在我看来，似乎大致如此"的东西，乃是从事新视察的一个机会，是从事研究的一个刺激，是在审慎的发现中一个不可缺少的工具。按照这样的理解，意见乃是新历史的源泉，是获得新结论的操作活动的开端。它的价值既不在它本身，也不在它所应用的一个特定的对象领域，而在于它所推动的这个探究的方向。它是一个出发点，而且和任何历史过程的开始一样，在由它开端的历史过程中被改变着、被移置着。

有时候，发现也可以用来证明它所实际显现出来的东西的反面。它可以用来证明：知识的对象乃是羽翼丰满、原已存在的东西，我们只是偶然与它相遇而已；我们发现它，好像觅宝物的人发现了一箱子埋藏的金子一样。在寻找和发现之前就已存在，这当然是被认可的，但如果说它本身就是已有的知识的对象，而且除了说它是探究这一历史事件所得到的与其他历史过程相关的结论之外，还另有所指，这是我们所不承认的。据说，北欧人已经发现了美洲。但是从什么意义上来讲？他们在暴风雨中航行之后登上了它的海岸，他们到达了一个从来没有欧洲人走过的大陆，从这个意义上讲来，这是一个发现。但是，如果这个新发现和新看见的对象并未用来改变旧的信念，变更旧地图的意义，从任何有内容的理智意义上讲来，那就不能算是一个发现。这就和在黑暗中跌倒在一张椅子上一样，只有当这次跌倒被用来作为根据，推论出跟这次跌倒有联系的一系列意义时，它才算是一种发现。美洲的发现，牵涉到把这个新接触到的大陆放入世界地图中去这样一回事情。再者，这样的放入不是简单地增加了一点什么，而是在原先的世界地图上以及其安排上都有了变动。有人也许会说:不是这个世界变动了,而只是这幅地图变动了。对于这一点,有一个明显的反驳,即地图究竟也是这个世界的一部分,而不是在它以外的什么东西,而且它的意义和影响是这样地重要,以致在地图上的一个变动就包括其他的、更为重要的客观变动。

当美洲在实际中被发现了的时候,发生变化的并不单纯是人的头脑里的意识状态或观念,而且是这个作为人们公共活动场所的世界的公共意义。把这种意义和世界割断开来,就会使我们处于这样一个情境,即无论这个世界发生了什么变化,都会没有什么区别了。在一个泥水潭里面,多一圈波纹或少一圈波纹就没有什么关系了。世界意义的改变产生了一个存在上的改变。世界地图不仅仅是挂在墙上的一块布。如果在旧的世界中没有深刻的变动,一个新的世界就不会呈现出来。一个被发现的美洲乃是与欧洲和亚洲交相发生作用的一个因素,这个交互作用将产生以前不可能产生的后果。进一步勘探和发现的可能对象在欧洲现在存在了,一个黄金的矿源,一个探险的机会,一个提供给人口众多的最下层人民的出路,一个被放逐、被歧视的人们的住处,一个富有精力和发明能力的人的用武之地,总之,这是一个促进国内国外的人们创造新事物和新成果的催化剂。每一个真正的发现,在自然的意义和存在两方面在某种程度上都产生了这样的变动。

现代唯心主义的认识论已经表达了关于科学方法和目标的意义。他们已经领会到这个事实,即知识的对象意味着:科学的正当题材乃是要发现的东西,而不是被给予的东西。由于他们承认在这种发现中理智所起的作用,便建立了一种理论,论及心灵在规定真实对象时所具有的那种从事组织活动的功能。但是,在唯心主义获得一种关于理智具有这种建设性工具职能的启示的同时,它却误解了这个发现。由于它遵从旧的传统,把知识之对象和实在完全等同起来,把真理和实在等同起来,就势必绝对、全面地承担起思想的工作,而不是相对、具体地对待思想的功能。那就是说,它把重新组织当作组织,把重建当作结构。由于它接受了所获得的知识对象和"实在"等同的前提,唯心主义就看不见思想乃是在某些经验的对象和其他的经验对象之间的中介,所以,一个起转变作用的职能就变成了一个原始的、最后的创造行动。把现实的直接对象转变成较好的、较为安全而有重要意义的对象这一番工夫,被当作一种从单纯外显的、现象的"存在"向真正的"实在"的移动。简言之,唯心主义犯了一个毛病,即它忽视了思想和知识都是一些历史性的东西。

把在构建对象中的思维活动称为直接的,这就等于说,它是神秘的事,因为它不是像唯心主义所界说的那种具有重建功能的思想。只有行动,相互作用,才能改变或改造对象。关于熟练技艺家的那个比拟仍然有用。他的理智乃是形成具有一种满足作用的新对象的一个因素。但是,这是因为智慧体现在外现的行动之中,用一些事物作为手段来影响其他事物。思想、理性、智慧,无论我们选用一个什么字眼,从存在上讲来,是一个形容词(或者最好说是一个副词),而不是一个名词。它是活动的倾向,是那种预见存在事情的后果并把所预见的东西作为管理事情的手段和方法的行为所具有的一种性质。

这个明确地把思想当作科学的条件的理论,实际上也是关于自然的理论。它赋予自然三个明显的特征。首先,它意味着:有些自然的事情是一些或为人们所享受的或为人们所厌恶的目的性的东西,离开了反省的选择和技艺,它们只是没有控制、偶然地发生着的东西。其次，它意味着：事情，由于它们是事情而不是死板的、粗糙的实体，乃是变化发展的，所以它们本身就是未完成的、不完备的、未被规定的。结果，它们就具有这样一种可能性，即它们能够被人们所管理和驾驭，以致使终结（目的）不仅仅是一个终点，结果不仅仅是一个了结，而变成了一种（对于某种需要的）满足。悬疑、怀疑、假设以及在各种选择之间进行的实验，都是自然的组成因素。第三，不是对择定的后果，而是对在进行中的、不完备的过程予以调节，这就意味着：其中包括有系列和共存的秩序；当这些秩序和关系被确定下来的时候，它们就成了一种理智上的手段，使我们能够利用事物，把它们当作指导事情进程达到其预期结论的具体手段。有人相信，这些关系的秩序既是科学之正当对象，所以就是唯一最后"真实的"对象，这个信念就是传统的唯物主义和唯心主义主张有一个对称的、十分贴合的和完备的宇宙这种说法的根源了。这个信念的产生是由于忽视了这样一个事实：这类的关系总是在变化发展中的事情所具有的关系，而进行着的事情既有开始也有收尾；这个特征把事情独立出来，成为不稳定的个体。然而，这个被忽视了的因素在经验中是这样地普遍和显著。因而人们不能不在某种形式之下来承认它，有时用一种暧昧的方式来承认这个事实——而且，这个方式和后来的反省混淆不清——把一切和定义中的自然不相融贯的性质都归于"有限的"心灵，以便解释无知、怀疑、错误以及推论和探究的需要。

如果自然像这些学派所曾说明的那样是已经完成的，那么在自然中就没有这样一个心灵的地位，它以及据说它所有的特性，事实上都是超自然的或者至少是在自然以外的了。

一位实在论者也许否认这个假设,即从存在上讲来,心灵系指指导自然变化的一个工具性的方法。但是由于他的实在论,他不能这样做,争论中的问题就是问这个真实的东西是什么。如果自然的存在在性质上是个体化的或真正是多数的,同时是重复的;而且,如果事物既有时间性也有重复性或一致性的话,那么知识愈是实在的,它将愈丰富地反映和阐明这些特性。科学抓住了任何具有一致性的东西,以致使自然的变化成为有节奏的,因而也可以预测。但是,自然界的偶然状况,使以预测的眼光去发现这样一些一致性的情况成为必要得以可能。没有一致性的东西,科学就将是不可能的。但是,如果只有一致性的东西存在,那么,思想和知识是不可能的、没有意义的。不完备的和不安定的东西,才使有规则的关系和条理的确定有了立足之点和应用之处。这些关系本身都是假设的,而且当它们脱离应用的过程而孤立起来时,它们就是数学的题材(从一种非存在的意义上说)。所以,科学的终极对象乃是有指导的变化过程。

　　有时,"真理"一词的用处仅限于指称命题的逻辑特性,但是如果我们扩大它的意义,使它也指存在方面的特性,那么,真理的意义如下:有指导的并使其达到一个所希望的圆满结果的变化过程。工具性的东西只有在使用中才是这样的,当这些工具性的东西在发生作用时,一个在预见中的目的便在实现的过程之中。手段只有在它的终结(目的)中,才能成为一个真正的手段。具有工具性的科学对象,只有当它们指导自然的变化倾向于一个可以得到预期的圆满结果时,才完全成为其本身。因此,说科学的终结(目的)是知识,意思是说,知识不仅指科学更指其结果。只有这样,这句话才是可理解的,而不是简单的同语反复。

知识这个词具有各种不同的意义。从词源上讲来,"科学"是指经过试验和证实的知识。但是,知识也有着更自由、更人文的意义。它的意思是指被理解的事情,这些事情为思想所渗透,因而实际上心灵在它们中就像在家里一样。它意味着理解,或全盘的理性认同。于是有时被称为"实用的"科学,也许比起那种在习惯上称为"纯粹的"科学来,是更为真正的科学。因为它所直接涉及的不仅仅是有工具性的东西,而且涉及应用中的工具:为了达到在反省中所择定的结果,去改变存在。按照这样的理解,知识所具有的独特的题材就包括有许多可以得到预期的圆满结果的对象,这些对象由于它们是需要的满足,乃是跟它们所特有的一个历史过程相联系着的。按照这样的理解,在工程学、医学和社会技艺中的知识较之在数学和物理学中的知识更为充分。按照这样的理解,如果历史学和人种学不是停留在用一般的公式来概括大堆的信息的话,历史学和人类学也是科学的。

"应用"对许多的人来说,是一个难以接受的字眼。它暗示着这样一种意思:有某种外在的工具,它是现成的、完备的,然后派给它一些用途,而这些用途又是在它的本性以外的。于是把技艺称为科学之应用,就是把某种外来的东西引入到科学中来,而科学只是漠然、偶然地为这个东西服务。既然应用是在人类的使用、便利、享受和改进的范围之内的,那么,这种把应用当作一种外在的和随便的事情的看法,就反映了、强化了那些把人类跟自然隔离开来(用哲学的语言来讲,那些把主观和客观对立起来)的学说。但是如果我们摆脱了先入为主的偏见,那么,"科学"的应用也就意味着应用于某些事物之中(application in),而不是说应用于某某事物之上(application to)。应用于某些事物之中的意思是指自然事情彼此之间所有的一种更为广泛的交相作用而言，是指距离和障碍的消除，提供交相作用的机会，以揭示先前隐蔽着的潜能，从而产生具有新的开始和新的结尾的新历史。工程、医学和社会技艺实现着过去在现实存在中所未曾实现的各种关系。当然，我们在它们的新的联系中去理解和知道这些关系时，它们也并不是孤立隔绝的。把抽象的东西当作遥远的、专门的东西而加以反对的偏见，往往是不理智的；但是认为在抽象的东西中缺少了一些东西而应该予以恢复的信念，却是有意义的。对于"应用"科学的严肃的反对，正像对私人利益和阶级利益的反对一样，乃是在于它限制了应用的范围。

"纯粹的"科学必然属于关系方面且是抽象的：当它被包括在具体事情的进程中时，它就实现了它的意义，而且获得了全部的真理。"纯粹的"科学是属于非存在物方面的，这个命题就是默认说，只有"应用"科学才是属于存在物方面的。如果我们把"纯粹"当作衡量科学的最后标准，那么，除了历史学和人类学以外，其他某些东西也会失去科学的地位，这就是说，一切关于存在事情的科学都不是科学。在当代对于科学的评价中，反映出对于科学的一种迷信般的敬畏。如果我们能使自己摆脱这种自卑的情绪，那就会十分清楚：任何命题之所以成为科学的命题，就是由于它有一种力量，使得事情具有融贯的和证实的意义，借以在跟某种存在事态的联系中产生理解、领悟、理智上的安定。历史事实是一个典型的、基本的案例。按照流行的看法，讨论有没有历史科学这样一个东西是浪费时间。历史和科学按其定义来说，处于相反的两极。然而，如果一切自然的存在都是历史，那么把历史和作为纯粹科学之适当对象的逻辑数理体系分隔开来，就产生了这样一个结论，即没有关于存在的科学，没有关于存在的适当的知识。除了数学以外，一切知识都是历史的。化学、地质学、生理学和人类学，以及那些我们平常妄自尊大地认为唯一配称为历史的人类事情等，都是如此。只有当科学被看成是在人类对连续不断的历史过程进行理智的控制中成长起来、自觉起来的时候，人类才能被认为是在自然之内的，而不是一个超自然的臆想出来的东西。正因为自然就是它现有的东西，历史就比数学的、物理的对象更真实地被认知——被理解，在理性上被觉察到。不管我们能做些什么工作，在后者（即数学的和物理的对象——译者）中始终有一些晦涩和隔阂的东西，一直要到它们从它们被关押的地方释放出来，回复到事情的进程之中为止。科学的人性化会为人类的生活作出贡献，同时，就科学本身而论，为了使它成为可理解的、简单的和清楚的，如真知识所宣称的那样，具有与实在相吻合的性质，这一点尤其需要。

  科学研究者们有一种偏见，反对一切科学最后都是实用的。对于激起这种偏见的情感，人们是能够理解的。从它的意图来说，它是有合理性的，因为它是指向两个有害的概念而言的，这两个概念和我们在此地所采取的立场是不相干的。其中有一个概念认为，探究者的关切或个人动机在每一次特殊探究中，应该是为了某种实际上的特殊应用。偶然也有这样的情况。无疑地，许多重要的科学发现都曾经是这样被激励起来的，但这是人类历史中的偶然事件而不代表科学探究本身就是这样。而且，总的讲来，或者如果这种一时激起的兴趣变成了一般的情况，那么其无疑的结果就是限制了探究，最终也限制了应用的范围。这意味着又回到了主张有一种固定的预定目的的教条之中，而从这种教条之下获得解放,却曾是现代科学方法所作出的主要贡献。

　　第二个概念认为,应用就等于是"商业化"的用处,这就更增加了由此所产生的恶果。应用科学曾经很长一段时间被用来满足私有的、经济的阶级目的和特权,这是人类历史上一件偶然的事情,一个毋宁说是惊人的偶然事件。当探究被这种动机或兴趣所限制时,其所产生的后果对于科学和人生都是有害的。这种限制既不是从我们刚才所提出的"应用"这个概念中产生的,也和它没有联系。它是在制度及其对个人意向的影响中体现出来的,是从道德上的缺点和沦落中产生出来的。或许,我们可以这样提问:从科学完全只涉及一个与人类所关心的事情无关的对象领域这个意义来说,科学是纯粹的,但这个概念是否也曾加强了这种道德上的缺陷?因为实际上,它已经形成了另一种阶级的兴趣——学者和高高在上的专家们的兴趣。而且任何阶级兴趣的本性就是去产生和证实其他阶级的兴趣,因为在一个连续的世界中的分隔和孤立总是相互的。代表一种兴趣的制度,如果孤立地称为理想的和理想主义的,它就必然倾向于引出和加强其他缺乏理想性质的兴趣。只有扩大应用这个观念,使它包括解放和丰富人类经验的一切方面在内,才能满足"纯粹"科学的真正兴趣。

第五章 自然、沟通和意义

NATURE, COMMUNICATION AND MEANING

在一切事情中，沟通是最为奇特的了。事物能够从外在的推和拉的活动的层面转到向人类因而也是自己揭示自己的层面，以及，交往的结果是共同参与、共同享受，这是一个可以与衰落的圣餐变体论相媲美的奇迹。当发生沟通的时候，一切自然的事情都需要重新考虑和重新修订。它们要被重新调整，以适应交谈的要求，无论它是公开的交谈，或是那种所谓思考的初步论述，都是如此。事情变成了对象；事物具有了意义。当它们并不存在的时候，它们可以被涉及，并且在一种新的媒介中间接地出现，因而可以在空间和时间上相隔很远的事物之间发生作用。淳朴的物质效能和默然无语的终结，当它们能为人们所道及时，就立即从局部的、偶然的具体处境中解放出来，渴望在连通的互相交流的世界的一部分实现自然化。当事情一有了称谓时，它们就过着一种独立的而又有双重意义的生活。除了它们原有的存在以外，它们还从属于理念中的实验世界：它们的意义可以在想象中无限地被联结起来，被重新安排，而这种内部实验——思想——的结果，又可以在跟原始的或粗糙的事情的交相作用中体现出来。意义已经从狂风急浪的事件之流中折入平静的可通行的运河，跟主流又汇合在一起，而且使这个主流的进程染上新的色彩，受到了调节，而它们本身也成了其组成部分。在有相互沟通的地方，事物就得到了意义，因而也就有了代表、代理、记号和含义；而后者较之在原始状态中的事情，能够无止境地服从人类的管理，更加持久、更加适用了。

　　同样，质性的直接状况不再是一种默然无语的沉溺，不再是一种独自的直接占有，不再是一种潜藏的聚集组合，即不再是在感觉和情欲中所发现的种种情况了。它们变成了能够为我们所探讨、思索以及在理想中或逻辑上加以阐发的东西。当我们对性质能够说些什么的时候，它们就成了进行教导的承担者。于是便有了学习和教诲，所有的事情都可以产生知识。一个直接享受的事物加上了意义，享受便被理想化了。甚至于自己身上暗自感觉到的一种剧痛，当它被指点出来，加以叙述时，就成为一种有意义的存在。它不再是仅仅使人难受的东西，而且成为重要的东西了。它具有了重要性，因为它变成了有代表性的东西；它具有了发挥一种功能时所具有的尊严。

由于这样一些增添和转变，就难怪在形式和本质的名义之下，意义时常被认为是超越时空存在之外的、不为变化所影响的一种"存有"的样式了。而且，思维既是对于意义的占有，那么把思维当作一种非自然的精神力而与一切经验的东西毫无关联，也就没有什么奇怪的了。但是还有一座自然的桥梁沟通着存在和本质之间的这道鸿沟，即沟通、语言、谈论。如果我们不承认在沟通的形式之下这种自然的交相作用，那就会在存在和本质之间造成一道鸿沟，而这道鸿沟乃是人为的、没有必要的。

对于范围比较广泛的、普遍的经验对象，哲学家们是不大尊重的，即使自认为是经验主义者，也是如此。这一点在以下的这个事实中表现得很明显：他们对于许多题目谈论得头头是道，但是对于谈论本身却很少谈论。人类学家们、语言学家们和心理学家们对说话的问题讲得最多。不过，要知道，正是说话，使得哑巴动物——这是我们称呼它们的名词——变成了有思维和有知识的动物，并从而建立了意义领域，这是一件十分明白的事实。弗朗兹·博厄斯(Franz Boas)曾经在人类学的立场说过："动物和人的心灵之间的区别在两个外部的特点中表现出来，即有组织的清晰的语言的存在和对于各种应用性的用具的使用。"①这个区别唯一的外在标志大概不仅仅是外在的;它们和这些内在的区别,如宗教、技艺和科学、工业和政治等,有着密切的联系。在上一章里曾经把"用具"跟工艺和知识联系起来加以讨论,而它们和科学之间的必然的关系也曾被指出。但是在每一点上,器具、应用、用具和使用总是跟指导、提示和记录联系着的;而指导、提示和记录之所以可能,是由于有了语言,凡为人们所谈过的关于工具作用的东西,都要服从语言所提供的条件。语言是工具的工具。

语言使野兽和人类有了区别,对于这个事实,大体讲来,所谓超验主义者比所谓经验主义者更为清楚一些。麻烦在于,这些超验主义者对于语言的来源和地位缺乏自然主义的概念。言语(logos)曾被正确地跟心灵等同起来,但是言语和心灵却被理解成超自然的东西。因而逻辑(logic)便被认为是以超越人类行为和关系的那种东西为基础的,结果,物理的和理性的东西的分隔、现实的和理想的东西的分隔便在传统中形成了。

为了反驳这个观点,经验主义者在关于语言的讨论中仅仅涉及关于大脑构造的某些特点,或者某些心理的特点,例如"内在"状态具有一个"向外表现"的倾向等。社会交往和制度曾被当作自足的个人所具有的一种现成的特定的生理上或心理上的禀赋所产生的结果,而语言却只是扮演着一个机械地传送原先业已独立存在的观察结果和观念的中介者的角色。因此,言语是为了实践上的便利,并没有根本的理智上的重要意义。它包括许多单纯的"字眼"、声音,它们偶然地跟知觉、感情和思想发生联系,而这

---

① 博厄斯:《初民的心理》(*The Mind of Primitive Man*),第98页。

种知觉、感情和思想都是在语言之前就已经是完全的了。因此，语言"表达"思想，正像水管传导自来水一样，而且如果把它跟一个造酒的压榨器"压出"葡萄汁来对比一下，它对事物的改变更少。在创建反省、预见和回忆的过程中，记号的职能被忽略了。结果，观念的发生变成了跟物质的作用相平行的一个神秘的附加物，既无共同之处，彼此之间也没有沟通的桥梁。

不妨说，心理的事情并不仅仅是动物所做的可以感受痛苦、散布安乐的各种反应而已，它们还需有语言来作为它们存在的条件之一。每当休谟反躬自省时，他就发觉，"观念"在恒常的流变之中，这些在流变中的"观念"很像是一连串默念的字句。当然，先于这些事情的，有一个有机的"心理-物理"动作的基础（substratum）。但是，这些"心理-物理"的动作之所以能够成为可以认识的对象，成为具有一种可感性的事情，是由于讨论中的具体化。当内省主义者以为他已退缩到一个由心灵材料所构成的、在种类上不同于其他事情的、完全私有的事情领域之内时，他只是把自己的注意力转向他自己的自言自语罢了。而自言自语乃是跟别人交谈的结果和反映，社会交际并非自言自语的结果。假使我们从未和别人交谈过，而别人也未曾和我们谈过话，那么，我们就绝不会自己跟自己讲话。由于有了彼此的交谈，社交上的取予、各种机体上的姿态就成为参与交谈的人的集合体，他们彼此商量着，交换着不同的经验，互相倾听着对方，窃听许多不中听的话，埋怨别人以及为自己作辩解。通过语言，一个人好像参与戏剧表演一样，似乎自己正在从事一些可能的活动和事业。他扮演许多不同的角色，不是在连续的生命舞台之上，而是在当时上映的那部戏剧中。因此，便有了心灵的产生。

当希腊和现代的哲学家们发现了语言时,他们却予以完全不同的解释。希腊和现代经验在这方面的差别具有重要意义。现代的思想家们把语言变成了一个跟空间和物质存在相分隔的世界,一个由感觉、影像和感情构成的分离的、私有的世界。希腊人却比较清楚地觉察到:他们所发现的,乃是语言(谈论)。但是他们认为,语言的结构就是事物的结构,而未曾把它们当作事物在社会合作与交换的压力和机会之下所势必接受的各种形式。他们忽视了这个事实,即作为思想对象的意义之所以配称为完备的和最后的,仅仅因为它们是由一个复杂的历史所产生的一个快乐的后果,而不是原初之物。他们却把它们当作事物所具有的原始的、独立的形式,内在地调节着变易的过程。他们把一种社会技艺的作品当作独立存在于人类之外的自然。他们忽视了这个事实:逻辑的和理性的本质,乃是在战斗、欢乐和工作中社会的交往、陪伴、互助、指导和共同行动所产生的后果。所以,他们把理念的意义当作事物最后的结构,而在这样的一个结构中,实体和属性的体系与命题的主词和宾词乃是两相符合的。事物和语言的成分(parts of speech)是自然和确切地对应的。有些事物内在地乃是名词,即固有名词和普通名词的内容;有些事物是动词的内容,这些动词表达自我活动,但其他则表示形容词和副词的变化,这是由于事物本身有缺点,所以才表现出这些变化来;还有些事物是实体彼此之间的外部关系,它们便是介词的内容。

其结果便形成了一个学说,认为语言的成分有实体、基本特性、偶然性质和关系,并且把"有"(Being)(借助于联系词"is")和动词的各个时态等同起来(因而"最高的有"过去曾经是有的,现在仍是有的,将来永远是有的,相反的,存在却只是此时此地的、偶然际遇的,它或者已经完全过去了,或者只是恰巧刚刚现在有,或者将来在某些瞬息即逝的时间上是可能有的)。这个学说控制着整个物理学和形而上学体系,形成了欧洲的全部哲学传统。这是对事物、意义和字句一一对应的洞见所产生的一个自然的后果。

这个洞见却被这样一种观念歪曲了,即认为事物和意义之相符,乃是先于语言和社交而有的。所以每一个真的肯定,就是说,在自然中两个对象具有一种固定的彼此从属的状态;而每一个真的否定,就是说,两个对象具有一种内在地相互排斥的状态。其后果便是相信有一些理念的本质世界,它们是各自完备的,但又是在一种必然的从属和依附关系的体系中联系在一起的。在对于这些本质的安排中,关于它们的关系、定义、归类、分类等方面的思辨,便构成了关于自然最核心组成成份的科学真理。因此,这是一个使人类有可能把握秩序、获得解放的最大的发现,但是这样一个发现却变成了人为的自然物理学的源泉,变成了科学、哲学和神学的根据。在这些学科中,宇宙被看作是按照语言的模型构成的肉身化的语法秩序。

现代思想家发现了内心的经验,一个纯个人的事情的领域,而这些个人的事情总是在个人的掌握之中。在寻找避难所、追求安慰和刺激时,这些个人的事情完全属于他一个人所有,并且不需要付出什么代价。现代的这个发现,也是一个使人类获得解放的伟大发现。它意味着人类个性尊严的一种新价值和意义,它意味着一个人不单纯是自然的一种特性,按照独立于人类之外的一种体系被安排在一定的地位之上,正像一件物品被放置在柜中的一定位置上一样,人对于自然是有所增添的,他为自然作出贡献。

这个发现和现代科学中那种实验性和假设性的突出特点是相呼应的，因此发现的逻辑也有发挥个人气质、天才和促进个人发明的机会。它也是与现代的政治、艺术、宗教和工业有呼应的，在这些领域中，个性有空间有发展；而相反的，古代的经验体系则把个人严格地限制在一定的条理以内，服从于它的结构和模式。但是，这里也有歪曲。由于不承认这个内在经验世界依赖于语言的扩展，而语言是一种社会的产物和社会的活动，在现代思想中便产生了主观主义的、唯我主义的、自我中心主义的趋向。如果说古典思想家按照思辨的模型创造了一个宇宙，给予理性上的特性以组合和调节的能力，那么，现代思想家们便是按照个人自言自语的方式构造了自然界。

把语言理解成为一件所经验到的事情，就使我们能够解释，当古人发现理性的语言和逻辑时，当现代人发现"内在"经验及其兴趣时，所真正发生的是怎样一回事。语言是人类交际的一个自然功能，而它的后果反作用于其他物理事件和人文事件，并赋予它们以意义或内涵。作为对象或具有内涵的事情存在在一个具体的语境之中，在这儿，它们获得了各种新的活动方式和新的特性。语词就好像钱币一样。在这儿，金、银以及作为信用的各种工具，在它们成为钱币以前，首先是一些具有直接的、最后的性质的物理事物。但是当它们作为钱币时，它们就是体现着各种关系的代替品、代表物和代理者。当钱币是一种代替品时，它不仅仅便利了在使用它以前就业已存在的货物的交换，而且也变革了一切货物的生产和消费，因为它产生了新的交往，形成了新的历史和事件。交易并不是一件能够被隔绝开来的事情。它标志着生产和消费进入了一个新的媒介和关联，它们由此获得了新的特性。

同样，语言不仅是人类交往中节省精力的一个手段，它是这种交往中精力的释放和扩大，给予了这些精力以附加的意义。这样附加的意义，其性质便现实地和潜在地从声音、姿态和标记向自然界中一切其他事物扩展和转移。自然的事情，和唱歌、小说、讲演、告诫和教诲等一样，变成了可以被人们享受和管理的信息。因此，事情便具有了特性，它们被划分开来而为人所注意。因为特性既是一般的，也是突出的。

当事物具有可以沟通的意义时，它们便具有了标志、记号的作用（notations），而且就能够具有"暗示的意义"（con-notation）和"直指的意义"（de-no-tation）。它们不仅是单纯发生的事件，而且具有含义了。推论和推理就成为可能；这些推论和推理的活动传达了事情的信息，事物因为它们被牵连在人类的交往中而发出自己的声音。当亚里士多德在对我们看来比较显著的感性事物和就其本身而言比较显著的理性事情之间加以区别时，实际上，他乃是在活动于局部的、有限制的语言领域内的事物和业已进入一个无限扩张的及多种多样的语言领域的事物之间加以区别。

人类的交相作用，即交往，就其来源而言，和其他方式的交相作用并没有什么差别。个人怎样变成了有社会性的？如果按照字面来看这个问题，其中便有一种奇特矛盾之处。人类和其他事物一样，同样表明了既有直接的独特性，也有联系、关系的特性。人类的这种情况，和在原子和物理物质的情况中一样，直接的状况就是全部的存在，所以它既是其他事物发生作用的一个障碍，也是影响其他事物的一个障碍。每一个存在的东西，只要是被认知的和可知的，它就是在和其他事物的交相作用之中。它是孤独的、单个的,也是在交往之中的。因此,个人结合在一起,这并不是一个新鲜的、前所未有的事实,而是存在所具有的一种普通情况的显现。所以,含义并不居留于交往这个单纯的事实之中,它居留于人类交往所产生的后果之中。事物的集合,由于把以前封闭着的能量解放了出来,赋予了这种集合及其组成部分以新的特性,这也不是什么新鲜的、前所未闻的事情。重要的地方在于,人类有机体的集合把顺序和同时存在的东西转变成为共同参与。

手势和呼叫原来并不具有表达和沟通的性质。它们和移动、攫取和咀嚼之声等一样,也是有机体的一些行为方式。语言、记号和含义的产生,不是由于意向和心愿,而是由于姿态和声音的溢出和它带来的产物。关于语言的故事,就是关于如何利用这些事情的故事;而这个作用,既是最终的,也是事件性的。关于语言的来源曾有过许多不同的解释,它们有"bow-wow"论、"pooh-pooh"论和"ding-dong"论等绰号称呼,但这些解释事实上并不是有关语言来源的学说。它们只是说明为什么某些声音而不是别的声音被选来作为对象、动作和情境的记号,只是貌似有几分可取之处。假使单纯就是这一类声音的存在便构成了语言,那么,下等动物也许就能比人类更为灵巧流利地互相交谈。但是,只有当这类声音在一种互助和指导性的具体语境之中被运用时,它们才变成了语言。当我们考虑身体上的手势和呼叫怎样转变成名称、具有含义的事物或语言的来源时,只有这种互助和指导性的具体语境才是最为重要的。

关于动物的可以观察得到的事实,提供给了我们一个出发点。"动物对一定的刺激产生反应……乃是借助一定肌肉的收缩作用,而这种肌肉的收缩对于这个动物本身并没有什么直接的后果,但可以刺激其他动物,引起它们的动作,从而影响它们……我们不妨把这一类称为信号反射。萤虫的闪光、乌贼液囊中射放出一种黑色液体、雄鸡的啼鸣……孔雀羽尾的开屏等,这些是少数几个但却是很不相同的信号反射的例子。这些反射活动借助刺激其他的动物而去影响它们……如果没有别的动物在面前,或者这些别的动物并没有用它们自己的反射活动去回应它们,前者的反射活动就完全是白费的。"①

因此,低等动物便是在这样的方式下活动着的,即这些动作对于这些动物本身并没有有用的直接后果,但它们却在其他动物中唤起了一些独特的反应,如性反应、保护反应、觅食反应(例如母鸡对它的雏鸡所作的那种咯咯之声)。在某些情况中,在其他动物中所引起的这种动作又回过来对于第一个动物产生重要的后果。一个性的动作或一种联合的反抗危险的保护动作便有进一步的相互作用了。在别的一些事例中,行为的结果对物种有用,在一个数量未定的群体中,甚至对尚未出生的个体都是有用的。信号动作显然形成了语言的基本材料,类似的活动在人类中悄悄地发生着。因此,一个婴儿的啼哭引起了成人的注意,而且激起了一种对于婴儿有用的反应,虽然这个啼哭本身乃是有机体一种无意的流露。同样,一个人的姿势和面部变化可以向别人指明这个人本身想隐讳起来的东西,因而他"把他自己泄露出来了"。在这些情况中,"表达"或记号与意义的沟通,并不是为执行

---

① 马克斯·迈耶(Max Meyer):《别人的心理》(*The Psychology of the Other One*),1922年,第195页。这是行为主义心理学的一种陈述,但它未曾引起它内在地所应引起的注意。

者本身而存在的,却是为他的观察者而存在的。

信号动作是语言的一个物质条件,但同时它们却并非语言,也不是语言的充足条件。只有从一个外在的立足点看来,这个原始的动作才是一个信号。别的动物对它所作的反应并不是对一个记号所作的反应,而是通过某种行为机制对一个直接刺激所作的反应。当农人发出一种咯咯之声时,或当这些母鸡听见了盘中谷粒沙沙发响时,这些母鸡是由于习惯和条件反射而奔向这个农人。当这农人伸手抛掷谷粒时,这些母鸡便四散飞开;只当这种动作停止时,它们才转回来。它们似乎是由于受惊而有所动作,因此农人的动作就不是食物的记号,它是一个激起逃避反应的刺激。但是,一个婴儿便知道无视这类动作,或是对于这些动作感到兴趣,把这个事情当作达到一个所向往的结果的准备动作。他学会了把它们当作另外一个事情的记号,因而他的反应乃是对它们的意义所作的反应。他把它们当作达到后果的手段。母鸡的活动是自我中心的;人类的活动却是共同参与的。后者把他自己放在一个双方共同参与的情境之中。这是语言或记号的本质特点。

甲指着某一个东西,譬如一朵花,请乙把它拿给他。这里有一个原初的机制,乙借助这个机制可以对甲指物的这个动作作出反应。但是,这样一个反应是对甲的那个动作的反应,而不是对他的"指",或是对他所指的对象的反应。但是,乙知道这个动作就是一个指物的动作,他并非对这个动作本身作出反应,而是把它当作另外一件东西的一个指针。他的反应从甲的直接运动转移到了甲所指的这个对象。因此,他不仅仅在做一些由这个动作本身所激起的观看或把握的自然动作。甲的运动吸引着他注视那个所指的东西,于是,他不仅仅把他对甲的动作的反应转变为对刺激物所作的天然反应,他所作的反应体现了甲对于那事物之现实的和潜在的关系。乙所理解的甲的动作和声音的特点,就在于他是从甲的立足点去对这个东西作出反应的。他感知这个东西,似乎它是在甲的经验中发生作用一样,而不仅是以自我为中心去感知它。同样,当甲在作此请求时,他不只是按照这个东西对他自己的直接关系去理解它,而是把它当作一个能为乙所掌握的东西。他看见这个东西时,也正似它可以在乙的经验中发生作用一样。这就是沟通、记号和意义的本质和重要意义。实际上,至少在两个不同的行为中心之中有一些事物已成为共有的东西。理解就是共同预期,它是一种互相参照;当人们这样进行参照时,他们便是共同参与在一个共同的事业之中。

再谈得详细一些。在听了甲的话之后,乙的眼睛、手部、腿部针对甲所作的最后的动作做出准备性的反应,他开始去拿取这朵花,带过去交给甲。同时,甲对于乙的最终动作,即奉献这个花朵的动作,做了一个准备性的反应。因此,甲所发出的声音,他指物的姿势,以及对于所指事物的看见,都不是引起乙的动作的机缘和刺激物;刺激物乃是乙对于一种由双方参与的交往所产生的结局的共同的预期。语言的要点并不是对于某些原先存在的事物的"表达",更不是关于某些原先就有的思想的表达。它就是沟通,它是一种在有许多伙伴参加的活动中所建立起来的协同合作,而在这个活动之中,每一个参加者的活动都由于参与其中而有了改变,受到了调节。互相不了解就是在行动上没有取得一致;彼此误解就是由于不同的目的而有了相左的行动。无论你怎样根据行为主义的观点去对待言语,乃至把一切私有的心理状态都排除掉,但这仍然是真的:它显然不同于动物的信号动作。的确,意义并不是一种心灵的存在,它基本上是行为所具有的一种特性,其次才是对象所具有的特性。但是,具有意义这样一种性质的行为乃是一种特殊的行为,它之所以具有协同合作的性质,乃是因为对别人动作的反应同时包括了对一个进入别人行为中的事物的反应,而在交往的两方面都是这样。至于其中所包括的确切的生理机制,很难叙述。但关于这个事实,则毫无怀疑。它使动作和事物成了可以理解的东西。具有参与这种活动的能力便是理智。理智和意义就是人类的交相作用有时所采取的特殊形式所产生的自然后果。

意义基本上就是意旨(intent),而意旨并不是个人的,即并不是私有的,与别人无关的。甲企图以乙的行为为中介或途径以求最终占有这朵花;乙则在满足甲的企图中企图协同合作——或进行相反的动作。其次,意义乃是在事物具有能使分享的合作成为可能并产生结果时所获得的含义。首先,是甲的动作和声音具有意义或成为记号。同样,乙的动作对乙来说乃是直接的东西,但同时对甲来说却是乙与他合作或拒绝与他合作的一个记号。但是其次,为甲所指出的这个事物获得了意义。在这时候,它不再只是它当时本来的存在,而已被当作达到更远一些的后果的手段,人所反应的,乃是它的潜能性。例如,所指的这朵花是可以携带的,但是如果没有语言,这种携带的可能性就是一个原始的偶然状况,等待着在一定条件之下得到实现。但是,当甲估计到乙的了解和合作以及乙对于甲的意向作了反应的时候,这朵花在当时就是可携带的了,虽然这时候在实际上还没有采取动作。它的潜能性,或产生后果的条件性,乃是一种可以被直接认识和占有的特性。这朵花就不是简单地是可携带的,而具有了可携带性的意义。泛灵论把没有生命的东西说成是有愿望、有意向的东西,这并非神秘地把心灵特性投射到事物身上,而是对一个自然的事实的曲解,这个事实就是:有意义的事物,乃是实际上跟具有共享的或社会的目的和行动的情境相联系的事物。

泛灵论的逻辑很简单。既然词作为记号间接地影响事物,而且既然词表达事物有意义的后果(即事物所具有的这些特性,人们就是由于它们具有这些特性才利用它们的),那么为什么词就不应该直接地影响事物以充分发挥它们的潜在力量呢?既然我们用它们的名字来"呼唤"它们,为什么它们就不应该回答呢?而且如果当我们乞援于它们时,它们像朋友一样地帮助我们,这不就足以证明它们已为一种友爱的意旨所推动吗?或者,如果它们阻碍着我们,那不就证明它们充满着那些鼓舞我们敌人的特性吗?因此,泛灵论就是社会情境中的特性直接转变成自然事物对人的一种直接关系时所产生的后果。诗是其合理的通常的形式,在诗里面,事和物也在说话而且跟我们进行直接的沟通。

如果我们考虑到意义和理解所发生的情境的形式或轮廓,就会发现,直接性和效用性、外显现实性和潜在可能性、终极的东西和具有工具性的东西在这些情境中乃是同时出现,而且是互相映照的。当甲向乙提出这个请求时,同时他也在开始准备作出反应,去接受乙手里的东西,他在准备着这个最终的动作。乙懂得甲所说的话的意义,而不是单纯地反应声音,这乃是对于一个后果所作的一种预期,但同时它也是在取得这朵花而把它交给甲时眼、脚和手的一种直接的活动。这朵花是一个直接存在的事物,同时也是达到一个结果的手段。所有这一切,都直接包括在可理解的言语的存在之中。在纯粹物理的事物中——可能出现的交往情境被抽象掉了——最后性和中介性不可能同时出现。既然我们发现一切事物都有其潜在的可沟通的一面,那就是说,既然我们发现任何可理解的事物都可以进入语言的范围,那么自然会回过头来把意义和逻辑关系说成是纯事物本身所具有的——这没有什么害处,除非这种归诿是武断的、字面上的。一个物理的事物直接是什么,以及它能够做什么或有怎样的关系,这些都是它所特有的,不可用同一单位衡量的。但是,当一件事情有了意义时,它的许多潜在的后果就变成了它的主要的、基本的特点了。当这些潜在的后果是重要的而且被重复的时候,它们构成了一个事物的本性和本质,是定义、识别和区分这个事物的形式。认知这个事物就是去把握它的定义。因此,我们就能够去知觉事物,而不仅仅是感触和占有它们。知觉就是承认尚未达到的可能性,它把现在变成后果,把神秘的东西变成问题,从而按照事情间的联系来行动。作为一种态度来说,知觉或察觉就是带有预测的期望和留意。既然潜在的后果也标志着这个事物的本身并成为它的本质,那么这样标志出来的事情也就成为一个静观的对象了。未来的后果作为意义,属于这个事物的一部分。这种致力于使它们成为这个世界上存在的东西的动作,也可以成为在美感上对于形式的享受性占有。

我曾间接提到过,本质只是意义的一种鲜明的事例;采取片面的态度,以及把某一种意义说成是一个事物所具有的唯一的意义,这只是表明人类无法摆脱偏见。既然后果的后果也各有不同,导致重要性也有不同,那么,这种片面性也许是有实际的好处的,因为被抓取来作为本质的意义,可以指向广泛的、重复发生的后果。因此,在本质和存在之间既有区别又有联系的这种似乎矛盾的情况就得到了解释。本质永远不是存在,但它仍不失为存在所具有的本质,即被提炼出来的重要意义:它是关于存在的一种具有重要意义的东西,是理智存在的证明,是推理和转换的手段,而且是美感直觉的对象。在本质中,感触和理解是合而为一的,一件事物的意义就是它所让人感受到的东西。

既然人们所喜欢的某些后果会被他们所强调,那么无怪乎就有许多其他的后果,即使被认为是不可避免的,也会被当作似乎是偶然的、疏远的了。因此,一个事物的本质就是在恰当的条件下,这个事物所具有的那些圆满终结的后果。因此,使一个事物是其所是的不变的具有构造性的本质,乃是在随着条件和意向变化而变化的各种不同的意义中突现出来的。如果说本质在这时候被认为包含有存在,正如完善的东西包括有不完善的东西在内一样,这乃是因为在实践中对于实在按其重要性而实施的一种合理措施却被不合理地转变成一种理论上的措施了。

语言本身既是具有工具性的,也是具有圆满终结性的。沟通乃是取得所缺少的东西的一种交易,它包含一种要求、诉愿、命令、指示或请求在内,它以少于个人劳动所付出的代价使需要得到满足,因为它取得了别人的合作协助。互相沟通也是生活的一种直接提高,它本身就让人得到满足。舞蹈有歌唱相伴奏,而变成了戏剧,当一些危险的或胜利的情景被说出来时,它们最使人回味无穷。问候因其包含的礼节变成了仪式。语言总是行动的一种形式,而且当它被当作工具使用时,它总是为了达到某个目的而进行的协作行动的一种手段,但同时它本身又具有它的一切可能后果才具有的好处。因为没有一种行动方式像协作行动那样,具有完满的结果和丰富的回报。它带有一种共享和融会一体的意义。在产生这种感觉的能力上,语言是无与伦比的,一开始是借助于听众方面直接的参与;随后,当文学形式得到发展时,借助于想象中的设身处地。希腊思想家们对希腊文艺中关于语言的细致利用,曾作出了出色的榜样,而他们所发现的对于沟通所必不可少的意义又曾被当作在自然本身中最后的和终极的东西。本质便被实体化为一切存在所具有的原始的、基本的形式了。

这里所提出的关于意义和语言之间的联系的观点,不能跟传统的唯名论混淆不清。它并不意味着意义和本质是外来的、随意附加的。唯名论的缺点,在于它实际上否认交相作用和交往。它不把词当作以实现交往目的的一种社会行动的方式,而把它当作一个现成的、完全个体的心理状态的一种表达,感觉、心像或感触既然是一种存在,就必然是特殊的。因为包括在语言中的声音、姿势或书面的记号,乃是一种特殊的存在。但是,它并不因为这样独特就成了一个词,也并不因为表达了一种心理的存在就变成了一个词。它由于获得意义而变成了一个词,而当对它的使用建立了一个真正的共同行动时,它就获得了意义。交相作用的情况,即行动上的关系,与特殊的情况和直接的状况一样,同样是一种事实。语言及其后果,乃是在特定的组织条件下一种自然的交相作用和自然的联结所具有的特征。唯名主义忽视了组织,因此把意义变成无意义的东西。

具体讲来,语言是至少在两个人之间交相作用的一个方式:一个言者和一个听者。它要预先认可一个组织起来的群体,而这两个人是属于这个群体之内的,而且他们两人是从这个群体中获得其言语习惯的。所以,它是一种关系,而不是一个特殊的事情。

仅考虑这一点,就足以贬责传统的唯名论。再者,记号的意义总是包括人和一个对象之间所共同具有的东西。当我们把意义说成是言者所具有的属性,而把它当作他的意向时,就把共同执行这个意向的另一个人以及这个意向所由实现的、独立于有关的人以外的那些东西都视为理所当然。人和事物必须同时成为一个共享的后果的手段。这种共同的参与就是意义。

在使意义固定下来的过程中,工具的发明和使用曾经起着很大的作用,因为工具就是用来当作达到后果的手段,而人们不是直接地从物理上去对待它的。它内在上就是具有关系性的、涉及期望和预测的。如果不涉及当前不在的东西,或者说,如果没有"超越"(transcendence),那么就没有一种东西是工具。说动物不"思考"的最有说服力的证据,就是在这个事实中发现的:它们没有工具,而只是依靠它们自己比较固定的机体结构去产生结果。由于这种依赖性,它们就无法把任何事物的当前存在与它潜在的效能区别开来,无法对其后果进行推测来说明本性或本质。任何被用来作为工具的东西,都表现出既有区别性,也有一致性。从存在上说,火就是燃烧着的,但当火被用来烧饭和取暖时,特别是在其他的事情如钻木取火之后,火就成为一种具有意义和潜在本质的存在了。火烧和恐惧或不安已不再是全部的故事了。发生的事这时候成为一个对象了。而且,如果把一个存在物的意义就是这个存在物的实体这个主张(如唯心论实际所主张的那样)看作荒谬的话,那么同样荒谬的是:没有看到发生之事所具有的完全转变了的意义。

既然作为工具,或被用来作为求得后果的手段,就是拥有和赋予意义,那么,作为工具之工具的语言就是抚育一切意义的母亲。因为其他用作工具和媒介的东西,即平常认为是用品、代用品和设备等的事物,只有在社会集体中才能产生和发展,而社会集体是有了语言才可能形成的。在仪式和制度中,事物变成了工具。原始用具及其附属的象征符号具有一种顽固的习俗性和传统性,就证明了这个事实。再者,工具和代用品总是被发现与分工是联系着的,而分工又依赖于一定的沟通方式。这个看法能通过更为理论的方式来证明。直接状况本身是转瞬即逝、近乎幻灭的状况,需要通过在有机体控制范围以内的某种容易恢复和重复的动作,如姿势和言语声音等,把这种直接的流变状况固定下来,事物才能够被人们有意识地利用。一个人也许偶然用火使他自己得到温暖,或者偶然用一根棍子拨松了泥土,因而促进了粮食植物的成长。但是,从存在方面来说,火灭了的时候,那种安适的效果也就停止了;一根棍子,即使曾经一度做过杠杆,仍会回到就是一根单纯的棍子的状态,除非使它和它的后果间的关系得以突出并保持下来。只有语言,或某种形式的人为的记号,才可以用来把这种关系情况保持下来,而且使它在其他特殊存在的环境中带来丰富的后果。矛、瓶、篮、网等也许就是在自然事情的某些具有圆满终结的后果中偶然发生的。但是,只有通过共同一致的行动予以重复,才会使它们固定地成为工具,而这种行动的协调一致又依赖于记载和沟通。要使别人觉察到某一种用处或客观关系的可能性,就要把偶然成为一种中介的东西持续下来。彼此沟通是意识的先决条件。

因此,每一个意义都是共同的或普遍的。它是在言者、听者以及言语所涉的事物之间共同的一个东西。作为一个概括的手段而言,它也是普遍的。因此,一个意义是一种行动方法、一种把事物用来作为达到一个共享的圆满终结的手段的方式，而方法是一般性的，虽然它所运用于其上的事物是特殊的。例如，轻便性的意义乃是两个人和一个对象所共享的一种东西。但是在轻便性一度被领会到之后，它就变成了一种对待其他事物的方式，它就被广泛地推广了。当一有机会时，它就会被应用；只有当一个事物拒绝以这种方式被对待时，应用才会停止。而且即使这样拒绝，也可能只是向人们提出的一个挑战，它要求进一步发展"轻便性"的意义，直到这个事物能被传达。意义乃是使用和解释事物的一些规则，解释总是诉诸事物具有一种达到某种后果的可能性。

　　有一个学说主张：一般观念或意义起源于对许多特殊事物进行比较，最后认识到某种它们所共有的东西。难以想象有任何主张比这个学说更为荒谬可笑的了。但是，我们可以用这种比较来对所提的规则能否广泛应用进行检验。不过，人们从事概括乃是一种自发的活动，只要条件允许，他们总是要进行概括，有时甚至在实际上不应该概括的地方也广泛地予以概括。人们总是强行把一个新获得的意义推广应用到一切并不明确地拒绝应用它的事物身上，好像一个儿童只要当他一有机会的时候就想运用他新学会的一个新词，或者像他总想玩一个新的玩具一样。意义自身就会向新的事情转移。结果，条件迫使对这种自发的倾向进行矫正。应用的范围和限制是通过实验在应用的过程中来确定的。科学的历史足以指出，要使这种不合理的概括倾向服从于经验的规则是多么困难，至于大众的信仰就更不必说了。把它称为"先验的"(*a priori*)，就是表明一个事实；但是把意义的概括力量所具有的这种"先验"特性归之于理性(*reason*)，这是颠倒事实。当这个倾向以观察为基础，并通过细心的实验来证实，从而变得慎重的时候，便出现了所谓的理性。

意义是普遍的，也是客观的。它起源于使用或享受事物的一种共同的或联合的方法，所以意义就是指一种可能的交相作用，而不是指一个分隔孤立的事物。正像吹口哨并不是实际上预示将有大风，而祈雨时洒法水也不是指明即将下雨，一个意义当然可以没有所赋予它的那种特殊的客观性。但是奇妙地诉诸外在的事物，这就证明了意义本身的客观性。意义自然总是某些事物的意义，困难在于把这个正确的事物鉴别出来。要知道：某些意义，无论它们是可喜的或可怕的，都是在社会共同的欢乐和控制的过程中所共同发展起来的意义，而并不代表任何与社会技艺无干的一些自然的形式、方式和手段。要知道这一点，我们就需要受过系统的、严格的从事实验工作的训练。当对象不是根据它们在社会的交相作用和讨论中所产生的后果来予以说明，而是根据它们所产生的许多后果彼此之间的关系来予以说明时，在美感的和情感的意义上便添加上了科学的意义。这个区别可以使美感的和情感的对象不致成为具有魔力的东西，因为这些对象之所以被认为是具有魔力的东西，乃是由于人们把从群体中所传递下来的文化所产生的后果当作它们在自然状态下所产生的后果。

然而，古典哲学赋予意义、本质、观念以客观性，这一做法所具有的真理性仍是颠扑不破的。把意义理解为私有的、朦胧的心理存在所具有的一种特性，这是一种异端邪说。贝克莱按照他的唯名论，认为观念虽然在存在中是特殊的，但在功能和作用中却是一般的。他认为观念之所以能在行为中发生效用，是由于上帝预先建立了一种秩序，虽然他没有看到它们在交往行动和社会交互行动中的自然根源,但这个说法较之那些保留了他的心理学而排除他的神学的人们的主张来说,更有力地体现出对意义的客观性的洞察。感觉论者在对极端怀疑主义表示踌躇的同时,又设定说某些观念间的联想与事物间的结合是一一对应的。这种自相矛盾的情况,不可避免地证明了(虽然他们不愿意承认):虽然在理论上他们不承认意义的客观性,但意义的客观性的暗示却经常出现在他们的心灵中。

意义是客观的,因为它们是自然交相作用的样式。这样的一种交相作用,虽然基本上是有机物之间的交相作用,但是也包括了生命物以外的事物和能量在内。法律上的意义所具有的规范性力量,可以给我们提供一个便利的事例。一位交通警察举起他的手来或者吹起警笛。他的动作所起的作用就是指挥运动的一个标志。但是,它不仅仅是一个偶然的刺激物,它体现着社会行为的一种规则。它较近的意义就是它在协调人们和车辆的行动中所产生的最近的后果,它的较远的和永久的意义——本质——就是它对社会治安所产生的后果。如果人们不遵守这个信号,就面临着逮捕、罚款或收押。在警察的警笛中所体现出来的本质,并不是附加在感性的或物理的流变之上的一个什么神秘的实体和附加在它身上的一个形式,它也不是似乎隐居在心灵里面的一个神秘的潜存物。它的本质就是社会交通的规则、标准化了的习惯,它是一般人都可以理解的而且是持续有效的,而且只是为了它才使用警笛的。形成警笛这样一个特殊声音的本质的模式、模型,其后果就是在有许多行人和车辆的交通之中建立起一种社会同意了的有秩序的安排。这种意义是独立于心理的景象、感觉和印象、警察和其他事物以外的。但是也不能因此而把它当作一个没有时间性的精灵鬼怪,或者脱离事情的一种无声无色的逻辑潜存物。

任何关于非人类的事情,如重量、效力或脊椎动物等的本性的情况,也是如此。事物交相作用所产生的一些后果是与我们有关的,这些后果就不单纯是物理的,它们最终参与了人类的行为和命运。火燃烧着,而火烧具有重要的意义。它进入了经验以内:观看熊熊的火焰是有趣的,逃避它的危险、利用它有利的潜能是重要的。当我们叫出一件事情的名字如称它是火时,我们是在预言着什么。我们不是在称呼一件当前的事情,那是不可能的。我们运用着一种语言的名词,我们激起了一种意义,即存在的可能结果。这位交通警察所发出的声音的最终意义,就是后来所产生的社会行为的整个体系,借助于声音,个人服从社会的协调,其较近的意义就是在邻近区域内和直接影响下的行人车辆的行动获得协调。同样,所谓火的最终意义或本质,也就是一定的自然事情在人类活动的范围以内、在社交的经验中、在火炉边、在花坛前、在共享的安乐中、在金属熔炼中、在特快运输中,以及在其他这类的事件中所产生的后果。从科学上讲来,我们忽视了这些隐秘的意义。而这是十分适当的,因为当变化着的事件系列的条理被人们规定时,直接享受和欣赏中的终极意义就能够被人们控制。

古典思想及其在后来的唯心主义的残余思想认为,隐秘的人类意义,即在言谈中直接关系的意义,乃是自然形式,与它们在语言中的作用无关,而现代思想则在事物因果关系所决定的意义和人类交往所决定的意义之间划出了一道严格的分隔线。结果,它把后者当作无关轻重的或纯粹私有的,绝不是自然事情所具有的意义。它把较近的意义当作唯一有效的意义,而抽象关系变成了一个典范。在科学中忽视自然界交相作用的后果对于人类的意义,是适宜的,的确,这也是不可逃避的。把意义在社会的或共享的情境中抽绎出来而加以肯定和陈述,这是对后者进行理智地修改、扩展和变更的唯一途径。数理符号跟独特的人类情境和后果只有最少的联系,而离开美感和道德含义去发现这样的名称,乃是这种专门技术的一个必要部分。的确,把隐秘的意义减除掉,也许为数理关系提供了一个尽可能好的经验定义。它们不直接涉及人类行为的意义。因此,本质就变成了完全是"理智的"或科学的,而没有任何圆满终结的内涵了。它表达出那种纯粹工具性的东西,而不涉及有关事物作为其手段的那些对象。于是,它就成为反省的出发点,而其结果是,产生未曾经验过的人类的遭遇和享受。从任何特殊的后果中抽象出来(这就是说,一般地去对待具有工具性的东西),为求得新的用处和后果开辟了途径。

当专家或政府官员把交通警察的信号所具有的意义从它的具体语境中隔离开来,而且把它变成一种书面的和印刷的文字,作为一个独立考虑的题目时,便有上述情况发生。由于把它放在另一些意义的语境中(从理论上和科学上进行讨论),它就从先前使用的偶然状况中被解放了出来。其结果就是发现一种改进的、新的信号制度,能更有效地来管理人类的相互作用。然而,从隐秘的人类的使用过程和后果中进行深思熟虑的抽象,这在信号话语体系中似乎是难以发生的。在物理科学中,这种抽象或解放是完全的。事物是用符号来界说的,而这些符号仅仅表达它们彼此之间的后果。在日常经验中,"水"的本质指向的是那些在人的生活中产生令人熟悉的影响和用处的东西,例如它是可以饮的、可以用来洗涤衣物、扑灭火烛等。但是，氢二氧（H_2O）却隔断了这些联系，而在其本质中仅仅体现出独立于人类事务以外的事物所具有的工具性的效能。

古典的思想不仅仅是把终结、享受、使用当作自然事情的真实终点（它们也确是这样），而且也当作独立于人类经验以外的事物的本质和形式。与这种思想相类似的现代哲学派别，把实在当作纯机械的东西，而把事物在人类经验中所产生的后果当作偶然的或现象的副产品。其实，从人类经验中抽象出来，就是从熟悉的、特殊的享受中解放出来，它提供了一种手段去探索至今尚未被尝试过的后果，去发明和创造新的需要以及好坏的新样式。从本质这个概念所有的最适当的意义上讲来，这些人类的后果就是自然事情所具有的本质。当水变成了 H_2O 这种本质时，它仍然具有日常经验中的水所具有的意义，否则，H_2O 就完全没有意义了，不再是一个可理解的名字，而只是一个单纯的声音了。

意义在言语中作为本质而被固定下来以后，就可以在想象中被管理着、操纵着、实验着。正像我们公然操纵事物，进行新的划分，从事新的结合，从而把事物引进到新的关联和环境中去一样，同样，我们在言语中把许多逻辑的共相联结起来，在这儿构成、产生新的意义。思辨（或者如现代人所谓的演绎）产生新的对象，用康德的语言来说，它不是单纯地说明已经具有的东西，而是"综合的"（synthetic），这个事实并没有什么奇怪的地方。一切的言语，口头的或书面的，不仅是一种机械的发音习惯的展开，而且是说了一些使这个说话的人感到新奇的事情，的确，有时它使他较之任何其他的人更觉惊奇。系统的逻辑语言或推理（ratiocination），是按照严格的规则进行的同样的事情。在严格规则的条件之下新意义的出现与一般的谈话中所发生的情况的相似度甚至比传统所设想的还要大。关于逻辑条理和一致性的规则，乃是和如何使为产生新意义所进行的联合和分隔更为经济而有效相关，而不是和意义本身相关。它们是进行某一类实验的规则。在尝试着把许多意义进行新的联结的过程中，会得到新意义所产生的令人满意的结果，然后就可以把它们在一个体系中排列起来。从事思想工作的专家就是有本领善于从事实验，把旧的意义介绍到各种不同的情境中去；而且有一种敏感的耳朵，可以发现结果所将形成的和谐的和不和谐的声音。在现实所发生的情境中最具有"演绎性"的思维，乃是一系列的尝试、观察和选择。"直觉"（intuition）这个模糊字眼的一种意义就是"一系列的直觉"，而逻辑，从事后追溯既往的观点上看来，就是把曾经显现出来的许多一致性和不一致性以一种简明的公式有效陈述出来的机制。任何自始就是如此的三段论式，由一架自动操纵符号的机器来进行，较之任何"思想家"都会做得更好。

　　本质能随时进入无数新的联合之中，并从而产生更多的比它们所由以产生的那些意义更为深刻和广泛的意义。这就使得本质在表面上似乎是一种独立的生命和活动，而这样一种貌似的情况使得某些思想家们把本质提升到一个与存在领域相分隔而又优越于它的领域之中。试考虑一下曾经根据这些本质，如 4、+、$\sqrt{-1}$（四、加号、负一的平方根）作出的那些解释。当这些本质和其他本质结合起来时，它们所产生的后果既易于操纵，而又丰富多产，以致那些首先对这种效果感兴趣的思想家们不是把它们当作语言中的意义项，而是当作独立于人类的发明和使用以外的实体秩序。我们能够注视它们并且把它们结合在一起时所发生的事情记载下来,而所发生的这些事情,和一次地理的勘察所发现的东西一样,是独立于我们的意愿和期望以外的。这种事实乃被用来作为证据,证明本质构成了潜存实有的实体,它们不仅独立于我们以外,而且独立于任何一切自然事情之外。

　　我们把选择理解得太狭隘了。因为意义和本质并不是心灵的状态,由于它们和物理的事物一样,是独立于直接的感觉和想象以外的,但又因为它们不是物理的事物,于是就假定它们是一种特别的事物,被称为形而上学的或"逻辑的"事物,并且将逻辑区别于自然。其实,还有许多其他的东西,它们既不是物理的存在,也不是心理的存在,而它们却可以证明是依赖于人类的联合和交往的。而且,这些事物还具有解放和调节人类进一步互相沟通的机能:它们的本质就是为更有意义更有效果的沟通所作的贡献。再以在交通管理方面的事情为例。一个警笛的声音乃是一个特殊的存在,在数量上和别的东西是有区别的,它具有它自己所特有的空间和时间上的位置。至于对在社会合作的交相作用中体现这种交相作用而使它发生效用的规则或方法,也许不能这样说。一个连续进行的有组织的行动方法并不是一个特殊的存在,所以就不是一个物理的或心理的存在。然而,运用这个方法去调节运动,使它们不致彼此干扰,则其后果既有其物理的一面,也有其心理的一面。在物理方面讲来,空间的变化有了一些在另一种情况下也会发生的改变。在心理方面讲来,有一些在另一种情况下不会发生的享受和苦恼,但是这些偶然事件中任何一件或者它们全部结合起来都不足以形成警笛声音的本质或其隐秘的意义。它们是一个比较安全的人类的协同活动所具有的一些特征,而这种协同活动,作为体现在警笛中的法律命令所产生的后果,便形成了它的意义。

关于意义和本质的讨论在这里走进了一种僵局,被各种困惑纠缠,以至于值得建议,把法律上的实体当作一条指明避免本质和存在脱节的途径。什么是一个法团(Corporation),一个营业特权(Franchise)？法团既不是一种心理状态,也不是一件特殊的在空间和时间中的物理事情。然而它却是一个客观的实在,而不是一个理念的"存在领域"(Realm of Being)。它是一个客观的实在,它具有许许多多物理的和心理的后果。它是一种可以加以研究的东西,正如我们可以研究电子一样。它和电子一样,显示出一些意料不到的特性,而且当人们把它引进到新的情境中时,它的活动具有新的反应。它和一条河流一样,是可以被开导的、疏浚的和阻塞的。然而,离开了人类彼此的交相作用(在这种交相作用中,它指涉了外在的事物),它就既不会存在,也不会具有任何意义和力量。法团作为法律上的本质,或作为协同调节交相作用的一个方法,有它自己的生命,而且有它自己发展的过程。

司法规则包含了司法权的问题,它应用在一定的领土以内、一定的群体身上。一个行动在法律上的意义,依赖于它所发生的地点。然而,一个行动乃是一种交相作用、一种彼此交易,而不是孤立的、自足的。一个行动的开始阶段和在其间决定这个动作的意义的最后的结果,无论在空间上,还是在时间上,也许都是相隔很远的。那么,这个行动在哪儿呢？它的场所在哪儿呢？最简单的回答就是行动的开端。当这个行动发生时,这个行动的发动者在哪儿,哪儿就是行动的场所。然而,假定在查明事实真相之前,动作的发动者是在干一件犯罪的勾当,他改变了他的居处而居住在另一个司法区域的范围以内。由于安全的需要便产生了一个新的概念或本质,即引渡、司法交谊(comity of jurisdictions)的概念,与司法权的概念联合起来;于是便发展了一些新的程序,以及一些相应的专门概念或本质;通过这些程序,一个被控犯罪的人就可以被要求通过引渡而转移过来。司法权的概念,与安全、公正等概念联合起来,通过演绎又产生了许多其他的概念。

这个过程并不到此为止。有一个行动者,便意味着还有一个受害者。假定有一人在纽约州向新泽西州那边开了一枪,而打死了在那边的某一个人,或者他邮寄了一包有毒的糖果给加利福尼亚州的某一个人,而这个人因吃了这包糖果而致死亡。这个罪是在哪个地方犯的呢?这个犯罪的人并不处在发生了死亡的这个州的司法范围以内,所以从定义上说来,他的罪并不是在发生了死亡的那个州里犯的。由于死亡不是在他本人在场的地方所发生的,所以在那个司法范围内便没有犯罪,因为犯罪的地点是要根据行动者的居处来确定的。"引渡"这个概念就不能应用,因为在那里并没有发生作为引渡他的理由的罪行。简言之,按照所公认的司法权的意义讲来,任何地方都未曾发生这个罪案。这样一个结果对于人类在联合和交往中的真诚和安全,显然都是有害的。因此,在一个行动中彼此交往(transaction)的因素便被注意到了:在某一司法区域内所开始的一个行动,当它有害的后果发生于这个区域以外时,也成为一种罪行。这时候,行动的地点已扩大到从纽约到加利福尼亚的整个路途之中了。因此,两个能够直接观察得到的、独立的、特殊的事情,以及在它们之间不能直接观察得到的、而是被推论出来的一个联结的过程,一同都被包括在如行动之地点这样一个简单的意义中了。用传统的哲学语言来讲,这个本质在这时候乃是理念的、理性的、不可感觉的。再说,为了在各个不同的意义之间求得一致或达到一个逻辑的秩序而进行修改,一个法律意义体系便被发展出来。因而意义相对于导致它们所由产生的事情来说便具有更大的独立性,它们可以作为一个逻辑体系被传授和阐发,而其中的各部分乃是通过演绎而彼此被联系了起来。

然而,在民事案件中,即使像这样扩大了的关于场所的概念也未能照顾到一切后果,而这些后果由于涉及各类行动的权利和义务而需要制定一些管理规程。一项事件涉及的财物或资金,可以在直接相关方的任何一方所在的司法区域以外的一个司法区域内。它的后果也影响到居住在第三个司法区域内的人。最后的结果在某种情况下,倾向于推翻早期的关于直接的物理的(或受空间限制的)区域司法权的概念。司法权就成为对一定的特别事件"具有按法律处理之权"的意思,而不是指"行动所发生的一个区域"。那就是说,区域是由行动的权力确定的,而行动的权力又是被人们所需求的那些后果决定的,但原来关于固定区域的概念才被用来确定法律行为的权力。如果有人问,一个事件发生的地点是"在什么地方",那么,根据法律的程序,在许多的案件中,唯一可能的答案就是:它的后果在哪儿被认为对社会管理具有重要性,它的地点就在哪儿。①

法律制度无论在什么地方都是本质的具体体现,而这些本质

---

① 在这方面,实际的法律倾向(虽不总是成为一种理论公式)要比流行在哲学家中的观点有更进一步的发展。不妨比较一下关于错觉在何处或关于过去经验的处所何在,或关于未实现的可能性在何处存在等问题的讨论情况。有些作者,虽然也否认心是有空间性的,但又满意于把它们置于心灵之内。然后,由于他们明白,安置这些事情的心灵存在物本身也是一个现有的特殊存在物,因而他们感觉到需要把一个"意蕴"或意义安置在心灵状态的皮囊之内。

相对于个人的意见、情绪和感觉来说，却和物理的对象一样，是客观的、具有强制性的。这些本质是一般的，能独立地检验的，它们彼此之间有着丰富的联系，而且可以扩展到以前和它们无关的一些具体现象上去。同时，如果我们把这些意义与社会的交相作用及其所产生的各种后果联系起来考虑的话，这类意义的起源和本质能够从经验方面来加以描述。如果我们能够为交相作用的行动者的各种不同的动作确立一个互相参照的体系的话，这些意义就能成为调节后果的手段。如果我们还记得，这样一个具有调节作用的方法能被转移到另一个新的、以前没有关联的论域中的话，那么，一个斑点可以指示一个解剖上的结构，水银柱体积的变化可以指示一种气压的变化，因而意味着大概将会下雨，这个事实就没有什么奇怪的了。所以，在符号中所表达的意义可以产生一个巨大的不断发展的数学体系这个事实，也没有什么可以奇怪的了。一个本质就是一个程序方法，它能够和其他的程序方法结合起来，从而产生许多新的方法，引起对旧方法的修正，而且形成一个有系统、有秩序的整体——这一切都无需涉及方法对任何特殊的一套具体存在物所作的任何应用，而且是完全从任何具体的、为这些方法或逻辑的共相所制约的后果中抽象出来的。从数学方面讲来，它们和一位动物学家所处理的材料一样，同样是独立的对象。把这个和机器，如一架自动收割机或一个电话系统对比一下，是有益处的。机器并不存在于经验之前，也不是独立于经验之外，而是在人类经验中演化着的。但是就现有的物理的和心理的过程而言，它们是客观的、带有强制性的；它们是达到后果的一般方法；它们是以前存在的物理存在物之间的交相作用。再者，从它们的效能上讲，它们依赖于其他独立的自然存在物。只有当它们同限制和检验它们的活动的其他存在物结合起来被使用时，它们才产生后果。当机器达到了一定的发展阶段时，工程师就可以无需再特别顾虑具体的使用和应用，而专心致志地去创造新的机器、改造旧的机器。那就是说，发明家们是受现存机器的内在逻辑指导的，受对于机器各部分间彼此的关系以及它们对整个机器的关系的一致性观察所指导的。因此，一个发明可以从纯数学的演算中产生出来。不过，机器仍然是一架机器，是为了调节涉及后果的交相作用而设计的一个工具。

当机器的"概念"，它的意义，它在符号中所体现出来的本质，通过演绎而产生一些新机器的平面图时，本质是富有成果的，因为它原先就是为了这样一个目的而构建出来的。所以，它后来在追寻这个目的时、在取得这个所需求的后果时的成功或失败，以及对成功和失败的原因所进行的反省，为对相关的本质进行修正、扩充和改变提供了基础。因此，它有它自己的成长过程，有它自己的后果。如果我们遵循能被经验证实的事例的指导，那就会看到，数学上和道德上的本质都可以在思辨上具有后果，就像机器一样，它们是为了以最少的浪费、最大的经济和效能去达到一定后果而建造起来的。

沟通既具有圆满终结的性质，也具有工具的作用。它是建立合作、统治和秩序的一个手段。被分享的经验是人类最大的善。在沟通中，如动物所特有的那种联系和接触的情况变成了能够无限地理想化的爱慕，它们变成了自然界顶端的符号。"上帝就是爱"较之"神圣就是权力"，乃是一种更有价值的理想化。由于爱，至其极就带来了光明和智慧，这个意义便和"神圣就是真理"同样有价值了。一个人参与另一个人的快乐、忧愁、情操和目的时所表现出来的各种不同阶段,乃是由共同占有的对象的广度和深度而区别开来的,从一种临时的关心走向连续不断的理解和忠诚。当一位心理学家,如贝恩(Bain),把一些"柔和的情绪"归结为触觉时,他指出的是一个自然的生理基础。但是,他却没有把机体的接触和其生命机能与类化和富有成果的联合联系起来,而且(尤其重要的)没有留意到生物机能所发生的转变:当这个机能的后果被注意到时,它就变成了一个客观意义,成了自然生理事件的本质。

如果说科学的语言在机能上具有工具的作用,那么,它也能变成人们所享受的对象。大体讲来,人类的历史显示出:思维,由于它是抽象的、遥远的、专门的,所以是一件繁重的工作。或者至少说,由于社会环境的影响,达到这样的思维其过程对于大多数人来说是痛苦的。从这种活动及其对象的重要性来看,当它变成一种内在的乐趣时,就是一个无价的收获。如果哲学的讨论没有它本身固有的诱惑力,很少有人会去从事哲学思考。然而,这种活动所具有的这种使人感到满意的状况不足以用来界定科学或哲学,科学或哲学的定义乃是来自题材的结构和机能。如果说知识作为理智活动所产生的果实本身就是一个终结(目的),那么,这就是说,它对某些人来说,是美感上和道德上真的东西,但这丝毫也没有论及知识的结构,而且也不能推论说,它的对象并不具有工具作用。这些问题,只有通过对有关事物的考察才能得到解决。无所偏袒的、没有个人利害关系的思维活动,根据经过详细研究过的、实证的和相关的意义而进行的讨论,乃是一种精致的技艺。但是,它还只是相对少数人而言的技艺。文学、诗词、歌赋、戏剧、小说、历史、传记,以及参与被时间神化了的饱含着分享它的数不清的民众所赋予的含义的礼节仪式等等,也是沟通的不同方式,它们不是协助和合作活动所产生的直接具有工具作用的后果,对大多数人讲来,它们就是目的。在上述这些方面,沟通既是具有工具性的,也是最后的。当人们由于相互沟通而有可能共同参与在这种情境之中时,他们自身就不会始终不变,未来也不会一成不变。跟随而来的结果可以是好的,也可以是坏的,但它们总是在那里的。智慧的作用并不是由于直接经验的内在价值而去否认因果事实。它把这种直接使人满意的对象变成最为丰富的对象。

阿诺德(Mathew Arnold)曾经说过,诗是对生活的批评。这句话在一些具有强烈美感倾向的人听来很刺耳,它似乎给予诗一种道德上的和工具上的性能。但是,诗虽然不是一种有意的对生活的批评,但在实际上它确是这样,而且一切技艺都是这样。因为技艺把那些享受和欣赏的标准固定下来了,而这些标准又是对其他事物进行比较的依据:它选择未来希求的对象,它刺激人们的努力。对于某些想在其中寻求直接的或美感上的价值的对象的人来说,情况是这样;对于集体性的人来说,情况也是如此。在一个社群中所流行的、为社群提供主要的享受对象的文学、诗歌、仪式、娱乐和消遣等艺术的水平和风格,对于当时这个社群的思想和行为的方向相比其他的任何方面都起着较大的决定作用。它们提供了据以判断、考虑和批评生活的意义。从一个外在的旁观者看来,它们为对社群生活进行批评性的评价提供了材料。

互相沟通具有独特的工具性和终极性。它是具有工具性的,因为它使我们从沉重的事务压力之下解放出来,使我们能够生活在一个有意义的事物世界之中。它是终极的,因为它可以作为一个社群中珍贵的对象和技艺来被人们分享,由于这样的分享,对社群来说,意义就被充实、加深和巩固了。由于这种特有的中介性和终极性,互相沟通及其宜人的对象最终成为值得敬畏、钦佩和忠实地欣赏的对象了。它们是值得成为一种手段的,因为它们是使生活具有丰富而多彩的意义的唯一手段。它们是值得成为一种终结(目的)的,因为在这样的终结(目的)中,人类脱离了他们直接孤单的状况,得到提升,而参与到一种意义交流之中。在这里,和在许多其他的事物中一样,最大的缺点在于把工具性的功能和终极性的功能分隔开来。理智是片面的、专门的,因为互相沟通和共同参与受到了限制,是宗派性的、区域性的,局限于阶级、党派和职业团体。根据同样的特征,对于某些人讲来,我们对目的的享受是奢侈的、腐化的;对于另一些人讲来,是粗俗的和平常的。从自由和充分沟通的生活中脱离出来,就是使这两方面都不能充分掌握经验中事物的意义。当沟通的工具性和终极性的功能共同在经验中活动着的时候,便有了作为共同生活的方法和结果的理智,而且产生了值得付出爱慕、景仰和忠诚的社会。①

---

① 在我写完上面一段以后,我发现了在奥格登(Ogden)和理查兹(Richards)的《意义之意义》(*The Meaning of Meaning*)一书中,马利诺夫斯基(Malinowski)讲的一段话:"一个字在指一件重要的用具时,是在行动中被运用的,而不是对它的本质作什么解释或对它的特性作什么反省;但只是使它呈现出来,交给这个说话的人,或者指导别人怎样正确地使用它。事物的意义是由它的实际用处的经验而不是由理智的冥思构成的……对于一个土著来说,一个字的意思是指它所代表的这个事物所具有的一种固有的用处,正如一个器具,当它能够被使用时就具有意指;而当手头没有主动的经验时,它无所意指。同样,一个动词,一个代表动作的词儿,由于主动地参与在这个行动中而获得其意义。当一个字能产生一种行动时,它就是被使用着的,而不是描述一个动作,更不是翻译思想。"(第 448—449 页)。语言首先是一种行动的样式,使用它是为了影响与这个发言者有关的他者的行为。关于语言,我不知道还有什么陈述能够以同样明晰和欣赏的态度,把这个事实的力量揭示出来。正如他所说,(转下页)

（接上页）"当我写这些字时,我在这时使用语言的方式,一本书、一篇手稿或一幅碑刻的作者使用语言的方式,乃是语言的一种很不自然的、派生出来的功能。在其原始的使用中,语言的功能乃是人类协调活动的一种联系物,乃是一种人类的行为。"(第474页)他指出:要懂得野蛮人的语言意义,我们就必须能够回复到当时整个的社会关联中,只有在这种社会关联的背景中,意义才能被提供。当他列举在行动中的言语以及叙述的和仪式上的语言时,他指出在这些语言中贯穿着同样的原则。"当一群听众谈论或讨论着某些事件时,在那时候首要有由这些人所具有的社交上的、理智上的和情绪上的个别态度形成的情境。在这个情境之内,叙述由于文字所引起的情绪上的共鸣而产生了新的联结和情操。在每一事例中,叙述的语言基本上是一种社会行动的样式,而不是单纯思想的反映。"(第475页)然后便"在不受拘束的、无目的的社交中"使用语言。"对单纯社交中的语言的讨论,能使我们理解人性植根于社会性之中。众所周知,在所有的人中,都有这样一种结合在一起而彼此结伴的倾向……沉默寡言不仅意味着不友好的态度,而且直接就是一种坏品德。打破沉默,言语交流,是建立友谊联系的第一步行动。"(第476—477页)在这里,言语既有使人安心的工具作用,同时也具有成为一个整体中的成员所带来的圆满之善。因此,彼此沟通不仅是达到共同终结(目的)的一个手段,而且是一种社交的感觉、现实化的交往。马利诺夫斯基下结论说:"语言很少受思维的影响,但是,相反的,思维由于不得不从行动中借用它的工具——语言,从而受到它很大的影响。"对于哲学家们来讲,没有比马利诺夫斯基博士曾经写过的这个结论更为重要的东西,值得去倾听了。总括起来,我们能够说:"一切人类语言普遍所具有的、根本的文法范畴,只有在涉及初民的实用主义世界观时,才是能够理解的;而且通过语言的使用,野蛮的、原始的范畴必然对后人的哲学产生深刻的影响。"(第498页)他进一步指出它在构成实质的范畴(名词)、围绕着对象这个中心而活动的行动范畴(动词),以及空间关系——前置词方面所产生的影响。而且在结尾处,他提出了一个明显的警告,反对"旧的实在论的谬误,即认为一个字能证实或者包含它的意义的真实性。由于根基被移置到了不适当的地方,意义变成了实体而成为想象中的实在,因而具有了一种本身所特有的固定性。因为既然早期的经验证实了在原始实质的范畴以内所发现的任何东西是具有一种实体性的存在,而且后来语言上的变动又在那儿加入了这样一些语根,如'行动'、'静止'、'运动'等等,明显的推论就是:这些抽象的实在或观念生活在自身的世界之中"。(第509页)在这里,我们便找到了古典哲学中把本质实体化的根源;在本书中被描述为:这是由于把事物的意义从它们在人类交互作用中的具体关联中隔离开来的缘故。

第六章 自然、心灵和主观

人格、自我、主观性乃是伴随着结构复杂的交相作用,即有机的和社会的交相作用而出现的事件性功能。个人的个性其基础和条件在更简单的事件中。植物和非人动物动作时,它们所关心的似乎是怎样使它们的活动、它们所特有的可感受性和反应得以保存自身。即使是原子和分子,当它们与其他事件相遇时,在它们的漠不相干、吸引和排斥之中,也显示出一种有所选择的偏向。对于某些东西,它们是满怀渴望的,乃至达到贪婪的地步;但在另一些东西的面前,它们却又是呆钝、冷淡的。素朴的科学认为,一切自然的过程都期望实现它们本身圆满的结果;而斯宾诺莎认为,惯性和动量就是事物要保持它们本身的存在,并使其本身趋向完善的一种固有倾向,这就不足为奇了。从一种真正的意义讲来(不是一种心理的意义),自然的存在物都显现出偏向性和中心性。

关于个体的本性,正如在许许多多其他方面一样,古典的和现代的哲学是背道而驰的。在希腊思想中,对完善或自我圆满的爱乃是"存在"的属性。这种没有缺陷的自足状态便构成了个体,而只有变成这样一个整体的变化才是有意义的变化。结果,因为现代人称作为个体的那些特殊的存在显然是不稳定的,所以一个在时间上不变的、具有形式的类(species)才是真正的个体。现代人所谓的个体乃是一些殊相,乃是这个真正个体的一些变动的、片面的、不完善的样品。作为类的人比起这个人或那个人来,乃是一个更为真正的个体。虽然亚里士多德曾经批评过他的老师,不该把脱离了殊相的共相或种当作"存在"(Being),但他从未怀疑过:类是一个真正的实体、一个形而上学上的或存在上的整体,它包含一切的殊相并构成它们的全部特征。一个"类型-形式"

(type-form)并不是单独存在的。但是，由于它体现在殊相之中，就使这些殊相变成一个内在地统一起来的、被标明出来的类，而作为一个类，它就是不生不灭、完善无缺的。

现代科学把这个概念变得很奇怪。然而，它乃是对在通常经验中所发现的事物所作出的一种自然而然的解释。如果不留意到具有这些质的特性的事物是隶属于类或族的，那么就不能认识到这些事物在直接性质上的差别。家族比它的成员较为持久些、重要些和真实些，家族授予它的组成者以地位和特征，因而那些没有家族的人们就是无家可归者和流浪者，这是大多数人类文化中一种值得注意的情况。在这样一个文化系统中，那些构成我们（个人）个性的特殊差别，仅仅是在这个家族类型中所发生的一些偶然的变异。而家族这种标志着类的形式，使一个特殊的人能够被放在一定的位置上被认识、被识别。在家族和社区还是一种坚实的实在的时候，现代思想中那习惯于把自我、"我"、心灵和精神等字眼替换着使用的情况就是不可理解的了。在希腊人看来，一个心灵就是一个组织起来的体系，在这个体系中，一个理想的形式把各个变化的殊相结合成为一个真正的整体，给予它们以明确而可辨别的特性。在事物中呈现出来的作为种的形式就能使它们成为可知的东西。心灵只是所有构成种类的一切特性所组成的一个有条理的体系，因人而有所不同，按照有机构成的差别而有所不同。按照这种看法，主观性、心灵的个性乃是一种反常的状态，由于物质构造具有顽固的抗拒性，恒常的族类不能在上面打下烙印，客观形式不能使它自己实现出来，于是产生了心灵。为现代人所高扬的所谓个人，只是充满着无知、意见和错误而已。

关于个性的地位作用,评价上差别如此显著,这就证明古代文化和现代文化在经验内容上确有不同。在原始文化中,经验是被当代的一个法国学派称为参与和组合的那些范畴所支配的。生命和存在,从一种重要的意义上讲来,是属于部族和家庭的,而特殊的个人只是一个统一整体的成员。社会事务的这种状态就构成了一种模式,而一切自然事情都是按照这种模式来予以解释的。人们可以承认在早期文化中集体性所占有的优越地位,感知它对于早期的信仰和思想方式所产生的影响,但无须赞同这个法国学派主张的全部细节,甚至也不用接受其一般的原理。一个人是一个集团整体的一个成员,在这个作为一个集体之成员的状况中,几乎包括了他一切的成就和可能性。从出生起,他就为集团的传统习俗所类化和感染,他个人的价值在于在多大程度上成为体现传统习俗的工具。私人的信仰和发明是一种偏差,是一种危险的怪癖,是不忠诚的标志。私有的东西就等于是违法的东西,而一切的革新和脱离习俗都是违法的——这就证明这个事实:儿童必须受教育并被引导到传统习俗中来。再者,人们需要教育以及需要保持传统以反对乖离,就会使本来下意识的习俗被意识到,并使对于这些习俗之意识成为敏锐的和富有情感的。① 因而,习俗就不仅是外现的行动方式,传统不仅仅是对于在外部行为中得到的东西所作的一种外部的模仿和重现。习俗乃是法则(Nomos),乃是一切之主、一切之王,乃是情绪、信仰、意见、思想乃至事情的主宰。

---

① 见博厄斯:《初民的心理》。此书第八章在我看来,似乎提出了法国学派观点中正确的地方,而没有其夸大之处。

然而,心灵在一种个体化的样式中,有时也起一种建设性的作用。每一种发明,每一种技艺,无论是技术方面的、军事方面的还是政治方面的技艺的改进,都可以追溯到一个特殊的革新者的观察和才能。一切的用具、捕兽机、工具、武器、故事等等,都证明有某一个人在某一时候在倡导脱离习惯的模子和标准。偶然的事件有它的作用,但是在一个新的工具和习俗出现之前,必先有某一个人观察到、利用着这种偶然的变化。人们不是完完全全单纯地服从习俗的要求——即使当革新被视为是对集团利益的威胁、对神灵的蔑视时,也是如此。

戈登韦泽曾经说过:"无论是在制造一个罐子、篮子或毛毯,或是在耕耘土地,或是在猎取一只野兽——在这一切情境中,人所面对的任务总是个别的、专门的。在所有这一切事情中,都有发展和展示技巧的空间。在工业和狩猎中,在航海中,在一场战斗中,事情能够做得好一些和做得差一些⋯⋯只要在个人努力之间有互相比较的机会时,就有竞争。"① 由于这种个人竞争的结果,便需要步调一致,占优势的那些人便树立了一个别人应该遵守的标准。他们提供了一种能为别人所采纳的技术模范,然后逐渐地或突然地倡导了一个新的习俗。即使在最热衷于再繁殖的文化中,也总是通过特别的变异,即通过个人而产生一些有创造性的产物。因此,从消极方面讲来,个性意味着某些应被克服的东西;但同时,从积极方面讲来,它又是制度和习俗中的变化的源泉。这个消极的一面是最为人所意识到所肯定的东西,但同时积极的一面却在那儿,而且是被利用着的,不过在暗中处于隐蔽的形式

---

① 《早期文明》(*Early Civilization*),第 407—408 页。

罢了。大体讲来,个别技术员和技艺家的想象和努力是掩蔽着的,主张具有固定模型的固定整体的学说在观念之中是占优势的。我们还可以听一听戈登韦泽进一步的一些陈述。"当传统成为口头语言的事情时,年龄便占有了优势。年长者是占统治地位的",因为他是最有经验而且是最善于体现全盘集体经验的人。团体之小足以使得它成为同质的。革新乃是显著的、招致怨恨的东西,再者,习惯的活动陷入仪式之中而具有了超自然的强制性。变异的东西,当其一旦被采纳时,就变成了自动的团体习惯。它们持续下去,并非因为它们是观念或因为对原理有所领悟,而只是因为,它们是一些"运动性的习惯,而这些运动性习惯只代表着由于习惯而变成的机械知识和专门经验"。个人的"意识和推理很快就被融会于客观的结果中,而当思维停止时,这些客观结果则遗留下来了;发明便成了行为的技术性工具的一部分,而不是思维和理解的部分"。在这样的环境中,思想的个别变异或者始终是个人的幻想,或者通过许多不可感知的变异的逐渐积累而很快转变成客观的确定的制度。在人们把工业的和政治的技艺的起源归诸神灵和半神灵的英雄人物的情况中,就可以看到创造性个体所具有的这种特点。

因此,艺术家和工匠,如我们在另一个地方所留意过的,仅仅遵循现成的模型和样式,而且毫无疑问地按照以前所建立的程序进行工作。模式和方法已被承认是属于事物的客观性质,它们与个人的欲望和思想之间几乎没有任何联系。如果我们硬说其间具有这样一种联系,这就会显示出一种极端危险具有毁灭性的精神。在这儿所提出来的这个观点和推动着现代心理学和哲学的那个观点之间有着很大的距离,因而,这个观点不容易被理解。

然而即使在今天,我们也不难找到一个类似的能够调节行动和信仰的概念。如果一位技师在生产标准化的物品时完全遵照蓝图以及他的机器所规定的程序进行工作,同时,他对其他发明尚不了解,并且善于表达自己的处境,那么,他就会说同样的话。法律上的规范有意识地采用了与政治和道德类似的实在论概念,而且发现,他们在科学和工业中视为理所当然的这种精神在相对来说不是很技术化的领域中却显现出无政府的状态,具有破坏的作用。在他们看来,标准和模样似乎是在事物的本性中所客观给予的,而对倡导和发明的干预,对个性的干预,则被认为既是与严肃和忠诚相对立的,也是与理性相对立的。

如果经验是这样的,单个工人或造物者就只有遵循和服从。他只是尽量被包容在一个固定整体中的一个事例,所剩余下来的仅是数量上的、偶然的东西了。柏拉图在技艺中发现了固定的模型,这种模型是衡量特殊的变易过程的尺度和比例,因而掌控着变易过程。所以,变化,只要它们是可知的,总是预先从属于几何学的思辨。如在《斐里布篇》(the Philebus)中所云,首先是尺度,然后是被衡量的、匀称的和美丽的东西。有意识的心灵和智慧则是属于第三级的了,它们观察前面所确定的尺度和被衡量的东西。同样,亚里士多德能够从对工匠工作程序的分析中得到关于自然的四种基本事情的解释,无疑地,他因而使他的形而上学从属于一种对自然的拟人性诠释,把个人的领悟和技巧的变异所积累起来的丰富内容用来作为衡量自然的尺度。指责这些思想家,说他们把心理状态和过程实在化了,那是不适当的。既然他们自己的经验已经显示出这种个体化了的心灵从属于过去已经建立的、现成的和完备的对象、操作、模样和目的的情况,那么,他们的形而上学和逻辑也就成为他们所发现的东西的一个忠实的报告。希腊哲学并没有把心理的条件转变成宇宙的实在，而是把积极的在制度方面的事情变成了宇宙的实在。只有在经验业已把这样一种变化记录下来以后，即认识到个体化了的心灵具有可以产生客观的成就因而也是可以在外部被观察到的这种功能以后，把概括、目的等当作个人心理过程的这种观念才开始产生。

当这种情况发生时，便产生了一个非常重大的革命。对于个体的概念，完全改变了。个体不再是完全的、完善的、已完成的、在完整形式压力之下结合起来的有组织整体。所尊称为个性的东西，这时候便是一种运动着的、变化着的、分散着的，而且首先是首创性的东西，而不是一个终极性的东西。如果殊相是对已经建立的秩序的偏离即指无秩序而言的，那么把部分从属于一个预先形成的整体这种形而上学和逻辑便是有道理的。只有当心灵的变异具有社会性，用来产生更大的社会安全和更丰富的社会生活时，个体化了的心灵才能够脱离一种轻蔑的意义。只有当社会的关系是错综复杂、不断扩张的时候，只有当对于倡导、发明和变异的要求超过了对于坚持和顺从的要求时，这才是可能的。即使是热烈追求固定的、被组织起来的整体的柏拉图，只有通过一个愉快的幸运的个体的努力，才能想象这样的有组织整体是怎么产生的，这个事实是值得注意的。单靠社会的异质性并不能提出符合社会需求的变异功能，因而也不能构成一个客观的为社会所承认的个体性。它只能意味着，对历史所累积的所保持下来的后果所具有的那种虔诚的皈依已经被破坏了。但是假定有这样一个情境，其中秩序和统一的传统仍然是强有力的，而同时现实的事态却只是一种变异和冲突，在这样的情境中，个体必有依赖性。即使个体的职能起初被认为只具有恢复的作用,例如意大利的思想家们要回复到希腊罗马的文化,早期的新教徒要回复到原始的基督教,但希望和依靠仍是寄托在个人的活动上而不是寄托在集体性传统的活动上。在这样的条件下,作为创新和力量的中心的个体便为人所珍惜,因为它们从当时的力量网络中解放了出来,能够自由地把变化指向新的客观后果。

对于在现代生活中的个人主义,人们曾经有过各种不同的理解。在那些保持古典传统的人们看来,它是无纪律的野蛮人的一种反抗,是要回复到童年时代那种自发的、感情用事的自我中心主义中去。对于这个基本观念的另一种解释则认为,它是堕落的人性对于神权的反抗,而这种神权乃是人们为了得救而在他们当中建立起来的。在另一些人看来,它是解放,是自由意志的成熟;它是在打破一切枷锁和限制中、在肯定每一个人本身就是目的的陈述中表现出来的一种勇敢的独立性,其实,它就是把过去表示种类、种族、共相的那些具有颂扬意义的宾词(predicates)用在了单个有意识的单位上。无论如何,一个个人已不再只是一个特殊的东西、一个脱离了整体便会失去意义的部分,而是一个主体、自我,一个突出的欲望中心、思维中心和灵感中心。

一个信服经验直指法的人既不能接受那种把主观心灵当作一种背叛的观点,也不能接受那种把它变成一个独立的创造源泉的观点。从经验上讲来,它是对于一个既存的秩序进行新的建设的承担者。对于在现代欧洲国家形成时期的政治理论史的批评,可以把这个观点和古典共相主义(universalism)以及极端的现代主观主义的观点之间的差别展现在我们面前。旧的理论曾经肯定说,国家天然存在。现代人则宣称,它是许多希望建立国家秩序的个人之间取得了同意之后才存在的。我们可以想象到17世纪的改良主义者们会说：他们在他们周围所发现的国家，的确是自然存在的——那明明白白是他们所见到的事情。因为它们是自然的产物，它们乃是力量、机遇、欺诈、暴虐的产物。所以自然而然，它们就是国内国外战争的场所、奴役和不平等的场所、阴谋和暴力压迫的场所——一个巨大的、偶然的历史事件。一个公平的和良好的国家是通过自愿的协议而产生的，通过交换诺言和彼此承担义务而产生的。一个良好的国家不是自然就存在的，而是由于许多个人为了满足自己的需要千方百计进行活动而存在的。它意味着技艺，而不是意味着自然。个人清楚地感知到他们所需要的东西以及他们的需要能够得到满足的条件。详细说来，思想家们分成两个对立的学派。有些人主张：个人就天性而论，是非社会的；当他们受到人为的和制定的法律的制约而服从于纪律时，他们就具有了社会性；对于这种法律，他们是天生反对的。另一些人则认为，自然的个人具有一定程度的友爱和同情的倾向。这两个学派都同意：公正的政治秩序，合法的权威和从属，乃是个人间志愿结合的结果，而个人就天性而论是不受民法的普遍性制约的。

　　社会契约所代表的真理就是：已经存在的社会制度，只有通过那些已经把他们的心灵从现存的秩序标准中解放出来的人们审慎的干涉，才能得到改善。在这儿所隐蔽着的事实，就是感知到在社会组织方面有一种变得好一些的可能性。据传说，在原始时代，许许多多的意志举行了一个有决定性的聚会（大家制定了契约——译者），这个神话掩盖和歪曲了那种感知的意向，这个荒唐的事实具有一定的启发意义，但是这个神话却不应该隐匿那个意向和后果。社会条件是变换着的,因而便有了发明和设计活动的需要和机会;这些发明和设计活动是从一种革新的思想开始的,而且只有当这个创造着的心灵获得了其他个体的同情附和时才能有结果。

我说的是个人的心灵(individual mind),而不是具有心灵的个人(individuals with minds)。这两个观念之间的差别是很大的。思想家们曾有一条捷径,借以避免必然要面临的一个真正的问题。它从自我(或是身体的或是精神的)出发,但为了目前的目的,我们说它是非物质的,然后赋予自我以心灵,或者把这个自我和心灵等同起来,而心灵是从事领会、设计和信仰时所具有的一种形式上的能力。在这个假定的基础上,心灵打开来接受思想和信念。在这里,没有从传统习俗的负担下松懈下来的问题,没有倡导观察和反省,形成设计和计划,在假设的基础上从事实验,与当前公认的主张和传统分道而驰等问题。或者当人们看到这种分离不是经常发生的而且是不容易发生的时候,只要模模糊糊地追溯到某种天才和创见,就算解决了这个问题。但是整个的科学、技艺和道德史证明,在个人中所呈现出来的心灵,其本身并不就是个人的心灵。前者①本身乃是一个关于信仰、认识和无知的体系,一个关于接受和拒绝、期望和赞许这些在传统习俗影响下建立起来的意义的体系。

要从这些当前流行的、根深蒂固的对世界进行的归类和解释中摆脱出来,并不是容易的事。但是,如果人们看到它终究是心灵所应该摆脱的一个错误,并且看到只要直接诉诸自然,即对于

---

① 前者即指在个人中的心灵(mind in the individual)。——译者

纯粹的对象进行纯粹的观察和反省，它就能够达到这一点，那么在这一方面的困难也就可以减轻了。那种观念当然是虚构的，因为知识的对象并不是界说分明、分门别类、标签清楚、一格一格准备好了交给我们的。即使在最简单的观察中，我们也带有复杂的一整套的习惯、一整套公认的意义和技术。否则，观察只是最空洞的凝视，而自然的对象只是白痴所讲的一个故事，只是充满了声音和怒气而已。在社会的事物、规范、制度和设施上，我们没有享受到减轻这个幻觉所带来的好处，即认为可以通过清晰的头脑诉诸自然的法庭而获得校正。在物理的对象和我们所相信的对象之间是有差别的，虽然在我们观察它们时，我们所相信的对象乃是一个不可缺少的媒介。面对现存的社会制度和标准，我们在哪儿能找到这样一个差别呢？这里的差别与物理知识里的情况是不一样的，在物理知识里，是有缺点的或错误的信念和一个真实存在之间的差别；在社会制度里，它是在一种现实的存在与一种追求某些更好的但尚未存在的东西的信仰、欲念和奢望之间的差别。

　　这些事实说明了，一个具有心灵的身体的自我或心理自我跟作为个体的心灵（mind as individual）之间是有区别的。或者，更好的社会对象是一个纯粹的幻象，或者，个人的思想和欲望是指一种明显而独特的存在样式，这个对象是在解决问题过程中的产物，经过转变而成了一个固定而公认的对象。在这里谈一下想象的问题是合适的，人们经常利用关于想象问题的讨论去隐藏和回避这个主要的事实以及其中所包括的问题。想象作为一种单纯的幻想是一个事物，一个本身就是完全的、自然的和附加的事情。它是一个终结性的对象，也许是丰富而令人安慰的，也许是足道、可笑的。由于想象的结果，客观秩序有了改变，建立了一个新的对象，这样的想象就不仅仅是一个附加的事情了。它包括了一个在媒介中分解旧对象和形成新对象的过程，这个媒介既已超过了旧的对象而又尚未在新的对象之中，因而能被确切地称为主观之物。

强调社会生活中个人欲望和思想的作用这一点，业已部分地被指出来了。它指明了主观的心灵所具有的真正的中间地位；它证明了它是自然存在的一个样式，在这里面对象经历着有方向的改造。论及个人思想在政治的理论和实践中的地位，还有另一种价值。如果主观的意愿和思想并不停留在与建设性行动无关的图画式的乌托邦或教条上面，那么，它们就要服从客观的要求和验证。即使在形式最粗浅的契约说中，人们也要有所作为。他们至少要聚集在一块儿，谋取一致，提供保证，并按照所达到的共识来管理他们随后而来的行为，否则就要受到实际的惩罚。思维和欲望，不管它们是怎样主观的，乃是行动一个初步的、暂时的、起初的样式。它们是在建设过程中具有沟通性和公开形式的"外显"行为，这个行为包括对象的变化，而这种对象的变化检验着激发行为的意义。

在这个准备性的中间阶段上，有一种私密性和不可沟通的特别状况。如果旧的本质或意义已在分解的过程中而新的意义还没有形成（连假设也没有），那么，这个中间一段的存在就是流动的、无形的，无法公开。即使对于本人，也是如此。它的存在本身就是一个不停的转变。在出发点和终点上限制是客观的、共同的、可陈述的，而在这两端之间所发生的事情就不是这样。这个流动而难以言喻的过程对于任何主观的和个人的思想来讲，都是内在的。它把意识标为光秃秃的事件。把一种认识或一个概念称为主观的或心理的,是矛盾可笑的,因为它通过一个在物理上或在社会上有数量特征的存在物而产生。根据这样的逻辑,一所房子,当它变为我的房子时,就从这个空间的和物质的世界中消失了,甚至一个物理的运动,从粒子方面说来,也就会变成主观的了。

认识一个对象,理解一个意义,在某一特别时间内可以是属于我的事情而不是你的,可以是属于你的事情而不是他的。但是,这个事实是与我或你有关的,而不是与可感知和所理解的这个对象和本质有关的。然而,一面承认这个事实,一面仍然可以相信:如果在某一段时间以内没有极端个体化了的事情参与其间,那也会终究感知不到什么对象,理解不到什么意义。在处理已有的对象和本质而从它们的关系和含义中推演出新的对象的思维,与产生一种观察它们、把它们分类的新方法的思维之间,有着类别上的区别。这种区别就好像是为了使马车更为合用而重新装配它的各个部分和发明蒸汽机这两者之间的区别。一个是形式上的、附加性的增加,另一个是性质上的发生了转化的变化。如果有人认为思想自由是传统习俗、检查制度和不容许异端的教条发生了动摇之后才得到的,我们可以说这位先生是无知的。这种动摇的情况提供了机会。不过,这虽是一个必要的条件,却不是一个充足的条件。思想的自由是指思考的自由而言:特有的怀疑、探究、悬念、提出和发展暂时的假设、尝试或从事实验,这些实验工作并不保证是有效果的,而且其中还存在浪费、损失和错误的危险。我们不妨暂时承认保守者的看法:我们一旦开始思考,除了许多对象、目的和制度必然要遭到毁灭以外,谁也不能保证我们将达到什么结果。每一个从事思考的人总是把一个显然稳定的世界的某一部分置于动荡之中,而谁也不能完全预测代之而起的将是什么东西。

在现代哲学中发现有些夸大个人心灵的说法,它们被称为主观主义,大部分则是唯心主义。为了便于对这些说法进行探讨,我们再回到古代思想,这也许是有益的。在那个名称①之下,当时并没有提出客观和主观的关系这个问题。"自然的"和"实证的"(the positive)东西之间的关系问题至少包含了同一范围内的东西,而且在某种程度上比许多现代哲学所采取的路线更接近经验。"实证的"一词用来包括在语言、习俗、惯例、法典、法律、政治中一切显然为人类所制定的东西。争论之点在于:自然是这些东西的规范,抑或它们是自然所要遵循的规范?古典的答复是前者。但是也有一些人认为,自然是原始的、粗犷的和野蛮的,而以人及其行动作为自然的准绳和尺度。

前一个概念在神学的认可和解释下,已被采纳到中世纪自然法的概念中去了,在没有上帝启示(毕竟是对更高的自然的启示)的情况下,在道德和政治中具有绝对控制性的作用。根据自然和制度之间的联系提出这个问题,较之现代哲学把自我孤立起来的办法要好些。它承认社会因素。即使当人们在某些特殊人物的意志、法令和条例中去找寻这种制定的东西的来源时,这些特殊人物也被视为具有一种社会性和代表性的职能,例如他们是一些英雄人物、立法者等,而不是孤立的个人心灵。

在中世纪对古典理论的解释中,使实证的东西完全从属于自

---

① 指唯心主义(idealism)这个名称。——译者

然的法则,这一点,当人们重新对人性而不是对神性发生兴趣时,便使现代思想陷于一种特别尴尬的境况中。人们想要改变一些制度,想要用另一些制度去代替它们,或者想要再加上另一些有关世俗的制度,但原来的这些制度是和神权联系着的,是和具有权威的、自然的和启示的法则联系着的。不可能把这类制度本身和自然对立起来,因为按照当时的理论说来,现存的制度主要是自然法则的表现。当时所提供出来的办法,就是把个人的心灵与自然和制度两者对立起来。这个历史事实,加上中世纪认为个人的灵魂是得救或受罚的终极目的和终极主体这个突出的说法的支持,在我看来,似乎就在一切受到新科学或新教主义影响的哲学中为自我、思维着的自我孤立起来提供了背景和根源。笛卡尔和贝克莱一样,把"自我"用来当作"心灵"的同义语,而且他是自然而然这样做的,视为理所当然,没有试图给予任何论证和理由。如果现有的自然科学和现有的实证制度表现的是武断的偏见、不明智的习俗和偶然的机遇,那么除了在个人独立自发的活动以外,还有什么地方能够找到或应该找到心灵呢?笼统地反抗传统就会引起幻想:同样笼统地把心灵孤立起来,把它当作完全属于个人的东西。反抗的和改革的思想家们如笛卡尔等人很少留意到,即使在他们本人的抗议和改革中,他们究竟重复和保持着多少传统的因素。

在现代哲学中,由于它把自我从社会习俗中孤立开来而又把社会习俗从物理世界孤立开来,结果便夸大了自我的作用。这是有它的经验历史的原因的。在我看来,如果我们能正确认识到这一点,那就似乎不必再去批评它所采用的形式了。思想家们可以在开始时朴素地假定心灵与分隔的个人是联系着的。但是,进一步推论下去就立即显示出来：这样的"心灵"，如果去担负创造科学和客观制度如家庭和国家等工作，是不合适的。其结果就是怀疑、分裂、敌意，其逻辑上的补救措施就是找一个超验的，即超乎经验的自我，使人类的或"有限的"自我成为显现它的媒介。当个人的才能所具有的在科学、艺术、工业和政治中被解放出来而予以使用的价值成为一种在经验中被证明的事实时，而且当个性在这时候不被理解为历史的、中介的以及在时间上相对的、具有工具性的东西，而被理解为原有的、永恒的和绝对的东西时，这样一个概念就是不可避免的。当对自然对象和社会对象的具体改造被认为是一种单独的、具有构成作用的行动时，它们就必然变成超自然的或超验的东西。当这个运动达到了一个如罗伊斯（Josiah Royce）的晚期哲学所指出的所谓"许多自我之间的会合"（community of selves）时，我们又回复到了它曾经据以出发的经验事实中。但是，在这中间夹入一个超验的自我，这始终是一个灾难。它把这个自我之间的会合和自然存在分隔开来了，而且为了使自然和心灵再联系起来，又不得不把这个自我之间的会合归结成为一个由许多意志、情感和思想组成的体系。

还需提到另一个历史因素，它可以帮助我们说明为什么主观主义在艺术和文学中这样流行，而艺术和文学乃是使主观主义几乎成为大众信仰的途径。孔德（Comte）有几次提到这个观念，即愚蠢代表一种过分的客观主义，让感情和印象都从属于给定的客体，而疯狂则标志着过分的主观主义。尤其重要的是他所附加的一个说明：疯狂应从历史和社会学上来予以解释。在原始的条件下，一切关于自然的那些伟大的观念都是为了情绪而建立的幻想。神话乃是空想，但它们并不是疯狂，因为它们是在当时存在的工具所允许的条件下对于自然的挑战所作的唯一可能的回应。但是在今天,断定类似的观念却是疯狂的,因为可供使用的理智资源和工具使得新的适应方式成为可能,而且强烈地需要有新的适应方式。过去自发地、普遍地发生过的空想,到今天还保持着,还被人相信,这是一个失败的标记,一个心理失衡的标记。如果不能运用在一个特定时期中可加以利用的形成和核对信念的各种方法,这种无能,不管其根源是什么,都是一种丧失方向的状态。我们提出这些考虑,并不是要造成这样一个带有攻击性的暗示,即哲学的主观主义是一种疯狂,而哲学的实在主义是一种愚蠢。其目的是在于表明:爱好幻想,或理智上的梦游倾向是普遍的,但对于幻想——它可以大致代表心灵中的主观因素——的利用却有赖于当时的条件。在一种情境中,空想产生的故事与人们的欲望是一致的,而且是引人注意的。它们是和仪式相联系的,这些仪式除了它们的直接的益处之外,也具有外在的效用。它们变成了观察和观念不断地聚拢来的核心,它们是在情绪上和心理上系统化的中心。神话的长久流行,就不足为奇了。当工业和试验探究的发展证明了现实世界将不会接受它们、也不会支持它们时,它们所驱动的力量仍然丰满有力,而幻想的河水将继续流动不息。它可以在虚构的故事中找到自己公共的、可以用来交流的形式,例如,在人们可加以欣赏但不相信其对象的小说、戏剧和诗歌中。否则,它们就始终是私有的,而且在促其产生的欲望和情绪的作用之下,将形成一个人们能直接享受的新世界——"内在的生命"。

在主观主义中通常会有一个通俗的因素,它使哲学的主观主义成为可理解的东西而不致被人视为单纯的幻想,而这个因素似乎是两种思想的混乱结合。一方面,为情势所迫,承认作为个体的心灵具有一种创造的能力,它具有一种在工业、技艺和政治的对象中重新创造的功能。在另一方面,又发现和开辟了一个内在的生命,一个新的、随时可以达到的而且能轻易享有的美感领域。有些故事讲出来将没有人会相信,而且也不能用十分艺术的形式讲出来以吸引别人的注意,然而这些故事仍然可以讲给自己听,并使自己得到宽解、安慰和刺激。由于知识的进展,那种不能被人信为是对客观事情描述的想象之物,乃是空中楼阁;但是,这些空中楼阁却是一种在内心中的难以攻克的避难之所。

一个人对心理学家和认识论者所讨论的那种感觉或感觉所与(sensa)虽是一无所知的,然而却能觉察到,那些对象不仅仅是信念必须符合的赤裸裸的事物。他觉察到:当事物逃出了他的控制时,它们仍然产生着"印象";而这些印象,他仍能以各种可喜的和可恼的态度加以面对。如果他在运用这个对象的实际情况中没有控制行为的能力,这个印象的世界就会成为一个他所乐于居住的世界。它的原料是易于处理的,并且又不要求担负什么责任。至于那些理论家们把对象还原为感觉和影像的结合这种情况,他也许是毫无所知的。说这张桌子主要是由许多影像构成的,在他看来,将是一个与常识矛盾的荒唐的幻想。但是他知道得很清楚:生活中的一些偶然事故可以使他产生许多幻想,而这些幻想却比那些偶然事故本身更为令人兴奋,更加使人感到抚慰。当我们既无能力放弃幻想而又无能力把它变成客观的现实时,这时候,发现主观唯心主义适合人们胃口的条件就具备了(土壤和空气都已备好),即便我们还无法为它援引专门的事实和思辨。

然而，从"内在生命"的全部范围讲来，我们的这些看法是片面的。"内在生命"里面所包含的，既有一些虚构之物和虚无缥缈的东西，又有高贵的有时可以得到满足的愿望和理想。它可以充满无限的幽默和悲痛。它提供了一个领域，在其中，国王和宫廷弄臣、王子和穷汉都拥有同等待遇。它是失败者和渴望者的题材，也是哲学家的题材。不妨回忆一下罗伊斯在17世纪占统治地位的外在主义和18世纪的精神之间曾做过的那种对比，"或者你是一位哲学家，写作关于'人类知识原理'之类的论文，或者你是一位18世纪小说中的女主角，给一个朋友写情书，你都是参与在同一种运动之中。这个精神不满意于数学条理，而且感觉到在17世纪思想的各种永恒物之间的不友好状态。这个精神需要深切了解它自己，在领会自己内心的过程中获得友好的帮助。它喜欢在私密的倾心交谈中，敏锐地分析对待生活的人性态度。"

人们曾把主观主义的起源推溯到笛卡尔，他把"思维"（pensée）当作不可怀疑的确定性，或者推溯到洛克，他把简单的观念当作直接对象。从专门学术上讲来，或者从后来思辨的发展上看来，这样的推溯是十分正确的。但是从历史上讲来，它是错误的。笛卡尔的"思想"是被迫内向的古典传统的"理性"（nous），因为物理科学已经把它从科学的对象中排挤出来了。它的内在性是企图调和旧传统和新科学的一种合乎逻辑的必然结果，而不是一个具有内在重要性的东西。同样，洛克的简单观念就是古典的理念、形式、种属，后者被从自然中放逐出来而被迫转向心灵中来避难。在洛克看来，它是为外在存在所压制着的，而且在随后的理智操作中一直受到压抑。主观的东西与洛克的思维方法本质上是不相容的，他整个的偏见就是反对主观的东西而偏袒在自然中有所根据的东西，而自然则是已确定了的关系。所谓"简单的观念"仅仅是人类和客观秩序唯一可能接触之点，而它的全盘意义就寓于这样一种接触之中。

然而从"内在生命"的角度看来，简单的观念变成了一种感觉，那就是说，一种感触，一种心理状态，一件具有它自身的重要的成长过程的、本身就引人注意的事情。如果对于这样一种粗浅的东西，如蓝或软说来，这是真的，那么对于想象和情绪说来，那就更是真的了。对自然的人讲来，内心的幻想和享受就构成了自由。其余的地方，无论在研究中、在科学中、在家庭生活中，还是在工厂中或在政府中，到处都是约束。逃避到内在生命中以求得自由，这并不是一个现代的发现——远在它在哲学上的浪漫主义中被陈述出来以前，野蛮人、被压迫者和儿童们就采用过了。不过，对这个事实进行一般化的认识，这是新近的事情，而且它在典型的现代经验之上还增加了一个新的维度。它创造了新的技艺形式和新的美学理论，而这种理论有时却被一些轻视哲学理论本身的文艺家们所宣扬。桑塔亚那先生是一位无论在意愿上或根基上都是和古典思想一致的思想家，但是如果我们留意到在他的思想中"内向景观"所具有的重要性，就可以衡量出那种浪漫主义视为经验之全部真理的经验所具有的广泛影响了。

个体化了的心灵在推进经验、发明和有指导的对事情的改造中所具有的功能，以及对"情操和空想之对象虽不在空间和时间上的事情秩序以内但仍然可以构成一个内心私有的领域的内容"这一事实的发现，在经验（experiencing）这一概念中，在把经验区分为各种不同的状态和过程中，得到了合理的表达。在希腊人看来，经验乃是木匠、皮匠、领港者、农民、将军和政治家逐渐演变成为技巧的各种实际行动,以及遭受和感知所积累起来的结果。在经验里没有什么个人的或主观的成分。它就是由许多特殊的自然事件,在自然的影响之下结合起来,成为这些通常如此、往往如此、大体如此,但非必然如此、永远如此的东西所具有的各种形式的实现。从这一类事物方面讲来,经验是自足的、最后的,因为它是这类事物的最高的实现,正如理性思想乃是必然如此的那些事物所具有的各种形式的实现一样。在亚里士多德看来,系词是一个真正的动词,它总是受时间影响的。那些完满地完成的事物,那些已经是、将要是以及现在是的事物是完全一样的,它们的材料完全为形式所统治。关于这些事物,我们能够确切地说"是"①:这类事物虽然是最高的善,但是很少,而且它们是科学的对象。关于另一些事物,我们只能说,它们曾经是如此,而现在却并不是如此;或者只能说,它们虽然现在并不存在,但在某一未定的未来是可以存在的。关于这类事物,因为它们是服从于机遇的,我们只能说也许"是"或大概"是"。在这些事物中,材料并不完全服从形式。经验就正是这类事情在机体上的实现。经验并不是属于某一个人所有的,它是属于自然的,局限在一个身体之内,而那个身体却是自然存在的。

如导言一章所说明的,人们很难按照哲学的意义来使用"经验"一词,但一位批评者就会来询问说:"谁的经验?"这个问题是在反对者的批评中提出来的。它意味着:经验按其本质而论,乃是为某一个人所有的。而这里所谓为某一个人所有,意思是说:一切有关经验的事情,总是受一种私有的、排外的性质所影响

---

① "is"或译"它总是如此"。——译者

的。这个含义是矛盾可笑的,这种推论就好像是说:因为房屋通常是为人们所有的,它们是我所有的、你所有的和他所有的,而所有权渗透在成为一所房屋的特性之中,所以对这所房屋就不能作出任何可理解的叙述了。然而,只有当一所房屋在没有被人们所有以前就有了它自己的存在和特性时,它才能够被人们所有,这是很明显的。属于某一个人所有,这个性质并不是一个吸收一切事物的消化器,因而一些独立存在的特性和关系在这个消化器中就会消逝掉而被转变成自我状态。它是附加性的,它标志着建立了一种新的关系,由于这种关系的后果,这所房屋,这所普通的、平常的房屋获得了一些新的特性。它需要纳税,所有者有权不准别人入内,他享受着有关它这方面的一些权利和特权,而且也承担一定的责任和义务。

只要以"经验"代替"房屋"就行,无需更改什么其他的字眼。当经验发生时,它同样依赖于客观的自然事情、物理的和社会的事情,正如一所房屋的发生一样。它有它自己客观的、显著的特征,而我们能够描述这些特征而无需涉及一个自我,正如一所房屋是由砖瓦造成的,有八个房间等,而不管它是属于谁所有的。不过,正如为了某种目的和对某些后果而言,留意不动产属于个人所有这个所附加的性质,是十分重要的。对经验来讲,也是如此。从第一个事例和意义讲来,如果说"我经验"或"我思考",这既不正确,也不合适。"它"经验或被经验,"它"思考或被思考着,这是一个更好的用词。经验,即具有它们自己所特有的特性和关系的一系列的事件进程,它们发生着、遭遇着和存在着。所谓自我的那些事情就在这些事件之间,在这些事件之内,而不是在它们之外或在它们之后。在某些特定的方面、从某些特定的后果而论,这些自我是可以在客观上被指出的,正如棍子、石头和星辰一样,它们也接受在经验中的某些对象和行动所进行的照顾和管理。正如房屋这个例子一样,由于附加了所有权这样一个性质,它便带有了更多的义务和权利、负担和享受。

富有意味地去说"我思考、相信、欲望",以代替赤裸裸的"它被思考着、被信仰着、被向往着",这就是接受和肯定一种责任并提出了一定的要求。它并不是说,自我是思想和感情的源泉或创造者,或是唯一的所在地。它只意味着说,自我,作为集中的能量,把它自己(从接受它们后果的意义方面来说)当作一种独立的、外在的信念和情感。如果我们来考查一下用"我不相信"或"我不喜欢"等语句指明的事件,那这样一些观念就会显得矛盾可笑。在这样的事件中,显然包括着两个独立的对象之间所具有的不相容的关系。

权威和义务是从两个不同的方向来看的,一个是看到过去,另一个是看到未来。自然事情——也包括社会习惯——产生思想和感情。说"我思考、希望和喜爱",其实就是说,自然生成并不是最后的定论。人们不把信仰、爱情和期望的过失和功劳归之于自然,归之于他们的家庭、教会或国家,而宣称他们自己从来就是其中的参与者。一个决议是在人们要求未来的利益而且也承担有关事件在将来所产生的恶果中公布的。即使在"个人主义"色彩最浓厚的社会中,有些财产仍是公有的,而许多的东西,如地球的核心和海洋的深渊,则既不为任何集团所有,也不为个人所有。为私有财产制辩护的最有力的理由就是说:在生产和管理独立于财产关系之外的商品和资源时,它提高了人们的机敏性、责任心、才能和安全感。同样,并非一切的思想和情绪都或成为社会所有或为个人所有，而且这两种占有的方式都必须根据明确的后果来予以证明。

分析性的反省显示出：通常把原因视为属于某一个事物所具有的一种特性的这个概念，乃是责任这个观念的颠倒。说某一个东西，或任何两个或三个东西乃是某一件事情所由发生的唯一原因，这个观念实际上应用的是功或过这个观念——如希腊文所谓的原因（或理由）。在自然中，没有任何东西是绝对地、完全地属于任何其他东西所有的。"属于……所有"，总是指参考对照和分配派定而言。如果在任何特殊事例中，它产生了良好的效果，它就被证明是合适的。希腊的形而上学和逻辑是由内在所有和排斥外物这两个观念统治着的，这是用适合于人类联合的语言素朴地解读自然的另一事例。现代科学已经把物理的事情从这些内在所有和排斥外物的概念的统治下解放了出来，但是它在心理学方面，仍以一种强烈的热忱保持着这个观念。把这个范畴从物理学中排除出去而在心理学中保持下来，为区别心理学和物理学，因而为现代哲学的自我中心主义，提供了一个似乎是科学的根据。许多的主观主义，只是对这种主张心理现象被自我垄断的学说的逻辑后果所作的陈述，或者在一个潜在的精神实质的观念发生动摇之后，它就是对这种主张自我的全部内容就是为心理的事情本身所组成的学说的逻辑后果所作的一种陈述而已。因为仅就因果和属有的私有性、垄断性和排外性而言，当后一个观念用于宇宙的本质时，它在哲学上的含义就和旧教条那些哲学上的含义是相类似的。

然而，在消极的方面，这已谈得足够了。积极的后果就是从着重于被经验的、客观的题材"是什么"而转向着重于能动的经验过程、关于进程的方法,即"它是怎样"变化的。只要出现怎样控制后果的问题,就会发生这样的一个转变。当人们满意于享受和遭受火的发生时,火就正是如其所是的客观实体。人们曾把它当作神灵来崇拜和供奉,这就足以证明它"是什么"就是它的全部存在。但是,当人们开始取火的时候,火就不是一个本质,而是自然现象的一个样式、变化中的条理、一个历史事件的"怎样进行"。在享受和遭受中的直接使用发生变化,就等于认识到一种工作程序的方法,也等于认识到领悟的方法和控制的可能性之间可以结合起来。

　　作为操作的经验这一概念的发展过程,类似于从对火的直接经验中发展出取火的概念。火就是火,内在的它就只是它自己。但取火乃是具有一定关系的,它使得思想离开火而转向其他足以促进和阻碍火的发生的事情。从被经验到的事物的意义上说来,经验也是如此:事物就是事物。但是当事物作为被经验到的事物而发生时,这些事物的发生就肯定依赖于态度和性向,它们发生的方式是被一个作为机体的个体的习惯影响着的。既然神话和科学所论及的对象是在同一自然世界中,即日月星辰这样一些对象,那么,它们之间的区别就不能完全根据这些自然对象来决定,而必须在经验不同的自然对象的方式中去发现。我们知道,人既是一个进行观察和推理的动物,又是一个有情感和有想象力的动物,而且不同的经验方式影响着被经验的题材的性质。区别科学中的日月和神话、迷信中所描绘的日月的能力,依赖于区别这个主体所具有的不同的态度和性向的能力。当记忆、想象和理想化的情绪都被考虑在内时,就能够把传说和诗歌中的英雄和历史上的人物加以区别了。我们又发现,某些对象的好处是和某一种经验的样式,即我们的嗜好相联系着的;而另一些对象之所以能够获得良好的结果,则有赖于反省活动。结果,虽然作为本质的好坏并没有改变,但是被经验到的对象却按照它们的好坏而被区别开来了。

经验的样式对于控制被经验的对象的重要性,可以以经济学理论来说明。我们可以对各种不同的经济的本质或概念进行研究——对这些意义如价值、效用、地租、交换、利润、工资等下定义、归类以及在彼此之间进行思辨上的推理。我们也可以用一种实证主义态度对现存的经济制度进行一种实际的研究,从而能够对它们的结构和操作情况作出描述。如果我们不管其中的性向和态度以及它们所发生的作用,那么以上这两个方面就可以说包括了全部的探究领域。然而,在政治体制的问题中,在经济事务的管理中,对客观本质的研究是没有用的,对客观存在的研究也是没有用的。当加入了"心理的"因素,例如对一定的经验方式,如诱因、欲望、疲劳、单调、习惯、浪费、不安全、特权、集体工作、时样、团体精神,以及许多类似的因素的效果进行研究时,情况就变了。在控制范围以内的诸因素被确切地指出来了,而且在更大程度上对事情进行审慎的管理就成为可能了。事情的客观性仍是和它过去一样,但是由于我们发现了个人性向在制约这些事情之发生中所起的作用,就有可能在新的方式中去解释和联系它们,这些方式较之其他的方式可以容许更大的调节作用。当我们肯定在银行、商店、工厂的起源中,心理的因素起着作用的时候,银行、商店、工厂并没有变成心理的东西,它们仍然和过去一样,是在这个有机体和一个特殊的心灵之外的。它们和风和星辰一样,是被经验到的事物。但是,当我们把对现成事情的描述和现成概念的思辨关系变成对一种事情发生的方式所作的一个说明时，我们对这些事物便获得了一种新的手段，在理智上和在实践上的手段。因为一个被感知到的变化方式，总是随时可以被转变成一种生产和指导的方法的。

既然现代的自然科学曾经关心的是发现生产的条件，即被用来作为达到后果的手段，那么对个人主体的态度发生兴趣——在心理方面的兴趣，这只是科学的通常职责的扩充而已。只有在我们既已理解机体以外的条件，又已理解机体的条件的时候，对所经验到的对象之所以发生的条件的认识才是完全的。对于机体以外的条件的知识可以在抽象中说明一件事情，但是并不会说明具体的或被经验到的事情。对于性向和态度的一般的知识，可以和掌握了物理的常数一样，无论在理智方面还是实践方面都同样能为我们服务。问题在于我们目前心理学的知识还不充分。而且大概就是由于这个缺陷，使我们所具有的这种心理学的知识不能得到技术上的控制，再加上对"内在"生命的自发兴趣，于是就把心理学的题材装扮得像一个独立的存在世界，而不是去发现那些包括在这个普通经验世界之内的态度和性向。实际上，态度、性向以及类似之物虽然可以被区别开来，成为具体的在理智上的对象，但从来就不是一种独立的存在物。它们总是属于情境和事物所有的，是由情境和事物产生的，是倾向于情境和事物的(of, from, toward, situations and things)。当我们研究它们时，可以尽量不去注意它们所指向的事物和它们所离开的事物。和它们有关的事物，为了研究的目的，是可以用一处空白、一个符号去代表的；而当时机需要的时候，它是可以照样填补起来的。但是这些态度、性向之类的东西除了是寻求事物、转离事物及占有、处理事物的方式之外,既没有存在,也没有任何意义。

每一类型的文化都曾经遭遇过抵抗和阻碍。这些事情就是以一个特定的文化中的主导性偏见为依据来加以解释的。在现代欧洲人的心目中,它们就曾被解释成由于主体和客体两种独立的"实有"的形式对立性存在而产生的结果。这个概念根深蒂固地建立在传统中,以致在许多思想家们看来,它们就似乎是一个基本事实,而不是一个具有解释性质的分析。但是,东方的印度人曾把同样的现象领会为是在一个虚幻世界和一个真实世界之间的对立,这个虚幻世界是为情欲所统治着的,而真实世界则是通过苦修默念摆脱情欲而达到的。希腊人曾经根据有和变、形式和物质之间的对立,把同样的经验解释成为存在对于变成一种完全而透彻的意义的阻挠。绝对地看来,这种根据主体和客体的对立而作的解释并不优越于其他的主张,它是一个局部的、有地域性的解释。内在地或绝对地看来,它还有一个其他主张所没有的矛盾可笑之处。因为主体和客体,既然按定义讲来是对立的,那从逻辑上讲来,在彼此之间就不能够有任何的交往。如果我们把它当作服务于克服阻力和减轻障碍的一个因素,按照主客的区分所作的陈述是可以理解的,而且较之其他的陈述方式具有更大的价值。正如吉尔德斯利夫(Basil Gildersleeve)所说,对象就是对立着的东西,就是阻碍所由产生的东西。但是,它也是具有客观性质的,是最终的圆满状态,是一种统一的、安定的、独立的事态。主体就是有所遭受的东西,是从属于其他事物的,而且忍受着阻力和障碍;它也是试图降服敌对条件的东西;它也是采取直接的主动性来重新再造现有情境的东西。主观的和客观的,这两者被区别开来,作为一种改变周围世界规定性的努力的因素,它们具有一种可理解的意义。主观主义成为一种"主义"之后，就把这个历史的、相对的和具有工具性的职能和功能转变成一些固定的、绝对的东西了，而纯粹的"客观主义"变成了宿命论。

今天，客观主义乃至外在主义（externalism）的复活，有了显著的迹象。物理科学的世界不再是新奇的了，许多人现在对它很熟悉了；至于许多对它的了解还不是很切身的人们，也根据权威的意见把它视为理所当然的了。它的内容在很大的程度上替代了旧有的信条，它已成为现成的东西，要求大家不加怀疑地予以信任和被动的接受。在知识中，主客对立的主张正在削弱，变成回忆中的旧事；随着紧张的感觉逐渐消逝而来的，是一套信念过渡到另一套完全不同的信念。只是在政治和经济中，主体和制度化的客体间的对立还是尖锐的。而且即使在这些领域中，无论在激进的或保守的方面，都在不断加强对集体的、非个人的客体的兴趣。保守者诉诸既有制度的客观主义，这些制度被理想化为具有内在稳定性的东西；激进者则希望一个客观的、必然的经济演变的结果。个人主义的口号，如私有的创造、自愿的克己、个人的勤俭努力等等，尽管很引人注意，但在目前，比起回复到早期个人主义的危险来说，更危险的是，个人真正创造性的努力将会消失。每一样东西都是趋向于集团的。当论及私有财产时，已不再指个人劳动的产物而言，它只是一种法律上所支持的制度。资本已不再是有意的个人牺牲的后果，而变成了有庞大的政治和社会势力的企业公司和财团。使用旧的字眼可以确保行动的安全。但是，现在所引起的恐惧和希望并不是真正地跟个人的思想和努力的自由联系着的，而是跟社会的客观基础、现有的"法律和秩序"联系着的。

诉诸忽视创造性和改造性的欲望和想象的客观主义，其结果只能加强主观主义的另一个方面，即逃避到对内心世界的享受中去。当人们在合理地追求主观性实现的过程中受到挫折时，当人们被迫把创新性的需要和观念的创造局限于工业和政治生活的技术性方面、局限于理智活动的专门的或"科学的"领域时，他们就将在他们内心意识之内寻求安慰以为补偿。在数学、物理科学和既定的社会秩序方面有一种哲学，即实在论的哲学，在个人生活事务方面又有另一种相反的哲学。反对二元论并不仅仅因为它是二元论，而且因为它迫使我们在陈述和解释方面接受对立的、不相容的原则。如果在自然和经验间是完全分裂的，那么当然没有任何妙法能够否认它，人们必须接受它。但是，如果实际上并不存在这样严格的划分，那么由于假定有这样严格的划分而产生的恶果，就不限于哲学理论之内了。在哲学本身以内的后果，是没有多大重要意义的。但是，哲学上的二元论却是通过简明的陈述承认生活中有一种进退两难的局面：承认在相互作用中的软弱无力；承认没有产生有效转变的能力；承认调节和理解力的局限性。以提升个人欲念为根据的、反复无常的实用主义；以即使从外在世界的悲剧中也能求取静观享受为根据的、使人慰藉的美感主义；以使得思想愈在具体事件中不发生效用则它就愈为万能为根据的、逃避现实的唯心主义——这些主观主义的形式，只是说明人们对阻止自我积极参与事物前进过程的障碍所表现出来的一种被动接受的情况。只有当人们把障碍物当作改变个人欲念和思想的要求时，才能使后者与自然的运动统一起来并通过共同的参与而指导着自然的后果，对立性和二元性才正确地为我们所理解。

从存在上来讲,人是闭塞不通的偏见和偏爱与灵活易变的需要和爱好两者的结合。一种特性倾向于孤立、隔离;另一种特性则倾向于联系、继续。这样两种相反的倾向相结合的特点是起源于自然的,自然的事情有它们独特的各不相干的状态、抗拒性、盲目闭塞和不宽容,而且有独特的开放、热情的反应、激烈的追求和转变性的联合等状态。自然界中反复无常的偶然性和有条不紊的一致性两者的结合,就是事情的这两个特征所产生的结果。人类存在一天,它们就存在一天;作为终极的特性,它们是不可磨灭的。界线、划分以及分界线突然的扩张性延伸,无偏见地结合在一起,标志着人生的每一个阶段。

从个人的偏见闭塞方面说来,他就命定要走到一种盲目孤僻的境地。他在孤立中拥抱自己,并且为了存在的统一性本身而同公开、相互沟通作斗争。即使是可以沟通的意义也略带有不相沟通的色彩,在任何公开的东西中总有一种非公开的性质,对于这个无法进一步还原的独特性,做什么都可以,但就是不能舍弃它。这种独特之感,可以使经验增加一种痛苦的孤寂感。它使人们不停地抓住每一个外在的工作和放纵的机会,使自己沉溺其中以求逃避这种孤寂。它可以被抚育、培养、发展成为一种与人生俗事相隔绝的自慰之道,以致错误地认为私有的内心生活高于一切。或者认为,人类真能与世界和社会隔断联系而在其纯内心中使自己获得解脱。它可以将自己表现在自我怜惜的精致体系之中,也可以以反抗性宣言(我在此坚守不移)的爆发来表观自己。它可以导致无理性地效忠于某些似乎已经失落的事业和凄凉的希望——而事情有时也许会证明,这种信仰是对的。

浪漫主义对于这种私有的、不可沟通的东西的发现,曾经加以很好的利用,也曾经利用得很糟。它把经验所具有的一种广泛而不可缺少的色彩和情调变成了经验的实体。由于它把这种不可克服的独特性、这种终极的单独性理解成自己的全部内容,就从主观性这一事实中创造出一种巨大的梦游式自我中心主义。因为每一个存在物,除了它的质性的、内在的分界线以外,还有主动地寻求联系和亲密结合的倾向。它是一种吸引力、伸张力和增补力。社会生活的各种联系和结合乃是人类自我的各种自然的、无意的显现,正如氢和氧的结合是自然的和无意的一样。社交性、相互沟通和内心意识的私有性质一样,也是具体的个人所具有的直接特性。在一个封闭的界限里界定自我,然后使这个自我在向外的行动中加以锻炼,而那些行动后来则不可避免地破坏了这个封闭着的自我。这些同样是自然的、不可避免的过程。这便是共相和个体的最后的"辩证法"。当一个人建立他私有的、主观的自我时,他同时就要求别人认识和承认这个自我,即使他必须虚构一群想象的听众或一个绝对的自我来满足这个要求。而且,每一个受过经验教训的人都曾有过这样的想法,即不管他为他自己做了多少事情,能持久的却只是他为别人曾经做过的事情,然而,当这个想法被利用来把完全为自己的行为说成是为他人服务的行为时,这个想法是最使人感到安适的了。

在某种形式中,在自我跟人与物的世界之间的这种二元论,表明了由于自我的这种模棱两可的本性而产生的问题还未曾得到解决。它是对在屈服于外部世界与肯定内在世界之间摇摆不定的状态的正式承认。在科学和技艺中,特别是在交际的技艺中,已经有了真正的解决。在科学和技艺中,私有的偏见在各种改变现有对象和制度而最终促进相互沟通和相互了解的革新和背离之中表现自身。因而,最后的和有效的东西,有限制性的和有扩张性的东西,便达到了它们在其他自然事情中所没有的一种协调和谐的状态。

因此,个体的存在有一种双重的地位和意义。这个个体属于一个由许多联系着的事情所组成的连续的体系,这些事情支持着它的活动并产生一个为它所寄寓的世界,这个世界与它的偏爱一致,满足了它的要求。这样一个个体,作为它的世界中的一个成员,只要这个变动着的均衡状态(这个个体是其中的一部分)予以支持,就总是继续向外扩张的。它是一个自然的终结,不过不是一个突然的、立即的终止,而是一种圆满完成。然后,这个个体发现在它所特有的偏见和它的需要唯一能够借以得到满足的事物活动之间有一道裂缝,它是分裂的,因为它和它的环境是冲突的。它或者是屈服、顺从,并且为了维持和平,变为一个寄生的从属物,沉溺在以自我为中心的孤寂中,否则它的活动就是要改造条件以满足需要。在后者的过程中便产生了智慧——不是占有和享受整体而成为整体之一部分的心灵,而是个体化了的、有倡导性的、冒险的、试验的、在分解中的心灵。它所具有的力量,它与这个世界所达成的联合,现在都被归结为一些不确定的媒介,在尝试的压力和张力之中被塑造成为有效的、具有工具性的东西了。

如果一个个体、一个自我集中在一个安定的世界中,这个世界承认和支持着它,同时反过来又被它承认和享受,那么,这个个体、这个自我就是已经完成、已经结束了的。在一切的探究和发现中,总是包括着对已拥有的东西的屈服,以及在安全的处境中能提供支撑的东西的丧失。探究和发现总是涉及一个将被造就的个体，以及所暗示的一切风险。因为达成新的真理和见解，就是要有所改变。旧的自我被排斥而新的自我正在形成之中，而它最后所获得的形式，则将有赖于冒险所产生的那种不可预见的结果。如果一个人不放弃旧的世界，他就不会发现一个新的世界。如果一个人对于将来要产生的新世界是个什么样子要求事先得到保证，或者关于这个新世界在出现后将对他发生什么影响，使从事发现的工作受到拘束，他就不会发现一个新的世界。这就是在夸大的主观主义之中所含有的真理。只有在把自己跟改造现有对象的过程等同起来时，我们才会从自满的客观主义中得到拯救。如果人们不向前进取并甘冒伴随着新对象的形成和新自我的成长而来的危险，他们就势必会屈服于这个他们自己所造就的安定封闭的世界所将产生的不可避免的变化。把自我的偏见和偏爱跟理智的改造过程等同起来，这就会使工具性的东西和最后的东西之间的结合变得无法改变。因为无论其他的欲望和企图受到怎样的阻碍，这个偏见是能够得到满足的。

  在每一个所经验到的情境中，无论这个情境是一个对象或是一种活动，一个具有某种样式和某种程度的组织性的个体总是参与其间的，这是明显的。这个个体所采取的方式影响着所经验的情境的性质，这也是明显的。它所采取的方式所产生的后果不仅改变了环境，而且反过来改变了这个主动的行动者。每一种较高级的有机体生命形式经常保持着它以前经验的一些后果，这也是明显的。自我作为一个决定因素乃是经常、普遍地以它的动作呈现在一切情境之中的，这就是我们之所以很少注意到它的主要原因。它在经验中比我们所呼吸的空气还要密切些、普遍些。只有在病态的情况中，在幻觉、反常和社会怪癖中，我们才随时察觉得到它；即使在这样一些情况中，也需要长期训练来迫使我们回过来注意观察自我。把这些事物说成是由于外来的侵蚀和占有，如精灵鬼怪等，这比较容易。然而，当我们尚未了解成为工具之工具的自我所从事的各种操作，尚未了解自我是一切使用手段的手段，详细地指明它所有的各种分别的活动对于经验到的东西所具有的各种变化着的性质将产生怎样不同的后果时，科学还是不完全的，而且对科学的使用也处于盲目之中。因而终极的和重要的后果在这样的情况之下，仍只是一种偶然之事。意愿和努力产生了跟意愿和努力相反的东西，而结果是混乱和灾难。因此，我们就要进而考虑个体的行动所具有的精神物理的机制和功能。

第七章 自然、生命和身心

一系列的文化经验揭示的系列概念关涉的是一般意义上的心灵对自然的关系,以及特定意义上的心灵对机体的关系。希腊的经验中具有使自由人无忧无虑地从事静观冥索的条件。他们享有的公民生活对环境的适应,是充分而富足的。这样的一种生活,对于那些充分享受它的人们看来,似乎是自然界的崇高顶点,而有机体是到达这个顶点的媒介。既然任何被创造出来的东西都要服从于自然的偶然性,死就不是一个问题了。一个被创造出来的人可以享有心灵和永久的形式,然后虔诚地与创造他的力量融合为一。但是,生命并不总是在这样愉快的均衡状态之中存在着的,它是繁重的、具有毁灭性的。市民生活是腐败的、粗俗的。在这样的条件之下,精神虽然相信它自己是按照一个永生的神圣精灵的影像而创造出来的,因而它也享有它所具有的永生不朽的性质,但它发现它自己是在一个奇怪的、堕落的世界中的异乡人和旅客。它何以出现于那个世界之中而寓住在一个作为那个世界之一部分的物质性身体之内,这是一个不解之谜。情景又发生变化了。自然被设想为完全机械的。在自然中而且作为自然之一部分而存在的身体,具有生命、表达思想、享有意识,这是一件神秘的事情。

这一系列的经验以及与它们相应的哲学显示出的是独特的生命、心灵和身体的关系问题。在希腊人看来,凡生命都是灵魂,因为生命是自动的而只有灵魂才自己移动着。在一个有上下、往来、循环的运动的世界中也会有自我运动,这确是有趣的事情,而不是什么奇怪的或不幸的事情。关于自我运动这个事情我们经验中就有直接证据:即使是植物也显现出有一定程度的自我运动,所以它有灵魂;这种灵魂虽仅是植物性的,但它是动物灵魂和理性心灵的一个自然条件。在存在的等级中,有机体占据一个突出的地位:它是自然的潜能性的最高现实性,反过来,它又是心灵的潜能性。希腊思想和希腊宗教、希腊雕刻和游艺一样,对于人体有着一种虔诚的关注。

　　在圣保罗的基督教义及其后继者中,肉体是尘俗的、情欲的、贪婪的、激情的,精神则是神圣的、永生的;肉体是会朽坏的,而精神是不朽的。人们用一种带有超自然宗教色彩的道德上的蔑视眼光来理解肉体。既然身体是物质的,那么凡物质的东西便都是罪恶的了。柏拉图和亚里士多德在形而上学中对于物质的贬低,在禁欲主义的思想中就变成了一种在道德上的根本性贬低。罪恶的根源在意志之中,但罪恶的缘起却来自肉体上的贪婪。欲望起源于肉体,由于其忽略了精神的事物,于是便产生了肉欲、愤怒、骄横、爱财、奢侈、世俗野心等。从专门理论上讲来,亚里士多德思想的体系为经院学派所保留下来,圣·托马斯·阿奎那(St. Thomas Aquinas)在关于生命和身体方面几乎逐字逐句重复了他的公式。但是实质上,这个形式上的关系是被歪曲和破坏了的,因为精神受到了肉体的诱惑,而这表现在由于亚当犯罪而使人和自然都堕落了。在道德上对于肉体的恐惧,再加上为了追求外在的幸福或逃避灾难而渴望在来世中得到复活的兴趣,在精神和物质之间造成了一个坚固的对立。然而,尽管存在着这样一个对立,它们却在人的身体中结合在一起了。精神是简单的、唯一的、永恒的和不可分解的;物质是多样的、变化的、可以分解的。这样两个相反的东西怎么可能结合在一起呢,这便成为一个问题了。永生这个概念意味着将来将永远在一种不可言说的幸福或苦难之中度过,而这个最后的命运依赖于现实生活,因为在这样一种生活中,肉欲以及与之相伴随着的野心和骄傲自负乃是一个经常诱人致罪的原因,因而也就成为一个将来永受天谴的原因。如果上述问题不是由于永生这个概念具有这样具体的意义的话,它就只是一个遥远的、专门的问题;对于这个问题,除了少数从事玄想的思想家以外,一般人是不感兴趣的。

只要亚里士多德的形而上学坚持说,自然乃是潜能性和现实性从低级到高级的一个有秩序的系列,那么就可能把有机体理解为通常在物理系列中的最高项而在心理系列中的最低项。它恰好占有那样一个中间的地位,在那个地位,身体是物理的潜能的实现,而且显现理念现实的潜能性。在中古思想中,除了道德上和宗教上的问题以外,就没有什么关于心身关系的特殊问题了。它只是应用了把潜能性当作理念现实的基层这个普遍原理。但是,当这样一个时刻来临时,即当精神、灵魂和身体在道德和宗教上的联系还十分强有力地继续着,而关于潜能和现实的古典的形而上学却已声名狼藉的时候,关于身体、自然和人的关系问题,关于心灵、精神和物质的关系问题的全部负担都集中在关于身体和灵魂的关系这个特殊的问题上了。当人们已不再根据潜能性和现实性来解释和说明事实而诉诸因果关系来说明问题时,心灵和物质便处于彼此绝不相似的对立地位,在那儿便没有了使黑色的身体逐渐转变为白色的精神这样一些中间状态了。

再者,古典的和中古的思想虽然在理论上有着不同的基础,但是它们对于这个新的概念都在经验上起了有力的推动作用。当古代的在植物性、动物性和理性的灵魂之间的区别被应用到人身上时,这种区别乃是对希腊社会中的阶级划分的一种刻画和论证。出于实践的考虑,生活在营养和食欲层次上的奴隶和从事机械的工匠,是以身体来象征的——他们是实现理想目的的障碍,并且是与行动相联系而与理性相对立的。在和平时期和在战争中的良好公民是以灵魂本身来象征的,他服从于理性,从事于思维,但他的活动终究限于世俗的事务,受到物质的侵蚀。只有科学研究家们和哲学家们才是纯理性的代表,只与理念形式打交道,只为理念形式自身。这个阶级宣称他们具有内在的优越性,是用"理性"(nous)、纯粹的非物质的心灵来象征的。在希腊思想中,这种三重的区分变成了身体、心灵或灵魂和精神三者的区分。精神是超越于一切俗事和行动之上,乃至超越于道德的关怀之上的,因此享有纯"精神的"(非物质的)和宗教的对象。这个主张又遇到了基督教中为了实际的道德上的目的,在肉体和精神之间、罪恶和得救之间、反抗和服从之间所作的严格划分。因此,这个抽象的、专门的笛卡尔式的二元论便有了一个为它准备好了的丰富的经验领域,和它混合起来,为这个二元论本来空洞的形式主义提供了具体的意义和内容。

然而,在这些用来"解决"这个问题的理论中,这个问题的形式主义和不真实性却仍然存在着。这些理论包括霍布斯的唯物主义,笛卡尔的灵魂的工具、松果腺、动物的精神,直到相互作用论、先天协调论、际遇论、平行论、泛灵的精神论、副现象论,以及所谓"生命之力"(elan vital)——这一系列可怕的陈列物。这些解决方案之间的分歧,再加上每一种主张在思辨上的特性,使它不能接受经验方面的探讨,这就暗示说:毛病主要不在于问题的解决,而在于问题的提法。如果是这样的话,那么避免纠缠在这些解决方案之中的办法,就是对于这个问题所借以存在的那些概念重新加以考虑。而这些概念原来和心身的问题没有什么关系,与它们有关的乃是在它背后的一些形而上学的争论———一般地讲来,即否认自然事情具有性质;就其特殊方面来讲,就是忽视了时间的性质和武断地肯定"原因"是高级的实在性。

从经验方面讲来,在有生命的和无生命的东西之间最明显的区别乃是:前者的活动具有需要、主动要求满足需要的努力和需要得到满足等特征。在讲这句话时,需要、努力和满足等名词基本上是按照生物学上的意义来运用的。需要是指精力的一种紧张的状态,以致机体处于一种不安或不稳定的均衡状态之中。要求或努力是指这个事实而言的,即这种状态表现在行动之中,这些行动改变着周围的物体,以致使它们又反作用于这个机体,而最后又使它所特有的那种主动的均衡状态的样式得到恢复。所谓满足,系指这种均衡状态的样式的恢复而言,而这又是环境和机体的主动要求相互作用时发生的变化所产生的后果。

一个植物需要水分、二氧化碳;有时它需要结籽。需要既不是附加在物质之上的一种非物质的心灵力量,也不仅仅是在比较了盈虚这两种不同的机体状态之后由思想所提出的一种概念上的区别。它是指一种具体的事情状态,在能量分配中的一种紧张状态,在这种紧张状态中包括有从高潜能点到低潜能点的压力,结果它产生了显著的变化,以致改变了和环境的联系,它对环境的作用不同,受到的影响也不同。仅就这个事实而论,在植物和无机体的生化作用之间并没有什么区别。无机物也是受失调的内在均衡状态制约的,这种状态对周围事物发生作用,而在一圈的变化之后达到了一个终点——饱和点,这相应于有机体中的满足状态。

有机的植物和无机的铁分子之间的差别,不在于前者在生化能量以外还附加了一些什么东西,而在于生化能量互相联系和活动的方式不同,从而所产生的不同的后果分别标志着无生物和生物的活动,因为在有机体方面,均衡样式的还原或恢复也是符合于这种复杂的统一过程或历史的。在无机体本身,"饱和点"的发生漫不经心,它并不倾向于维持一个行动的时态局。一个植物各个不同的组成部分之间的交相作用却倾向于继续一种特殊地组织起来的活动,它们倾向于利用过去的活动所保存下来的后果,使得后来的变化得以适合于它们所属的这个完整体系的需要。组织是一个事实,不过它并不是一种原初的组织性力量。铁本身显示出具有偏向或有选择性反应的特征,但是它没有显示出继续保持单纯铁块的偏向,它很快就变成了所谓的氧化铁。在它和水相互作用时,它没有显示出改变这个交相作用的状态从而使得纯铁的特征继续保持下去的倾向。如果这样的话,它就具有了一个生物的标志,而该被称为有机物了。作为一个有组织的物体真正的构成部分,铁就要倾向于维持它所从属的这个有机体的活动型式。

如果我们,如俗语所说的,把物理的东西等同于无机的,那么就需要另外一个字眼来指明有机体的活动。精神-物理是一个合适的名词。在这里所运用的"精神-物理"一词系指"需要-要求-满足"在活动中联合出现的情况而言,而这些名词是按照我上面所界说的那种意义来运用的。在这复合词中,这个词首的"精神"是说:物理的活动已经获得了一些附加的特性,即能从周围的环境中取得一种特殊的交相作用的支持以满足需要。有精神物理的东西并不是说废弃了生化的东西,也不是指由某些物理的东西和某些心灵的东西所混合起来的一个古怪之物(如半人半马的怪物一样)，而是指具有无生物所未表现出来的一些性质和效能而言的。

按照这样的理解，那就没有所谓在物理和精神之间的关系这样的问题了。在这里只有一些具有特定性质和效能的经验事件。在这里首先是组织问题以及因此而包含的一切问题。在这里所涉及的问题属于明确的事实探究上的问题。在怎样的条件之下才产生了组织，而它的各种不同的样式和这些样式的组织所产生的后果又是什么？我们也许不能圆满地答复这些问题，但是，困难并不在于它们是一种哲学的秘密，而是因为这种探究必须涉及极其复杂的事情。无论关于组织的某些学说如何玄妙和可疑，特别是不管关于组织的某些曾经风行一时的主张——那些把组织解释成一种生命或灵魂的特殊的力量或是实体的学说——是如何地错误，组织却是某些事件所有的一个经验的特性。组织是某些事情在有秩序的连接中的本质特征，因而如果有些学说想要忽视或否认其真实存在，那就没有比这些学说更为玄妙而可笑的了。否认从来就没有经验上的证据，而只是一种思辨上的结论，这个结论是从这样一个先入的偏见中得来的：凡较晚出现的东西，从形而上学上讲来，跟较早发现的东西比较起来就一定是不真实的，或者是从这样一个先入的偏见中得来的：既然复杂的东西是被较为简单的东西所制约的，那么后者就是比较"真实的"。

当一个有组织的活动式样中的各个组成部分的活动具有一种倾向于保持原有样式活动的性质时，便有了感觉性(sensitivity)的基础。一个有机体的每一个"部分"本身是被组织起来的，而这一部分的各个"部分"也是有组织的。所以在它和周围事物的交相作用中，它所具有的这样有选择性的偏向既是为了继续维持它本身的存在,同时也是为了维持它所属的整体的存在。一个植物的根须和土壤中的化学性质乃是在这样一种方式之下交相作用着的,即为了维持整个有组织的生命活动,从有机体的其他部分提取它们本身所需要的营养。整体这样普遍地出现于部分之中而制约着各个部分,而部分又这样普遍地出现于整体之中而制约着整体,这便构成了易感性(susceptibility)——感触的能力(the capacity of feeling)——不管这种可能性是否能在植物生命中得到实现,它确实是存在的。趋向某种结果而不是其他结果的反应,不仅是有选择性的,而且是具有区别作用的。这种区别作用就是感觉性的本质。因此,偏向在组织之中就变成了兴趣,而满足就变成了一种善或价值,而不仅是对于匮乏的充实或对于缺陷的弥补。

不管它在植物和低级动物中的情况怎样,在具有动作和具有距离感受器(distance-receptors)的动物中,感觉性和兴趣乃是在感触(feeling)的形式中得以实现的,即使只是一种模糊的、大范围的不安、舒适、精壮和疲乏的感觉。一个僵固的有机体不需要预觉到将会发生什么,也不需要把已经发生过的事情累积起来。一个能够行动的有机体在生存上既与邻近的东西联系着,也与远离的东西联系着。当运动器官再加上"距离-感受器"时,对于空间上距离较远的东西的反应就变得愈来愈占优势,而且实际上也等于是对时间上未来的东西作出反应。对于远的东西的反应,其实就是对于未来的接触所作的一种期望或预测。活动便分化成为准备性的或预期性的,以及具有满足作用或圆满终结性质的。所产生的结果是一个特别的紧张状态,在这个状态之中,每一个直接的准备性的反应都充满着在性欲、食欲或安全方面圆满终结的情调,这种准备性的反应就是为了促进达到这些方面的满足。感觉性,这种能力,于是便得以实现而成为感触;对于环境中有用的和有害的东西的易感性便变成了有预觉性的,成为在生活中产生后果的起因。

在另一方面,一个圆满终结或满足又以一种联合的和增援的形式继续从事准备性的或预期性的活动。满足不仅是这些活动所达到的一个终点,而且是这些活动的累积和储存。舒适或不舒适,疲劳或轻快,暗中汇集成为一段历史,因而无形中提供了一种手段,使我们能够(当其他的条件呈现出来时)用来把过去的东西突出和显现出来。因为感触具有这样一个特点,即它虽然可以在一种没有形式的情况下或在没有形态的区分中存在下去,但同时它却能够继续不断地接受和产生区分。随着对于环境中不同的能量在感受上所作的有区别的反应逐渐增多(有了感觉器官、外感受器和中感受器的分化),以及随着运动的范围和复杂程度的增加(运动器官有了发展,相应地有了内部的分泌腺液的器官,能使能量得到一个所需要的新的分布状态),感触无论在质量上和强度上都有了愈来愈多的变化。

所以,复杂的和有主动性的动物,相应于活动的不同方向和阶段——开端、中间、满足或挫折——在与环境不同的联系中,具有了在性质上变化丰富的感触。它们有着这些感触,但是它们却并不知道自己具有它们。活动是精神-物理的,但不是"心理的",那就是说,它并没有觉察到意义。正如生命是在一种特殊的组织状态之下事情所具有的特点,而"感触"是以复杂地运动着的和有区别的反应为特征的"生命-形式"的一种性质一样,"心灵"也是一个有感触的动物所具有的一个附加的特性,这时候,它已经达到了有语言、有互相沟通那样的与其他有生命之物交相作用的组织状态。于是,感触所具有的各种性质对外在事物的客观区别、对过去和未来的事物都有着重要的意义了。事物有着这样一种状态,在这种状态之下,有着质的差别的各种感触不仅仅为机体所享有,而且对于客观的差别也有着重要的意义;事物的这种状态就是心灵。感触不再只是被感触到。它们具有意义而且产生意义;它记录过去和预测未来。

那就是说,当行动在(感触)性质上的差别被用来作为业已从事过和将要从事的行动的指标时,或者作为它们的结果的符号的时候,这些动作在性质(感触)上的差别具有了某种意义。这些性质(感触)上的差别直接地具有这个意义;意义是依照这些差别所具有的特性而被把握到的。感触产生意义,当它们是事情和对象的直接意义时,它们就是感觉(sensation),或者比较适当地说是感觉所与(sensa)。如果没有语言,机体行动所具有的性质,即所谓感触,仅仅是潜在的和带有预示性的痛苦、愉快、气味、颜色、杂音、声调等。有了语言之后,它们就被区分开来、被辨认出来了。于是它们就"客观化"了,它们成为事物所具有的直接特性了。这种"客观化"并不是从这个有机体或灵魂中向着外在事物进行神秘的投射,也不是把一些心理之物虚幻地赋予物理事物。这些性质从来也不是在有机体之内的,它们总是机体外的事物和有机体共同参与的各种交相作用的情况所具有的性质。当它们有了名称时,它们就使这个机体能够认识和区别事物,从而成为包含更广的交相作用进一步发展的手段。所以,它们既是有机体所具有的性质,同时也是有关的这些事物所具有的性质。为了便于控制,我们可以说它们是这个事物所特有的,或这个有机体所特有的,或这个机体的一个特定结构所特有的。因此,颜色不再是外在事情的一个可靠的记号,它变成了一个例如说在视觉器官上有缺陷的记号。有人认为,感觉上的性质可以离开语言而使它们自己被区别和辨认出来,例如它们是颜色和声音等,因而事实上就构成了某些基本的认识方式,即使它只是对它们本身存在的认识。这种说法其本质是十分矛盾可笑的,因而如果不是对于心灵和认识问题具有偏见,那就绝不会有人作出这样的主张。感觉性本身是非理性的,它的存在是和任何直接性质的存在一样的,不过是任何理性的机能所不可缺少的一个手段。

因为当感觉性质通过语言而被用来当作一个记号的系统时,例如当机体和环境之间的积极关系所具有的一种性质被称为饥饿时,它就被视为有机体寻求体外对象的一种要求了。把一种性质称为"饥饿",给它一个名称,就是涉及一个对象,涉及食物,涉及将会满足这个要求的那个东西,即这个积极的情境所倾向的东西。同样,把另一个性质称为"红的",就是把一种在一个机体和一个事物间的交相作用的情况指向某一个足以满足这个情境的需要或要求的对象。我们只需略微观察一下一个儿童的心理成长就可以看出:那些为感觉器官所制约的性质,尤其是那些被特定的感觉器官所制约的性质,只有当它们被用来指明对象时才被区别出来,例如红乃是一件衣裳或一个玩具的特性。如果我们要去辨认出那些为内感受器所制约的动作性质,这是有极大的困难的。它们是渗透在一般的情境中的。如果它们也参与在互相沟通之中,作为达到社会后果的共同手段,那么,它们也将会和那些为外感受器所制约的性质一样,获得同样的客观性质。在另一方面,这些为外感受器所制约的性质,在未曾在语言中被用来作为达到共同目的的共同手段之前，它们也只是情境的影子而已。后来，它们才被界定为对象的特性。儿童必须通过社交才知道：某些行动意味着贪婪、愤怒、恐惧或粗野，而那些被认为是红色、是乐音、是一种臭气的性质也不例外。臭气也许曾经引起过呕吐，而"红"色也许曾经引起过不安的心境（有人看见血就会晕倒），但是把这个使人作呕的对象区别出来而说它是臭气，以及把这种刺激当作红色而区别出来，这只有当人们把它们当作记号时才会发生。

有机体和周围条件在各种情境中交相作用，而当这些情境所具有的性质被区别出来的时候，它就产生了感知（sense）。感知不同于感触，因为它在认识中是有所指的，它不只是一种浑然不清的性质或情调，而是某种东西在质上所特有的特征。感知也不同于指称，后者包括使用一种性质来作为另外某一个东西的记号或标志，例如红色的灯光表示危险和使一辆正在行动着的机车停顿下来的需要。但是，对于一个事物的感知乃是一种直接的、内在的意义，它是为它本身所享有或直接所感受到的意义。当我们遭遇一些令人困扰的情况，后来找到一个线索而使一切事物都能各得其所的时候，我们对于整个的事情就感知到了意义。在这样一个情境中，这个线索就是具有含义的，因为它是一个指示、一个解释的指导者。但是，为我们所领会的整个情境所具有的意义乃是感知。"感知"一词的这种习惯用法，比在心理学的文献中通常被限于用来指明一个被认知的简单性质，如甜和红，更接近经验的事实。在心理学中，它仅仅指明一种只有最少感知的情况，这是为了理智上的便利而故意设定的条件。只要当一个情境具有了意义的双重功能时，即具有含义和感知两者时，心灵、理智就明确地出场了。

因此,物理的、精神-物理的和心理的之间的差别乃是自然事情的交相作用在复杂性和紧密性程度上的区别。认为物质、生命和心灵是代表三种"实有"的观点,正如许多其他哲学上的谬误的起源一样,乃是把事件性的功能实体化之后所产生的一种主张。这个谬误把事情的交相作用的结果变成了这些结果之所以发生的原因——这样一种颠倒,对机能是有重要意义的,但却使我们对这种机能的理解发生了不可救药的混乱。"物质"或物理的东西,乃是当事情发生在交相作用的一定水平上时所具有的一种特性。它本身并不是一件事情或存在,把"心灵"当作是指本质,而把"物质"当作是指存在,这个见解乃是迷信。它不单纯是一种本质,因为它是属于许多事情交相作用所形成的一个特殊的场所具有的一个特性。但是当它在科学中呈现出来的时候,它和"加速度"和"负一的二次方"一样,是一个本质(在这里,意义也表达在交相作用中的事情所具有的派生特性)。结果,我们主张的生命、感触和思想永远不是离开物理的事情而独立存在的这个学说,也许会被认为是唯物主义,但同时它也可以被认为恰恰是相反的。因为我们有理由相信:关于自然存在所具有的基本特性,只有当它的特性最完全地被揭示出来的时候,它才能够最恰当地给予界说——而这一个条件能否满足,乃是以所实现的交相作用的范围和密切程度为转移的。

在任何情况之下,对形而上学的唯物主义的真正反对,既不在道德方面,也不在美学方面。从历史上讲来,唯物主义和机械论的形而上学——它们是不同于机械科学的——是指这样一种主张而言,即认为物质是生命和心灵的有效原因,而"原因",从真实性方面讲来，比"结果"占有较为优越的地位。这句话的两部分都不符合事实。如果我们真要应用因果这个概念的话，产生生命和心灵的"原因"不是物质而是具有物质的自然事情，而物质乃是自然事情的一个特征。而"结果"，既然它们标志着潜能性的展开，则较之"原因"更为恰当地指明自然的本性。如果要对复杂的东西加以控制，这就要依赖于把它分析成比较基本的东西，因此，生命、感觉性和心灵对"物质"的依赖，乃是实践性或工具性的。较小的、更加外在的交相作用的场所，相比大的、较为紧密的交相作用的场所来说更容易管理，而且只有通过对前者的管理，我们才能控制后者的发生。因此，只有借助于物质的这个事件特性，精神-物理的和理智的事情才能够得到区别性界定。所以，每一次对生命和心灵对物理事件的依赖的发现，都会为我们的主张增添新的理由。如果生命和心灵没有任何规律，那么，教育、有意的变更、修正、防止以及有建设性的控制就都是不可能的。崇尚精神而贬责"物质"，这只是崇尚终结（目的）而轻视为终结所依赖的手段这个旧习惯的再版而已。

  在本章开始时，我们曾经说过："解决"心身问题，要求重新修订这个问题所由以产生的那个关于存在的前提假定，以上所述就说明了我们这个导言的重要意义。如我们所业已看到的，当研究者们为了寻求"基本的"，即有所指称的性质而忽视了直接的性质，即忽视了事情所具有的"感知"，如湿和干、热和冷、轻和重、上和下的时候，而且当他们把这些"基本的"即有所指称的性质并不当作性质本身（虽然它们被称为性质）而当作关系的时候，成就斐然的自然科学便开始了。这个手段使我们有可能从事一种完全不同的思辨工作。古典的科学是根据依附于感知和习俗的、具有不同性质的现象特性进行工作的。所以,它只能通过一种改变了的词汇来重复叙述这些现象而已——这是关于感知的形式和力量方面的词汇,而这些形式和力量只是重复事物业已具有的意义而已。但是,新的思辨工作乃是从事有关数学的等式和函数方面的工作。它由之出发的意义忽略了现象所具有的明显特性或意义,所以能够产生极其新颖的关系和概括——不仅在细节内容上是新颖的,而且在种类上也是新颖的。它不是将一种颜色和另外一些颜色联系起来,而是和一切与有节奏的变化相关的事情联系起来。因此,过去是分散的事情,便在涵盖广泛的陈述和预言的原理之下被结合起来了。有时间性的性质便被说成是空间上的移动速度,因而,可以直接应用在空间的地位、方向和距离的数学函数中,使得人们可能把事情的顺序归结成为可以计算的事项。忽视有时间性的性质本身,使人们的思想集中于连续的秩序,而这一种秩序是可以转变成一种同时存在的秩序的。

其实,所有这一切就等于是把事情的关系当作知识的真正对象。不把直接的性质(无论是感觉的还是具有意义的性质)当作科学的对象、当作归类和理解的适当形式,这实际上就是让这些直接性质保持它们本来的样子。既然它们已为人所具有,那就不必去认识它们了。但是正如我们时常有机会注意到的那样,主张知识的对象是完美实在的传统看法导致这样一个结论:科学的对象就是在形而上学上极其真实的东西。所以直接的性质,由于被排斥于科学对象之外,便和"真实的"对象割裂开来,凭空地悬着。既然它们的存在是不能否认的,它们便聚集起来,构成了一个心理的存在领域,而与物理学的对象站在对立的地位。在这个前提之下,跟着而来的必然就是关于心物关系、心理的和身体的东西间的关系之类的问题。如果改变这个形而上学的前提,那就是说,把直接的性质恢复到它们正当的地位上去,而成为属于包含一切的情境所具有的性质,那么这些问题就不再是认识论上的问题了。它们就变成了一些可以说明的科学问题,那就是说,关于具有某种性质的某件事情实际上是怎样发生的问题。

希腊科学认为,性质如湿和干、热和冷、重和轻等以及这些在运动中的质性差别如上下、往来、绕圈等都是能产生一定结果的。这个世界便是根据这些性质所具有的因果力量来予以陈述和说明的。17世纪的科学革命是以否认这些性质以及其他一切直接性质的因果效用(所以也否认了它们对于科学的重要意义)为出发点的。然而,由于把这个关于科学程序的事情变成了对心灵之外存在性质的否认,心物的和心理的机能就变成不可解释的反常状态了;按照反常状态的字面上的意思来说,就是超自然的。希腊科学的错误不在于把性质当作自然的存在,而在于误解了它们的效用性所应有的地位。它认为性质离开机体行动而具有效能,而实际上,性质只有以生命和心灵这种有组织的活动为媒介,才具有这些效能。当我们承认生命和心灵乃是高度复杂和广泛的交相作用的事件特征时,就可能把性质当作自然存在而不致陷于希腊科学的错误中。我们可以承认精神-物理的现象和高级的心理现象乃是各有其充分的经验上的实在性的,而无需乞援于在历史的、存在的连续性中的二元论分裂。

当认知非生命之物时,忽视性质也不会有麻烦。它们可以成为运动的强度和矢向,可以根据数学的术语来加以陈述。因此,它们的直接个性就被回避了,直接个性对于科学来说是不相干的,因为科学所涉及的是关系。关于非生物界中的性质,我们最多只能说:它们是历史事件的限制,是突然的终结或结束,是开端和结尾的界线,在这儿某一个特殊的交相作用停止了。它们好像是一朵浪花,标志着从各个不同的运动方向而来的波浪的相互冲击。为了使探究的领域有所限制,我们不得不留意到这些性质,但它们却不能进入到探究之中成为探究的一部分。

在生命和心灵中,这种性质起着一个积极的作用。在这个水平上,它们所构成的界限或个体化的状态并不是事情以外的。这个界限同时也就是一种组织,这个组织渗透在这些性质之中,而且由于渗透在它们之中而把先前能量的强度和方向的限制转变成为实际的、内在的性质,或者成为在感觉性上的差别。因为在感触中,性质就是性质,而不是交相作用一个突然的、分隔的、独特的界限。从物理科学的目的上说,红不同于绿,因为它给予了在振动上的两套数目或光谱上两个不同的地段线以特别的意义。这个差别是质性的、带有预期性的,涉及的是相关事情在潜能上的独一无二的差别。但是就便于计算和预测而论,这些差别始终是可以用数目和形式这类非性质上的指数来说明的。但是在一个对光的反应灵敏的有机物中,这些潜能性上的差别可以成为直接感觉性方面的差别。说它们被感触到,就是说:它们已经具有了它们自己独立的、内在的存在。这个命题并不是说,感触是外加在别的事物上的东西;也并不是说,对一个纯物理的东西的外在认识方式是从外面闯进一个物理事物世界之中的。当一些原先发生在物理水平上的事情发生了更为广泛、更为复杂的交相作用的关系时,这些事情就获得了一种新的性质,这种新性质一般被称为"感触"(feeling)。说得更明确一点,这个名称是就使事情彼此分开的终极性差别的出现而言的,从物理的层面上看,人们只能在预期接下来的活动中才能讨论这些差别，或者只能用不同类型的数学公式、不同类型的时空位置和接触点来讨论它们。

因此，感觉所特有的性质乃是宇宙中的事情所具有的性质。只是因为它们是这样的性质，才有可能像自然科学一样，在数量、空间地位的系列和感觉性质的谱系这两方面之间建立一对一的符合关系。把宇宙分裂成为两个分开的、不相联系的存在领域，一个是心理的领域，另一个是物理的领域，而这两个领域虽然是完全分离的，但又是明确和精确地彼此符合一致的——例如按照数字系列排列起来的一个振动秩序和对通过棱镜光谱的光影直接感触到的性质，乃是彼此吻合一致的——这个见解让人难以置信。这种一对一的吻合一致的见解，只有把它当作在同一个世界中多种特性和关系之间的符合一致时，才是可以理解的。不过，首先我们从一个较窄的、外在的交相作用的水平上来看待这个世界，然后则是从一个包括较广且比较严密的交相作用的水平上去看待它。如果从这样两个水平上去看待自然事情而在它们之间建立一对一的符合关系（或"平行状态"），我们就会使更为丰富、更为复杂的特性服从于我们的预测和审慎思考；当我们想到这一点的时候，就会对这个程序的合理性有具体的体会。

因此，现代科学否认，例如，红或干在所描述的事情的序列中具有直接的效果和地位，这是正确的；但希腊科学朴素的假定说性质具有高度的重要性，这一点也是正确的。的确，我们抛开感觉和生命，也能充分地描述一件事情的进程而不涉及它具有红这样一个特性。但即使在这种情况之下，当我们要对引起数学机械式的陈述的现象确定界限时，也需要依赖于一个公开的或实现了的红的性质，因为描述这件事情只有通过心理才会发生。然而，在心物的情境中，性质实际上变得特别有效。在有动物的感受性存在的地方，一种红色或一种气味或声音就可以激起某种行动。在维持能量组织的一定格局时，它具有能选择的力量。这个事实是如此地突出，以致我们甚至可以说，一个有生命的和精神-物理的物体对于性质有所反应，而一个非生物则对于性质不作反应，这可以说明一个无生命的物体和一个有生命的物体之间的差别。在这种反应中，性质成了可以产生结果的东西，所以它是具有潜在的重要含义的。那就是说，在这些性质达成效果时，它们便与后果联系了起来，所以就能够具有意义；这种意义如果不是已知的，也是可知的。这就说明这样一个事实，即我们虽然被迫指出在物理的水平上，事情是具有性质的；但是在这个水平上，我们却不能认知它们。如果严格地把它归到这个水平的话，那么它们是没有后果的。但是通过生物的媒介，它们产生了影响；而这些影响，当人们利用性质来作为产生它们的手段时，便是所产生的后果。因此，性质就变成了可理解的、可知的了。

在较高级的有机体中，在那些具有耳和眼以及具有嗅觉（虽不太灵敏）等距离感受器的有机体中，性质又进一步产生了一种差别，而这种差别乃是区分为准备阶段和终结阶段的活动的物质基础或实质。"目的"并非必然是满足或圆满的终结。它们可以是单纯的结束、突然的停顿，正像一条铁路路线由于外在条件的力量而中断了一样，但这个终结却并不是对先行的活动的完成。同样，事物也有其出发点、开端，而这些开端与其说是为了什么而做的准备，毋宁说它们只是一些破坏和干扰而已。物理型的事情具有的这种终结和开端从性质上、从个体上把这些事情标画出来。但是它们本身，从任何真实的意义上说来，都不具有工具作用或满足作用的特征。它们既不有所创导，也不有所完成。但是当这些性质通过有机的行动实现出来，而引起使用和适应的动作（对性质作反应）时，它们就成了一个系列，其中有些行动是有准备作用的而另一些则具有圆满终结的作用。一个原来直接接触的活动（包括着机体内部的干扰或需要）使得距离感受器接受刺激，在后果中所作的反应将会在终结时产生进一步的直接接触的活动，而在这个接触的活动中，原来的需要得到了满足。

当社会的交往和语言附带发生的时候，这个系列就形成了思维的直接材料。开端不仅是一个系列（一个系列不同于一个简单的前后连续）中的创始部分，而且还具有倾向于某一后果的行动意义，而这个开端乃是属于这个后果的第一个组成部分。这个结束的部分，把整个准备过程的意义都保持在它本身之中。因而，直接的接触和有距离的活动这两者的原初地位便被颠倒过来了。当活动被远距离的事物所引导时，直接接触的活动就必须被抑制下去或被约束住。它们变成了有工具性的，只有当它们被用来指导为距离所制约的活动时，它们才起作用。这个结果是具有革命性的。有机的活动被解放出来了，它已不再局限于在空间和时间上最接近手边的东西了。人是被引导着的或被吸引着的，而不是从背后被推进的。对于已经发生的事情和将要发生的事情而言，直接的东西是有意义的，在这里便为记忆往事和预期未来提供了机体基础。使直接接触的活动服从于有距离的活动，就等于有了从淹没于单纯的现有中解放出来的可能性，就等于有了抽象、概括、推理的可能性。它既确定了为其他事情铺平道路的事物和最后直接占有的事情之间的差别，也确定了这两者之间的联系，它为有所意指的和被意指的事物间的关系(the relation of thing signifying and thing signified)提供了材料——这一个关系是有了语言后才实现出来的。当事情之间达到这样一种结合的时候,便有了前面所讲过的那种在感知和意义之间的区别。意义系指在直接占有和享受中的事情具有一种在后来达到某种目的的可能性而言。但是在这同时还有一种感觉性,我们必须使它依附于为距离所制约的活动而发生变化,如果这种感觉性没有这样的转变,它就是虚空的、含混的、需要意义但缺乏意义的。在这同时,这些为距离所制约的活动又把它们所有的原先获得满足的后果,变成了它们本身性质的一个组成部分。相对于它们的后果而言,它们具有了意义,但是,对于它们自己而言,它们却具有明白而融贯的感知。因此,它们便成了最后的,而直接接触的活动所具有的这些性质便成为工具性的了。简言之,听觉和视觉显然既是理智上的感知,也是美感上的感知——这是一件不可否认的事实。有些在价值论方面的理论家们企图在他们对于价值的定义中,把思维和可享受的爱好彼此分隔开来;而且在这个前提之下,他们在逻辑上又十分严格地把价值区别为辅助的和内在的两种。但是,上述这一不可否认的事实有助于我们看清这些理论家们的主张。

　　以上的讨论太技术化了,但对于一个充分的理解来说还不够技术化。我们可以说,它是企图建立一个关于心灵的"出现"理论。但是我们在这里所能利用的每一个词,例如有机体、感触、精神-物理的、感觉和感知,乃至"出现"一词本身,都深受旧学说的影响,而它们的意义却和我们此地所说的意义是相反的。不过,我们可以再一次概括:在自然中并没有孤立无关的事情,但同时彼此的交相作用和联系又不是笼统的、完全相同的。在交相作用的事情之间有比较紧密的结合,也有比较松弛的结合,而这些结合就规定了它们具有一定的开端和结尾,因而也使它们跟其他领域的交相作用区别开来。这些比较封闭的场地有时结合在一起,彼此交相作用,从而产生一种关键性的变动。它形成了一个新的较大的场地,因而放射出新的能量,具有新的性质。规则、有意识的指导和科学都意味着我们有能力排除这些粗糙的关节,而且通过更换和代替构成一种性质相同的媒介。然而这些机能并不取消或否认性质上的差别和不同的场地或运动的范围,从原子到太阳系都是如此。它们做了它们要做的事:促进和保证利用比较简单、易于控制的场地去预测和改变比较完备、高度组织起来的场地的发展进程。

一般讲来,我们可以把这些场地区分成为三个层次。第一层是物理的,这是一个比较狭窄、比较外在的相互作用的场地,在性质上,它本身具有很大的差异。它的突出的特性就是物理学所发现的"数理-机械学"的体系所具有的那些特性,它把物质看成是一个普遍特征。第二层是属于生命的。性质上的差别,如植物和动物的差别、低等动物和高等动物形式的差别等,在这里甚至更为显著一些。但是不管它们有怎样的变异,它们却具有共同的性质,这种性质可以使它们被界说成精神-物理的东西。第三层是属于结合、沟通和共同参与的。在这里有着进一步内在的分歧,包括许许多多的个体。然而,它却有一些共同的特性贯穿在这些个别的差异之中,这些共同的特性把心灵界说成为理智,既具有意义,也对意义有反应。

这三层中的每一层次都具有其本身独特的经验特征,也就有它自己的范畴。不过,它们是有关于描述方面的范畴,它们是叙述有关事实时所需要的概念。它们不是具有"解释性质"的范畴,这里所谓解释是按照我们有时所理解的意义来用的,那就是说,它们并没有把力量的运用叫做"原因"。它们坚持在解释各个不同的交相作用的层次所特有的特性和后果时,坚守经验事实。从这个观点看来,传统的"机械"论和"目的"论都陷于一个共同的错误,即它们都是企图用旧的、非历史的因果关系来进行解释。一个理论是用物质去解释心灵的存在;另一个理论则认为在心灵出现以前所发生的那些事情,乃是为心灵的发生做好准备,也就是说,这种准备是用来解释这些先在事物之所以发生的原因的。

机械论的形而上学使我们注意到这个事实,即后来所发生的事情,如果没有以前所发生的事情,就不可能产生;如果前面的事情发生了,那么后面的事情就必然会发生。唯心主义的形而上学使我们注意到这个事实,即前面的、物质的事情为生命的和理想的事情做好了准备,通向它们,支持它们。从对事实的描述讲来,这两种说法都同样是真的;如果从它们那种解释性的和形而上学的意义上讲来,这两种说法都不是真的。

这两种见解中所包含的关于因果解释的概念意味着:在历史的连续过程中是有裂痕的;于是便需要通过力量的发射或转移来沟通这一道人为的鸿沟。如果一个人在起点处就假定心物是两个分隔的东西,而事实证据又迫使他看到它们是联系在一起的,那么他就只好说,这是由于一种力量使它们联系起来的,这个力量从一方面转移到另一方面,或者是转移到两个有关的事物中的任何一方面。于是挑选出来的这一方面就是"原因",被用来说明另外一方面为什么存在。一个人遇见了这一类的事情,例如当一根火柴被擦燃而在邻近的地方有一张纸的时候,这一张纸就会着火,不管任何人是否愿意或希望有这样的事情发生。他感觉到前面的这个事情对于后来的这个事情有一种强制性的力量,如果擦燃了一根火柴而在邻近的地方有一张纸,那么这张纸就必然着火燃烧起来。另一个人又遇见另外一类的事实,即火柴和纸张之所以存在,仅仅是因为有人利用它们。先有了利用它们的意愿和目的,然后才有火柴和纸张。因而他便断定说:思维、目的促使了力量的放射和转移,它为了达到这个思想的对象而产生某些事物。或者,如果一个人少用与人相关的比较,他会看到自然界这种精密的连续性,一个东西很明显地导致另一个东西,而后者又很精致地保持、利用以前曾经发生过的事情;而且因为他看到后来的东西是比较复杂、更为重要的,他便确定说:以前所发生的事情乃是为了后来的东西才发生的。后来的东西似乎从一开始就早已"隐蔽地"、"潜在地"存在着,但却具有足够的效能在每一阶段中利用物质的条件使它自己实现出来。

如果我们从任何一个为我们所承认的历史过程——例如从婴儿到成年的成长或是一个音乐主题的发展——出发,我们就可以看出,这两个假定都是毫无理由的。有些人认为,童年仅仅是在为达到高贵庄严的成年做好准备;也有些人似乎十分肯定地说,成年人的生活仅是在童年中所发现的那种"原因"的力量,通过它所具有的机械效能而发展起来。一种学说把青少年时期当作达到某个目标的一个初步的而它本身又是无关紧要的旅程,另一种学说把成年看做是幻灯片在外在荧屏上的放映,而这张幻灯片早就内置在童年之中,或出生前,或遗传之中,或任何固定的分离的前件之中。我认为,关于生长的概念可以使我们很容易发现这两个观点之中的错误，即它们都把一个历史变迁的连续过程分裂成两个分隔的部分，但分裂为二之后跟着又必须找一种办法把它们两者再结合起来。

实在就是这个生长过程本身。童年和成年乃是一个连续体的两个方面，而在这个连续体中，正因为它是一个历史过程，如果前面的不存在，后面的就不可能存在（这便是"机械唯物主义"的种子）。而且在这个连续体中，后来的又利用着前者所保持和积累下来的结果——或者比较严格地说，后面的东西就是对前面的东西的利用（这便是"唯心主义的目的论"的种子）。真实的存在就是这整个的历史，历史本身就是这样。把历史割裂成为两段，然后乞援于一种原动力，再把它们结合起来，既是主观武断的，也是毫无实据的。童年乃是属于和处于某一系列的变化过程的童年，这个变化过程是其所是，成年也是如此。如果说这两个方面的任何一个方面的特性乃是一种独立存在的东西，然后利用所选定的这个形式来解释或说明这个过程的其余部分，那么这只是一个愚蠢的赘述：之所以赘述，是因为我们所有的这两个部分本来就是同一原始历史过程的各个部分；之所以愚蠢，是因为我们幻想着以为我们根据任意选择的历史的一部分就能说明这个历史本身。

用一个比较广泛的自然历史来代替这个成长过程，并把它叫做从心灵到物质的演化过程，其结论也没有什么不同。一只鹿因为有细长的腿，所以跑得很快；还是因为要跑得快，所以它才有细长的腿呢？在这个古老的争论中，双方面都忽视了这个自然的描绘，即这只鹿有细长的腿，而它既具有腿，于是就会奔跑，这是这个世界上一件自然的事情。当人们说心灵是掩蔽在、包括在、隐

第七章　自然、生命和身心

藏在或潜伏在物质之内,而后来所发生的变化乃是使它显现、演化、体现和实现的过程时,其实,这只是首先任意或无意地把一个自然历史分割成为两截,然后再有意或任意地把这个分割掩藏起来。如果我们不从玩弄这套把戏开始,事情就简单一些了。

以上的讨论是为了帮助大家了解自然、生命和心灵之间彼此适应的情况。客观的自然使人可能获得一种安适、秩序和美丽的感觉,或者从另一个领域来说,客观的自然是屈服于心理活动之下的,因而它能为人所认知。这个事实曾时常被人们当作一件神秘的事情。或者还可以从另外的一端来理解这个秘密:何以人类会具有一种秩序、美丽和正义的感觉;何以会具有一种思维和认识的能力,以致人类远超于自然之上而和天使同列,这似乎是很奇怪的。但是,这种惊奇和神秘似乎就是那种面对自然而感到的惊奇和神秘,即到底为什么会有自然,会有存在的事物,而且它们既然存在着,又为什么就是它们现在的这个样子。这种惊奇应该被转移到整个事物的进程上去。只是因为我们任意地把这个世界加以分裂,首先把它理解成一个和它实际所表现出来的情况完全不同的世界,于是我们就会觉得非常奇怪,究竟为什么它要表现出这个样子?这个世界就是认识的题材,因为心灵就是在那个世界里面发展出来的。身心的结构就是按照它存在其中的这个世界的结构发展出来的,所以身心就会很自然地发现它的某些部分和自然是吻合的、一致的,而且也会发现自然的某些方面和它本身是吻合的、一致的。自然的某些方面是美丽的和合适的,而另一些方面是丑恶的和不合适的。既然心灵只有在一个有组织的过程之中才能演化,而在一个有组织的过程中,过去所获得的圆满结果总是被保存下来而予以运用的,那么在心灵演化时,它就要留心过去和未来，而且要利用生物适应环境时的生理机构作为它自己唯一的活动器官，这就不足为奇了。在最后的分析中，为什么心灵要利用身体，或者说为什么一个身体会具有一个心灵，如果有人觉得这是一件神秘的事情，那就好像他会奇怪一个种树的人为什么要利用土壤，或者说这种生长植物的土壤为什么只能使那些适应它自己的生化特性和关系的东西生长出来。

对于以上所作的这个说明，我们将从一个分析性更强的视角，根据明显的经验上的理由，再重述一遍。我们发现，我们在经验上熟悉的每一个"心灵"总是和某一个有组织的机体联系着的。每一个这样的机体总是在一个自然的环境中存在着，而它和这个环境总是保持着某种相适应的联系，例如植物对于空气、水分和太阳，以及动物对于这些东西和植物。没有这些联系，动物就会死去；没有它们，最"纯粹的"心灵也不会继续下去。一个动物，只有当它从它的环境中汲取营养，在那儿找到防御的手段，把本身多余的废物排泄出去的时候，才能够生存下去。既然没有一个特定的有机体是永存不朽的，那么一般说来，只有当有机体能使自己繁殖时，生命才会继续下去；而它唯一能够使自己繁殖的地方，就是在自然环境内。在一切高级的形式中，繁殖是两性的，那就是说，它包括两种形式的交合。因此，这个环境就包括类似的两种形式。在每一点和每一阶段上，一个有生命的有机体及其生命过程，相应地，包括一个世界或自然界；而这个世界或自然界对这个有机体本身而言，无论在时间和空间上都是"外在的"，但就其功能而言，又是"内在的"。

重述这些众所周知的事实的唯一理由，就是因为传统的学说已经把生命和自然分开，把心灵和有机的生命分开，并因而造出了神秘。在恢复这种联系之后，一个心灵怎么能够认知外界，或者乃至于怎么能够知道有事情的存在，这个问题就无异于问一个动物，它怎么会吃它本身以外的东西。这类问题之所以发生，只是由于人们把一只即将冬眠的熊为它自己储备食料过冬的情况当作正常的程序，而忽视了这只熊从哪儿获得它所储备的食料这个问题。当我们真正认知到心灵和生命的关系时，如果有人问一个人怎么会知道别人的存在，那么，他就好像在问：既然别的动物不是这个动物，那么，这一个动物怎么能够跟别的动物会合在一块儿？一个在一种交合中产生的生物，总是依赖其他的生物，才能延续它的存在（至少一切高级形式的生物是如此），而且在它自己的结构中就具有它跟其他生物紧密联系的器官和标志。如果这个生物知道它自己，那么，它就会知道别的生物。既然在生命的功能中既包括有无生命的环境，也包括有人类的环境，那么如果这些功能演化到思维的地步，而思维与生物的功能构成了一个自然的系列，这个环境中的各种事情和联系就不可避免地会成为思维的材料，乃至其错误想象的材料。而且，如果动物能够把它的所有思考当作保持它所具有的那些功能的手段，那么，这些思想就将具有知识的特征。

这些形式比较复杂的有机体，和低等有机体不同，具有一些距离感受器；而且还具有一种结构，在这种结构中，激发器和效应器对于距离较之对于接触感受器，具有尤为广泛的联系。对于邻近事物所作的反应和对于距离很远的事物所作的反应乃是十分紧密地结合着的，因而一个高等的有机体把一个广泛的环境当作一个单一的情况而加以反应。在所有这一切高等的有机体中，我们也发现了它们的活动乃是被以前的活动后果所制约的，我们发现了学习或习惯的养成这个事实。结果，一个有机体，在它动作时，是把一连串在时间上延续的事情，或一系列的事情，当作一个单元而予以反应的，正如它对一个统一的在空间上的多样性所作的反应一样。因此，在当前的行为中立即包含了一个扩展的和持续的环境。从活动的功能方面讲来，遥远的和过去的东西都在行为"之中"，使行为是当前这个样子。所谓"有机的"行动，不仅仅是出自内部结构的行动，它是机体和环境相互联系的一个统一的过程。为什么会有思维，这也许是一个秘密，但是如果有了思维的话，那么在当前的状况中，它包含了在空间和时间上遥远的事情，乃至远溯至某地质年代、未来的日食以及遥远的星球体系，这是没有什么秘密的。这里的问题只是：在它的实际经验之中的东西在怎样的范围之内会解脱出来而变成关注的中心。

动物借助于信号动作而建立了彼此之间的联系，结果，在信号作用所助成的联合动作发生之前，有一些动作和后果就被暂时搁置起来，这是一个明显的经验事实。于人类，这种功能就变成了语言、相互沟通、言谈；借助于语言的媒介，某一种生命形式的经验所具有的各种后果都在别人的行为中被结合起来了。随着语言不断被记录下来，这种结合的可能性被无限地扩大了——在原则上，在一个特定的有机体的行为之内，客观的融合过程是完成的。在它的行为中，不仅包括它自己的外在的时空世界，而且包括了它的同伴们的世界。当某些对某人讲来是已经经验到的、已经过去的后果，通过相互的沟通，而成为另一个人所未曾经验到的和尚未到来的后果时，机体上的审慎便变成了有意识的期望，而未来的事情变成了当前活生生的现实。因而，由于人类的学习和习惯的养成而表现出来的这种在机体和环境间的统一情况,乃远远超过了没有语言的动物所具有的那些结合统一的情况,以致它的经验似乎超出有机体之外了。

跟着还有另外一个经验事实。严格意义上的重复和再现,同新奇的东西比起来,相对地减少了。离开了互相沟通,习惯的形成就成为人的常例,行为总是局限于由过去的行为建成的路径中。这时的趋势倾向于单调的规则性。学习活动本身就为自己设限,而使随后的学习更加困难些。但是,这仅是就一个习惯而言,一个孤立的习惯,一个没有沟通的习惯而言。互相沟通不仅增加了习惯的数量和种类,而且倾向于使它们精巧地结合起来,最后使得在特殊情况下的习惯形成屈服于这样一种习惯,即认识到新的联合方式要求新的习惯。因此,习惯是按照未来可能的变化而形成的,而不会很快僵化。当一个儿童隐瞒着一种习惯而不在别人面前表现出来时,这立即就证明了:他实际上已经觉察到自己形成了这样一种习惯,而下一步他将形成一些什么习惯,他须要符合别人的要求。

一个动物,如能形成习惯,它的需要就会不断增多,它与周围世界的新关系就会不断增多。每一种习惯的训练都需要适当的条件,而且当习惯是繁多的而又复杂的时候,如人类有机体所具有的习惯那样,发现这些条件的过程将包含探索和试验,有机体势必产生许多变化,而且容易陷于错误和失望之中。形成习惯的力量愈增加,可接受性、感受性和反应性也愈增加,这似乎是矛盾的,但却是事实。因此,即使我们认为习惯乃是许多常规,但获得多种多样常规的力量意味着高度的可感受性、可爆发性。因而,在形成新习惯的趋势突破了某些旧习惯的时候,一个旧的习惯,一个固定的常规,如果有人愿意夸张一点的话,也参与了形成新习惯的过程。于是便产生了不稳定性、新颖性，以及出乎意料和不可预测的各种结合情况。一个有机体学习得愈多——所谓愈多，即指在一个历史过程中，前面的事物被保存和融合在当前的阶段中——为了使它本身继续下去就愈需要学习，否则，它就会死亡和毁灭。如果心灵是生命中前进的过程，是记载、保持以及利用所保持的东西的一个前进的过程，那么，它必然具有它在经验中所具的那些特性：它是一条流水、一种经常的变化。不过，它是有轴心、有方向的，它是既有创始、迟疑和结论，又有联结和交合的。

需要记住的主要东西是：作为一件经验的事情，生活并不是一种在有机体的表皮下面所进行着的东西。它总是一种包含很广的事情，它包括这个有机体内部的东西跟空间和时间上外在的东西之间的联系与交相作用，以及和外边更远些的高等有机体的联系与交相作用。由于这个原因，有机体的动作就是心灵的一个先行的动作。它们看起来似乎是深思熟虑的，具有自觉的智慧，因为有智慧的动作在利用有机体的动作所提供的机制时，必然也会具有有机体动作的模样。人们往往引用这个证据来证明低等动物（没有语言的动物）也有思想。对这个证据进行考察，就能发现它也能用来证明：人类，即具有社会交往的有机体，在思维的时候，是通过被下等动物所利用的适应器官来进行思维的，因此，在大部分情况下，他们是在想象中重复外在的动物行为。但是，根据这个事实来证明动物是有思想的，那就好像是说：因为每一个工具，例如一张犁，是产生于某种原已预先存在的自然产物，例如一截弯曲的树根或一根叉形的树枝，所以后者便内在地、先在地参与到耕种的过程中了。其间的联系是存在的，但这个联系应该颠倒过来。

生命是在事物之间和事物之中进行着的，而有机体只是这些事物中的一种事物。我们之所以再三提到这个事实，乃是因为传统的学说忽视而且实际上否认了这个事实。我们不妨把斯宾塞对于生命和心灵所下的定义拿来考虑一下，即一个内在的秩序和一个外在的秩序是两相符合的。它意味着有一个内在的秩序和一个外在的秩序，而且意味着所谓两相符合即指这样一个事实：在一个秩序中的各个成分彼此关联的方式和在另一个秩序中的各个成分彼此关联的方式是一样的。这种互相吻合的情况好像几张留声机唱片之间彼此相符的情况一样。但是，生命和心灵跟自然之间互相符合的情况却好像是两个人之间的互通音讯，这个人借助音讯的传递，得知另一个人的每一个动作、观念和意愿以改进他自己的意愿、观念和动作，并使他自己参与在一个共同的、涵盖一切的情况之中，而不再从事个别的、独立的活动。如果这个有机体只是在它自己一系列的自我封闭的动作中重复外界业已存在的秩序，那么死亡很快就会结束它的事业。例如，火烧掉了肌肉组织，那是在外在秩序中的一个顺序。被烧死，这是与这个外在秩序相符的"内在"事情的秩序。这个有机体的实际动作只是去改变它对环境的关系，而且当有机体变得更加复杂而成为人类的有机体时，这种关系的改变也使得环境的秩序卷入更为广泛和更为持续的变化之中。目的并不是要描绘一条在外在事物和有机事物之间的平行线，而是要构成一个事物的新图式；对于这个新的图式，有机体和环境的关系双方都有其贡献，而且它们双方是共同参与其间的。斯宾塞首先假定有一个分裂的状态，而实际上却是没有这种分裂存在的，然后再想出一个办法来恢复其间的联系,而这个联系却又是已被他故意破坏了的。然而,一切心物平行论、传统的符合真理论等,其实都只是对斯宾塞的这些假定的阐发而已。

如果有机的生命系指一个历史阶段,而在这个阶段上,自然的事情已经出现了新特性,过去没有联系的各场地被统一起来而产生了新的行动方式,那么,我们将所知道的关于先前的"物理"系列的东西用来解释和指导生命现象,这个事实就似乎没有什么特别了。而且,用关于物理系列的知识来解释和指导生命现象,既没有尽举生命现象的一切特征,也不足以描述它们的全部内容,这个事实也似乎没有什么特别的了。如果没有计算和测量,我们就不能引导一个交相作用的进程,但这个交相作用的状况却不仅是数目、空间和速度。进行解释就是运用一种东西对另一种东西进行阐明,使之更为清晰。把它放在一个比较广泛的关联之中,因而也就是把它放在一个较好的秩序之中。因此,它从属于一个更准确的语言域,这种语言应用于具有空间和时间性的事情,采取叙述和描绘的方式。用修辞学中的术语来说,解说和辩论总是从属于一种具有描绘性的叙述,而前者的存在是为了使后者更为清晰、更为融贯和更有意义。

"身-心"是指一种具有自身特性的事情。在关于这个问题的讨论中,大部分的困难——一般说来,除了一些细节的问题之外,也许就是全部的困难——乃是由于词汇所致。有一些学说曾经把身体和心灵彼此分隔开来,把它们当作两个存在的领域,而我们的语言却深受这些学说的影响,以致我们缺少适当的字眼来指称这个实际存在的事实。我们被迫采取委婉曲折的说法——如以上的讨论中所表明的——因此便诱导我们把比拟中的分隔当作在自然中实际存在的东西,而这种比拟中的分隔又只有通过一些错综复杂、委婉曲折的安排才回避得掉。但所谓"身心",仅仅是指一个有机体跟语言、互相沟通和共同参与的情境有连带关系时实际所发生的情况而言。在"身心"这个复合词中,所谓"身",系指与自然其余部分(其中既包括有生物,也包括有无生物)相连续的各种因素所具有的那种被继承下来、被保持下来、被遗留下来和积累起来的效果而言;而所谓"心",系指当"身体"参与到一个比较广泛、比较复杂而又相互依赖的情境时所出现的一些独特的特征和后果而言。

正如人们开始谈话时,他们必须使用一些在有言语之前就已存在的声音和姿势一样;而且也正如他们开始猎取动物、捕捉鱼类或编制竹篮时,他们必须运用一些在从事这些工作之前就已存在的材料和过程一样,当人们开始观察和思维的时候,他们必须运用原先独立存在的神经系统及其他有机体结构。人们对原已存在的材料加以使用时也重新改造了这些材料,使它们在使用时更有效、更自由,这并不是一个需要解决的问题,它只是表述这样一个普通的事实,即任何事物都是根据它所参与的这个交相作用的场地而变化的。当声音变成了有声的言语时,声音仍然不失其为声音,不过它们具有了新的特点和安排,正如人们利用材料制造工具和器械时,这些材料本身仍是它们先前那样的材料。因此,这些外在的或环境中的事情,始则与有机的过程发生关系,后来又与语言发生关系,在它们获得意义而成为心灵之对象时产生了一些变化,然而它们仍然和原先一样是"物理的"。

如果有生命的组织不是属于原先存在的自然事情所具有的组织,那么生物就不会具有各种自然的联系。它既不会与它的环境相关,而它的环境也不会与它相关。环境就不会是可为生物所用的东西,不会是滋养和保护生物的材料。同样,如果"心灵",就其存在而言,不是属于生理的或有生命的事情所具有的组织;而且如果它的功能不是从有机行为的模式中发展出来的,那么它就会与自然不相干,而自然界既不会是心灵从事发明和计划的适当场所,也不会是心灵所具有的知识的题材。如果我们假定一种不可能的东西或一种奇迹,把一个分离的心灵无厘头地塞入自然界中,那么它的活动就会完全是思辨的,而所谓思辨的意思不仅是指暂时不存在的东西,而且是指永远不存在的东西。那就是说,思辨是完全不可能涉及存在的。由于传统的关系,我们既习惯于把心灵跟世界分开,而又习惯于察觉到它的活动和后果跟这个世界的错误有关——失常和变态只有在其有关事情方面才能发生——因而我们觉得解决这个问题比较容易的办法,只是考虑如何把两个矛盾的前提设法结合在一起,而不是去重新考虑我们的前提本身。

至于纯粹的思辨,从物质上讲来,它既不是真的,也不是假的,而只是融贯一致或者是自相矛盾的,这是一件很明白的事情。如果没有物质性偏见,即偏爱于某种存在而不喜欢另一种存在的偏见所产生的歪曲影响,如果没有一种希望别人相信我们所相信的东西或接受我们的结论的这种欲望,那么推理和演算根本就不至于陷入矛盾。某种纯逻辑的推演,即使纯粹是在逻辑方面,也要比其他一些逻辑推演好些,因为它的范围较为广泛,可以产生的效果也大一些,但是没有一种逻辑推演比其他逻辑推演更为真实或更为正确。纯粹形式上的错误(error)是不可能的,然而纯粹形式上的谬误(fallacy)却是可能的。从来没有一个人这样推论过:马是四脚兽,牛是四脚兽,所以马就是牛。如果在某种情况之下,似乎在形式上的推理中产生了这类的谬误,理由就是因为其中夹入了一些物质性的原因而又忽视了这些物质性原因所发生的作用。思辨上的关系就是在思辨方面的,而不是在存在方面的,因而也就没有因果的力量。在这里面,没有什么会产生误解的东西。思辨的原则乃是同一性。它的反面不是矛盾,更不是虚假,而是无意义。如果我们说思辨本身是没有错误的,这只等于说它是自明的。

不过,逻辑或在一种思辨的方式之下对于意义的使用,实际上确会陷于各种各样的错误中。因为思辨(推理)这个事情本身是存在的。意义是为人所采用的:它们,正像其他的材料一样,是为了某一个目的而被采用的,它们被联合起来、被分拆开来。由于有了这种采用的动作,才会促使思辨存在或发生,而采用的动作则是会有错误的。使用意义是一种特殊的动作。在这种动作里面有各种推动性的因素,这些因素有生理方面的,有社会方面的,也有道德方面的。最完善的结构可以应用到它所不适用的目的上去,如果目的是正确的,但应用错了,它就会走弯路或行不通。因此,在思辨中,推理也许会因为疲劳而松弛下去,它可以由于机体上的失调所产生的反常而把某一个意义误认为是另一个意义。虽然一个意义本身既不是清晰的,也不是晦涩的,但也许由于缺乏抑制力而粗心大意的缘故,会使一个人把一个从使用它的目的方面看来很模糊或含糊的意义反而当作清楚明白的了。一种想表现自己或想打倒对方的欲望也可以导致自相矛盾或外在的不相干性。意义本身显然是不会有错误的,但是当它们被用来达到某一个目的或作出某一个结论时,千千万万的事物都可以产生谬误。自相矛盾肯定会发生,但它是物质性的、主动性的,而不是属于形式方面和非存在方面的。我们自相矛盾,正和我们和别人发生矛盾一样,而且大部分是由于相同的理由。

因此,意义或心灵是属于自然所有的,意义乃是属于什么东西的意义。事实上,一切的意义都内在地涉及自然的事情。错误的存在并非对这一事实的否证而是对它的证明。唯心主义者利用错误以及对错误的发现和可能的纠正来证明存在一个先验的真理,而错误以它们全部的关系而论是包括在这个真理之内的,所以它们并不是错误而只是真理的一些组成部分。我们认为,唯心主义者是正确的,因为他坚持说,错误也须涉及客观世界。但是同样地,有消化就必须有食料,然而这并不证明预先存在着一个完美的消化过程,而食物在这个消化过程中十分完美地被吸收进去了。错误包含发现和纠正的可能性,这是因为它涉及事物;但是,这个可能性乃是涉及某一个未来的后果而不是回头追溯过去的原因。它是指有采取各种动作的可能性而言的。有人认为有一种完善的判断,而在这种判断中,错误乃是一个完善的真理中的一个组成部分;这种完善的判断的概念,好像一台机器的完善效能的标准一样,乃是从事试验和发明的技艺的一部分。作用和反作用是相等的,而且是百分之百地相等的,但是,这个"形式上"的规律并不保证在任何一个特殊的作用和反作用的体系中都包括最完善的效能在内。同样,意义是完全涉及客观世界的,这是一件百分之百确定的事情;但是在这个百分之百中,既包含有真理,也包含有错误,正好像在作用和反作用的完全相等的状态中,既包含有效能,也包含有耗费。

我们把意义的某些用法标画为幻想,以便更好地为其他的意义提供认识上的参照（cognitive reference）。同样,我们也把某些意义当作纯理性的或观念的,当作属于思辨方面而不是属于存在方面的,以便更好地驾驭事件性的存在指涉。意义可以变成是纯美感的,它可以在直接享有中被占有和被享受。这里也包括控制在内,它是为了暂时悬搁在认识上的指称意义。① 这种悬搁乃是一种习得的技艺。能鉴赏诗歌而不把它当作一个历史、教训和预测,这需要长时期的训练。有人以为意义原来是流动的、美感的,而后来通过一些幸运的偶然事情的结合而变成了理智的或实用的或属于认识方面的,这个看法可以说将先后顺序搞颠倒了。其中,它正确的地方在于看到了享有一个意义和使用一个意义之间有着确切的区别,而其错误的地方是假定意义、观念是先被享有,然后才被使用的。要认识到这个区别,需要有长期的经验,因为任何被享有的意义原来总是在使用它的过程中或为了使用它才被享有的。在静观中、在美感中享有一个观念,这在人类的文明中是一个比较晚近的成就。

有机的或精神-物理的活动以及它们的性质,是心灵（呈现、操作意义和观念）得以可能的前提条件。它们使心灵在自然中站稳脚跟、建立联系,它们为意义提供原料。但是当意义、观念发生

---

① 这句话并不意味着把两种不同含义的对象混淆不清。一种是把对象当作产生意义的原因条件,而另一种是指在认识上所意指的对象。这是一个重要的区别,不容轻视。前者的联系是先在条件,而后者则是后来的结果。但是,意义或心灵同时都有这两类的联系。例如希腊的神话在存在方面是被适当地制约着的,但是它们也有一种诊断的作用。当它们不被当作神灵行为的意义时,它们就被当作希腊生活的意义,正如一个幻想的灵魂,当不被当作精灵出现时就被指为另一件事情的意义,即是一种在神经上受到的震惊。具有一个意义并不有所涉及,但是每一个所享有的意义既被享有,也被利用。"思辨"是指在一定的方式之下利用意义。

时，它们又是事物间一个新的交相作用所具有的特征；当这些特征和感觉结合在一起时，它们就使有机的行为发生变化，使之具有了新的特性。每一个思想和意义都奠基在某种有机的动作中，如吸收或排泄、寻求或逃避、破坏或护养、发出信号或作出反应。它植根在生物行为之中，我们用物理方面的名称来称呼心理的动作，如看见（明白）、掌握、寻思、承认、默从、不理睬、理解、感情、情绪等，这不仅仅是"比喻"。① 一个被火烫到的孩子可以从火焰边退缩回来，正如一只狗因看见一根棍子而畏缩一样，但同时，在有关的条件已经成为可以言谈的事物、成为观念时，这个孩子除了见火光畏缩以外，还会在游戏的、试探的、好奇的和探询的方式之下对这个火光作出反应。他用一根棍子去拨火，或把一张纸放到火里去。他面对着火光以及它的那种使人痛苦的和烫伤的后果，不仅想要逃避它，而且想要利用它来满足自己的需要，而又不至于被火烧着。生物性的动作继续保持着，但是它们既有了感情和情调，也有了感知和意义。突然的退缩原来仅是消极的、保护性的后果，现在变成了有意义的、有结果的进取和操纵。人类把许多的意义如火、近、远、温暖、安适、美好、痛苦、扩张、柔和等联合起来，因而使火进入了新的交相作用之中而产生了新的后果。人类把动物的一些对自然事情所作的片面反应，以及把自己在交际和互相沟通中所习得的对其他反应所进行的反应在有机体内部

---

① seeing（明白）又作看见解；grasping（掌握）又作抓住解；searching（寻思）又作探索解；affirming（承认）又作肯定解；acquiescing（默从）又作静默解；spurning（不理睬）又作一脚踢出解；comprehending（理解）又作包罗解；affection（感情）又作眼障碍解；emotion（情绪）又作感动解。这些字眼既可用以指物理方面的状态，也可用以指心理方面的状态。——译者

第七章　自然、生命和身心　　263

从事演习,在有机体还没有无可回避地陷入物理的后果之前,就把手段和后果间的关系试验了一下。换言之,思维、深思熟虑、在客观上有所指向的想象乃是为自然的事情增添了新的效能,所以它也会产生新的后果。因为影像并不是由心理的原料制造出来的,它们是片面的有机行为所具有的一些性质,而这些有机的行为乃是它们的"原料"。这些有机的行为是片面的,因为它们还没有完全与外部感受器和肌肉活动搭配起来,所以是不完全的,还没有外显出来。

有些思想家由于受到空间观念的支配,会追问:心灵在何处?我们准备把意识行为留到下一章再去讨论,并且暂时接受这个追问者的观点(它忽视了语言、制度和社会技艺的作用),而把这个问题仅限于有机的个体,于是我们可以说:心灵的"位置"或场所——其静止的状态——就是有机行动的性质;不过,这些性质乃是为语言及其后果所制约的。有些人在被人问到"心灵在何处"而又不愿答复说心灵在一个非空间的独立的存在领域之中时,一般会退而乞援于神经系统,特别是乞援于大脑或它的皮层,把它当作心灵的"位置"。但是,有机体不仅是一个结构,而且是一种独特的交相作用的方式,这种交相作用的行动并不是同时发生的,而是构成一个系列。如果它的机制中缺乏结构,它就不可能成为一种活动方式,但是它不同于结构,正好像走路不同于腿,或呼吸不同于肺一样。在互相沟通之先,这种行动所具有的这些性质就是我们所谓精神-物理的东西,它们还不是"心理的"。参与在互相沟通中的后果,使有机的动作方式发生了改变,而后者便获得了新的性质。

当我们想到"朋友"和"敌人"等这类意义时,我们指向的是外在的、事件性的后果。但是，这样的名称并不包括什么神奇的"远距离作用"。有机的行动就足以代表所意味着的那些相隔较远的事物。这些字眼既可引起直接的感知，同时又具有意义。这种在有机行动中就有的东西，并不仅是喉部和发音器官的活动。当语言这个捷径仅限于发音器官时，文字就仅是自动使用着的棋子而已，语言便消逝了。所谓"朋友"和"敌人"这些观念，乃是有机结构的各个部分——大概是指中感受器和器官感受器以及一切与它们有联系的腺液方面和肌肉方面的各种机构——在有关的实际情境中，跟机体外部的朋友们和敌人们发生各种错综复杂关系时所获得的各种性质。这些性质使语言器官的活动具有了内容和原料。发音器官的这些性质，再通过神经机构与其他方面事情的性质结合起来所构成的这个完整统一的系统，便构成了对友谊和仇敌的直接感知。发音活动与对于"朋友"和"敌人"的全部有机的性向愈是紧密地联系在一起，对于这些字眼的直接感知就愈是强烈。神经系统并不是这个观念的"位置"。它是联系或统一动作的机构。

"苏格拉底是会死的"，这只是逻辑课本中的一个记号，用"S是M"也是一样的——或许会更好一些。但是，对于那些听见宣判苏格拉底死刑的苏格拉底的弟子们看来，情况却并不是如此的。在那时候，这个听觉动作与全部机体的反应所发生的联系是完全的。在某些语言的情境中，出现了对当下的感知呈现的强调，于是语言便具有诗意了。为了另一些目的，我们尽量减少这种当下感知的作用。这种态度是具有散文意味的，数学的符号对于这种态度最有帮助。数学的符号并不意味着某些已经形成的东西，而只是一些工具；心灵便利用它们，严格地从事一些与具有工具性的对象有关的工作，把直接的和具有圆满终结的性质人为地抑制下去，因为后者会使我们分心而不去注意正在进行的活动。然而，这个最后圆满终结的阶段是不能被抑压下去或被减除的——从门口扔出去的自然性质又从窗子回来了。而今天，它回来的通常形式乃是人们以一种崇拜或惧恐的心情拜倒在"数学-机械学"的对象之前。

总之，我们可以说，当"灵魂"一词避免了传统的唯物主义泛灵论的一切痕迹时，它就是指那些已经组织成一个统一整体的精神-物理活动的性质而言的。有些物体明显地具有灵魂，正如有些物体显然具有香味、颜色和坚固性一样。我们作这样的陈述，并不是要引入一种神秘的、非自然的实体或力量，而只是使大家注意到这些物体所特有的特性而已。如果在实际存在中没有有生命的物体所特有的可感受性及其包罗万象和错综复杂的共同参与的反应，那么也就绝不会产生这些关于灵魂本质的神秘概念。神话已经完全失去了它们所曾经有过的那种诗意的性质，当人们把它们呈现给科学的时候，它们就成为迷信和障碍了。但是对于"灵魂"一词在俗语上的非学理式用法，仍然还保持有一种对某种东西的实在感。关于某一个特殊的人物，如果我们强调说他是有灵魂的或者说是一个伟大的灵魂，这里说的并不是一句可以同样应用到一切人类身上的陈词滥调。它表达这样一个信念，即这个有关的人物明显具有敏感地、丰富地、和谐地参加一切生活情境的性质。因此，艺术、音乐、诗歌、绘画、建筑等方面的作品是有灵魂的，而其他的东西则是死板的、机械的。

当这个称为灵魂的组织有了自由，移动着，活动着，有了开始，也有了终点的时候，它就是精神。它的性质既是静止的、实体性的,也是变动的。精神起着鼓舞作用,精神不仅本身是活的,而且还给予事物以生命。动物是由精神推动着的,而人则是一个有生命的精神。他生活在他的工作中,而他的工作总是跟在他后面的。灵魂是形式,而精神则呈现这种形式。它是以灵魂为实体的东西所具有的活动功能。灵魂和精神这类字眼,也许太富于传统神话和复杂教条的意味而必须予以废弃。在科学和哲学中恢复它们在俗语中所具有的实在性是不可能的。但是不管它们被称为什么,这些实在情况总是在那儿的。

当这些与它们显然联系着的信念业已消逝时,旧的观念并未死去,而通常只是更换了它们的外衣。目前关于有机体的一些看法,大部分是一些关于灵魂和身体的旧观念的遗物,不过所用的词汇已经改变了。过去灵魂被理解为寓在身体内的。现在用神经系统来代替灵魂一词,把它理解为寓居在身体以内的神秘之物。但是,因为灵魂是"单一的",因而不会弥散在身体中;同样,神经系统既是心理事情的所在地,它便被局限于大脑之中,乃至局限于大脑的皮层上。而且,如果把大脑皮层的某一特殊部分确定为意识的唯一位置,那么,许多生理学家无疑会感觉到大大地松了一口气。对于有机体谈得最多的人们,即生理学家们和心理学家们,却往往正是那些对一切有机的结构和过程彼此间所具有的这种紧密的、复杂的和微妙的互相依赖的情况表现得最无知的人们。这个世界似乎疯狂地迷恋于医学、政治、科学、工业、教育中那些特别的、特殊的和分散的东西。为了对包容一切的整体加以自觉的控制,寻求那些占据关键地位、产生关键影响的联系就是不可缺少的。但是,如果要恢复理性的常态,我们还必须把这些特殊的事物视为在一个过程中发挥作用的具有重要意义的环节。在自然中去看有机体,在有机体中去看神经系统,在神经系统中去看大脑,在大脑中去看大脑皮层,这就是对于那些经常困扰哲学的问题的回答。而且,当我们把它们视为是"在××之中"时,我们不是把它们当作好像石弹在盒子里一样,而是当作事情在历史中,在一个流动着的、永不终结地生长着的过程中。除非我们在具体实践中有了一个证明这种连续性的办法,否则,将继续乞援于某些其他的特殊事物、某些其他分裂的事情,去恢复联系和统一——乞援于特殊的宗教或改革或任何特殊的东西,是这个时代最风行的医治方法。因此,我们由于所运用的治病的方法反而加重了这个病症。①

在物理的因素占主导地位的事情中,我们知道,一切控制都有赖于有意识的知觉在事物间所获得的关系,否则就不可能利用一个事物去影响另一个事物。在发明和建造外部机械方面,我们曾经有过惊人的成功,因为关于这类的东西,我们理所当然地认为,这样的成功是在意识层面取得的——对事物之间的关系形成自觉的认知。我们知道,机车、飞机、电话和发电站并不是从本能或下意识中产生的,而是由于对各种联系以及联系的秩序进行了审慎周详的认知而产生的。在一个时期中,在这些方面的进展,曾被人们很得意地认为是进步的证明和尺度,而现在,我们又已被迫采取悲观的态度,而怀疑这个进步到最后是否会使人类败坏堕落,是否会破坏文明。

很清楚,我们在自觉控制以及通过认识联系来指导行为方

---

① 见亚力山大(F. Matthias Alexander):《人的崇高遗产》(*Man's Supreme Inheritance*)和《有意识的建设性的控制》(*Conscious Constructive Control*)两本书。

面，发展得还不够充分。我们在把有机的生命和心灵同自然界分隔开来的时候也就必然会将自然界同生命和心灵分隔开来。这种分隔已经到了这个地步，即有智慧的人们正在怀疑其结局是否会给人类带来灾难，是否会使人类臣服于他们所创造出来的工业和军事机器。这种情境使人们尤其深刻地感觉到下面的这个事实，即在有生命的精神-物理的活动中，事物间的联系和互相依赖的情况最为繁多、紧密而广泛的地方，却是我们最为忽视事物的统一和联系的地方，而在我们的正式信仰中却毫无保留地信赖孤立的、特殊的东西——这意味着说，在行动中我们使自己完全受无意识的以及下意识的东西的支配，受一些在各种各样好听的名称伪装和解说之下的盲目本能、冲动和习惯的支配。因此，我们就要进一步讨论意识的问题。

… 第八章 存在、观念和意识

EXISTENCE, IDEAS AND CONSCIOUSNESS

在上一章的讨论中,曾避免应用"意识"一词。这是一个含义尚未确定的字眼。除了在解释上含糊不清以外,就这个词到底是指什么东西而言,至今也没有一个一致的意见。它通常被用来指两种十分不同的事情。一方面,它用来指明某些当下明显的性质,感觉的事物所具有的性质。这些性质,从心理学的观点看来,通常被称为感触(feeling)。这些当下的性质呈现为自然过程的终结或结束,而这些当下性质的总和便构成了所谓的"意识"(consciousness),一个非理性的(anoetic)事件。这是在意义尚不存在的地方的意识,那就是说,它是没有用到记号的意识,是独立于互相沟通之外的意识。在另一方面,意识是用来指实际所知觉到的意义,指对于对象的觉察(awareness):它是十分清醒的、警觉的,而且是注意到目前的、过去的、未来的事情的意义的。至于这个词是否应该用来指两个这样不同的事情,这是属于辞典编辑上的问题,将不在这里讨论。重要的是应该记住所指的这些东西具有本质上的差别,并且不能使用那种错误的技巧把一方面归结到另一方面去。

上面的讨论,使我们觉得似乎不难安置好这两个意义。在存在方面的出发点是直接的性质。即使是被视为存在而不是意义的意义,它们也是以当下的性质、以有机活动和可接受性的感觉或"感触"为基础的。没有语言,意义便不会存在,而语言又意味着两个自我进入了联合的或共享的事务之中。因此,语言的直接机制虽是在发声器官和听觉器官之中,但这个机制同时又与一般的有机行为联合在一起。否则,它就变为机械的、呆板的,和鹦鹉或留声机唱片的"言语"没有区别了。这样的联合使语言具有了这种直接性质上的"感触",它直接把各种记号在存在上彼此划分开来。

同样的理由也说明了人类思维中的"下意识"。除了语言及其所附加上去的和所推论出来的意义以外，我们连续不断地从事无数最细微的、直接有机的选择、排斥、欢迎、驱逐、占有、退缩、扩张、得意、失意、攻击、防守等活动。对于许多或大部分这类的动作所具有的性质，我们是没有觉察到的，我们也没有在客观上对它们加以区别和辨认。然而，它们仍然作为感觉性质而存在着，而且对我们的行为具有巨大的指导性作用。例如，如果有些未为我们所觉察的感觉性质不再存在了，那么，我们就不能确定或控制我们的姿态和动作。在一个十分正常的有机体中，这类的"感触"具有一种为思维所不能比拟的操作效能。即使我们最高度理性化的操作也要依赖于它们，而把它们当作指导我们的推理动作的一个"触须"。在许多呈现在我们面前的混杂的意义中，它们给予我们一种是非的感知，一种要选择、强调、遵循什么以及要放弃、轻视和忽略什么的感知。对于可以接受的意义，它们给予我们一种进而取之的预感，而且给予我们警告，以防止越出轨道。话语，主要就只是把我们在所有这些开始的出发点、各个发展阶段和终止的末端中所想要保留的东西选择出来而加以叙述而已。作为读者或听者，除非他重复了这些有机动作的一部分从而"获得"它们的性质，否则便不能把握所说的话的意义；即使他已经暗暗地认可了，也并不是真正地满意了。这些性质就是"直觉"（intuitions）的原料，而且一个倾向于"直觉的"和一个倾向于分析的人之间的差别实际上最多只是程度上的不同、相对的着重点不同而已。这个"正在从事推理"的人，只是使他的"直觉"更加清晰明白，在语言中更便于传达，就像由开始的前提条件、中间的关键环节以及最后的结果所构成的明确顺序一样。

在使用工具和语言的过程中,所获得的意义对于有机的感触起着一种深刻的影响。在这种影响中,包括有由态度和习惯的一切后果所产生的变化,而这些态度和习惯又是由工具和语言的一切后果——文明所促成的。不良的互相沟通破坏了(原来)良好的行为方式,因而感触和下意识也受到了坏的影响。只有对那些从未沉溺在下意识中的事物——动物和十分健全的初生婴儿——说来,把下意识视为神圣的东西才是合适的,如果在这儿有这种下意识的话。一个文明的成年人所具有的下意识反映着他已经习得的一切习惯,那就是说,它反映着他已经经历过的一切机体上的变化。而且由于这些机体的变化中包括配合失调、固定不移和孤立分隔等情况(这是那些生活在复杂的"人工"条件之下的人们在一个很短的时期内确实会发生的情况),感觉上的领会就是混乱的、歪曲的和错误的。感觉上的领会在那些最少为人们所讲到的活动中是最可靠的,而在那些谈论得最多的东西中却是最不可靠的。那就是说,在与高度专门的语言相联系的意义中,在与基本的和迫切的需要相隔很远的事情中,如距离具体情境很远的数学和哲学思考中,或者在一种具有高度修养功夫的美术中,人们可以最成功地从事这种感觉上的领会。在卫生、道德、社会事务方面和自我管理密切相关的事情中——在与基本的需要和关系最为密切联系的事情中,这种感觉上的领会最容易发生错误。凡是人们普遍公认它是有用的地方,它就是最危险的。如果我们运用那些并不能真实表达有机活动的感触(在文明的或人为的条件之下,只有采用思想——采用思想和仅仅从事"思维"是大不相同的——才会获得正确的活动),那么,我们就好像动物一样活动着,但又没有动物生活中在结构上的那些便利。因此,一般人最容易把一切事情委诸命运,而且也许把它颂扬成为回到自然中去、回到天然的状态中去,或者说,回到半神灵的境界中去。它具有懒洋洋地安适地逃避责任的魔力。这样,我们其实是死了。但是,我们好像动物一样,被击败,也许受了挫折,而死于田野,但却并不知道这回事。

　　从一种实际的意义上讲来,这里正是心身问题的核心。发展、具有和享受意义的活动,对于精神-物理的事情所具有的现实关系,正和精神-物理的事情对物理的特征所具有的关系是一样的。它们呈现了一个范围比较广泛的交相作用产生的各种后果,而在这种交相作用之中,为交往所制约着的需要、努力和满足是活动于其中的。在这种增广了的、加深了的活动中,资源和价值增多了,负担和缺点也增多了。意义的实现使得精神-物理的性质具有了它们隐秘的意义和价值,但是,也使它们产生混乱和错误颠倒。这种败坏的结果通过习惯而体现在精神-物理的事物中,形成了片面的、过度的敏感性,在感觉中造成了分离隔绝和偏执不变的情况。这些习惯所产生的影响又变成自发的、天然的、"本能的"了,它们成为发展和领会进一步的意义的基础,影响着个人和社会生活中接下来的各个阶段。①

　　因此,人类的精神-物理性质如果离开了有意识的意义,便没有任何辉煌的成就;但同时,意义的偶然成长和结合又使天然的需要、适应和满足失去它们直接的确定性和效用,引起各种错乱失常的状态。于是,人们便系统地从社会的交往和交相作用中撤

---

① 见268页所曾引用的亚力山大的各书。

退出来，从常识称为"实在"的东西中撤退出来；通过小心培养出来的、在人工保护之下的幻想来进行安慰和补偿；坚持拒绝客观检验的固定不移的信仰；养成一种有学问的无知，或系统忽视具体关系的习惯；从事有组织的迷狂活动；建立武断的传统，而这些武断的传统与社会是无法融合的，在学术上是泥古不化的；构建超然的理想，而不直接去享受意义，使一个人脱离自然界和他的伙伴们。

简言之，在这儿构成了李普曼(Walter Lippmann)所谓第二级的虚幻环境(a secondary pseudo-environment)，它影响着对最初的环境的各种交往和态度。因此，身心的问题在教育过程中是有其地位和意义的，这种教育的过程将保证意义在有机的功能中正常地统一起来而避免歪曲失常。身心问题在精神病的治疗中，在社会技艺、用具中也有其意义，它使得交往充实、均衡、灵活。

在精神-物理的水平上，意识系指现实化的直接性质差异或"感觉"的总和。而在心灵的水平上，意识系指对于意义也就是观念的现实领会。因此，在心灵和意识之间有一个明显的差别，在意义和观念之间也有一个明显的差别。心灵系指那些体现在有机生活的功能中的意义的整个体系而言；意识在一个具有语言的动物中，系指对于意义的觉察或知觉而言。意识是从实际的事情（不管是过去的、当代的或未来的）的意义之中去认识这些事情，是对现实观念的拥有。在任何有意识的动作或状态中，心灵的大部分仅是隐晦不明的。心灵的领域，即起作用的意义的领域，要比意识的领域宽广得多。心灵是关联全局的和永远持续的；意识是局部的和变动的。心灵是所谓有结构的、有实体的，是一个恒常的背景和前景。认知的意识乃是一个过程，是一系列的此地此时。心灵是一束恒常之光；而意识是间断的，是一连串强度不同的闪光。意识乃是对于在连续传递中的消息所作的片刻遮断，好像一台收音机从弥散在空气中的振波中选择少数的振波而使得它们可以被人听见。

对意义的觉察所具有的性质，是不能言传的。文字好像其他直接性质上的存在一样，只能暗示、指明。当它激起了对于有关事物的现实经验时，这个指示便成功了。这类的字眼如透明、显著、突出、生动、清晰，当然也包括与它们相反的字眼，如模糊、晦暗、含混等，可以帮助我们唤起这些现实的经验。如要标明心灵的特征，我们就必须运用完全不同的一套字眼：组织、秩序、融贯。至于心灵和意识的关系，我们可以使用下面的说法给出部分的提示：当作为意义体系的心灵遭受到解体、扰乱、动摇时，对于一个特殊的知觉状态，就其直接的状况而言，如果我们说它是被组织起来的或被扰乱的，没有任何意义。一个观念在它发生时，就只是它本身这个样子。当我们称它是被组合起来的或被分解开来的时候，是在把一个状态和另一个状态加以比较；而这种比较，按照这种情况的性质讲来，只能间接地根据它们各自的条件和后果来进行。情绪的条件并不是情绪本身，它们是对象的"第三性"性质。有些觉察或知觉的情况在回忆中或从外物方面被称为"情绪"，例如我们告诉一个孩子关于某些知觉情境所产生的后果，从而教他把这些知觉的情境称为发怒、害怕或喜欢。在直接的状况之下，每一个知觉的觉察状态都可以被称为情绪、感觉、思维、欲望；这并不是说，在直接的状况之下，它就是它们之中的任何一个，或它们全部的结合；而是说，当我们把它和某些条件或后果联系起来看的时候，它在这个全局的关联中具有着显著的情绪、感觉、思维或欲望的特性。

　　心灵和意识的关系,可以用一个熟悉的事情指明出来。当我们读一本书的时候,我们直接意识到许多意义,这些意义直接呈现在我们面前,而后又消逝了。这些意义,就其存在和发生来看,就是观念。但是,我们之所以能够从我们所读的东西中得到观念,是因为我们有一个由许多意义所组织起来的体系,而我们对于这个意义体系不可能完全觉察。我们的数学"心灵"或政治"心灵",就是这样的意义所组成的体系,它们控制着、决定着我们的特定领悟和观念。然而,这个意义体系与作为当下观念的那些核心的、紧要的意义之间,是连续的。在这些核心的和紧要的意义与那些决定我们的意识思维的习惯倾向和作为形成这种习惯倾向之工具的意义之间,也是前后相关的。正统的心理学思想中一个大的错误就是完全把它自己局限于中心焦点上,而忽视了从这个焦点向四周逐渐暗淡下去的背景。

　　我们倾向于把清晰的部分区别开来而使之突出,这有实践上的理由,因为模糊而广大的背景在每一个有意识的经验中都会呈现,所以它并不能定义任何特殊经验的特征。它代表着已为我们所使用而视为理所当然的事情,而中心的部分则是那种迫切而具有关键性的东西。但是,这个事实并不能成为在理论中忽视和否认每一个清晰思想所具有的那个暗淡的、全面的意识背景的理由。如果我们读一本书的某一段时,成为我们注意中心的观念和我们已经读过的东西被严格地割裂开来而后者的意义没有被继承下来,那么,我们现在所读的东西就不能形成一个观念。的确,我们此地所用的这几个词,如语境、背景、边缘等,都是指一些太外在的东西,它们并不足以说明事实。这个较大的意义体系弥漫着、渗透着和渲染着此时此地最突出的部分,它给予它们以不同于含义(signification)的感知、感触。

我们不妨把读书的例子改换成一个看戏和听戏的例子。一出戏在每一个当前的阶段所具有的、在情绪上和理智上的意义,都依赖于过去一连串的意义对当前所起的作用。如果我们必须去记忆在任何特殊的一点上所曾经说过的话和曾经做过的动作,就不会觉察到当前所说的话和所做的事;但是,如果过去所曾说过的东西和曾做过的事情不渗透在当前的所说所为之中,那么,我们便又缺少线索去获得当前所说所做的事情的意义。因此,过去的事情在当前的观念中表现出它的重要意义,较之回忆,这种方式尤为亲切、直接和广泛。过去的事情作为部分积极地浸润在当前所发生的事件之中,并被它们体现出来;这些当前的事件,拥有不同程度的真正的戏剧性性质,使过去的事情所构成的意义得以完成。它们也反过来给予这个意义体系一种意料之外的影响而构成了一种有悬念的、尚未决定的意义,它引发人的警觉和期望。这种继续、提高、推进和停顿、偏离、需要补充的双重关系就说明了意识、觉察、知觉乃是意义的集中焦点。每一个意识都是带有戏剧性的,戏剧乃是提升了的意识。

直接的意识是什么,这是不可能言说的——并不是因为其中或在它背后有什么神秘的东西,而这和我们之所以讲不出甜和红在直接状况中是什么东西的理由是相同的。它是为人所直接享有的,而不是言传的和被认知的。但是文字,作为指导行动的手段,可以激起一种情境,在这种情境中,我们在一种特别显明的方式之下享有相关的事物。在我看来,如果任何一个人使自己处于戏剧一幕一幕的展开之中,这种方式之下他具有的正是意识的经验,这种方式使他能够赋予原来没有意义的描述词和分析词以含义。在这儿必须有一个故事,有一个整体的东西,有一个由一系列插曲构成的统一整体。这个连贯的整体就是心灵,而它超越特定的意识过程,制约着这个过程。在这儿,也必须有一些现在正在发生的事情,而这些事情根据所发生的整个故事而获得了它们的意义。如果这些插曲发生在某一个不同的故事中,它们就会有不同的意义。它们必须按照故事的展开而被认知,它们是故事的前奏和结尾。同时,在这一出戏或这一个故事还没有结束之前,给予当前事情的意义又时常会引起一种不能被绝对预知或完全预测的意义,在这儿有期望,也有新奇。只要当完全的和确切的预测是可能的时候,人们对于这出戏的兴趣便减少了;它已不再是一出正在为我们所观察的戏剧了,它也因此并不在意识之中了。

一个重复不变的常讲的故事,不会再吸引人们的知觉。我们会从中走出,而去注意另一个故事,那个故事中的意义的发展还是不完全的、未决定的,它是悬而未决、动荡不安的。因此,虽然知觉在存在上是间断的和分隔的,好像一系列的信号闪光或拍发电报的声音一样,但是它们却包括一个在形成过程中的意义连续体。如果我们认为,连续发生的闪光或声音不是关于同一个正在展开的意义的系列事项,那么,就不会去注意它们或者不会觉察到它们。另一方面,如果没有引起悬念的变化,没有不能预见的朝着新方向的运动;如果只是一个不间断的光亮,或一个不间断的单调的声音,那么也会没有知觉,没有意识。

这些考虑使我们能够就意识和心灵或意义的关系方面,给予意识一个形式上的定义。意识、观念,乃是某一正在重新定向、转换的意义体系的环节。当代的唯心主义者把意识理解为改变事物的力量，这乃是对这个事实的一种颠倒的说法。把意识当作完成这种变化的一种力量，这只是把一个后来的功能转变成一个先在的力量或原因的这个普通的哲学谬误的另一事例而已。意识就是事情在改造过程中的意义，它的"原因"指的只是这个事实：这就是自然演变的方式之一。从因果性的近似意义即作为一个系列中的位置的意义上说，意识的原因就是一种要把不确定的东西变得确定些的需要。

还有一个相反的实在论的主张，按照这个主张，意识就好像是眼睛对一个有许多现成对象的场地约略地扫视一遍，或者好像是一道光线一会儿照到某个场地的这一部分，一会儿照到另一部分。这些比拟都忽略了在有知觉的时候意义所具有的不确定的状态，它们没有考虑到基本的一点，即虽然原先已经存在着许多的意义，但对于这些意义，我们视为理所当然而加以运用；正是这些意义，是我们没有而且不需要去意识到的。这个学说把那种只有极少怀疑和探究的情况，把那种具有最熟悉、最普遍的即所谓直接就能替自己担保的对象的情况，当作意识的正常情况。这个学说认为，与其用思维来说明意识，毋宁用对旧有的、常用的事物的觉察来说明意识（在大多数关于意识的讨论中，旧有和常用的事物是用家具用品来作比喻的），而在思维中，为了得到一个意义就需要进行反省的探究。这个学说设定，或仅仅含蓄地设定，在知者和被知的事物之间有一个预先建立的协调状况，但它却忽视了，事实上这样一个协调的状况乃是先前的推论和考察所达到的结果。它假定有一个能知的心灵，它是毫不欺诈且效能非常高的，它唯一的任务就是完全按照对象原来的样子去观看它们并记录它们,而且它忠于职守,决不动摇。

如果过去未曾有过这样一个神学(照这个神学的说法,上帝就是十全十美的心灵,而人类是按照他的创造者的形象创造出来的),那么,我们就难以相信这样一个可爱的和乐观的关于心灵本质的观点会如此风行一时。然而,即使如此,如果科学代替了神学时,科学未曾提供许多足以满足这个学说的需要的实例,从而给予它以经验的内容和基础,这个学说也是不能保持下来的。换言之,科学的发展使得认知上的兴趣拥有了特殊的权利;而结果,它提出了许多在认识上有效的知觉事例。那些致力于研究意识之本质的人们具有一种大大发展起来的理智兴趣,这就使他们易于假定心灵的实质就是普遍地关注对对象的认知。这些人通过科学的训练,具有一种在认识上的正确性,并且他们慷慨地把类似的正确性普遍地赋予知觉。于是,当他们认识到有错误、过失、梦境、幻觉等存在时,他们就把这些东西当作变态和例外,而再用一些复杂的因素去解说它们。

因此,这个问题及其解决变成基本上属于思辨方面的事情了。因为经验事实指明:所谓例外的东西、需要加以解说的东西不是错误而是真理,而得到真理乃是复杂的和精密的研究方法发展的结果。这些方法对于某些人在某些方面而言是意气相投的,但在许多方面是不适合人类的性情的,因而只有在一个条件艰苦的学校中经过长期的训练之后,这些方法才会被采用。即使我们按照错误的知觉和正确的知觉的比例来考虑这个问题,也看不到针对这个理论的主要反对意见。因为它首先就假定了觉察或知觉具有认识特性。然而,从经验上看来,知觉离开了它所处的对认知技艺的从属地位,在其自然的状态中所具有的特征就是:它们既与真理无关,也与错误无关;它们的绝大部分存在于另一个维度(dimension)之中,而当我们论及想象、幻想、空想、爱慕、爱和恨、欲望、快乐和苦难等时,就可以得到一些关于知觉的本质的暗示。这个事实,不单纯是正确错误上的问题,它也证明了:对于意识的这种旁观者的看法,这种探照灯式的看法,是人为的、虚假的。

　　对意义的意识系指对意义的调整而言(而这些意义到最后又总是事情所具有的意义),支持这个命题的经验证据一方面是从注意和兴趣的明显事实中得来的,而另一方面是从已有的和确切的习惯所发生的作用中得来的。熟悉的东西只有在一个意料之外的、新的情境中才会在意识中呈现出来,而在这儿,这个熟悉的东西是在一个新的情况中呈现出来的,所以它并不完全为人所熟悉。我们的根深蒂固的习惯,正是我们最少觉察到的那些习惯。当它们在一个它们所不习惯的、不平常的情况中发生作用时,那就需要重新调整一番。所以,才会有震动,而且伴随着这个过程的是对消逝和改变中的意义的觉知。当我们在一些不平常的情境中十分关心一件有争论的事情而又不知道将有何结局的时候,我们的注意就最为敏锐而紧张。我们既考虑着正在发生着的事情,而同时又在展望着还未曾发生的事情。只要我们能够依靠当前的条件和它们的结果,意义就不会集中在一个焦点上。如果一个东西在任何事件中,在每一个争端中,不论在什么事情里面都有份,那么对于这个东西,我们是觉察不到的。如果我们考虑整个场地,从光亮的焦点,通过前意识区,即"边缘区",直至模糊的、潜意识的"感触"区域,这个中心焦点就相当于迫切的需要点、急需点。这个"边缘区域"相当于我们刚注意到或不久就需要注意到的东西,而较远的、外围的区域相当于那种在满足迫切需要时无需什么变更就可以依靠的东西。

谁都知道,在意识范围中的事物和实际后果中的事物是并不一致的。所以这个众所周知的差异就是对主观唯心主义最有力的驳斥。一种暂时的打扰或片刻的欢乐具有使一个人不去注意一个长久的严重的问题的力量,而这是我们所熟悉的喜剧的主题。一杯酒或一个蚊虫的嗡嗡之声,可以使人忘掉生死问题。任何一件小事,如果它在烦扰我们,就会逐渐膨胀扩大。道德先生们时常抱怨说,人们不应该为了贪图眼前的小利而牺牲远大的利益;而且他们宣称,只有当我们同样重视目前的利益和长远的利益时,才能得到理性和自由。他们的这些话也有类似的效果。悲剧也提供了相同的证明。当死难临头时,这个悲剧的主角却注意不到旁观者们看得很清楚的当前厄运,并且不知道应该采取什么行动来避免毁灭性的结局,因而不幸地继续走着他自己的道路。

这个直接动荡不定的状态,这个最大的迫切需要之点,界定了意识的最高峰,它的最强烈的或中心的状态。而这正是重新调整、重新适应、重新组织的焦点。詹姆斯曾把意识的进程比作一条河流,尽管意识具有间断性——在他暗示意识之流也具有有节奏的兴衰起落时,他是从经验上承认这个事实的。他坚持,只有一个对象才会两次为我们所占有或始终保持不变,而一个具体的意识状态则不是这样的。他运用了焦点和边缘这个比拟,陈述说:意识的运动是一系列安定和动荡的状态,一系列实质的和过渡的阶段;他认为,在迫切需要重新调整的焦点上,意义便凝聚在一起,而当(新的)组织产生时,它们便又消逝了,然后又产生了另一个紧张和脆弱的关头。詹姆斯的这些意见,我认为是极有见地的。

关于意识的这个概念，可以在经验上得到证实：每一个被知觉的对象都是极不稳定的，除了不惜引起催眠状态之外，没有其他办法可以排除迅速而细微的变化。按照一个有机体积极地参与在事情的进程中或是停止参与其间的情况，他从十分清醒而过渡到清醒、困倦、入梦乃至熟睡。凡所谓意识之"相对性"的情况都显然具有同样的意义，包括韦伯（Weber）原则在内，被觉知到的变化正是需要适应性行为重组的变化。一个原先的适应状态构成了一个阈限（称为平台或境遇比较好些），凡在意识中被觉察到的东西，正是境遇上所发生的变动和向另一个境遇的重新调整。同样的事情在某一时间或某一地方可以意味着是冷的，而在另一时间或另一地方又可以意味着是热的，这依赖于有机体重新适应的方向。即使一次牙痛，在意识中也是不稳定的，因为它显然包括有一些心跳、颤动、忐忑不安、强度的起伏、机体抵抗、暂时松弛、疼痛加剧——总之，起伏不已。所谓不变的"牙痛"，并不是所觉知的牙痛，而只是在认识上的一个对象，它所牵涉到的是所有变化会涉及但却不能被知觉到的牙齿。

这个假设可以从这个事实中得到证实：每当觉知发生时，总有"片刻"的犹豫，在完全的外现行为中存在着迟疑、保留的态度。执行能力强的人大致就是那些具有最为平淡单调的知觉场的人，他们具有最低程度的意识，阈限最为陡峭，无法越过它而激发出觉察状态。我们必须"停下来，想一想"，但如果没有什么干扰，我们就不会停顿下来。当行动正在高潮时，即使最大的障碍也挡不住它。它非常有力并迅速地向着某一个方向进行着，以致无法加以抑制。如果没有抑制，就没有犹豫、危机、变动和调整的需要。

外现的行动乃是在有机体和环境之间所建立的统一状况的一种表现。只要这些统一的状况能够继续维持下去,它们总是会这样做的,于是就没有把意义转变为观念的机会。在完全统一的活动中,没有区分指称物和被指称物的余地。只有当行为自身分裂的时候,它的有些因素才具有一种代表当前的倾向以及关于当前倾向的需要、指向或含义的内容,而另一些因素又代表一些当前没有的、遥远的对象,这些对象在统一的和有组织的活动中完善了当前的意义。反应愈快,它所允许的意识、意义、思维就愈少。分隔产生了心理上的混乱,但是对重新调整的需要来说,分隔也提供了观察、回想和预期的机会。

因此,普通常识中反对把理论和实际,把冥索的、反省的类型的人和偏重于行动类型的人、"能干人"即"能够干事的人"对立起来,这有一种经验上的真实性。不过,这是两种实践方式上的不同。一种实践方式是向前推进,砰地关上,先做后想。对于这种方式,事情也许会屈从,就像对于任何强大的力量事情总是会顺从一样。另一种实践方式是小心从事,谨慎留神,明察秋毫。也许在公共场所显得隐蔽、胆怯,而在隐蔽的行动中却是鲁莽的;也许是过于谨小慎微而踟蹰不前,作一些不必要的迟疑犹豫,成为在行动中缺乏效率的哈姆雷特(Hamlet);也许是在当前的迫切需要和长远的后果之间达到了一种均衡状态,在行动中前后一贯并且不断进步。在后一种情况中,发展出一个知觉场,色调丰富而含义精微。当这种情形发展到一定程度,外现的行动就要以它为这个意识场范围的保持和发展所作的贡献来衡量。人生活在意识的层面上,思想指导着行动,而知觉则是行动得到的回报。行动并不是被抑制下去,而只是被调整了。人好像一个科学实验者一样,并不是为行动而行动,既不是冒失地也不是机械地行动着,他是在对一个目的的意识中为了学习的缘故而行动的。理智上的迟疑和保留,通过使活动更为精密和能适应不同的场合而被用来扩大和丰富这个知觉场。

思维过多的人在行动中是无能的,这个看法能从另一种态度中得到适度的纠正,这种态度是用这样的话语来表达的:"没有人能够使你看到这一点,但是如果你没有看到这一点,你就不会改变你的行为;如果你看到了这一点,你的行动就会有所不同。"第一种观念,以为思想使人麻木不仁,这是针对一般的行动而言的,而第二种观念则是针对行动的性质的改变而言的。把第一个命题所涉及的经验推到极端,其结论就是所谓意识的自动论或副现象论。知觉只是附属于能量的机械作用的一种肤浅而不起作用的副产品。如果把另外的那个说法所涉及的经验推到极端,你就会有一种关于意识的原始创造性的主张:意识把对象创造成为它们现在的这个样子。

从经验方面讲来,情况大致好像是这样:教诲、告诫、忠谏以及忠实的思辨的用处或意图,就是要使过去所未曾知觉到的意义为我们所觉察,从而构成关于这些意义的观念。对生活中的纠纷、误会以及妥协的了解,都足以说明实现这个意图的困难。但是,经验证明:只要这个意图达成了,实际上就改变了行为,得到一个新的意义就势必采取一种新的态度。这并不是说,意识或知觉乃是造成这种差别的实体。它的意思只是说,知觉或意识实际上就是在构成过程中的差别。教诲和谴责并不是一种不起作用、徒劳无益之事,其中包括有一种调整行为的技艺。有了这样一番调整,在意义或知觉中就发生了突然的变化。在这儿并没有先后的问题或因果顺序的问题,有意地调整事情也就是改变那些事情的意义。我们现在还很少有或者说几乎没有调整行为的控制性技艺,正是那种技艺构成了恰当的知觉或意识,那就是说,我们还很少有或者说根本没有在原则方面的教育技艺。有机体的态度影响着我们的意识对象和意识动作的性质,而所谓在原则方面的教育技艺即指管理这些机体态度的技艺。

既然在婴儿时期和早期儿童时代,我们主要的精神-物理的协调适应是盲目的,是在黑暗中形成的,那么,它们就是偶然地适应了别人和环境所施加在我们身上的压力。它们并不考虑这些活动在形成习惯和癖好上所产生的后果。所以,意识和行动之间的联系是动荡不定的,如果与低等动物的本能或结构的效力比较起来,具有这种联系也不一定是好事。能量被浪费了、被指向了错误的方向,结果,产生了与我们意图相反的东西。意识是散漫的和偶然的。只有当有机的活动到达了意识的水平时,我们才会充分地觉察到我们正在做的事情。只要我们对待外在事物时的基本的精神-物理的态度还在潜意识之中,而我们有意识的注意力仅仅指向外物的关系,我们对于外在情境的知觉在其根本上就会陷于颠倒错乱和腐朽无能的境地。当我们开始反省时,我们才觉察到在意识和行动之间显然是脱节的,而上述的那种事态就是这种明显的意识和行动脱节的根源。这两者之间的联系是在我们的态度之中的,当这些联系尚未被觉知时,意识和行为在我们看起来必然是彼此独立的。因此,就会有把意识与自然的事情孤立开来的在经验方面的理由了。当意识和自然的事情之间这样两相分隔的时候,有些人就会说,意识乃是事物的屈从的和动荡的阴影;另一些人又会宣称,它是事物正当的创造者和主人。像这样断定,意识就是当事物通过有机体的活动正在经历有目的的重新调整时所认识到的意义,似乎缺乏充分的经验证据。

还需要留意和解决使读者感觉到麻烦的两个困难。第一,我们认为所知觉的东西乃是意义,而不只是事情或存在。以上的讨论显然是以此为基础而进行的。在这一点上,这里所提出的见解是与古典的学说一致的。按照古典的学说,知觉、领悟所掌握的是形式而不是物质。我相信:如果我们正确地理解了这个观点,就会认为这个观点本身是合理的。古典学说中的错误在于它所伴随着的一个假定,即凡是知觉都是内在地具有认识性的。第二,把意识和知觉上的觉察等同起来,这是与晚近心理学和哲学对这个词的用法背道而驰的。在晚近的用法中,知觉仅限于对当前在"实在的"空间上所发生的事情的领悟(通常总是有效的)。然而,此争论点不仅是一个用语是否适当的问题——关于这一点,如果要去争辩,那是可笑的。这其中包含有这样一个信念:对于当前存在的事物的知觉和其他的意识的样式,如情绪、思维、记忆、幻想和想象等,有内在的差异。因而我们必须明白地加以说明,这个信念和我们适才所叙述的见解是矛盾的。按照我们所陈述的那个见解,每一种觉察的方式——它是不同于"感触"的——在其直接的存在中,完全属于同一类的东西,即对于事情的意义所进行的一种重新改造的工作。这意味着说:对当前"实在的"事物的觉察和对不在眼前和不实在的事物的觉察之间的差别乃是外在的,而不是意识所固有的。后面的讨论将会揭示这两点乃是彼此密切联系着的。

当我们否认我们意识到事情的本身时,这并不是说我们没有觉察到对象。对象明明白白就是我们所觉察到的东西。因为对象乃是具有意义的事情：桌子、银河、椅子、星辰、猫狗、电子、鬼怪、人马、历史时代，以及无穷无尽的在我们的言谈中用的普通名词、动词以及形容词所指的各种各样的内容。意义和意识的联系是十分密切的，以至于如晚近一位富有创造性的天才思想家曾经做过的一样，把意识分解成共相之间的许多关结、交点或复合体，①是没有多大困难的。

然而，如果把事情也分解成这一类的结合物，那就会产生严重的困难。在这儿论及这个问题并不是为了要进行辩论，而只是为了指出，把所觉察的题材和意义或者至少和共相等同起来（所谓共相，其简单的题材如颜色、声音等，复杂的题材如植物、动物、原子等，显然与意义是相同的），在这一点上，实在论者所提出的理论比我们还要更进一步。使特殊的存在物消逝而变成许多共相的结合，这至少是一个极端的措施。而我们现在的主张是坚持这种常识性的信仰，即共相、关系、意义乃是属于存在物的而且是有关于存在物的，但存在物的组成因素却不只是这些。同一个存在的事情可以有无数的意义。因此，有一个存在物，因为这时候其最突出的意义就是"用来在上面写字的东西"而被指认为"纸"，但由于我们也知道它在各种各样的交相作用联系中所具有的各种重要后果，因而同样具有许许多多其他很明显的意义。既然联合的可能性是无穷无尽的，而且既然它们所具有的任何后果在某一个时候都可能是重要的，那么它的潜在的意义也就是无穷无尽的。它是一个可以点火之物；它是雪白的东西；它是由木屑纸浆所制造的；它是为了牟利而制造的；从法律的意义上讲来，它是一

---

① 霍尔特（Holt）：《意识的概念》（*The Concept of Consciousness*）。

笔财产；是可以用化学的一定原理来说明的一个混合物；一件物品，它的发明曾经使人类的历史有了巨大的转变，如此等等，以至无穷。在每一个可以想象的谈论的领域中，它都很重要，而且具有它自己所特有的意义。如果我们说，具有所有这些不同意义的东西毕竟还是"纸"，归根结底，我们只是说，所有这些不同意义都是共同涉及同一个存在物，都归结到同一件事情上面。实际上，我们是在说，这个存在物平常在谈论中的标准意义是纸，但它也还有许许多多其他的意义。其实，我们是在说，它的存在并不仅仅是纸，尽管纸是这个存在物在人类的交谈中所具有的最通常的意义。

鬼神、半人半马的怪物、神灵、特洛伊的海伦（Helen of Troy）①、丹麦的奥菲丽亚（Ophelia of Denmark）②、及肉和血、马匹、南丁格尔（Florence Nightingale）③和居里夫人等事物具有同样多的意义。这句话并不是一个新发现，它只是同义反复而已。但当它的含义被改变时，就似乎是可怀疑的了。如果我们把这句话当作指明"由于它们都是属于事情所具有的意义，它们便都属于同类的意义，它们在涉及外物时具有同等的效用性"，那么，这句话便似乎是有问题的了。对于一个鬼怪的知觉并不意味着移动时就占有空间的一个微妙而不可摸触的形式，但不能因此就说：它不可以意味着某些其他存在着的事情，例如神经错乱，一个宗教上的泛灵论传统，或者如《哈姆雷特》剧中的东西，它并不意

---

① Helen 是希腊神话中所叙斯巴达王 Menelaus 的王后，因她被 Paris 所拐去而引起了特洛伊战争。——译者
② 奥菲丽亚是莎士比亚的《哈姆雷特》一剧中的女主人翁。——译者
③ 南丁格尔（1820—1910），英国的女社会改良家，红十字会的创办人。——译者

味着把一个移动着的事态的意义加以扩大。构成一个剧作的这些存在着的事情都有它们自己所特有的意义,但它们的意义并不因为其具有戏剧性而在认识上没有根据就减少了。同时,当有些人秘密地集结在一起计划一个阴谋时,我们并不能说因为这些计划还未曾执行,这些计划所具有的事件上的意义就少一些。即使这个阴谋已经失败了,这些计划仍然具有事件上的意义。

我们说,对于一匹马的知觉在客观上是有效的,而对于一个半人半马的怪物的知觉是幻想的和神话的。这个命题并不是说,一个是自然事情所具有的意义而另一个则不然。它是在指明:它们乃是涉及不同的自然事情的意义,而且如果我们说它们是属于同样的事情所具有的意义,那就会产生混乱的和有害的后果。如果有人认为,对于现在在我们面前的一匹马的意识和对于一个半人半马的怪物的意识,乃是不同的知觉或不同的觉察状态,这个观念是内省心理学所造成的有害后果。内省心理学把对象的关系当作好像是一个直接的题材所具有的内在性质,而忽视了其中也涉及对未曾知觉的事情的因果关系这个事实。对于马的知觉在认识上是有效的,而对于人马怪物的知觉在认识上是无效的,这并不是指两种知觉之间的内在差别——这种知觉的内在差别是可以通过对这样两个觉察状态本身的考察而加以证明的。这是一件有关于因果方面的事情,而当我们考察具有意义的事情的前因和后果时,这两者的差别就会显示出来。

换言之,断定知觉、相信知觉以及单纯拥有知觉,它们之间的区别是一种外部的差别。信念、断定、认知性指称从来不是单纯直接性的东西,而是附加的东西。真正相信人马怪物的意义就是说:具有这种意义的事情在某些方式之下,跟其他现在尚未被觉知的事情交相作用着。既然相信人马怪物和马一样具有同类的客观意义,而这种信念系指我们期望得到同样的效用和后果而言,那么在它们之间有效性的差别就是外部的。这种有效性的差别只有通过对这两方面发生影响后所获得的结果,才能被揭示出来。对人马怪物意义的觉知是幻想的,这并不仅仅因为它一部分的条件是在有机体以内。任何知觉的条件,无论是有效的知觉也好,是无效的知觉也好;无论是科学的知觉也好,是美感的知觉也好,总有一部分在有机体里面。它是幻想的,也不仅仅是因为没有适当的存在前提。在这两种情况中,我们都可以指出它的自然条件,以及在生理方面、物理方面和社会方面的条件。但是,既然在这两种情况中的条件不同,其后果也势必不同。在拥有意义之上,认识、信仰总包含一些外在的附加的东西。

  知识从来就不是单纯直接的。我们说对一匹马的知觉是有效的,而对一个半人半马的怪物是幻想的或错觉的,这个命题并没有指出有两种彼此内在不同的觉察方式。它所指的是有关于原因方面的事情,这就是说:虽然这两方面都各有其适当的先在条件,但在这两种情况中特有的原因条件肯定是各不相同的。故而它也是指有关于后果方面的事情而言。这就是说,对于这两方面的意义所采取的行动就会表明(就会使我们明白或觉察),它们将有这样不同类型的后果,以致我们应该在很不相同的方式之下来运用这两种意义。行动和后果这两方面都是在原来的知觉之外的,这两方面都是需要努力去寻求和验证的。既然在这两种情况中的条件确是不同的,那它们的活动过程也不相同。那就是说,它们属于不同的历史过程,而关于一定事物所属的历史方面的事情就正是与认识有关的问题。有意识的或被知觉的事情本身就是许多先在条件的一个后果。但是,如果这个被意识到的或明显的(明白的、中心的)后果乃是这些条件所产生的唯一后果,如果除此之外并没有其他还不明显的后果,我们就没有办法告诉人们一个知觉是属于哪一系列的事情顺序的;而且,也没有办法决定这个知觉的有效性或它在认识上的地位。我们之所以可能区别这两个观念在认识上的价值,乃是因为产生一匹马的知觉的先在条件除了产生马的知觉以外,还有许多其他不同的后果(产生人马怪物那个观念的条件也是如此)。由于我们发现了它们各自所属的一些不同的历史事情,就能把它们在认识上的重要意义区别出来。我们可以顺便地说一句,谴责唯心主义最主要的理由就是它们没有认识到这个事实,唯心主义的认识论把它和直接意识等同起来。如果有一个包罗一切的意识存在的话,它就是一幅美学意义上的舞台布景,或是有趣的或是乏味的,但却没有可以想象的认识上的意义。

我们说,一个知觉是具有认识作用的,这也就是说,它是被运用的。它被当作一个记号,标志着某些条件。它除了产生这个知觉以外,还隐含着一些其他尚未知觉到的后果。我们说,一个知觉在认知上是真的,这就是说,在积极地运用它或对待它之后,跟着便发生了一些后果,而这些后果能够跟那些在被知觉之外的其他后果十分贴切地互相配合。如果我们发现一个知觉或一个观念在认识上是无效的,我们就是发觉了对它采取行动后所产生的后果跟这个知觉的原因所产生的其他后果纠缠不清,而不能与它们和谐地协调或配合。科学研究的专门技术可以被定义为包括了这样一个工作程序:它使我们有可能知觉到这两套后果后来到底一致还是不一致。因为经验证明,在这两者之间可能存在着很大的区别，然而对于这个区别冲突，我们却没有知觉到，或者把它解释成无关紧要的事情而抹杀了它。

常识没有多少机会去区别单纯的事情和对象，对象就是具有意义的事情。无论如何，事情总是在这儿而且活动着。我们所关心的，乃是对于它们的可能性在期望、信仰、推论中所表达出来的意义。在通常生活中最接近这种区别单纯事情和对象的情况，就是当我们遭遇到某种无情打击的时候，我们被迫要进行解释，要赋予这件事情以意义，那就是说，要把它变成一个对象。这类情境对于事情和对象之间的差别提出了直接的经验上的证据，但是常识并不需要把这种差别作为一个区别而陈述出来。无论如何，事情总是有效果或有后果的。而且，既然意义就是在这些后果实际发生之前对这些后果的觉察，那么反省的探究把一个事情变成一个对象，就等于把事情由于（人们通常遭遇打击时）归咎于它而已经具有的意义发掘出来。人们或许会说，常识的本质就是把可能性当作已有的现实。既然常识的兴趣普遍地是在实践方面的，倾向于求得结果，因而在任何特殊情况中就没有留意它的这种倾向（把可能性当作已有的现实的倾向）的必要。从常识上看来，后来所产生的结果就是现前情境的"实在"。

但是在哲学的讨论中，情况却不是这样的。哲学必须充分地注意到：反省的任务就是把自然而然发生的和自然而然地影响我们的事情，借助于指向这些事情可能发生的后果所进行的推论，转变成为对象。对象就是在考虑之中赋予事情的意义。如果不是这样的话，哲学就会走入一条没有希望的绝路。因为，除了把事情和对象加以区别以外，就别无他法把认识上的意义和美感上、文艺上的意义区分开来；而在认识的意义之内，就无法把有效的意义和无效的意义区别开来。在这方面无法区别的结果,可以在关于梦境、幻想和错觉之发生这类在认识上固有的一般问题的讨论中看出来。这种在认识上固有的一般问题与在科学中确定它们的先在条件和后效的问题是不相同的。因为如果把一切的知觉或觉察的形式都认为内在地具有认识上的意义,而知觉是"实在"的影像或记号,知觉似乎就是去发现它们所涉及的这个"实在",那么就要强使梦境等也必须符合这个假定。如果在事情和对象之间加以区别,那么,梦境的对象就是梦境的对象,它是具有某一类意义的事情;而科学的对象就是科学的对象,它是具有另一类意义的事情,而这一类的意义包含为梦境对象所未包含的一种外来的、附加的功能。

唯心主义认为,事情本身就是由意义组成的,这种主张和常识有着极端的分歧。如果我们说在存在和所论及的对象(无论是认识的、美感的或道德的对象)之间是有区别的,那么,哲学就不会跟常识有那样极端的分歧了。这样的哲学也不像在认识论的实在论中所看到的那样,跟常识发生分歧。实在论认为,心灵是与赤裸裸的存在直接发生关系而没有意义参与其间的。哲学只需去陈述、说明挑战思维的事件和解决挑战因而拥有意义的事件之间的区别。它只需留意在享有、存在和遭受中单纯发生的事情乃是对于思维的挑衅和诱导——寻找和发现不明显的联系,因而当有了对象出现时,思维便停止了。所谓有了对象出现,就是说,一件激起思维的事情通过它和某些外在的但有联系的事物所发生的关系而具有了一些稳定的意义。

这句话里所包含的事实,并没有什么新的东西。知识的对象是形式而不是物质,这是古典学说的基本原理。而且还有许多其他的学说,虽然它们在名义上强烈地攻击存在本身并非知识之对象这个说法,但却以一种令人难以置信的形式包含这些基本的事实。如果我们反对这个命题,即我们在心理上乃是涉及具有意义的事情而非事情本身,而同时又欢迎另一个命题,即感觉和被称为影像或观念的感觉丛乃是一切意识的直接对象,这就好像是为了消除蠓虫而吞下骆驼一样①。因为如果所谓感觉(感觉所与)不仅是感触中的震动,而且是一些具有一定性质的、可以涉及客观事物的东西,那么感觉就只是意义中的一种。它们是这样的一类意义,这些意义体现着精细的实验探究在寻求因果条件和关系时所获得的成熟结果。这种探究依赖过去所具有的意义体系,关于光、声等的物理学的理论,以及关于神经结构和功能的知识。

这种把感觉意义当作首要之物的假设,乃是空想的。它们只是在逻辑地位上才是优先的:只有当它们被用来验证和证实有关事实的推论而不是作为历史的起点时,它们才是优先的。因为虽然平常并不需要把这种对理论推演的考核和检验一直追溯到不能再还原的感觉所与,如颜色、声音等,但同时这些感觉所与却形成了在审慎的分析证明中所达到的一个限度,而且在一些紧要关头必须达到这个限度。把这些后来的具有审核作用的意义转变成在存在上的基本所与,这只是注意事情结果这个主流思想,再加上那个变功能上的任务为一种先在的存在的谬误的另一个例子而已。感觉所与乃是这一类的不可再予以还原的意义,它们是用来证实和改正其他意义的。我们实际上是从比较粗糙而包含

---

① to strain at a gnat and swallow a camel 典出于《马太福音》第 23 章第 24 节,意即只见小的而未见大的。——译者

比较广泛的意义出发的,而且只有在我们运用这些意义遭到失败的时候,才开始去发现那种以感觉为特征的最后的、比较坚实的意义。

　　主张觉察内在地具有认知性的指称和内容的这个学说,在思想史上曾经采取多种多样的形式。其中有一种形式主张知识就是认可(recognition),这是值得特别注意的。主张认识的活动总是一种认可或留意这个观念,一定会引起误解。从思辨上讲来,它使得创造性认知活动不再可能,它要求具有这个观点的人必须具有一种柏拉图式的对于永恒世界的先验直觉。然而也不难看出,这个观念是怎样出现以及获得人们信任的。认可,即被指认和被区别出来的意义,乃是有实效的经验所不可缺少的条件。它是成功的实践的先决条件。除非这个我们在其中采取行动的情境具有一种为人们所留意的突出特征,否则,我们对于自己的行为就会茫然不知所措。它是认识活动的先决条件,因为如果没有被我们所认可的意义,我们就没有认识事物的凭借,我们就不能确定探究时所必须采取的方向,或探究所应针对的范围。但是,认可并就不是认识,这个词的含义就表达了这个意思:是再认识,这并不是说把认识活动再重复一遍;而是说,在这里包含对一个意义的暗示,这个意义是前一个经验所结束的地方,又可以作为进一步的活动的工具。

　　大部分的认识论把知识界说为一种直接的留意,这些理论似乎是建立在混淆两种大不相同的活动的基础上的:一种活动是留意,即根据尚未显明的后果去留意这些明显的后果;另一种活动是回忆起以前已经认知的某一个东西,而这个东西此时在被用来从事真正的、推论的认识。认可就是在另外一个情境中所断定的

第八章　存在、观念和意识　　297

意义的复原,再加上一种熟悉感、一种直接的欢迎或厌恶感。我们重游童年旧地所得的经验,再加上熟悉的情景所激起的情绪上的反应,便是一个说明认可的事例。一位重视实践的人是承认这种认可的,他谦逊地留意着存在的特征,而这些特征是这个重视实践的人在计划他的行为时所必须估计在内的。认可就是一种见面点头的情况,这种点头或者是出自自愿的诚意,是出于迫不得已的尊敬,但并不是一种认识活动。

还有一种学说,把"熟识"(acquaintance)当作认识的基本方式而把"熟识-认识"当作完全直接的。熟识在经验上不同于对于一个东西有所认知,也不同于知道一个东西是怎样的。它是真正具有认识作用的。但是,它有它本身的特点,因为它所包含的不仅仅有一个被我们所识别出来的意义。这包含有期望,而期望是涉及外在的事物的;它包含一个判断,即确定熟识的对象在与其他事情发生联系时将起着什么作用。和一个人很熟识,至少就是如俗语所说的"对他一见便知"(know him by sight)。熟识这个人,就是利用一个为目前所见所制约的意义去对一些尚未见到的事情作一个假定:这个人除了在刚才他被看见时所处的环境以外,在另一些条件下将有何行动。熟识一个人,就是对于他的行为的一般框架进行预测,它是对性格的洞察。而洞察不同于观察:洞察意味着运用观察去推论尚未看见的东西。它不仅是意义的出现。在熟识和"有所认识"(knowing about)或"认识一些什么"(knowing that)之间的差别是真实的,但它并不是两类不同的认识,似乎一类是直接的而另一类是间接的。这种差别乃是关于反应的伴随物、环境和样式方面的事情。熟识的特征具有较大的亲密性和直接性,但这种亲密性和直接性是在实用方面和情绪方面的,而不是在逻辑方面的。熟识任何一种事物,就是对于它的后果有一种预期;而这种预期便构成了一种随时准备采取行动的状态,能够针对有关的事物所可能发生的任何变化进行充分的准备性调整。对于这个事物有所认识(knowing about)就是具有这样的一类知识,这种知识在某些进一步的条件尚未具备之前并不转变为直接反应。直接准备行动的状态包含一种共同感,延迟的准备状态则有一种超越感。在熟识中有一种和熟识的对象共同参与在一个情境中的直接情感,这种情感是同情的还是反抗的,这要看准备状态所采取的方式是倾向于它的,还是去阻止它的。当一个人对于他所知道的一个历史人物或文艺作品中的人物能够在想象中预见到他未来的行为,而且也戏剧性地共同参与其中时,认识就变成熟识了。关于地球是圆的这种知识,当它在某种经验的联系中,如我们平常所说的,使我们亲切地感觉到它或对它有一种"实现了感觉"的时候,就变成熟识了。因此,熟识并不是在"关于什么的知识"和"知道什么"之前的一种认识方式,而是标志着认识达到充分的感知和效能的一个较后的阶段。

因此认为知识就是熟识、认可、定义和归类的这些学说,正因为它们完全不是刻意地出现的,所以就愈能证明,我们所知道的不仅是事情而且是具有意义的事情。肯定说知识就是归类,其实,这就是肯定说:类、特征已经覆盖、胜过了赤裸裸的事情和存在。如果我们说,所谓知道,就是下定义的意思,那么,我们就承认了在有知识的地方显然就有共相。主张说认识就是认可,这也就是承认:与其说存在是中心的,毋宁说类似点、关系是中心的。而且,熟识任何东西就是觉察到:它近似什么,它似乎要在怎样的方式之下进行活动。这些特点、特征、类、种、共相、近似等都是属于意义领域以内的。所以,把它们当作知识的组成部分的这些学说都承认:具有意义乃是认识的一个先决条件。这个普遍必要的先决条件是隐约地出现的,它使思想家们忽视了知识所具有的这个具体的特点——采取、使用、反应于相关意义的一种特殊的动作。那个奇怪的传统的"分析"心理学派主张,一切的认知都是感觉和意象的混合或结合,这是对于同一结论的再一次证明,"结合起来的意象"就是具有意义的事情的一种转弯抹角的说法。

最后,知识即静观(contemplation)的这个见解也可同样予以说明。静观就是有意识地占有意义,津津有味地观望着它们,好像沉溺在其中似的全神贯注地观看着它们。这一个名称代表着一种对有意义的特征的知觉,再加上一种对附带的美感情绪的强有力的暗示。本书和本章会提出这样一个假设,即如果不根据事物的意义公开地采取和运用事物,就不会产生认识。像这类的假设曾经被人攻击,认为它过分地使人忙碌,而忽视了静观的妙处。不错,静观当然有它的地位,但当它是终极的而成为一个结果时,认知就退出了这幅图画,所见到的就是属于美感方面的了。这也许比认知更好一些,但是更好一些却并不能作为理由,把两种不同的东西混淆起来,从而把属于美感对象的特征说成是认识所具有的属性。忽视静观的美感(即静观的魅力),在认识论方面所剩余下来的就是:在把意义用来作为使现在晦暗隐蔽着的意义呈现出来的手段之前,必先占有这些意义。如果允许我只请一种历史上的学说到证人席上来证明:虽然没有对意义的觉知就绝没有认识,但占有意义而把它们当作好像碎糖片似的默然含在嘴里,这也不是认知,那么,我一定邀请"认识即静观"这个令人可敬的主张来作见证。

这个学说里面所包含的另一困难在前面已经提过了,这个困难包含在这一事实中,即近来的一些学说限制了知觉的含义。按照旧的用法,知觉系指任何的觉察,任何的"所见",无论所觉察的东西是对象、观念、原理、结论或其他一切都可以。在晚近的文献中,它平常仅限制于"感官-知觉"(sense-perception)。在字义方面的争论只是辞典编辑方面的争论。于是,当前有关的分歧关注的不是对一个字的用法是否适当,它关注的是当前这样的限制性用法中所内含着的或通常有所关联的事实。这类的含义有二:第一,存在着这样一种意识或觉察的方式,它是原始的、最初的、简单的,而它又是直接和内在地涉及知觉时在空间上独立于有机体之外的事物的。第二,知觉这样直接涉及外物的情况,原来而且它本身就是具有认识作用的。现在我们所提出的这个学说在反驳这两个含义时说:以听知觉和视知觉的形式出现的觉察,只要当它具有认识作用时,就与在物理科学中所发现的任何命题一样,乃是一件和推论判断相关的事情,乃是一种采取和使用意义的方式的事情。

关于这一点的论证,就其一般的特点而言,和刚刚讨论的论点有同样的结果。但是,如果我们把讨论限于在空间中的当前对象的知觉所特有的事实特性,指明当这些知觉具有认识作用时,它们不是原始的、淳朴的觉察,而是关于觉察状态的一些特选的和精巧的事例,这样,我们就可以避免重复而加深讨论的专门性。现在流行的学说认为,在从外缘开端的觉察和从中心开端的觉察之间是有区别的,这个区别是这个学说的出发点。从外缘开端的这种情况,乃是说明所谓"知觉"这类活动的一个独特标志。但是,知觉的到来并不会注明说"我是由一件另一些物体在我身体的表面上引起的事情所产生的"，或者注明说"反之，我也只能在一种与表面变化有间接联系的体内事情中产生出来"。这种区别乃是由从事分析和归类的思维活动造成的。这个事实就足以使我们怀疑有些意识方式原初地、内在地就是"感官-知觉"的这个说法。

再者，在身体的表皮和内部之间也不是绝对分开的。当我们这样区分的时候，它就立即需要加以说明。事实上，并没有完全从外缘开端的神经过程这样一回事。内部的条件，如饥饿、血液循环、腺液功能、过去活动所遗留的痕迹、原已存在的一些通达的和阻塞的神经联系，以及许许多多其他机体内部的因素，都共同决定着一个从外缘发生的事件。而且在外面的刺激一旦发生作用之后，它以后发展的过程实际上是受体内所发生的一切事情的影响的，而不是自我决定的。一个"感觉"或外缘的兴奋作用，或刺激，像坐着一辆四匹马拉的专车，没有干扰地在一种孤立的情况之下，以其纯粹的状态进入了大脑或意识，这完全是虚构的。一个特殊的兴奋过程，只是从外缘和从内感受器中同时发生的一连串兴奋过程中的一个片断而已。它们之间是彼此竞争的、相互妥协的，这实际上乃是许多复杂力量的一个统一体。

所以，要想鉴别一个外缘刺激的确切地位和性质，而且要想把它的发展过程追溯到它能使活动得到重新适应因而能有知觉的那个关键的位置，这需要高度专门的科学工具。"外在的起源"标志着我们对于事情所进行的一种解释，标志着我们所进行的一种在科学上有效的和重要的鉴别；但是它作为一种原始的所与，其性质和猎人座上流光星的光谱是一样的。同样的论点也可以用来说明那种相当于从中心开端的过程的"意识"。根据专门的分析得到这种区别而假定有多种截然不同的觉察方式,这种假定乃是我们所可能见到的"实体化"的主张中最显著的一个例子。主张某些类型或某些形式的意识内在地在理智上或认识上要涉及存在于空间的事物,这个学说只是主张知识即对实在的直接掌握的这个传统学说,披上了晚近生理学术语的外衣而已。虽然它被提出来,好像它是由生理学和心理学的研究所确立的似的,其实,它是一个在理智上考试不及格的学生,它是从许多未经批判考察的早期学说中随手拾来的一种见解。生理学和心理学只是提供了一种词汇,用来装饰一种不合理的残余思想而已。

找出眼睛或耳朵或皮肤或鼻子的外缘刺激,无论是较为简单和通俗一类的,或是较为复杂的神经学一类的,这是属于核对一个观念所涉及的特定外物的一种专门技术,是去发现这个观念是涉及一件过去的事物,当时的事物或是未来的事物,抑或它只是与意愿和情绪有关。即使是这样,对于刺激和来源方式的确定,也是第二性的和派生的。我们并不是因为我们直接认识到产生我们知觉的外在来源而相信有一个事物在那儿,而是因为我们顺利地参与了刺激反应的运动过程因而推论出我们感觉器官所具有的某些外在的刺激作用。只有当我们不能参与那个刺激反应的过程时,我们才回过头来检验关于感觉刺激方面的情况。当我说我现在意识到有一台打字机,认为它是感觉刺激的来源时,只是间接和含糊地陈述我在积极地使用这台打字机来产生某些后果的这个事实,因而我所觉察到的,乃是这些后果以及用来产生这些后果的这台打字机的各个部分和这些后果的关系。事实上,我们从未知觉到我们在某个时间中正在对之反应的那些外缘的刺激。

认为这些刺激乃是简单的、原始的知觉所有的适当的、正常的对象，这个见解如我们适才所说的，乃是心理学家们未加批判地接受的一个旧的逻辑上和形而上学上的教条。在科学的心理学中，它既没有根源，也没有证明它的理由。我们觉察到的，仅仅是激发其他反应而不是正在进行的反应的刺激。当我们分析我们所进行的全部动作以求发现它们之所由发生的机制时，我们才觉察到它们。觉察到一个涉及行动的视觉或听觉刺激意味着，我们现在明白了一个有机的变化乃是这个行动所用手段中的一部分，因而它的结构和机能是否健全乃是有效地从事这个动作的先决条件。例如，平常我并没有理解按琴键时所发出的声音，所以便只能不规则地乱弹或乱按琴键。如果我受过一些训练，或者在从事这个动作时比较聪敏一些，我就应该会听见这些声音，因为它们已不再只是一些刺激而成为指导我的行为达到后果的一个手段了。由于我还未学过"琴键按指法"（touch-method），当我按琴键时，我对触觉性质的觉察是间断的和有缺陷的。这里涉及手指在生理上的刺激，而它是我的运动性反应的一个条件，在这里并没有对于"感觉"接触或感觉所与的意识。但是，如果我利用我的触觉体会作为正确从事书写动作的手段，我就该觉察到这些性质。我们对手段的使用愈是广泛和自由，我们的感官知觉的范围就愈大。

在当代的心理学中，通常都会认为或假定所观察到的性质就是刺激所具有的性质。这个假定乃是前后倒置的，所观察到的性质乃是那些伴随着对刺激的反应而来的性质。我们从观察中（而不是从推论中），仅仅觉察到已经成为事实的事情。我们能够知觉到已经在那儿的东西、已经发生的事情。从描述讲来，一个刺激并不是一个知觉对象,因为刺激是跟反应相关的,而在反应尚未发生时它是尚未确定的。作为一件认识的事实,我并不是在怀疑一定的事物乃是视知觉和听知觉的刺激物。我是在指出:只有根据我们对刺激的反应以及这种反应所产生的后果,才觉察得到这些刺激。至于刺激不可能是知觉之对象的论证,这当然是属于思辨方面的。像一切的思辨论证一样,如果它遭遇到了相反的事实,这个论证就是没有说服力的。但事实是一致的。我在白纸上写黑色的字,纸的白和字的黑,在我所正在进行的动作中是一直起着作用的刺激物。但同样明确的是,它们通常并不是我们所知觉的对象。如果我曾经时时知觉到它们的话,这乃是由于过去的反应,而它们乃是这些反应的后果,而且因为需要运用这些已经达到的后果作为进一步动作的手段。在实验室中,正如在画家的画室中一样,颜色乃是特定的知觉对象。但是当它们被知觉时,它们只有从有所预示方面讲来,并且在转换了一个语言领域的情况下①才是"刺激物"。在此时此地所知觉的颜色,作为机体适应于颜色以外的其他刺激而产生的后果,在接下来的情境中,它又会刺激其他行为模式。当它仅仅是一个刺激时,它乃是无意识的;当它是一个被审慎地利用的手段时,它就是有意识的了。

  当颜色为我们所知觉时,这是为了要画图,或是为了在选择衣料时或在估计一张糊墙纸色调的调和价值时要配合颜色,或是为了根据一条光谱线去决定一种化学物质的性质。它意味着说,

---

① 这个转换在这样一个事实中是明显的,即把刺激物叙述为振动或电磁振动等。这时候,振动并未被观察到,但同时颜色这个后果及其所产生的协调状态,却在直接的意识之中。

为了形成或产生这样一个能活动但又不为人所觉知的刺激,我们要用这种方式进行反应。但是与此同时,在意识中,它是产生所向往的后果的动作所采取的一个手段。这个颜色将被采用吗?这一块特殊的衣料或这张糊墙纸符合我们心目中的目的吗?当这些问题得到解决时,便得到了一个最终的刺激。这时候所知觉到的,或者是某种进一步的后果,或者是作为新的景况中的手段的后果,如穿上这件衣服或糊上这张花纸等。对刺激的意识标志了一种探究的结果,而不是一个原始的材料,所发现的并不是对于那个动作的刺激,而是对于某些其他过去的或未来的动作的刺激,而且它标志了把事实上的刺激转化成可能的手段。刺激的问题乃是关于存在上的因果问题,而且,如果人们已经明白了休谟的学说,或者我们自以为学会了他的学说,那么就应该觉察到,任何有关因果方面的事情总是涉及某些外在的、通过研究和推论可以达到的东西。

所以我们断定说:虽然"知觉"一词可以只限于指对当时影响机体器官的对象的觉察而言,但同时却没有任何根据来支持平常伴随着这个词的旧有意义而来的一个假定,即感官知觉具有内在的特性或性质,使它自己与意识的其他形式区别开来。更没有理由来证明这样一个假定:把这种知觉当作基本觉察的原始形式,而其他具有认识作用的意识形式乃是从其中发展出来的。反之,感官知觉的意义乃是专门辨别出来的觉察对象。这种辨别活动产生于对前因和后果的探究过程之中,之所以需要探究,乃是因为有必要去发现为了恰当地适应一个情境的要求而应该采取的行动或应该发展的一个反应。当探究揭示出一个在有机体以外的对象现在正在起着作用而且影响着这个有机体时,对外现的行动的需要就被建立起来了,应该采取哪一种行动上的反应就要被证明。知觉的意义(感官知觉)不同于其他的意义,或者在于,对于后者,我们不能现在或立即采取外现的行为,而只能迟些时候,当已经产生了现在还没有的特殊条件的时候才能行动,这是概念的意义;或者在于,后者乃是这样的一种意义:在任何时候,我们对它们所采取的行动都必然属于戏剧性或文艺性或游戏性之类,这是非认识性的意义(non-cognitive meaning)。在生活的早期时候,行为中的必然性就严格要求把立即需要的动作和那些仅仅在晚一些时候才合适的动作区别开来。然而作这样的区别,且使它成为一种精细的区别,却需要不断地探索和发现,而不像传统学说所假定的,是一件原始的和现成的事情。

因此,我们再回到以前的那个陈述,即离开了运用和历史方面的考虑,在有效的意义和在幻想、愿望、恐惧、回忆中发生的意义之间,是没有什么原始和内在差别的;从它们对事件的关系方面讲来,它们内在地都是一样的。这个事实也包含了对内省派进行谴责的要点。① 或者内省主义的学说采取一种思辨的形式,如在"笛卡尔-斯宾诺莎"的逻辑实在论中所肯定的:某些概念意义或观念本身就具有自明之理、清晰性、适当性或真理;或者它采取一种比较平常的形式:把呈现在意识领域中的事物视为具有内在特性的,这些特性可以通过直接的视察识别出来,因而也可以用来把事物称为是属于感官方面的、知觉方面的、概念方面的、想象

---

① 这并不是说,所谓反省的观察从来未曾产生过什么结果。这确是在说,在这样的情况之下,这种工作程序与理论上对直接视察所下的定义是不相符合的;而在这种工作程序中所包括的,乃是对当前尚未直接呈现出来的事物的关系进行探究所得到的结果。

方面的、幻想方面的、回想方面的、情绪方面的、意志方面的等等。在原则上,这两者之间是没有什么区别的。这是说,在每一种情况之下,归类的基础总是外在的,它必须依赖于对产生的条件和未来的行动的研究,而且这种研究进行起来通常不容易。这些名称乃是解释,而且跟一切的解释一样,只有当它们是受关于远处的、外在的事实的广博而准确的信息所控制时,它们才是适当的。说内省主义——在逻辑范围上比所谓内省心理学还要广泛得多——是把知识当作直接的掌握、直觉、静观、占有的古典学说的最后一个顽强的基地和堡垒,这个说法也不算过分。而那些曾经被批判过的观点之所以重要,也是由于这个事实。在它们被批判之前,在这个认为感官知觉、幻觉、梦想、愿望、情绪的对象意义之间具有直接内在的差别的假定被抛弃以前,观念和存在的现实关系必然始终是晦暗而混乱的。

如果有人注意到生理学的研究对于心理学家的洞见所产生的影响,他就似乎势必会得到这样一个结论:这些影响可能是巨大的,但实际上它们所包含的大部分只是把旧形而上学关于心身关系的问题加以强调和突出,只是使得那种平行论的倾向更为加强而已。其理由是:人们未曾按照它的真实内容来应用它,它们是我们的科学资源重要的一部分,与一般意义上的理智行为相关,在特定意义上也与对各种意义的区分有关。例如,把这个和那个观念的存在区别为起源于内心的和起源于外缘的,而把这种区别用来作为决定这些观念在认识上的有效性的技术的一部分,这是一回事;而假定观念和意识内容本身就具有内在的区别(所以是可以直接观察或内省的),问题只是简单地找出它们的区别在生理学方面相等同的部分,这却是另一回事。如果我们认为,意识的方式本身就业已分别成为感官的、知觉的、概念的、想象的、回想的、情绪的、意愿的(或者说,可以通过直接观察而这样区别出来),那么,生理学的研究就只是去寻求成为这些差别的基础的、在机体或神经上各种不同的过程而已。结果乃是使传统的心身问题变得更加严重起来。平行论的主张,既不是一个科学发现,也不是一个科学的设定,而只是对原有心理学上现成的区别所作的一种陈述,再加上关于这些区别的发生在物理存在方面的条件的一种比较详细的知识而已。

如果把这个问题说成是一个关于如何通过有关行为机制的知识去对行为进行较为适当的控制的问题,情况就完全不同了。我们应该怎样对待一个特殊的意义:把它当作推论的坚实的数据,把它当作与现有条件无关的习惯所产生的一个后果,把它当作愿望的一个事例、希望或恐惧的一个后果、某些过去的心物不协调的一个标记,或者还是用其他方法来对待它呢?像这一类的问题是生活指导方面的迫切问题。如果我们要想获得如何控制我们自己行为的方法,类似我们在控制热和电、煤和铁时所获得的那类方法,就必须设法回答许多问题,而上述这些问题乃是属于这一类问题的一些典型例子。在处理这类问题的技术中,有一部分不可缺少的工作,就是要去认知我们的意义,以及我们采用这些意义的方式在机体上的条件。原则上,在神经学的研究与那些使一位天文学家能够在他的语言领域内决定某些观念的地位和重要性的天文学研究之间,是没有什么区别的。生理学的研究和天文学的研究一样,并不包括一个特别的心身问题。它们的题材是客观事实思想的一部分,能扩大和支持推演性的结论。但在具体的题材上,生理学研究有特别之处,因为它们是有关于有机的结构和过程的。但是,这只是在具体题材方面的差别,好像在天文学和植物学的具体题材之间的差别一样。生理学材料的特殊重要性在于:它在某些方式之下,乃是促使每一个意义和每一个动作(包括天文学和植物学方面的意义和动作在内)之所以发生的一个因素。

因此,在这一段夹入的讨论之后,我们再回到这个主张:幻想意识的对象和感官知觉意识的对象一样,乃是关于所觉知的意义或事物的观念的一些事例。只不过,这些幻想意识的对象在指导以后的行为(包括知识行为在内)时,并不是好的对象。幻想意识以及我们所未觉察的情绪对于信念的影响,对于任何意识理论而言,都是至关重要的事实。如果它们支持主张一切意识即对意义之觉察这个假设,初看之下,它们似乎就与这个把所知觉的意义当作就是关于自然事情的假定相矛盾。既然它们的对象显然是"不真实的",那就似乎支持这样一种见解,即意识是跟物理的事情没有联系的,而无论在实际行为中或在认知中可能建立起来的任何有效联系都是偶然产生的。

有人认为,意识原来仿佛是一种梦境,是不需要负任何责任的展开状态,而只有在严酷的压迫之下才能偶然相合地得以涉及自然中现实的事物。对于这样一个观点,我们有许多话可谈。正统的传统思想把意识当作一个知识体系,以正当和理性的一致性作为它的结构的基石。从反对这个正统的传统思想方面来讲,上述的那个观点具有一些真理的因素。观念、直接觉知的对象过于杂乱无章、虚无缥缈和各不相关,而与古典传统,无论是属于感觉论或理性论学派的传统,是不相容的。但是据我们所知道的,存在性的意识和机体条件具有特定的联系,而有机的事情和机体以外的事情之间又有这种紧密的、不可分割的联系，那么，这种把存在的意识和物理事物的联系完全分隔开来的观点乃是站不住脚的。只有这样主张，即意识跟机体行动的各种形式的联系乃是非自然的，它才能站得住脚。肯定这个主张的唯一理由在于：思辨上被迫否认自然事件是具有性质的而妄称先在的原因乃是比较优越的存在。

　　如果已知意义跟环境和机体的统一性（包括社会交往的统一性在内）是相互联系的，那么意识经常属于幻想型的和意愿型的，这就没有什么奇怪的了。例如人们被这样教导：太阳是围绕地球旋转的，在日出时，它就升到地上面来；而在日落时，它就降落到地下面去。这个人就会持有这个信念。在这个事实中，我们并不觉得有什么奇怪的地方。不错，过去他亲自所体会的经验会教导他许许多多的事情，经验曾经教导他哪些结合是合适的而哪些是不合适的。正如过去有关太阳和地球的教训曾经制约着以后的行为，曾经产生许多机体上的变化，形成习惯以影响后面的反应，包括影响后面对于事物的解释；同样，当有机体跟环境发生直接的结合时所曾得到的教训，具有同样的效果。在机体的变化中也形成了一种偏见：它尽可能地固化对结果的知觉，而回避对那些阻碍性的和坏的干涉的知觉。

　　如果在自然的进程以外建立一个意识而跟自然的进程相对峙，而这个意识不是自然运行变化中的参与者，那么，它就应该附属于以下这样两个体系中的任何一个：在第一种选择中，这样的意识具有一种丝毫不会错误的观察力，再加上有一种完善质朴而毫无偏见的记录能力，它会观察和记载这个世界，好像它本身也有意识地参与在产生它所看见和所记录的东西的过程之中；或者,在另一个选择中,一切意识跟超越于它而在它外边的这个世界是完全没有关系的,因而在它们之间没有一个公分母或公倍数。显然,事实跟这两个假定中的任何一个都是不相符的。我们做梦,但是我们梦中的材料却是来源于清醒生活中的。幻想一开始并非完全跟有目的的行动和信仰的对象脱节,不是后来通过训练才学会去涉及这些对象的。幻想的对象包括日常生活中的许多对象,只是被偏见歪曲,进入到了一个陌生的视野中。这一类的经验事实,或者幻想的世界就是那个我们所希望的合意的日常的世界这一事实,对于任何严肃地把意识的材料肯定为与现实世界的事物完全无关的学说来说,乃是一个致命的打击。不相干的情况是存在的,但它是相对的和特殊的。一个观念和一种情绪本身与存在并非是毫不相干的,因为它是对于事物意义的一种表达。如果这个观念或情绪被编织在不同的联系中,那么,事物的意义就会和在这个观念或情绪所属的世界中的行动密切关联起来。

共同参与(par-take)和个人知觉(per-ceive)乃是联合行动的。知觉乃是一种共同参与的方式,这种共同参与仅发生在复杂的条件之下并具有自身鲜明的特征。每一个重要的事物都依靠着在一定情境中、在许多可能的参与方式中所采用的那一个特定方式。有机体,只要是在可能的条件之下,总有一种强烈的倾向要求共同参与。它的爱好和偏向则是按照它的可感受性和保持性的程度,受过去所获得的满足状态制约。如果一个人曾经验到一个美好的世界,他为什么不该采取行动来改造一个坏的世界,而使它和他已经占有的这个美好的世界一致起来呢?如果这个外部的改变世界的工作任务太大而超过了他的能力,他为什么不该至少采取行动以获得对一个美好世界更新的感知呢?这些问题表达了人类行动过程中的逻辑:第一个问题,进行客观的改变的方法,乃是在技艺和科学中的行动方法;第二个问题,乃是幻想的、愿望的、浪漫的、神话式的行动方法。

在这两种行动方式之间的巨大差别,是我们所必须弄清楚的。伴随着这两种动作的两种意识方式之间是没有原始的和内在的差别的。在某些内容中,这一点被迅速地领会了。这些材料构成了日常感官知觉的对象、常识的对象。如果生命要继续下去的话,就必须拥有机体上的统一状态;必须具有营养物;必须驱灭危险的敌人;必须得到别人的帮助。只要是有机体成功地适应了它们的环境,那么,跟这些"机体-环境"的适应相联系的意义和观念在实质上就是正确的——而在一定的限度以内,机体通常确是成功地适应了它们的环境的,否则,生命就会停止。对于这样一些粗浅的观念,如,在我们个人的愿望和空想之外有一个由许多人物所组成世界;又如,能量开始运动之后,它们就会继续地运动下去等等,我们如此重复强调,因而从未真正怀疑过它们。针对这个外在世界(它是在我们以外的,因为在它满足那些代表我们最深处的需要之前,它要求我们作出很大的努力)独特特征的观念,如火、食物、家具、气候和庄稼的观念,朋友和敌人的观念,关于我们自己的过去和可能的未来的观念,是重复地在与行动的联系中呈现出来并为行动的后果所证实的,因而它们便成为有效的理所当然之事。因此,这些观念便形成了一个享有特权的领域,它虽只是观念的大海中一个基础很不容易被触及的小岛,但却有一些学说迫不及待地采用它们作为构成意识的原始的、内在的组成因素。结果,在真正的自然实在论以外,又加上了一个冒牌的实在论的学说。真正的自然实在论承认观念和事情的偶然联系以及它们对未来事件的可能涉及,而冒牌的实在论的学说则把这个小岛当作一个坚实的和完全的大陆。作为整体大陆的心灵的特征,于是被视为似乎仅仅是一些偶然的错误和变形,并通过思辨上的技巧把它抹杀了。或者,当人们认清了空想、错觉、错误和误解的基础时,又堕入笼统的怀疑主义之中。

通常情况下的有机体与环境相适应的技巧逐渐地被发现了,而且可以把它推广到过去为空想所统治的情况中。一个逐渐扩大的观念领域变成了可以在分析上涉及客观世界的东西,具有了接近有效性的希望。这种技术的秘密就在于控制有机体参与到事情进程之中的途径。在简单的需要和简单的环境之下,现有的机体结构实际上实行了正确的参与活动,结果就是所谓本能的动作。在这个范围以内,机体中所发生的各种变化主要是形成了有效的习惯。但是要适应于各种各样的具有很多的因素和广泛的后果的情境,有机体上的准备工作就并不是很容易做到的。在这里,有效的参与活动依靠着使用有机体以外的条件,以补充一些结构上的机能,即工具和其他的人物,借助于口头的和记载的语言。因此,除了最简单的观念以外,一切观念是否正确的最后支柱,就是这些在积累中的、客观的、为大家所共同的用具和技艺,而不是在"意识"本身以内或在这个有机体以内的任何东西。

如果需要任何证据来证明在认识论方面的讨论所具有的那种人为造作的特点,我们可以在这样的事实中找到证据,即这种认识论上的讨论完全是根据一种所谓"主观"和"客观"的直接接触的情况来进行的,而完全忽视了一切在这个过程中检验自发的信念和建立正确的信念时所不可缺少的工具。垂摆、透镜、三棱镜、码尺、磅秤,以及乘法表和对数表,较之赤裸裸的意识或大脑和神经,对于有效的认识活动具有大得多的影响,因为它们能够帮助有机体在产生某种后果时,与其他的事物共同发生作用。如果没有这些客观的资源来指导我们如何适应环境,那么,在一个起检验作用的行动范围以外的观念,就会受机体组织和环境上的任何特点的支配。神话将会很多,世界充满了传说中的人物,处处是神秘的力量。既然由于过去圆满的对象而产生的机体上的变化占着统治地位;既然这些机体的变化促使一个人去寻找或创造一个适合这些变化的世界;而且既然人感到跟他的同类,无论朋友或是敌人,在一块儿最为安适,于是他就把这个世界的绝大部分看成是具有灵魂的。关于生命、灵魂、心灵、精神和意识,乃至关于宇宙本身的许许多多的传统观念,甚至在哲学中,都仅仅是这种淡化了的泛灵论版本罢了。在过去,当人们缺乏具有工具作用的东西去指导他们积极参与自然界的工作时,这些说法是自然发生的,而且即使是空想的,有时也是有好处的,但是现在它们却没有好处,而且起妨碍作用了。

总结起来说,对于意义的意识,或占有观念,系指一种在环境压力下对于意义的改造,这个事实对于自然的学说具有重要的意义。可知觉性乃是偶然变易性的指数,因为可知觉性是与有规则的东西相交涉的。不可能从物理法则"推演"出意识来。在物理的和心理的东西之间有一道"不可逾越的鸿沟",这种不可能性一般来说,就是不可能从必然的东西中推演出偶然的东西来、不可能从有规则的东西中推演出不确定的东西来的这种情况的一些明显的事例而已。在意识的发生中所显出的反常,证明了自然本身中就有反常的阶段。如果在自然中没有什么有问题的、未曾解决的、仍然在继续进行而又未完成和未决定的东西,那就不可能存在知觉这样的事情。最鲜明的地方就是最紧张和具有尚未决定的可能性的地方,最游移不定的地方也就是最光亮的地方。它是生动的,但是不清晰的;它是紧迫的,迫切地表示着即将到来的东西,但又是不明确的,除非它已经被处理而不再是当前的中心。当哲学家们坚持当前在中心焦点上所呈现出来的东西或"所与"(given)是确定的,而且去寻求不可怀疑的、直接存在的建筑材料时,他们总是不知不觉地从存在的领域走到思辨的领域之中,他们用一个一般的特点去代替一个当前的东西。因为当前直接所与的东西总是可疑的,它总是要被后来的事情所规定或赋予特征。它是对于某些尚未给予的东西的一种呼吁,它是对命运提出的一个请求,带有一种求助的悲怆,或者带有一种发布命令的专横。如果自然乃是彻底完成的,一个封闭的机械结构或一个封闭的目的论结构,如一些哲学学派所曾经想象过的那样,从概念上讲来,这似乎是"比较好些"。但是在那样一种情况之下,意识的那种闪烁的光彩就会归于幻灭。

　　意义的直接可知觉性和观念的存在,证明了在安定的一致的东西之中插入了有问题的杂乱的东西,证明了实质的、静止的东西和变动的特殊的东西的会合、交叉和分离。意义、特性本身都具有我们俗语所谓的实质的那种坚实性、融贯性、持久性和长久的可用性。然而,如果这就是整个的故事,意义就会不仅不被知觉,而且就会不成其为意义了。它们就会是顽固地活动着的习惯,有它们自身不容拒绝的方式。机体运动的存在在早期产生过意义,但这些意义逐渐僵化,以致到现在成了一种具有凌驾于一切力量之上的习惯;在单纯的行为中,意义是消逝了的。有些人抱着一种遗憾的心情，眼看着思维转变为动作。在他们看来，这似乎是一个观念的死亡，思想在一个外在的机械秩序中烟消云散了。这是可以理解的。同样，一个人也会觉得，在人类历史中重要的和有趣的事情，不是人们已经做过的事情，不是他们的成就，而是他们所没有做成的事情——那些愿望和想象，为事物的力量所禁止的事情。观念大部分是行动的反面，是对于那种也许会是但还不是的东西的知觉，是对所希望的事物的许诺，是尚未见到的事物的符号。一个固定的观念并不是观念，而只是外在动作的一种机械的逼迫，是教条性地、机械性地被称为观念的东西。

因此，"纯理性"就会丝毫不是理性的，而只是一个自动的习惯，是非常稳定和普遍的一个实体，它没有限制，没有变化，因而是没有可知觉性的。"纯粹的"推理最好是通过在自动控制之下的固定符号来进行，它的理想形式就是近乎一架精巧设计的自动运算机之类的东西。如果自然界没有有规则的习惯和紧密结合的恒常的活动方式，从而可以计时和测量，并使变迁流转的东西可以重复并拥有节奏，那么意义，即可认知的特性，就不能存在。但是，如果在这些耐心的、缓慢进行的、不易于激起的行动体系和迅速变动的、不稳定的、无实质的事情之间没有交相发生影响，自然界就会是一个不具有观念的机械过程。自然界缓慢进行着的变化要适应自然界突然的开始和变动，从而使后者具有某种程度的秩序，并使迟缓无力的内核重新适应急剧变动的、反复无常的外表，这种适应使得把静止的秩序转变成稳定的意义成为必要，而这个转变也使这些秩序成为可以知觉的或成为观念，好像它们是对事物流变的应答。

最后，正如精神-物理的性质证明了在自然界中有需要和满足,有动荡不安的努力和这种努力在某种限度的终点上的停顿;同样,有意识的或十分明显的意义、观点,代表着为了满足和圆满的终结而深思熟虑地去利用有效的东西,也代表着后来的终结所具有的效能或工具性。从经验上讲来,这种情境是在技艺中呈现在我们面前的,而这一点将在下一章进行讨论。为了我们当前的目的,只要指出在古典形而上学明显的自然目的论和现代科学隐藏着的目的论之间的差别就够了。在前者中,自然界在事实上的停顿状态,通常只是标示着许多相互冲突的能量的耗尽或由它们带来的限制,但这种状态却通过一种非凡的技艺而被认为具有高贵的特性。这种单纯的自然停顿状态被当作成熟的有反省能力的人们所选择的对象。在物理学中曾经有一种未经批判过的伦理思想,主张人生具有习惯的固定的终结(目的),具有在思辨上成等级的许多固定的方法,物理学在无形之中深受这个思想的影响。在现代思想中,把目的跟预见中的目的、跟深思熟虑的目的和计划等同起来,把中介跟经过审慎选择和安排过的发明和策划等同起来,实际上就是承认:自然界的目的乃是在思维中而不是脱离了思维而被达到和显示出来的。如果现代的学说往往未曾留意到这一点,反而满足于对一切目的论的否认,那么,这里的推理就是外在的、偶然的,因为它们只能在毫无根据地把自然、生命和人类的连续性割裂开来中才能找到。

"这个"(this),不管这个是什么,总是意味着一个意义体系,集中在一个紧张、不安而需要调节的焦点上。它总结了过去的历史而且同时揭开了新的一页,它既是记载,又是展望;既是一个得到满足的状态,又是一个机会。它是过去曾经发生的事情所结的果实,又是过渡到将待发生的事情的媒介。它是自然事情按照自己的方向和倾向写下来的一个注释,而且是对它们所将导致的方向的预测。每一个知觉或觉察都标志着一个"这个",而每一个"这个"都是一个圆满终结,包括所保持的东西,所以也包含记忆的能力。每一"这个"都是过渡性的、立即就要变成"那个"的。所以在它的运动中,它制约着将要发生的事情,它表现有先见和预测的可能性。过去、未来跟现在的联合在每一次对意义的觉察中都显现出来,而只有当人们把意识无故地跟自然割裂开来的时候,而且当人们否认自然界具有时间性和历史性的时候,这种联合才会成为一件神秘的事情。当意识跟自然联系着的时候,这个秘密就变成了一个明白的启示,揭示出自然中有效能的东西和圆满终结的东西在本性上是相互渗透的。

第九章 经验、自然和技艺

在希腊人看来,经验系指一堆实用的智慧,是可以用来指导生活事件的丰富见识。感觉和知觉是促成经验的机缘,它们给经验提供相关的材料,但它们自己却并不构成经验。当加上保持作用,当许许多多被感觉和被知觉的情况中有一个共同的因素抽绎出来从而在判断和执行中可以为我们所用的时候,感觉和知觉便产生了经验。按照这样的理解,经验就在优良的木匠、领航者、医师和军事长官的鉴别力和技巧中显现出来,经验就是技艺。现代的学说十分恰当地把这个名词的应用加以扩充而包括了许多希腊人不会称作经验的事物,如单纯的疼痛和痛苦,或者眼前许多颜色的闪动。但是,我想,即使那些赞成这样广义用法的人,也会承认,只有当这样的"经验"变成洞察或一种所享有的知觉时,它们才算是经验;而且他们会承认,他们所定义的褒扬意义的经验正是如此。

不过,希腊的思想家们,在把经验跟所谓理性和科学的东西加以比较时,是轻视经验的。但是,他们轻视经验的根据并不是现代哲学中平常所提出的理由,即经验是"主观的";反之,经验被认为是宇宙力量的真正表现,而不是一种为动物或人本性所特有的属性。它被视为比较低级的自然的实现,而这些部分受机遇和变化所侵蚀,在宇宙中具有较少的真实性。因此,当我们说经验就是技艺的时候,技艺反映自然的偶然的和片面的情况,而科学——理论——则显示其必然的和普遍的情况。技艺产生于需要、匮乏、损失和不完备,而科学——理论——则表现实有的丰满和完整。因此,这种轻视经验的观点和把实践活动视为低于理论活动的见解是完全一致的,它认为实践活动是有所依附的,是从外边推动的,其特征是缺乏真实性;而理论活动是独立的和自由的，因为它是完备的、自足的和完善的。

和这个前后一贯的主张相反，我们发觉，现代的思想中有一种有趣的混合物。后者感觉到自己没有责任提出一个把技艺和自然连接在一起的关于自然存在的学说。反之，它时常主张科学或知识是自然唯一真实的表达方式，而在这样的情况之下，技艺就必然是附加于自然之上的一种任意的东西了。但是，现代的思想也把发扬科学和赞赏技艺（尤其是美术或有创造性的技艺）结合在一起。同时，它保留了古代重理论轻实用的实质，不过以一种不同的语言加以陈述，大致是说，知识涉及客观实在的本身，而在所谓"实用"的情况中，客观实在被欲望、情绪和努力等主观因素所改变，并在认识上被歪曲了。然而在它赞美技艺时，却没有留意到在希腊人的观察中最显著的一个事实——美术和工业技术都是属于实用方面的事情。

这种混乱，既是人们普遍地把技艺的和美感的东西混淆的原因，也是它的结果。一方面，是对付身外的材料和能量的行动，把这些材料汇集起来，加以精炼、安排和布置，以致它们所形成的新的状态产生了一种它们原来所未曾产生的使人满意的状况——这一个公式既用来说明美术，也用来说明工艺。另一方面，则是伴随着视觉和听觉所具有的一种愉快之感，一种对对象的接受性的欣赏和同化的提升，却与对对象的生产过程的参与无关。如果我们承认这两件事情是有区别的，那么，我们是否用"美感的"和"技艺的"或别的字眼来说明这个区别，这都没有什么关系，因为这不是一个在文字上的区别，而是在对象上的区别。但是，这个区别必须以某种形式被认可。

希腊技艺所由产生的那个社会范围是小的，在生产和消费之间还没有很多复杂的中间媒介,生产者实际上处于一种奴隶的地位。由于生产和可以享受的结果是紧密联系着的,希腊人在他们知觉上的利用和享受中,对于匠人及其工作绝不是完全没有意识到,即使是当他个人完全沉溺于愉快的静观中时。但是,技艺家就是一个匠人("技艺家"一词丝毫没有现代用法中所具有的那种带有颂扬性质的含义),而且既然匠人处于一个较为低下的地位,那么对任何技艺作品的享受,跟对那些不需要手艺活动就能实现的对象的享受,就不是处于同等地位的。理性思维的对象,静观领悟的对象,就是符合不受需要、劳动和物质约束这个特点的唯一的东西。只有这种对象是自足的、自在的、自明的,所以相对于对技艺作品的享受来说,对它们的享受处于更高的层次。

这些见解是彼此一致的,而且跟当时的社会生活条件也是一致的。现在,我们却把许多彼此既不一致而又与我们现实生活的情调不相符的概念混杂地结合在一起。虽然认识的实践,已经跟工艺活动过程打成一片了——包括处理和安排自然力量的行动在内——但大多数的思想家却仍然把知识视为对最终实在的直接掌握。同时,在说科学是掌握实在的时候,"技艺"却并未被视为低级的东西而同样地受到尊重和颂扬。而且,当人们在技艺内部把生产和欣赏区别开来的时候,通常是作品的生产受到主要的尊重,因为它是"具有创造性的";而鉴赏相对来说是为个人所有的、是被动的,因为它的内容依赖于从事创造的技艺家的活动。

如果希腊哲学把知识视为静观而不是把它当作一种创造性的技艺是正确的,而且如果现代哲学也接受这个结论,那么唯一合乎逻辑的结论就是相对地轻视一切生产形式,因为它们是一些实践的方式,而按照概念上讲来,实践的方式是低于静观的。于是,技艺的东西便较次于美感的东西了,"创造"较次于"鉴赏"了,而科学工作者——正如我们意味深长地说——相比享受他的劳动成果的艺术爱好者来说,在等级上和在价值上都是较为低下的。但是,如果现代把技艺和创造放在第一位的趋势是有道理的,那么,这个主张的含义就应被承认并予以贯彻。于是我们就会看到,科学就是技艺,技艺就是实践,而唯一值得划分的区别不是在实践和理论之间,而是在两种实践的方式之间:一种是非理智的、非内在的和直接令人享受的,另一种是充满了被享受的意义的。当我们开始有了这样的觉察时,就将十分明白了,技艺——这种活动的方式具有能为我们直接所享有的意义——乃是自然界发展完善的最高峰;而"科学",恰当地说,乃是一个婢女,引导着自然的事情走上这条愉快的道路。因此,使当前思想界感到苦恼的这种分裂,即把一切事物划分成自然和经验,把经验划分成实践和理论、技艺和科学,把技艺划分成有用的和优美的、卑贱的和自由的等等,都会消逝。

因此,把经验看作有着丰富可能性的技艺,把技艺看作不断地导向所完成和所享受的意义的自然的过程和自然的材料,这个论点就把以前所考虑过的一切论点都总结在内了。思想、智慧、科学就是有意地把自然事情导向可以为我们直接所占有和享受的意义中去。这种指导——操作性的技艺——本身就是一件自然的事情,在这种指导的过程中,原来片面而不完备的自然变得完满,有意识的经验的对象被反省而形成了自然的"终结"(目的)。构成经验的行动和遭受,是动荡的、新奇的、不规则的东西跟安定的、确切的和一致的东西的联合(这种联合界说的也是技艺和美感间的联合),只是在理智上或意义拥有上程度各异。因为只要是有技艺的地方,偶然的和进行着的东西跟形式的和重复的东西便不再背道而驰,而是在和谐的状态之中混合在一起了。而且有意识的经验,即时常被简称为"意识"的突出特征,就是在其中具有工具性的东西和最后的东西,作为直接被占有、被遭受和被享受的记号和暗示的意义,都结合而成为一体了。而所有这些事情,对技艺而论,则尤为真实。

于是,技艺首先就是自然中一般的、重复的、有秩序的、业已建立的方面和它的不完备的、正在继续进行着的,因而还是不定的、偶然的、新奇的、特殊的方面所构成的一种融合,或者如某些美学体系曾宣称过的(虽然它们所用的名词没有经验上的根据和意义),技艺乃是必然和自由的结合、多和一的协调、感性和理性的和解。对于任何技艺的行动和产物,以下两点必然都是对的:在技艺中,对任何部分的改变都势必不可避免地也改变了全部;同时,技艺的发生乃是自发的、意料之外的、新鲜的、不可预测的。在技艺中,无论把它当作一个动作还是一个产品,总是出现有比例、经济、秩序、对称、组合,这是一件众所周知之事,已无需加以详论。但是意料之外的结合以及过去未曾实现过的可能性的显现,同样是必要的。"在激动中的宁静"(repose in stimulation),乃是技艺的特征。秩序和比例,如果它们是唯一的东西,就会立即枯竭,经济本身也会成为一个讨厌的和具有拘束力的监工。当它使人松弛的时候,它就是技艺了。

自然界基本的一致性使技艺具有形式,这种一致性愈是广泛和重复,就愈是"伟大"。但有一个条件——而这个条件却显示出技艺的特点——这种一致性要跟对新事物的惊奇和对非一致性的宽容紧紧地融合在一起。"创造"可以是含糊而神秘的,但它系指技艺中某些真实而不可缺少的东西而言。完全完成了的东西并不是美好的,而只是终结了、做完了,而完全"新鲜"的东西,正如这个词的俚语用法所指出的,就是鲁莽无礼。① 诗的"魔力"——而具有丰富可能性的经验是具有诗的性质的——就是旧有的意义通过新的事物表现出来后所产生的启示。它所放射出来的光芒过去在陆地上和海洋里都是从未见到过的,而今后却将持久照射着对象。直接状况下的音乐是最为变化多端而轻松微妙的技艺,但就其条件和结构而言却是最为机械呆板的。这些事情都是众所周知的,但是只有把这些事情的意义用来证明关于自然之本质的学说,我们才不需要为这里的引述表示歉意。

界说技艺的两极的东西,一方面是机械习惯的东西,而另一方面是偶然的冲动。当生活的缺陷和烦恼如此明显地是由于人们把技艺跟盲目的习惯和盲目的冲动分开时,如果我们再把科学和技艺对立起来的话,就没有什么价值了。机械常规表示自然界的一致性和重复,而动荡不定则表示其歧变和偏差。如果把这个方面孤立起来,每一单个的方面都既不是自然的,又不是技艺的,因为自然就是自发性和必然性、有规则的东西和新颖的东西、已完成的东西和刚开始的东西两个方面的相互交叉。我们因为它的机械呆板而反对当前的许多实践活动,这是正确的;而同样正确的是:我们因为它们是逃避强制劳动的阵阵狂热,而反对当前的许多美感享受。但是,如果我们把对实际生活中许多性质的合理反对转变成对实践的描述和说明,这就无异于我们把对庸俗的

---

① "fresh"普通作"新鲜"解,但按照美国俚语的用法,又作"鲁莽"、"无礼"、"骄傲"等解释。——译者

消遣、无聊的娱乐和沉湎于酒色的合理反对转变成一种清教徒式的对快乐的厌恶。把工作、生产活动当作为了单纯外在的目的而进行的活动这个观念，和把快乐当作使心灵服从肉体上的兴奋刺激这个观念，是同一个观念。第一个概念标志着把活动跟意义分隔开来，而第二个概念标志着把感受性跟意义分隔开来。如果经验已不成其为技艺，如果在自然中有规则的、重复的东西和新奇的、不定的东西不再在一种具有内在的和直接所享受的意义的生产活动中彼此互相支持和互相沟通，那么上述的分隔就都是不可避免的。

因此，我们的主题已在不知不觉中转入手段和后果、过程和产物、有工具性的东西和圆满终结的东西之间的关系问题了。如果某种活动同时是这两方面，既非在两者之中选择其一，也非以其中之一者代替另一者，那么，这种活动就是技艺。生产和消费的分隔是一件非常普通的事情。但是，如果为了提高圆满终结这一方面的地位而强调这种分隔情况，这既没有说明或解释技艺，也没有说明或解释经验。这使它们的意义晦涩不明，结果把技艺划分成工艺的和美术的。如果我们把这些形容词放在"技艺"之前作为前缀，它们就毁灭和破坏了"技艺"的内在意义。因为仅仅有用的技艺不是技艺，而只是机械习惯罢了；同时，仅仅最终的技艺也不是技艺，而只是消极的娱乐和消遣，其不同于其他的纵情享乐之处，仅在于它还需要一定的锻炼和"修养"而已。

确有一些不具有内在的、直接被享受的意义的活动，这是不可否认的。这包括我们在家庭里、在工厂里、在实验室和书房里的很多劳动。不能利用语言的夸大方法，称它们是技艺的或美感的。然而，它们却存在而且带有强制性，因而使我们不能不在某种程度上去注意它们。所以,我们乐观地称它们是"有用的"而置之不顾,满以为把它们称为有用的之后就已经似乎解释和说明了它们之所以存在的道理。如果有人问:"对什么有用?"我们就必须检验它们实际的后果,而当我们真诚和完整地面临这些后果时,我们大概就会找到理由,把这类活动称为有用的而不是有害的。

我们称它们是有用的,因为我们武断地以为,可以不去考虑它们的后果。我们只注意到它们产生某些物品的效力,而没有追问它们对于人类生活和经验的性质发生了什么影响。它们对于做鞋子、建房子、制汽车、造货币以及其他可以拿来使用的东西是有用的,探索和想象到这里便停顿了。它们通过狭窄的、痛苦的和残缺的生活,通过拥塞的、忙碌的、混乱的和奢侈的生活所造成的一些后果,却被忘却了。但是所谓有用,就是满足需要。人类所特有的需要就是去占有和欣赏事物的意义,而这种需要在传统的"有用的"概念中却被忽视而未曾予以满足。我们把效用跟某些事情、动作和它们所产生的其他事物之间的外在关系等同起来,因而把效用这个观念中最主要的东西——在经验中的内在地位和影响——遗漏了。我们把某些技艺当作仅仅具有工具性,作为一种类别,从而处理了人类大部分的活动,这与其说是在解决问题,毋宁说是表达了一个重大而迫切的问题。

同样的说法可以应用到单纯的美术或终极的艺术和艺术作品这个概念上。以事实而论,这个概念所指的事物可以归为三类。有所谓"自我表现"的活动和感受,对它的使用通常具有一种褒扬的味道,在这样的情况之下,一个人任意地放纵他自己,把自己内心的状态自由地流露出来而不涉及那些为理智的沟通所依赖的环境条件——这种行为有时也被称为"情绪的表现",它用来定义一切美术。我们很容易将这样的技艺称为是自我中心主义在其他事情上遭遇到障碍之后所产生的一种结果。但是,这种处理办法忽视了一个比较重要的地方。因为一切艺术都会使生活世界有所改变,它涉及抗议行为和回应性行为。在这些表现中所存在的技艺,其产生的原因就在此。这种抗议之所以变成主观武断的,这种回应行为之所以变成任意偏执的,是由于在意义的沟通中受到了挫折。

除了这个类型以外——而时常是和它相混杂的——还有一种在新的手艺中从事实验的活动;在这种情况下,作品所具有的那种显得奇异和过分个人主义的特征,是由于对现存技术的不满而产生的,而且和一种寻求新颖的语言表达方式的企图连在一起。人们或者是推崇这些表现,似乎它们在人类历史上第一次构成了技艺;或者是贬责它们,而不承认它们是技艺,因为它们粗暴地脱离了公认的法规和方法。向这个方向发展的某种运动,一向是促使一些新形式成长的条件,一向是使技艺从所谓学院技艺致命的停顿和衰退中解放出来的条件。

还有数量上庞大的所谓美术:称为建筑艺术的房屋建筑;称为绘画艺术的图画创作;称为文艺的小说、戏剧等的写作,这类产品其实大部分具有一种商业工艺的形式,生产某种货品以备那些有钱又想维持一种为社会习俗所公认的特殊地位的人们来购买。正如前两种方式特别地重视在一切技艺中所不可缺少的那种特殊性、偶然性和差异性的因素,有意地夸耀自己避免了自然界的重复和秩序;同样,这一种方式则颂扬有规律的和完成的东西。与其说它是纪念被经验的事物所具有的意义,毋宁说它是对这些意义的回忆。它的产品使得它们的所有者回想到一些在记忆中是愉快的但在直接的经历中却是痛苦的东西,而且它使其他人想到,它们的所有者曾经达到了修养和闲暇得以可能的经济水平。

显然,在这三类活动和产品中,任何一种或者它们结合在一块儿都足以显示出任何能够被明确地称为美术的东西。它们所具有的性质和缺点,是许多其他的动作和对象所共有的。但是,幸而这三者中每一类都可以跟任何一类混合起来;而且尤其幸运的是,可以没有混杂地产生一种特别出色的活动和产品。当活动能够产生一个足以不断激起新的愉快心情的对象时,就会发生这种情况。这种情况要求这个对象及其后继的结果能产生新的使人满意的事情,虽然是不确定的。否则,这个对象很快就枯竭了,而人们会对它感到餍足。如果任何人思考一下这个众所周知的事实,即衡量艺术作品的尺度就看它们能否吸引和抓住人们对它们的观察,从而使人们无论在什么条件下接触它们时都感到满意;质量差一些的东西则立即失去了抓住人们注意力的能力,而在以后的接触中变得漠不相干或冷淡无味。这就确切地证明了,一个真正的美感对象并不是完全圆满终结的,而是还能产生后果的。一个不具有工具作用的圆满终结的对象,不久就会变成枯燥无味的灰尘末屑。伟大艺术所具有的这种"永垂不朽"的性质,就是它所具有的这种不断刷新的工具作用,以便进一步产生圆满终结的经验。

当我们留意到这个事实时,我们也就看得出,把技艺的美的性质仅限于绘画、雕刻、诗歌和交响乐,这只是传统习俗的看法,甚或只是口头上的说法而已。任何活动,只要它能够产生对象,而且对于这些对象的知觉是一种直接的好的东西,这些对象的活动又是一个产生其他令人愉悦的事物的不竭源泉,那么,它就显现出了技艺的美。有各种各样的行动,它们能直接使精神重新振作和继续扩大,并且它们是生产新对象和新性向的工具,而这些新对象和新性向又回过来能够产生进一步的精炼和充实。道德家们时常把他们所认为优良的或合乎道德的行为当作完全是最后的,而把技艺和感情当作单纯的手段。美学家则背道而驰,把良好的行为当作达到一种后来外在的快乐的手段,而只有美感欣赏本身才被称为是美好的,或者说,只有那种奇怪事情本身才是一个终结(目的)。但是,这两方面都认为:这些所谓手段的东西,在它们成功地产生果实时,它们本身也是一种直接的满意状态。它们就是它们本身之所以存在的理由,这正是因为它们负有一种加速领会、扩大眼光、精炼鉴别力、创造为进一步的经验所证实和加深的欣赏标准这样一个使命。当我们坚持它们所具有的非工具性的特征时,看起来几乎好像是指一种扩张的和放射的工具效能。

这种错误的根源在于我们有一种习惯,把并不是手段的东西也称之为手段,这些东西只是另一些东西发生的外在的、偶然的先在因素。同样,除了偶然的情况以外,并非目的的东西也被称为目的,因为它们并不是通过一种手段而达到的满足状态、圆满终结的东西,而仅仅是一个过程结束的端点。因此人们时常说,工人的劳动乃是他生计的手段,然而除了在最微细的和任意的方式以外,劳动跟他的真实生活并没有什么关系。即使工资,也不是他的劳动的目的或后果。他可以从事成百件其他工作中的任何一件工作,以获取收入——他经常就是这样做的——而且做得一样好或一样坏。当前流行的关于工具性的概念,由于人们有这种把它用于以上的这类情形的习惯而受到了严重的损害,因为在上述情况中,它并不是对于手段的一种运用,而只是去从事某一件工作,作为另一件所需要的事情发生的一个必要前提,这里有一种强制的必要性。

手段至少是原因性的条件,但是只有当原因性条件再具有了一种附加的性质时,它们才是手段。这个附加的性质,就是这些原因性条件由于我们觉知它们跟我们所选择的后果之间的联系而自由地被我们所使用。考虑、选择和完成某种事情而把它当作一个目的或后果,就势必对于作为其手段的任何事情和动作要具有同样的爱护和关怀。同样,后果、目的至少总是原因所产生的结果,但结果并不是目的,除非思维已经知觉到和自由选择了决定它们的那些条件和过程。把手段当作卑贱的具有工具作用的东西和仆从的这个看法,不仅仅是把手段贬责为强制的和外在的必要性,它也使得一切具有目的这个名称的事物带有了特权的意味,而"效用"这个名称则变成了替生活中不好的、不合理的事物进行辩护的根据。目前的生计与其说是一个挣工资之人的劳动所产生的后果,还不如说它是形成这个经济制度的其他许多原因所产生的结果,劳动仅是这些原因中一个偶然的附属物而已。

油墨和操作技巧乃是作为目的的图画的手段,因为这幅图画就是它们的结合和组织。声调和耳朵的感受性在适当的交相作用下就是音乐的手段,因为它们构成、造成音乐,同时也就是音乐。一种德性乃是达到一种特定快乐的一个手段,因为它也是构成那种善的一个组成部分,而这种快乐又回过来是达到美德的手段,因为它也保持着善的存在。面粉、水分和酵母乃是做成面包的手段,因为它们是面包的成分,面包是生活中的一个因素,不是生活的手段。一个良好的政治制度、忠诚的警察系统和有能力的司法官员,乃是达到这个社会繁荣生活的手段,因为它们是那个生活中的统一的部分。科学是技艺所具有的工具,而且也是达到技艺的工具,因为它就是技艺中的理性因素。常言道,一只手只有作为一个活着的有机体的器官(或作为均衡的活动体系中的一个起作用的协调部分),才成其为一只手。这句话特别适用于所有一切作为手段的东西。"手段-后果"的联系永远不是在时间上单纯连续的一种联系,好像是作为手段的这个因素过去了、消逝了,而这个目的才开始。一个主动的过程是在时间中开展出来的,但是在每一个阶段和每一点上总有一种积累,逐渐地累积和组合起来而变成了后果的组成部分。真正具有工具作用的东西总是一个目的所具有的器具。它使得它所体现出来的对象,具有持续的效能。

把某些东西当作单纯的手段而把另一些东西当作单纯的目的,并在这两者之间加以分隔的传统思想,乃是劳动阶级和有闲阶级之间、不圆满的生产和不从事生产的圆满终结之间的分裂存在的一种反映。这种区别不仅仅是一种社会现象。它体现了属于动物的需要和满足之间的区别在人的层面上的固化。而这样的区分,又表现了自然中在失去均衡的、紧张的情境和已经达到均衡的情境之间所存在的那种机械的外在关系。因为在自然中,在人类以外,除了事情是在"发展"或"进化"中结束的(在"发展"或"进化"中,过去历史的后果是在新的效能中继续积累地前进着的)以外,先在的事情是具有直接的和静止的性质的事情发生的外在的、过渡性的条件。以动物而论,动作对于它是没有意义的,在满足需要时所要求的环境变化本身是没有意义的,这类变化对自我中心的满足来说是一个纯粹的偶然之事。先在事情和后果之间在物理上的外在关系被固化了,它在人类的活动中同样得以继续下来,在人类活动中,劳动及其材料和产物对于维持生活来说,乃是外在的强制。因为希腊的社会生活大部分是建立在奴隶劳动上,一切产业活动都被希腊思想认为是一种单纯的手段、一种外在的必需品。由此而得到的满足便被认为是孤立的属于纯动物性质的目的或好处。对于一个真正人类的和理性的生命而言,它们便绝不是目的或好处,而只是"手段",那就是说,它们只是一些外在的条件,它们乃是自由人,尤其是那些专心致力于追求自由之顶峰、纯思维的人们所享受着的生活所必需的有强制性的先决前提。亚里士多德曾经从这个假定的前提中得到了一个公正的结论,他说,人们是有阶级的,而这些阶级的人们乃是这个社会的必需材料,但却不是构成它的主要部分。针对这两者之间的关系,他说:"当有一个东西是手段而另一个东西是目的的时候,在它们之间是没有什么共同之点的,而所有的只是:一个是手段,在生产;而另一个是目的,在接受产品。"他的这句话就概括地说明了手段和目的之间这种外在的和强迫的关系的全部原理。

因此,下面这一点看来几乎是自明之理了:哲学传统中在具有工具作用的东西和最后的东西之间的区分,引起了一个根深蒂固而且牵涉很广泛的问题,甚至我们可以把它称为关于经验的最基本的问题。因为人们的一切理智的活动,无论是科学中的、美术中的或社会关系中的,为了完成任务,都要把因果结合、连续关系转变成一种"手段-后果"的联系,转变成意义。当这个任务完成的时候,其结果就是技艺;而在技艺中,手段和终结(目的)是一致的。只要所谓手段仍是外在的处于仆从的地位,而所谓终结

（目的）乃是所享有的对象，而这些对象对其他事物的作用又尚未为人所知觉到、被人们忽视或否认的话，这就清楚地表明了技艺具有局限性。在这种情况下，下面的问题还未曾得到解决，即把物理的和原始的关系转化为标志着自然之可能性的各意义之间的联系。

毫无疑问，人类是作为物理的和动物的自然界中的一部分而开始的。当他在一个严格的物理水平上对物理的事物作出反应时，他和任何其他的东西一样，只是被拖拉和推撞、被压裂、被粉碎，处于事物之流的顶端。他的接触、他的遭受和行动都只是一些直接交相作用。他处于一种"自然状态"之中。作为动物，他处于一种原始的层次，他设法使某些物理的事物服从于他的需要，把它们变成维持生命和促进成长的原料。但即使在这时候，作为满足需要之原料的事物以及获取和利用它们的这些动作，还不是对象或具有意义的事物。这样的欲望是盲目的，这一点是明显的，它可以推动我们到达一种安适的状态而不是进入到灾难中，但我们同样是在被推动着。当人类知觉到欲望的意义，知觉到它所导致的后果，而这些后果又在反省的想象中加以试验，其中有些看来彼此一致，所以可以同时共存和排列成一系列的成就，而另有一些则看来是各不相容的，既不容许在同一时间结合起来，而在一个系列中又是互相阻碍的——当我们达到了这样一种境界时，便生活在人的层面上了，通过事物的意义对事物作出反应。因果之间的关系便被转变成为手段和后果之间的关系了。于是后果便内在地属于可以产生它们的条件，而条件是具有特征和区别的。原因性的条件的意义也进入了后果之中，因而后果就不再是一个单纯的终结、一个最后的和结束的地方。它在知觉之中突显出来，条件所具有的效力进入了其中。这种后果所具有的满足和圆满终结的价值，是可以用它在接下来的满足和挫折中通过因果性手段所做的贡献来衡量的。

因此，意识到意义或具有观念就标志着一个结果，而这个结果是对流变的事情某一点的享受或忍受。但是有各种各样知觉意义的方式，有各种各样的观念。意义也许是由被我们匆匆地获得的而跟它们的各种联系脱节了的一些后果来决定的，于是便阻碍了一些比较广泛而持久的观念的形成。或者，我们也会觉察到一些意义，获得一些观念，它们既有广泛而持久的范围而又有丰富细致的区别。后一类的意识就不仅是一个转瞬即逝的和肤浅的圆满结果或终结：它吸收了许多的意义在内，而这些意义包含着各方面的存在物，是融会贯通的。它是长期持续努力的结果，是通过坚持不倦的寻索和检验而得到的结论。简言之，观念就是技艺和技艺作品。作为一种技艺作品，它直接解放了后面的行动，而使它在创造更多的意义和更多的知觉中获得更为丰富的果实。

这样的一些成就，跟物理的和动物的自然大量表现出来的经验比较起来，是多么稀少而不稳定。认识到这一点，乃是我们智慧的一部分。我们所有的自由而丰富的观念，我们由于创造性的技艺而获得的享受，乃是被一个不可克服的汪洋大海所包围着，在这个汪洋大海中，我们到处都遇到许多未知的力量所产生的偶然事件而命定地被卷入许多预见不到的后果中去。在这里，我们的确过着一种奴仆般的、卑贱的、机械的生活，而且在我们这样的生活中，有时有些力量盲目地引导我们达到了我们所喜欢的目的，而有时我们又被带入一些我们所盲目反抗的条件和结果之中去。结果,我们如古典思想一样,把这种方式之下所遇到的满足状态称之为"终结(目的)"而让这个字眼具有一种推崇的意义,我们其实就是宣布我们从属于偶然事件了。我们的确可以享受命运之神所赐予我们的好处,但是我们却应该认识到它们是怎么一回事,而不应该全盘地肯定它们是好的和正当的。因为既然它们并不是通过任何技艺而达到的,因而其中就不包含审慎地选择和安排力量的过程,我们就不知道它们具有什么意义。有一个古老的故事说得很对:命运之神是反复无常的,而且在他使他所爱的人们沉醉于富贵繁华中以后,又喜欢把他们毁灭掉。技艺的好处与自然的好相比也不差,而且它们还带有一种目光灼灼的自信心。它们是有意识地运用手段而得到的果实,它们是一种满足状态,而这种满足状态又由于我们有意识地控制业已参与其中的原因条件而产生进一步的后果。技艺是应对运气的唯一选择,意义和工具的价值跟结果分开乃是运气的本质。文化中秘传的特征和宗教中超自然的特性都是这种分隔状况的表现而已。

现代思想曾经在形式上拒绝相信自然目的论,因为它发觉,希腊和中古的目的论是幼稚而迷信的。然而,事实总有办法迫使人们承认它。几乎所有科学著作都在这一点或那一点上加上了关于倾向的观念。这种关于倾向的观念在它本身中,一方面排斥了预先的设计,而同时又包括倾向于一个特殊方向的运动在内,这个方向或者被推进或者遭受到抵抗和挫折,但它却是内在的。方向包含一个限制的地方,有一个终极的顶点或目标和一个出发点。肯定一个倾向和预先意识到一个可能的运动终点,这是同一事实的两种说法。这样的意识也许具有宿命论的色彩,它是对一种不可避免地要走向尽头的劫数的感知。但它也可以是包含一种对意义的知觉,因而可以灵活地指导一个前进的运动。于是,这个目的便是一个在预见中的终结(目的),而且在每一个前进的阶段上都要经常累加地重新加以改进。它不再是一个处于走向这个终点的条件以外的终止点,它是现有倾向所具有的持续发展着的意义——这种在我们指导下的事情,就是我们所谓的"手段"。这个过程便是技艺,而它的产物,无论在哪一个阶段上,便是一种技艺作品。

在一个建筑房屋的人看来,在预见中的目的并不是一个需要经过足够的和适当的强制运动之后才能达到的遥远的和最后的目标。这个预见中的目的乃是一个计划,它是在选择和安排材料时同时发生作用的。这些材料如砖瓦、石头、木料和灰泥等,只有当这个预见中的目的实际体现在它们之中,实际构成它们时,才成为手段。其实,这些材料就是这个目的在现阶段的实现。这个预见的目的在这个过程的每一个阶段上都表现出来,它是作为这些所运用的材料和所进行的动作的意义而出现的。如果这些材料和行动没有表现出这种意义的话,它就不能算是"手段",而只是一些原因性的外在条件而已。这句话是从事情的发生上来讲的,它也可以同样用来说明每一个阶段上的情况。当建筑工程完成的时候,这所房屋并不是"唯一的目的"。它标志着把一定的材料和事情组织成有效手段的结果,但这些材料和事情仍然在跟其他事物发生着因果上的关系。这时候我们预先看见了新的后果,抱着新的目的、预见中的目的,而这些预见的后果、目的体现在与业已造成的东西之间的协调配合之中,不过这时候,这个业已造成的东西变成了材料、有意义的材料,跟其他的材料在一块儿,因而也就变成了手段。建筑房屋的过程服从于许多严格的外在条件,如果我们不考虑这个过程,而考虑一个具有自由伸缩性的活动过程,如用画一幅图画或思考一个科学问题的过程等来说明我们的问题;如果我们是技艺性地从事这些活动,上述的那种情况就会更为清楚些。自由技艺的每一个过程都证明了手段和终结之间的差别,乃是在分析上的、形式上的,而不是在材料上和年代上的。

以上所述使我们能够重新说明作为客观上的生产性的技艺和美感的东西之间的区别。双方面都包含一种对于意义的知觉,而在这种知觉中,工具性的东西和圆满终结的东西乃是特定地互相交杂着的。在美感的知觉中,一个为意义所渗透的对象是直接给予的,它也许被视为是理所当然的,它邀请和等待着人们直接的享受。在美感对象中感知到一种产生结果的倾向,在这种对象中体现出一种"手段-后果"的关系,好像过去用双手创造出来的东西经过了上帝的鉴定而被宣称是好的东西一样。这种好不同于色情上的满足:后者是属于所谓肉欲方面的而不是美感的,前者则是一些愉快的结局,而在这些结局发生时,融合于其中的关于材料和动作的意义并没有被预先告知。在沉溺于欣赏之中的状态下,知觉便走向了以松弛和激动为特点的愉快结局的倾向上去了。

在另一方面,技艺的感知就是把倾向作为可能性来加以掌握。在激起我们的知觉方面,较之业已为我们所获得的材料,这些可能性显得尤其迫切和具有强制性。虽然在欣赏和技艺创作这两方面都直接感知、感受到了这种手段和后果间的关系,但在欣赏中,这个过程已经向着业已完成的方面下降;在技艺的创作中,一个现存的圆满终结状况引出进一步知觉的情况占据主导的地位。因此,技艺,即主动的生产过程,可以界说为一种美感的知觉再加上我们对于美感对象所具有的效能的知觉(这种知觉是起着操作作用的)。在许多人看来,对大多数能带来享受的知觉来说,这种对于可能性的感知,这种伴随着对于诗歌、音乐、绘画、建筑或自然风景的欣赏而来的激动或兴奋状态,是散漫的和混乱的,它只有在直接而不明确的方式中发挥作用。对于一个视觉景象的美感知觉,在任何情况中总是那个景象在其整个联系中的一个作用的结果,不过它联系得并不充分。在某些得天独厚的人中,这种效果跟其他的禀赋和习惯适当地配合起来,它变成了技能的一个完整的部分,在创造一个新的欣赏对象的过程中发生着作用。不过,这样的结合统一是逐步前进的,是带有试验性的,而不是在每一时刻上业已完成的。因此,任何有创造性的努力都是有时间性的,会遭遇到困难和波折。从这个意义上讲来,一个平常人由于一个美感对象所激发出来的能量而在他的行动上产生的模糊而延迟的变化,跟一个有特殊天赋的人对于未来的动作所给予的那种特别而具有一定方向的指导活动之间的差别,归根到底,只是程度上的不同而已。

如果一个人感知不到这种跟某一种后果的状态结合在一起而发生作用的运动倾向,那么,他就只有情欲上的满足而丝毫没有所谓的欣赏。对运动倾向的感知,使我们紧张、刺激、兴奋;对完成、圆满终结的感知,则给予我们以平静、形式、尺度和组织。如果强调后者,则欣赏是属于古典类型的。这个类型适合这样的条件,即如希腊人一样,创作在专门的匠人中已经职业化了,它适应于对古代或远方的成就所作的一种静观的享受;在这种情况之中,条件不允许我们去从事仿效和类似的实际创造活动。任何技艺作品,当它持久地保持它所具有的这种能够激起为我们所享有的知觉或欣赏的力量时,它就变成古典的了。

在所谓浪漫主义的技艺中,那种超越圆满终结的限度而发生作用的倾向感太过分了,对没有实现的可能性的一种生动的感知附着在一个对象上面。但是,它是用来提高直接的欣赏,而不是用来提高进一步的创作成就的。任何特别具有浪漫主义色彩的东西会激起一种感觉,觉得所提示的可能性不仅仅超过了实际的现实,而且超过了任何经验能有效地达到的范围。就这一点来讲,有意带有浪漫主义色彩的技艺乃是任意做作的,因而也就不成为技艺。知觉上的兴奋和激动的享受变成了最后的东西,而技艺作品是用来生产这些感觉的。对未曾达成的可能性的感知被当作在成就中所要付出的努力的一种补偿性的代替物。因此,当这种浪漫主义精神侵入到哲学领域时,在想象的情感中所呈现出来的这些可能性,便被宣称是实有本身真实而"超验的"(transcendental)实质。在完整的技艺中,欣赏追随在这个对象之后,而且跟着它一同移动,直至它完成。浪漫主义却把这个过程颠倒过来,而把这个对象贬低为一个激起一种预定的欣赏的契机而已。在古典主义中,客观的成就是基本的,欣赏不仅符合这个对象,而且这个对象也被用来构成情感并赋予它特性。作为一个主义来讲,它的毛病就是它使心灵转向被给予物,而把这样的被给予物当作似乎是永恒的而且跟发生和运动是完全分开的。摆脱了任何主义的桎梏的技艺,既具有运动过程和创造,也有秩序和最后的结果。

所以,要在工艺和美术之间规定种类的差别,这是矛盾可笑的,因为技艺涉及的就是手段和终结(目的)之间的一种特殊的相互渗透的状况。许多东西由于它的社会地位而被称为是有用的，有着贬低和轻视的意义。有时把事物说成属于低下的技艺，这仅仅是因为它们便宜而为普通人民所习用。这些通常的日用品也许在后来的时代中还遗留着，或者被传到另一个文化中去，如从日本和中国传到美国来，变为稀有之物而为一些鉴赏家所寻求，因而也就成为美术作品了。另一些东西可以被称为是美的，因为它们的使用方式是装饰性的，或者是在社交上用来夸耀的。划分程度上的区分是很有诱惑力的，我们说：当对一事物意义的知觉对其他事物来说是偶然的，这一事物便在日用范围内；而当一事物的其他用处服从它在知觉中的用处时，这一事物便属于美术的范围。这种区别有一种粗略的实用价值，但不能做得太过分。因为在创作一幅画或一首诗时，和在制作一个花瓶或建筑一座庙宇时一样，知觉也用来作为达成某一些超越它本身的其他事物的手段。再者，虽然我们对于壶、罐、碗、碟等日用品基本上是从它们的某些用处去知觉的，但是对它们的知觉本身也可以被我们欣赏。唯一的基本区别乃是在坏技艺和好技艺之间的区别，而这个区别，即在符合于技艺要求的事物和不符合于技艺要求的事物之间的区别，这同样可以用来说明有用的和美的东西。在意义中对结果的享受和产生结果的效力是互相渗透着的，不同的产品都具有为知觉赋予意义的能力，只不过意义的完备程度各有不同。罐子和诗词也可以同样完全不具有这种能力。一种被机械地设计和制造出来的用具的丑陋，和一幅粗俗不堪、装腔作势的图画的丑陋，只是在内容或材料上不同；在形式上，它们都是作品，而且是坏作品。

思维尤其是一种技艺，而作为思维产物的知识和命题，也跟雕像和交响乐一样，乃是技艺作品。思维的每一后继的阶段都是一个结论，而在这个结论中，产生这个结论的事物的意义就被凝聚起来。一旦它被陈述出来，立即就成为一道照耀其他事物的光芒——或成为遮蔽它们的迷雾。一个结论的先在条件，和一所房屋的那些先在条件一样，起着原因的作用，是实际存在的。它们并不是逻辑的或思辨的，也不是一件观念上的事情。当一个结论跟随着一些先在条件时，从严格的、形式上的意义讲来，它又不是跟随在"前提"之后的。前提乃是把结论分析成它的逻辑根据的产物，在有结论之前是没有所谓前提的。结论和前提是经过一个程序才达到的，这可以与制造一个木箱时对木板和铁钉的使用相比较，或者可以与在画一幅画时对油墨和画布的使用相比较。如果所使用的材料是有缺陷的，或者其组装是粗枝大叶和粗劣的，则结果也是有缺陷的。在某些情况中，它被称为无价值的，或者被称为丑陋的；在另一些情况中，被称为愚钝的，或者被称为浪费的、无用的，又或是不真实的、虚伪的。但在每一种情况中，这个带谴责的形容词总是按照产生这个作品的方法去判断这个作品的。科学的方法或者说构成真实知觉的技艺，是在经验的进程中才被断定为在实施其他技艺过程中占据一个特殊的地位。但是，这个独特的地位只会使它更为可靠地成为一种技艺，而并没有把它的产物，即知识，跟其他的技艺作品对立起来。

有效的具有认识作用的知觉是有其存在上的根源的，这一点有时在形式上被承认而在实质上却被否认。产生有效信念的事情被称为是"心理的"，于是在心理学上所讲的发生根源和在逻辑上所讲的有效性之间，便产生了一个严格的区别。当然，在编纂字典时所用的名称没有什么特别的重要性，如果有人愿意把知识和真理的效果因(efficient cause)称为是心理的,他完全有权利这样做——但他要承认这些作为原因的事情所具有的现实特性。然而,这样的承认将注意到,所谓心理的不是说属于心灵方面,或是完全限于头脑以内或"皮肤以下"所进行着的事情。从认识上觉察到一个对象,不同于在美感上觉察到一个对象,在这里涉及外在的物理运动和用于物理操纵的物理用具。在这些主动的变化中,有些产生了不健全的和有毛病的知觉,有些却被肯定时常产生有效的知觉。这个差别,显然与建筑或雕刻技艺被巧妙地执行着,或者被粗枝大叶地用不适当的用具去执行时所产生的差别,完全一样。所以,产生证实的信念的活动,有时被称为是"归纳的",在这样的称呼之中就含有一种不信任它们的意义;而比较起来,演绎则被认为具有一个比较优越的特殊地位。对于这样界说之下的演绎,我们可以提出以下几点意见:第一,它跟与存在有关的真伪问题是丝毫没有关系的。第二,它甚至也不涉及一致性或正确性的问题,除非在一种形式上的意义之下,而按照这种形式上的意义讲来(如以上所指出过的),所谓一致性的反面并不是不一致性而只是无意义。第三,出现在演绎中的这些意义,乃是过去的所谓"归纳"的研究所获得的结论。那就是说,乃是通过适当的外在运动和用具去改变外在事物的一种试验技艺所产生的结果。

在科学中实际发生的演绎法,与普通定义所界说的那种演绎法是不同的。演绎直接处理意义彼此之间的关系,而不是处理直接涉及存在的意义。但是,这些意义作为意义本身,借助于对语言技艺的采用和控制而彼此关联起来。它们具有理智上的重要性。它们之所以进入科学方法之内而能产生丰富的结果,这仅仅因为它们是被它们以外的动作所选择、运用、分隔和联合起来的,而这些动作跟在实验中使用仪器和其他物理的事物时有关的那些动作一样,也是具有存在性的,具有原因作用的。认知的动作,无论是关于推论或是证明的,总是具有归纳的作用。当思维系指任何实际发生的事物而言时,就只有一种思维方式,即归纳的思维。如果有人认为另外还有一种所谓演绎的思维,这种想法是哲学中那种普遍流行的所谓把功能当作先在活动而把存在所具有的根本意义当作似乎是一种"实有"的倾向的另一证据。作为一种具体的活动而言,演绎是丰产的而不是不结果实的;但是作为一种具体的活动,它还包括一种外在的采取和使用的动作,而这种动作是有选择性的,是实验性的,而且经常接受后果的核对。

知识或科学,作为一种技艺,像任何其他技艺一样,赋予事物以它们前所未有的特性和潜能。所谓的实在论之所以对这个说法提出反对,乃是由于它把不同的时态混淆起来了。知识并不是一种歪曲或曲解,把现在不属于它的题材所有的特性强加在这种题材之上;知识是一种动作,赋予非认识的材料一些为它过去所未曾有过的特性。它标志着一种变动,通过这样一种变动,原来表现出机械能量特性的一些物理的事情,由推和拉、撞、弹、分裂和结合等关系而联系起来的,现在具有了前所未有的特征、意义以及意义之间的关系。建筑术并不是在木石之上加上一些不属于它们的什么东西,但确实又在它们上面附加了一些它们在早期状态中所没有的特性和效能。建筑术使木石在新的方式下交相作用,具有新的一系列后果,因而使它们具有了新的特性和效能。工程和美术都未曾把它们本身限制于模仿的再造或对于现在条

第九章 经验、自然和技艺　　345

件的描摹。不过,它们的产品较之自然存在的原先状态,更加自然有效,更加"富有生命"。在认识的技艺及其作品方面,也是如此。

在今天,科学像梦魇一样压在成千上万的信念和愿望之上,让它们喘不过气来。这个原来似乎无法解释的事实也从人们不承认知识为技艺产品这一点上得到了解释。不过,要解除这个困难,在承认科学为一种技艺时,就必须不仅仅在理论上承认科学是为了人类而出现的,虽然承认这一点大概是一个初步的开端。但是,这个困难的真正根源在于,认知的技艺现在还仅仅限于一个狭小的范围之内。像任何贵重和稀罕之物一样,它曾被人为地加以保护;而且经过这样一种保护,它已被非人化而为一个阶级所专占。好像贵重的翡翠珠宝首饰仅属于少数人所有一样,科学宝饰也是如此。有些哲学理论曾把科学置于庙宇神坛之上,使之成为远离生命的艺术而仅能通过一些特殊的礼节仪式才能接近。这些理论也是专门技术的某一部分,而这个技术是为了保持对信念的垄断,保持理智的权威。在对事物之意义获得充分的和自由的知觉的技艺体现在教育、道德和工业中以前,科学始终是少数人所有的一种特别的奢侈品;在广大的群众看来,它涉及的是一堆遥远的、玄妙的古怪命题,它们跟生活丝毫没有关系;它只是在自发性上强加上规律,请出必然性和机械性来作证,以反对我们丰富而自由的愿望罢了。

每一种错误都附带有一种相反的和补充性的错误,否则,它立即就会自己显露出来。原因在形而上学上是优于结果的这种见解,被在美感上和道德上目的优于手段的这种见解所补充。我们只有把"目的"移植于原因和效能的领域之外,才能同时维持这两种信仰。这一点今天已经做到了，首先是由于把目的变成了内在的价值，而再在价值和存在之间划上一道鸿沟。结果，由于科学必须处理存在物，它就变成粗野和机械的了，而关于价值的批评，无论在道德方面或是美感方面，就变成是书呆子气的或女人气的，不是表达一些个人的好恶，就是树立一系列沉重的规章条例。通过其结果可以提高技艺的方法来产生判断，这种我们所需要做的事情很容易通过这些粗大的网眼遗漏出来，而大部分的生活就在一种未曾为深入的探究所照耀的黑暗中度过了。只要这样的状况继续存在着，本章把科学当作技艺的论点——好像本书中许多其他的命题一样——大部分只是带有预见性的，或者多少是带有思辨性的。当适用于人类和社会的事情的思维技艺，跟那种用来对待远处星辰的思维技艺一样成长起来时，我们就没有必要来辩论说科学是否是这些技艺和技艺作品中的一种了。我们仅就可以观察到的情境加以指点就够了。把科学跟技艺分隔开来，而又把技艺区别为与单纯的手段有关的技艺和与目的本身有关的技艺，这乃是掩盖我们在力量和生活之善之间缺乏结合的一个假面具。我们对生活之善的预见愈能使人认识生活的力量，这个假面具就愈失去其可行性。

有效的东西和技艺中最后的东西乃是互相渗透的，这一点已在技艺逐渐从魔术式的仪式和崇拜中解放出来以及科学逐渐从迷信中突创出来的情况中找到了证据。因为如果手段和终结（目的）在经验上被截然划分的话，魔术和迷信不可能支配人类的文化，而诗歌也不可能在过去被视为对自然原因的洞察。它们在同一个对象中结合得越紧密，就越易于使人们把任何圆满终结的东西所没有的效能认为是它所具有的。凡是最后的东西都是重要的,这样说,只是表述一件谁都知道的事实。由于在分析和钻研为我们所直接享受的对象所具有的特殊效能时缺乏可运用的工具和技巧,我们便按照这个对象重要的程度而把过多的效能附加在这个对象的身上。对于契合于自然人并喜欢走捷径的实用主义来说,重要性是衡量"真实性"的尺度,而真实性又反过来说明有效能的力量。一位热情的公民看见国旗时或一位虔诚的基督徒看见十字架时所激起的忠诚,被直接归属于这些对象的内在本质。它们是参与在一个圆满终结的情境之内的,但这却被转变成一个神秘的内在力量、一种永恒不朽的效能。因此,一个为我们所喜爱的人的纪念物,引起我们内心一种感情,正同这个事物所属的那个可爱的人亲自唤起的情意是一样的,因而这种纪念物便具有引起愉快、兴奋和安慰的效能。无论在一个圆满终结的情境中直接涉及的是什么东西,它们获得一种予人以祸福的力量,正同直接标志这个情境的善或恶一样。显然,这里的错误在于以粗枝大叶而不加区别的方式来赋予力量,揭示形成这种顺序条理的特定因素的探究至今仍付阙如。

穿衣服与其说是起源于利用或保护,毋宁说是在一些非常畏惧或表现特权的情境中发生的,这在人类学家们看来是一件极普通的事情。它是一个圆满终结的对象的一部分,而不是达到某些特定后果的手段。好像僧侣的法衣一样,衣服就是礼服,而披上礼服就直接授予了这个穿礼服的人一种惊人的力量或迷人的魔力。穿上衣服也就是拥有了一种权威,这不是说把另外的意义添加在它们上面。同样,一个胜利的猎人和战士惹人注目地在他身上挂满了为他的勇敢所征服的野兽或敌人的爪牙来庆祝他的凯旋归营。这些证明权力的信号,乃是为人们所钦佩、效忠和尊敬的对象中不可分割的部分。因此，战利品变成了一种象征，而这种象征又拥有了神秘的力量。它从一种光荣的记号变成了一种为人们所景仰的对象，而且即使当它戴在别人身上时也会引起对一位英雄人物的欢呼。到后来，这些战利品就变成了特殊权威的符玺。它们具有了一种内在的推动力量。在法律史中，有许多类似的事例。例如起初跟交换财产联系着的动作，即在取得土地所有权的那些戏剧式的仪式中所践行的动作，不仅被视为所有权的证据，而且被视为具有一种授予人们以所有权的神秘力量。

后来，当这些东西失去了它们原来的权力而变为"单纯形式上的事情"时，它们可以仍然是使一件交易具有法律力量的主要因素，例如必须在契约上盖章才能使它生效，虽然盖章的意义或理由已经不再存在了。我们仅仅因为某些事物曾经共同参与在某种显著的具有圆满终结的情境之中而赋予它们一种效能，在这种情况之下，这些事物就是符号。然而，它们被称为符号，仅是后来的或是从外面来的。在政治上和宗教上虔诚的人看来，它们不仅仅是符号，而且是一些具有神秘力量的物品。在某一个人看来，两条交叉的线乃是一个指示，指明所要从事的一种算术上的运算；在另一个人看来，它们是证明了基督教的存在是一个历史事实的证据，正如新月使人想到了伊斯兰教的存在一样。但是在另一个人看来，十字架不仅使他沉痛地想到耶稣被害这个具有重大意味的悲剧，它还具有我们所要捍卫和祝福的一种内在的神圣力量。既然一面国旗激起的爱国热情能达到沸腾的程度，这面国旗就必然具有为其他不同形状的布块所没有的特性和力量，我们触摸到它时必然要肃然起敬，它乃是在仪式中为我们崇拜的自然对象。

当类似的现象出现在原始文化中时，它们被解释成好像是原始人试图对自然活动进行的因果性解释，据说魔术乃是走偏了的科学。其实，这类的现象乃是人们直接在情绪和实践上作出反应的事实。只有到后来，当人们的反应并不是直接的、必然适当的因而需要有所说明的时候，才有了信仰、观点、解释。作为直接的反应，它们要说明的是这样一个事实，即任何包括在一个圆满终结情境中的东西，无论它是多么偶然，总能引起敬畏、兴奋、慰藉、景仰的力量，这种力量属于整个情境。当整体的圆满终结情境的构成因素被区别出来，而每一个因素在顺序系列中都有它自己的特殊地位时，工业便代替了魔术，而科学便减少了神话。因此，为各种不同类型的技艺所特有的材料和效能便被区别出来了。但是，因为仪礼的、文学的和诗歌的技艺跟工业的和科学的技艺有着十分不同的工作方式和不同的后果，所以就远不像当代一些学说所假定的那样，说它们丝毫也没有成为工具的力量，或者说，在对它们的欣赏性知觉中并不包含对它们具有工具性的感知。人类文化中对符号的普遍运用完全证明了：在所享有和所遭受到的这样一段漫长的历史的组成部分中，而且特别是在最后的或终极的组成部分中，就包含有对于这段历史中的位置和联系的一种亲切而直接的感知。

　　还可以在古典哲学本身中找到进一步证实这个命题的情况，古典哲学认为，基本的形式"使得"事物成为现在这个样子，即使它不是产生事物的原因。在希腊理论中所出现的所谓"本质"（essence），就是代表早期符号所具有的这种神秘的力量；不过，它们已从原来迷信的环境中解放了出来，而出现在思辨的和反省的环境之中。简言之，在希腊和中古的科学中，本质就是诗的对象，却被当作了是论证的科学的对象,用来说明和理解事物之内部的、最后的组成部分。虽然希腊思想从魔术中获得了充分的解放,而不把形式的、最后的本质当作"动因",但是后者却被理解成使得特殊事物成为它们现在这个样子,成为自然的组成部分。再者,它把因果的地位颠倒过来,于是认为变动中的事情内在地具有追求这种形式的倾向。因此,便为后来教父思想和经院思想坦率地回复到一种公开的泛灵论的超自然主义打下了基础。哲学理论,正如魔术和神话一样,在关于终结(目的)中的效能的本质上发生了错误,而这种错误乃是由于同一个理由,即没有对组成的因素进行分析。如果没有如当前思想所假定的在手段和目的之间、结果和工具之间截然的区别,那种错误就可能不会发生。

简言之,人类经验的历史就是一部技艺发展史。科学从宗教的、仪式的和诗歌的技艺中明确地突然显现出来的历史,乃是一种技艺分化的记录,而不是与技艺相脱离的记录。适才所作说明的主要意义,从我们当前的目的来说,在于它对有关经验和自然的理论所产生的影响。然而,它对于一种批评理论并不是没有意义的。在美术和美学批评中,当前被一些人看作混乱的模糊状况似乎就是在具有工具性的东西和圆满终结的东西之间划分鸿沟这个没有公开的暗流所不可避免的后果。人们愈进入具体的情境中,就愈不能不承认他们的主导性假定所产生的逻辑后果。在技艺和自然的传统理论中,有一些长久晦暗不明的含义已经解释得很明白了,对于这一点,我们要归功于今日流行的一派批评家们所主张的技艺理论。我们对于这种功绩所表示的谢意,不应该因为传统理论的拥护者们把这些新的观点视为反复无常的邪说、疯狂的叛逆而有所减弱。当有人宣称在技艺作品中的美感性质是独特的；当有人肯定它们不仅和任何自然界中存在的东西是分隔的，而且和一切其他的良好性质的形式是分隔的；当有人主张说，如音乐、诗歌、绘画等技艺具有为任何自然事物所没有的特性的时候——这些批评家们会认为，肯定这些事情就会把美术跟有用的东西隔绝开来，把最后的东西跟有效能的东西隔绝开来。因此，他们证明了，把圆满终结的情境跟具有工具性的东西截然分开，势必使技艺变成完全秘密的了。

在这里，实质上只有两条道路可以选择。或者说，技艺乃是自然事情的自然倾向借助于理智的选择和安排而具有的一种连续状态；或者说，技艺乃是从某种完全处于人类胸襟以内的东西中迸发出来的一个附加在自然之上的奇怪东西，不管这种完全处于人类内心的东西叫做什么名称。在前一种情况之下，愉快的扩大的知觉或美感欣赏跟我们对于任何圆满终结的对象的享受，乃是属于同一性质的。它是我们为了把自然事物自发地供给我们的满足状态予以强化、精炼、持久和加深而发展出来的应对自然物的理智技艺的结果。在这个过程中发展了新的意义，而这些新的意义又提供了独特的、新的、令人愉快的特点和方式，而这正是所有的生长所发生的情况。

但是，如果美术和其他的活动和产品没有任何关系，那么，当然，它和在其他情境中所经验到的、物理的和社会的对象也没有任何内在的关系了。它有一种神秘的来源和一种秘密的特点，至于这个来源和特点叫做什么名称，这并没有多大的差别。按照严格的逻辑讲来，其实这并没有丝毫差别。因为如果美感经验的性质从概念上来讲，是独特的，那么，用来描述它的这些字眼所具有的意义就不会是从其他经验的性质中产生的或可以和它们相比拟的，它们的意义是隐蔽的，而且是相当特殊的。在这些把技艺和美感的分离推至极端的批评家们中有一些或多或少流行的名词，我们不妨拿出几个名词来考虑一下。有时有人说，技艺乃是情绪的表达，它的含义是，根据这个事实，题材除了它是情绪所由表达的材料以外，是无足轻重的。所以，技艺就变成了独特的东西。因为在科学工作、实用和道德中，形成这种题材的对象所具有的特征乃是最重要的。但是按照这个定义讲来，如果技艺愈是真正的技艺，那么，这种技艺中的题材就愈是摆脱了它自己所具有的内在特征，因而一个真正的技艺作品就表现在它把自己的题材缩减到成为一种单纯表达情绪的媒介。

在这样的一种说法中，情绪或许是毫无意义的，而组成这个词的字母这样特殊的配合乃是纯粹偶然之事，否则，如果所谓的情绪和日常生活中所谓的情绪就是一回事，那么完全可以证明这种说法是假的。因为情绪，按照其通常的意义讲来，乃是被对象——物理的和个人的对象——所唤起的东西，它是对一种客观情境所作的反应。它不是某种在某个地方独立存在，然后再使用材料并通过材料来表现自己的东西。情绪是指以一种多少有些兴奋的方式密切参与在某种自然情景或生活情景中的情况。如果我们可以这样说的话，尽可以说它是一种以客观事物为转移的态度或性向。技艺对客观事物的选择和搜集应能激起一种高尚的、敏感的和持久的情绪反应，这是可以理解的。技艺家本人也应该是这样一个人，他能保持这种情绪，而在这种情绪的情调和精神之下把客观的材料组合起来，这也是可以理解的。这个工作程序的确可以达到这样一个地步，即把客观材料的使用精简到最低的程度，而让情绪反应的激动达到其相对的最高程度。但是，技艺过程起源于由一个情境自发唤起的情绪反应,而这个情境的发生和技艺丝毫没有关系,而且它也不具有"美感的"性质,除非把一切直接的享受和遭受都当作是美感的。客观题材的节约使用,在有经验的和有训练的人们的心目中,可以达到这样的地步,以致可以把通常所谓"表象"(representation)的东西大加缩减。但实际所发生的却是日常情绪经验在形式上的一种丰富而概括的表象。

有人曾以"有意义的形式"来界说一个美感对象,关于这一点,我们也可以作同样的说明。除非这个词的意义是如此地孤立,以致成为完全神秘的东西,否则它就是指我们为了强调、纯洁、精致,对那些使日常经验题材具有圆满意义的形式所作的一种选择。"形式"并不是美感的和技艺的东西所具有的一种特别的性质,或者是由它们所创造出来的一种特别的东西,任何事物只要它满足于"对它的知觉是令人愉悦的"这个条件,就具有"形式"这个特征。"技艺"并不创造这些形式,它是在选择和组织这些形式,以便增加、保持和精炼这种知觉经验。有些对象和情境产生了明显的知觉上的满足,它们之所以这样,乃是因为它们具有结构上的特点和关系,而不是出于偶然。一个技艺家对于这些结构或"形式"也许只有极少的分析认识,但仍然可以从事他的工作,他可以主要地通过一种移情式的交感来选择这些形式。但是,这些形式也可以通过鉴别来予以确定,而且一个技艺家可以利用他对于它们的审慎周详的觉察来创造技艺作品,而这些技艺作品较之大众所习惯的那些技艺作品,更加严谨些、抽象些。按照形式上的特点来从事创作的趋势,在很多当代的技艺中,在诗歌、绘画、音乐乃至雕刻和建筑中,都是很显著的。从它们最坏的方面来讲,这些产品便是"科学的"而不成其为艺术的,只是一些专门的训练,枯燥无味,属于一种新型的学究式工作。从它们最好的方面来讲,它们有助于产生一些新式的技艺,而且通过对于知觉器官的训练,有助于产生新式的圆满终结的对象。它们扩大和丰富了人类的视野。

因此,把这个论点再略微向前推动一下,我们就得到了关于有工具性的技艺和美术之间的关系的一个结论,而这个结论和隐士式的美学家们所希望的结论显然是相反的。那就是说,这样有意识地进行的美术具有特殊的工具作用的性质。它是为了便于进行教育而实施的一种实验设计。它是为了一种特殊的专门用处而存在的,这个用处就是对知觉方式进行一种新的训练。如果这种技艺作品的创造者们成功了的话,他们就应该受到我们所给予显微镜和扩音器的发明者的那种敬意。他们开辟了可为我们所观察和享受的对象的新园地。这是一个真正的贡献,只有在一个混乱和自负兼而有之的时代里才会把具有这种特别用处的工作排斥于美术之外。

我们可以作出结论说,以技艺这个形式表现出来的经验,当我们对它予以反省思考时,解决了较多的曾经使哲学家们感觉到苦恼的问题,而且摧毁了较之其他思想主题尤为顽强的二元论。如以上的讨论所曾经指出的,它证明了在自然中个体和一般互相交织的情况;机遇和规律的相互关系,把一个转变成机会而把另一个转变成自由;具有工具性的和最后的东西之间的相互关系。它更加明显地证明了把外在的和实践的活动跟思想和感情加以区别,因而也把心灵跟物质截然分开的见解是毫无根据的一种错误。在创作中,外在的和物理的世界不仅仅是知觉、观念和情绪

第九章　经验、自然和技艺

的单纯的媒介或单纯的外在的条件，它是意识活动的题材和支持者；而且揭示出这个事实，即意识并不是一个独立的存在领域，而是自然界达到了最自由和最主动的境界时存在所显露的性质。

第十章 存在、价值和批评

最近的哲学见证了一种价值论的兴起。在这个讨论中，举足轻重的"价值"标志了一种绝望的努力，它想把对象具有好坏性质这个明显的经验事实和通过把人类跟自然隔绝、把具有性质的个体跟这个世界隔绝的办法使这个事实成为反常的哲学陈述结合起来。哲学家建立了一个"价值界"（realm of values），把一切由于人为的隔绝而被排斥于自然存在之外的宝贵事物都安置在这个"价值界"内。痛苦、幽默、热忱、悲惨、美丽、兴旺和挫折等虽已从一个和机械结构等同的自然界中排斥出来，但是它们仍然具有经验上的真实性，而且还要求我们予以承认。所以，它们都集中在一起而被纳入"价值界"内，与这个存在的世界区别开来。于是，哲学家又要纠缠于一个新的问题了：这两个世界有什么关系呢？价值界乃是最后的和超验的"实有"世界，而这个存在世界是从它里面派生出来的或堕落下来的一个世界吗？或者说，它是人类主观性的一个表现，是在某种神秘的方式下凌驾在具有完备物理结构的秩序之上的一个因素吗？或者说，有许多独立的存在物，和物理的事情是同样"真实的"，它们在客观的存在中凌乱地分布着，它们没有时间日期和空间地点，然而却又在某些时间内和某些地点上神秘地跟存在物联合在一起吗？

　　关于价值的这些概念乃是随意拣选的，因为这个问题本身就是武断的。当我们再回到希腊思想所曾经运用过的概念，如可能和现实、偶然和规律性、具有多样性质的个体等时，我们发觉，没有根据把价值论和自然论截然分开。不过，如果我们再回到这些希腊概念，这种回头必然与原来有某种区别。它必须废弃把自然的目的跟善和完善等同起来的观点。它意识到，一个自然目的如果离开了与有所选择的努力之间的联系，那就不会具有任何高贵的性质,就只是为能量运动的历史写下"句号"的界限。由于耗损净尽而归于失败和由于胜利而结束战争同样是一个终结(end),死亡、无知和生命一样,也是一些最终的结局(finalities)。

再者,如果我们回到希腊的这些概念,就必须废弃这种把目的视为预定的、只有有限数目的,而且按照它们不断增加的广泛性和最后性内在地构成一个秩序的概念。我们将不得不承认:自然的终点(termini)和它们所限制的个别活动系统一样,是无穷无尽和多式多样的,而且既然结构的不可渗透性和固定性只是相对而不是绝对的,那么具有新目的的新个体便在不规则的过程中突创出来。我们必须承认:一切的界限、范围、目的,好像政治的个体或国家的界线一样,并没有属于它们自己所有的什么东西,而是在实验中或在变化中不断地被决定着的,表现为各种能量系统在它们合作和矛盾的交相作用中连续不断地进行适应。因此,我们还要废弃那种在自然中将偶然性和规律性以及动荡的和确定的东西截然分开的做法,还要避免如古典传统所特有的那样把它们归入不同的"实有"的秩序中去。我们要留意,它们随处都是互相交织着的,正是不安定和不确定的状态产生了对秩序和安全的需要和感知。任何一个在存在和享有方面最完备和最自由的东西,也就因为这个原因而最易于发生变化,也最需要看顾和保全它的技艺。

"价值"在晚近思想中的含义,也包含了对经验曾迫使古典思想中自然目的的概念所作改变的暗示。因为至少从含义中要承认价值是漂泊的和动荡的、是负的和正的,而且具有无穷的不同的性质。即使是主张价值是不朽的、是游移不定的暂时事情的永恒基础和根源的那个超唯心主义的形而上学,也把它的论点建筑在价值在现实经验中这种不可否认的不安定、这种无止境的动荡不安、这种起伏不定的状态的基石之上。因为这种通常称为终结（目的）而现在称为价值的东西具有这样的意义，所以重要的不是讨论和关心一种价值论，而应是一种批评论、一种根据好的东西（goods）所由出现的条件及其产生的后果在这些好的东西之中进行鉴别的方法。

价值就是价值，是直接具有一定内在性质的东西。仅就它们本身作为价值来说，那是没有什么话可讲的，它们就是它们自己。关于它们可以说的话，都是有关它们的发生条件和它们所产生的后果的。这种把直接的价值认为是可以思考和谈论的概念，乃是由于把因果范畴跟直接性质混淆不清而产生的结果。例如，对象可以区别为具有某种贡献的或是具有满足作用的，但这是在因果关系方面的区别，而不是关于价值方面的区别。我们可以由于某一种理由而对某一个东西有兴趣，关心它或者喜欢它。我们之所以欣赏它或享有它的理由，时常就是因为有关的这个对象是达到某些东西的一个手段，或者说，就是因为它代表了先前的过程的圆满终结处。但是，如果考虑为什么喜爱和享受，这与价值存在的原因有关，而跟这个"价值性质"（value-quality）的本性或本质无关——"价值性质"只是存在或者不存在而已。作为手段的东西和作为满足状态的东西具有不同的性质，在交响乐、歌剧和圣乐中也具有不同的性质。这种差别跟"价值性质"的直接性或内在性丝毫也没有关系，它乃是在某一件事情和性质跟另一件事情和性质之间的差别。

如果有人假定说，当一个满足的状态具有直接价值时，获得它的手段却是没有价值的，这样的假定是自相矛盾的。如果对某一个人来说,他的牙痛停止了,这是有价值的;根据这个事实,这个人发现,去看牙医或任何其他足以满足这一点的手段也是有价值的。因为满足是与手段相关的,正如手段是和目的的实现有关的。"手段-后果"构成了一个单一的不可分割的情境。结果,当思维和讨论参与其间时,当其中夹入了理论化的问题时,当在赤裸裸的直接享受和遭受以外还有了一些超出其外的东西时,这时候考虑的便是这种"手段-后果"的关系。思维超过了直接存在而涉及它的关系,涉及中介它的条件,以及反过来被其中介的事物。而这样一个过程便是批评。在一些价值论中把在因果或顺序关系中决定了的东西跟价值本身混淆不清的这个普遍情况,也就间接证明了这个事实,即每一次理智的欣赏也就是对于具有直接价值的事物所作的批评、判断。任何关于价值的理论势必进入批评的领域之内。价值本身,乃至具有价值的事物,在其直接存在的状况之下,是不能为我们所反省的。它们只是存在或者不存在,被享受或不被享受。超过了直接发生的事情,即使这种超越仅限于试图去界说价值,也就开始了一个辨别分析的过程,而辨别分析就意味着有一个反省的准则。价值本身是可以仅仅为我们所指出的,然而企图通过完备的指点给予价值一个定义的尝试是徒劳无益的。关于正的或负的价值,如果我们要对它有所指明,那迟早将不得不把一切东西都包括在内。

这些说明是为了准备提出我们对于哲学的一个概念,这就是说:哲学实质上就是批评。一般来讲,它在各种不同的批评方式中是具有其显著的地位的,似乎可以说,它是批评之批评。批评乃是具有鉴别作用的判断、审慎的评价,而只要在鉴别的题材是有关于好或价值的地方,判断就可以恰当地被称为批评。对于好的占有和享受不知不觉、不可避免地会变成评价。原先的和不成熟的经验只是满足于简单的享受。但是在经验中,只要有一点简单的进展就势必进而从事反省,不久就得到了这样的教训:某些在当前享有的情况中是甜蜜的东西,在以后的回味中及其所导致的后果中乃是辛酸的。原始的无知是不会持久的。享受不再是一种直接所与而变成一个问题了。作为一个问题,它就意味着对于一个"价值-对象"的条件和后果要进行理智的探索,那就是批评。如果价值像越橘那样丰富多产,而且如果它们又总是随手可得的,那么从欣赏转入批评就会是一个毫无意义的程序。如果我们对于某一件事情感到厌倦了,只要转向另外一件事情就行了。但是,价值是和云彩的形状一样飘浮不定的。具有价值的事物拥有存在物所有的一切偶然情况,而它们对于我们的喜爱和嗜好是漠然无情的。

好的东西不仅随着四周环境的变化而变化和消逝,而且随着我们自己的变化而变化和消逝。连续不断的知觉,若不是经过以前的批评的熏陶,就会变得迟钝,不久就达到饱和、疲惫、厌倦。自然的人是非常轻率浮躁的,这已成为研究人性的敏锐观察家们经常谈论的主题。只有培养出来的嗜好,才能持久地欣赏同一对象。而它之所以能够这样,是因为它曾被训练成一种辨别分析的程序,经常在对象中揭露出知觉的和享受的新意义。除了知觉和享受的器官疲惫以外,还有一切使所享受的对象不稳定的其他机体上的原因,加上它们所从属的外在环境中的变化,于是直接的好幻灭无常,这就没有什么可奇怪的了。对于愉快和美德上的悖论,即主张愉快和美德并非直接以它们为目标而获得,而是要在注意到其他事物时才会获得,这也不足为奇了——在这个世界中,如果我们不注意到一个事物的原因条件,我们就绝不能通过任何其他的方法得到这个事物。在这个世界中,上述论点就不是自相矛盾的,而是一件事实了。

当批评和批评的态度跟欣赏和嗜好适当地区别开来时,我们就可以看到一种经常"上下起落"的节奏情况(借用詹姆斯的用语),即我们在一切有意识的经验中,在直接和间接之间,在圆满终结和工具作用之间,轮换交替地予以强调的情况。如果我们错误地忽视了这种节奏状态在一切观察和观念中普遍存在的情况,这大部分是由于我们在形式理论的影响之下给予"欣赏"和"批评"一种过于精密和遥远的意义。这一种或那一种的价值并不是稀有的和喜庆的节日所具有的特性,只要任何对象被我们所欢迎和留恋的时候,只要任何对象引起我们厌恶和反对的时候,即使这种留恋只是暂时的,而这种厌恶只表现为向另一事物偶然的一瞥,在这样的时候还是出现了价值现象。

同样,批评并不是一种有关于正式论著、发表的文章的事情,或者是对于某些重大事件进行的严肃讨论。只要我们在那一刻考查了当前有哪一类价值的时候,只要我们不是专心一致地接受一个价值对象,对它全神贯注,而是对它的价值略有怀疑,或者由于我们对它的可能的未来只作一种草率的估计而改变了对它的感觉的时候,就产生了批评。我们带有一种推崇的意味,使用"欣赏"和"批评"等词来说明一些明显的事例,这大体讲来是可以的。但是,我们要留意到,在形式上被强调出来的事例,跟构成我们清醒经验全部进程(无论在幻想中,在控制下的探究中,或者在对事件的审慎安排的估计中)的一些略表同意的接受、一些厌烦的拒绝以及一些临时的怀疑和各种估计之间的有节奏的轮换交替,完全具有相同的性质。如果我们没有留意到这一点,那么就几乎无法理解它们。

两种感知方式之间有节奏的连续,暗示这种差别只是强调重点或程度上的不同。有批评性的欣赏和带有欣赏性的、具有热烈情绪的批评,这在每一个成熟的、正常的经验中都会发生。在第一次觉得一个东西是好的这种模糊的、无形的知觉之后,我们对于好的东西的知觉至少包含有批评的反省的萌芽。正因为如此,而且仅因为如此,精密复杂的和正式陈述出来的批评到后来才是可能的。这种批评,如果是公正适当的,它所能发展的就是那种在欣赏内部所发现的反省性含义。如果对于"善的"对象的享有并不含有记忆和先见在内,如果这种享有缺乏任何周密的考虑和判断,那么批评就会是最任意的工作。批评是不是合理的,而且合理到什么程度,这要由它把这些在直接的嗜好和享受中所发现的理智因素扩大和加深到什么程度来决定了。

道德中的良心、美术中的欣赏和信仰中的信念在无意之中转变成批评的判断,而后者又转变成一种愈来愈概括的批评形式,即所谓哲学。有人宣称欣赏是不能加以讨论的,而有人说欣赏和批评是有"规范"的,这两种说法怎样能并行而不悖呢?在表面的好和真实的好之间的区别有什么意义呢?现象和实有之间的区别怎样用来说明什么是好的呢?如果没有一个衡量价值的标准尺度,具有批评性的评价可能吗?这种价值的标准本身也是一种价值吗?它是从它所度量的价值对象中派生出来的吗?如果是这样的话,在特定情况之上或之外它又具有什么样的权威?它对它自己的根源和创造者有什么权利来下判断呢?一个标准乃是独立于所判断的具体事例之外超越经验而存在的吗?如果是这样的话，它的根源是什么？它可以应用到它以外的材料上的根据和保证是什么？嗜好、直接的欣赏、感知和道德感是最后的，在每种情况之下，当它发生时，它就是它自己最后的裁判吗？在那样的事情中，我们怎样得以免于混乱的无政府状态呢？在各人之间有一个共同的价值标准吗？如果有的话，它的根据是在人类之外而具有一种独立实有的客观形式吗？

像这一类的问题，如果高兴的话，可以继续增加下去。它们指明，如果我们下功夫从价值问题及其与批评判断的关系中把一切哲学中所积累的争论都推演出来，这不会有多大的困难。无论是关于信念和意见中的好坏问题，或者是关于行为方面的好坏问题，或者是关于所欣赏的自然和技艺景物的好坏问题，在每一种情况中都发生了一种在直接价值对象和后来的价值对象之间的矛盾：在现有的好和通过反省而达到和辨明的好之间的矛盾，在现在呈现出来的好和最终的好之间的矛盾。例如，在知识中，有事实上的信念和原则上的信念。在道德中，有直接的善、所向往的东西和合理的善、可向往的东西。在美学中，有一种未曾发展或粗陋的嗜好所欣赏的好和有修养的嗜好所欣赏的好。在这任何一个区别中，真正的、实在的、最后的或客观的好，作为一种直接的存在，跟相反的那种好，即所谓虚假的、外表的、空幻的、显眼的、庸俗的、不正当的好（*le faux bon*）比较起来，并不更好一些。形容词上的差别系指在批评判断中所作的一种差别，所以在业已认可的好和（直接）觉得是好而被判断为坏的那种好之间的差别是否确实，这一般地来讲，要以反省的价值如何而定；而从特殊上说，则要以一个个别的反省活动的价值如何而定。即使反省对象的好不同于非反省对象的好，这并不是说，它就是一种比较好的好；更不是说，由于在好之中有这样一种差别，这种差别就使非反省的好变成坏的了——除非有一个限制性条件，即反省所具有的价值或好中具有其独一无二的东西。

于是在真正的、确实的好和一个赝品的、虚假的好之间的差别，或者是不真实的，或者是反省或批评后所产生的一个差别，而重要之点在于：这种差别跟由于关系的发现，即由于条件和后果的发现而产生的差别完全是一样的。和这个结论相关联的，还有两个命题：关于直接价值本身，即关于实际所发生的、为我们所具有和所享受的价值，是没有理论可言的，它们只是发生着、被享受着、被占有着，仅此而已。当我们一开始谈论到这些价值，对它们加以界说和概括、分门别类的时候，便立即超越了价值对象本身的范围。我们便进入了（即使仅是盲目地进入）一种对于前因后果的探究而想要对有关的这个事物所具有的"真实的"好，即最终所产生的好，予以赞美性的评价。我们不是为了批评而批评，而是为了建立和保持更为持久和更为广泛的价值而进行批评。

另一个命题是说，哲学乃是而且只能是这种批评的活动和功能，而这种活动能察觉到它本身和它的含义，是审慎周详且系统地进行的。它的出发点乃是具有直接的好坏性质的信念、行为和欣赏性知觉的现实情境，以及在任何一定时间内在一切价值的领域中所流行的各种批评判断的方式，这些都是哲学的原始资料和题材。它把这些价值、批评和批评的方法再作进一步的批评而尽可能地使它们更为广泛而一致，从而可以调节人们对于好坏的进一步欣赏，赋予人们更大的自由和安全去从事直接的选择、占有、指认或排斥、缩减、破坏，从而建立或排除信仰、行为和静观的对象。

这样一个结论带有一种奇异的气氛。它似乎在企图通过一种思辨上的技巧，使好坏这个范畴的权限高于理智生活,高于一切的对象。我认为,如果我们考虑一下以上所说的实际意义,这个印象很快就会消逝的。凡我们相信的和拒不相信的对象都是价值对象,因为我们对于每一个对象总是有所默认、有所接受、有所采纳、有所占有的。这就等于说,在相信或不相信中得到了满足或发现了好。事实上,凡所接受的东西就是如此存在的,因而它本身就是好。在这样的陈述中并没有什么神秘的含义,我们并不是以此为根据来提出一个论点,以图抹杀对象所具有的独立于它们之成为信念对象或价值之外的特性。它并没有取消信念之中的差别,一个为我们所相信的东西势必就是我们觉得是好的,这是事实;但是,它并没有把这个事实当作就是我们相信它的理由。反之,这句话只是一个开始。最重要的事情乃是藏在我们背后并促成接受和拒绝的东西,要看我们有没有一个鉴别和评定的方法来区别什么是我们所同意的和什么是我们所否认的东西。使得一个对象在信念中被发觉是好的那些特性和关系,乃是在这个对象所具有的直接的好的性质以外的。这些特性和关系乃是在因果关系方面的,所以我们只有通过对前因和后果的探索才能发觉它们。认为有某些对象或对象的某些特性乃是一见即知的这个观念,乃是关于知识问题的整个历史传统的蛊惑和幻梦,它们同样地散布在感觉论和理性论各学派,以及客观的实在论和内省的观念论之中。

关于信念及其对象,就其直接状况而言,跟欣赏及其对象一样,乃是"不争之事"（non-disputandum）。如果一个人相信鬼怪、神迹、算命,相信现有经济制度的稳定不变以及他的政党及其领袖的无上优越,他就是这样相信着。这一切在他看来,显然跟某些颜色和声音的配合是可爱的,或者他心上的女人是妩媚的一样,都是一些直接的好。当我们怀疑到这个对象在信念上的"真实的"价值时,我们便诉诸批评、理智了。而这个申诉的法庭便根据前因后果的法律来进行判决。适当进行的探究,会使我们得到一个为我们所直接接受的对象、一个在我们信念中觉得是好的对象;不过,现在这种对象的特征乃是依赖于反省活动的,它是反省活动的结论。这种对象跟武断的和非批判的信仰对象一样,标志着一个"目的"、一个静止的停顿;但又跟它不一样,这个"目的"乃是一个结论,所以它是有所依据的。

如果信念的对象不是直接的好,假的信念就不会像现在这样危险。因为信念、承认和维护这些对象是有好处的,所以人们才这样坚定不移和坚持不懈地培植它们。关于上帝、"自然"、社会和人的信念,显然都是人们所最为恋恋不舍、最为热心捍卫的东西。我们比较易于使一个守财奴不贪财宝,但不容易使一个人弃绝他所深信的见解。而不幸的是,在许多情况之下使事物成为一个价值的原因,却并不是它之所以成为一个好的理由。它是一个直接的好,这个事实却妨碍人们去寻求根源,进行冷静的判断——而这是使事实上的好转变成原则上的好的先决条件。在这里,又一次而且显著地表明,既然反省是获得更自由的、更持久的好的工具,反省本身就是一种独特的、内在的好。它的工具效能决定了它作为一个直接的好可以处在一个显著的地位,因为它超越于其他好,还具有再度补充和丰产果实的能力。在反省中,表现出来的好和真实的好在很大的程度上是吻合一致的。

信念的内容就是一个好,因为信念意味着吸纳和断定,这个事实在传统的讨论中被忽视了。信念所具有的直接的好,既是进行反省的检验的障碍,也是使反省的检验成为必要的根源,这一点也被忽视了。的确,"真"跟善和美都被安置在一起而被视为超验的好,但经验的好的作用,即价值的作用,却在通常的信念范围内被忽略了。这个错误是把理智的题材从价值和评价的范围中隔绝开来,跟这个错误相适应的一个错误,便是把美感静观和直接享受的题材跟判断完全隔绝开来了。在一个领域内是没有价值的理智对象,而在另一个领域内则是没有理智的价值对象,在这两个领域之间还有一个双关的中间领域;在这个领域中放有道德的对象,该对象具有两种冲突的倾向,或者它们要被并入纯直接的好的领域(在这种情况之下就被称为快乐),或者就要被并入纯理性的对象的领域。所以,哲学当前的首要任务就是要明确并没有像科学、道德和美感欣赏中所假定的那种差别。所有这一切,都同样只显示出在偶然发生的直接的好和通过批评探究在反省中所决定的直接的好之间的差别。如果赤裸裸的爱好在一种情况中是决定价值的适当因素,那么,它在另外两种情况中也是决定价值的适当因素。如果在一种情况中需要有理智、批评,那么在其他两种情况中也有这样的需要。如果在任何一种情况中,所得到的目的乃是一个被扩大和被精炼的直接欣赏的经验对象,那么在其他情况中也是如此。所有这三种情况都表现出有同样的两面性而且有同样的问题,就是要在行动中体现出智慧的问题,而那种行动将把其原因和后果都是未知的、偶然的、自然的好,变成这样的好:就思维而言,它是正确的;就行为而言,它是正义的;就欣赏而言,它是高雅的。

哲学语言兼有科学语言和文学语言的特点。好像文学一样,它是对于自然和生活所作的一种评论,以求对现有经验中的意义拥有一种较为深厚的和正确的欣赏。它也负有报告和记录的任务,其意义正像戏剧和诗歌所负有的那种任务一样。哲学的基本使命,就是把自然产生的经验功能所具有的好加以明确、发挥和推广。它并没有从头创造一个"实在"世界的职责,也没有发掘常识和科学所看不见的"实有"的秘密使命。它并没有它本身所特有的资料或知识的库藏,如果哲学与科学相对立而并不显得荒谬的话,那仅仅是因为作为一个人的某个哲学家,恰好也是一个预言式的科学家。它的任务就是为了某一个目的去接受和利用在它当时当地所可能得到的最好的知识。而这个目的,就是对信仰、制度、习俗、政策就其对于好所发生的影响来予以批评。这并不意味着说,它们对于"好"的影响,是在哲学里达到或构造出来的。因为正如哲学并没有它自己私有的知识内容,或获得真理的特殊的方法一样,它也没有一种私有的取得"好"的捷径。正如它从那些在研究和发现方面能够胜任的人们那里接受事实知识和原理一样,它也接受散布在人类经验中的好。它没有人们所信赖的那种摩西式或保罗式的启示权威。但是,它却具有智慧的权威,具有批评这些普通的和自然的好的权威。

在这一点上,它和文学语言的技艺分手了。这些文学语言的技艺有一种更为自由的使命要执行——在想象中使这些自然的好持续、扩大和生动活泼;对成功的人来说,所有的事情都是可原谅的。但是,哲学的批评却有一个更严格的工作任务,它对于它自身产物以外的东西还负有较大程度的责任。它必须通过认识价值的原因和后果去鉴定这些价值,它只有通过这条直而狭的途径才可以对价值的扩张和解放有所贡献。由于这个理由,科学关于自然所具有的实际效率的结论就成为它不可缺少的工具了。如果它最后所关心的是如何使好在欣赏中更为融贯、更为可靠和更为有意义，它的途径就在科学所发现和描绘出来的自然存在的题材中。

在哲学的概念中，除了字面上之外，并没有新颖的东西。老话说，哲学就是对智慧的爱好，智慧并不就是知识，然而它不能没有知识。而上述的哲学概念，乃是这句老话的注解。需要一个批评工具，从而利用事物间的关系的知识去评价人类所获得的偶然的、直接的好，这并不是哲学中的事实，而乃是属于自然和生活方面的事实。我们可以想象一个比我们目前生活的这个繁华世界更为幸福的自然和经验，在那儿，批评反省的职能如此不断被执行着，它深入到每一个细节，以致无需再有一个特殊的批评工具。但是，现实的经验是这样地混乱，以至于一定程度的距离和分离已经成为进行正确观察的先在条件。思想家们往往退缩得太远了。但是退缩是必要的，否则，直接的大声喧嚷将把他们的耳朵震聋，眼前景物的灿烂美丽将使他们目瞪口呆。使一种概括的批评工具尤为必要的，乃是对象有一种要寻找一些与外界互不沟通的严格隔离的小天地的倾向。具有五花八门性质的自然界，当它获取本身的经验时，会表现出各种不同的倾向，因而也有不同重点的分布，而以科学的、工业的、政治的、宗教的、艺术的、教育的、道德的等形容词去称谓它，这是很自然的事情了。

但是从因果关系方面来讲，无论这些倾向的制度化是怎样地自然，它们的分隔所带来的孤立却是不自然的。由于缺乏只有丰富的、广阔的交相作用才能提供的滋养，而产生了狭隘、肤浅和迟钝。由于职业化和制度化把直接的好隔绝了开来，好就僵化了，而在一个变动着的世界中凝固不化总是很危险的。由于沉淀产生了抵抗力,但是没有任何一个东西有十分强大的力量足以抵抗任何事物。兴趣、职业和各种好的过于专门化和区别便产生了一种需要,要有一处相互沟通的概括性媒介,要有一种互相批评的普遍性媒介,通过这个媒介把某一个分隔的经验领域全部翻译成另一个经验领域。因此,作为一个批评工具的哲学,其实就变成了一个通讯员、一个联络官,它使各种地方的方言成为可以互相理解的,并且因而把这些方言所具有的意义加以扩大和修正了。

困难在于:虽然哲学自称具有普遍性,但它时常被偏见引诱。它不是一个自由的沟通使者,而是代表某种特别的和片面的利益的一个外交官。它是不诚实的,因为它在和平的名义之下制造分裂,引起争端,以及在效忠的名义之下,结集邪恶之徒从事间谍活动。有人也许会说,由于哲学过分地想要证明自己是高度忠实于真理的,这反而引起了人们的怀疑。因为它一直准备自称是接近最高的、最后的真理的一种特别的工具。其实,它并不是这样的。如果我们不把哲学这个自认为具有普遍性的说法予以否决,哲学的神秘和不诚实的气氛就不会消逝。真理乃是许多真理的一个集合,而这些作为组成部分的真理就是探究事实、检验事实的最好的方法。这些方法,如果用一个单一的名称把它们集合起来,就是科学。于是,哲学对于真理就并不占有优越的地位,它是一个受惠者而不是一个赠与者。但是,意义的范围却要比真和假的范围宽广得多,意义的范围更加迫切、更加丰富。当意义宣称已经达到了真理的境界时,真理的确是卓越的。但是,这个事实时常和那种把真理视为无所不在的观念,那种认为真理占有垄断统治权的观念混淆不清。诗歌的意义、道德的意义、生活中大部分的好都是有关于意义之丰满和自由的事情，而不是有关于真理的事情。我们生活的一大部分都是在一种和真假无关的意义领域中进行的。哲学的正当工作就是解放和澄清意义，包括在科学上已经证实的意义。而哲学宣称它是真理的提供者而跟科学相对抗或者是取而代之，这似乎是由于它没有成功地从事它自己的正当工作而作的一种似乎是补偿性质的姿态。可以肯定地说，一位学者对历史体系的推崇，与其说是因为它们所带来的意义，毋宁说是因为它们存储的是已断定了的最后的真理。如果我们把前者的职能当作哲学公开承认的任务，而不是一个偶然的副产品，那么，哲学的地位就会更加清楚、更加理智、更加被人所尊重。

然而，有时有人提出这样一个意见，认为我们对于哲学的这样一个观点损害了哲学的庄严，把它贬抑成为一种社会改革的工具；而且认为，只有那些对文化的积极成就不敏感而对其罪恶过于敏感的人们才会同意这个观点。这样一种看法忽视了一些突出的事实。如果我们不是把"社会改革"也当作显然是经验所可能做到的意义的解放和扩张，那么，这是用一种市侩的眼光去理解"社会改革"。有许多关于社会改革的计划，无疑地正是犯了这种狭隘的毛病。但也就是由于这个理由，它们是没有什么结果的；即使在它们所指望的那个特殊的改革方面，它们也没有成功，除非不惜加深一些其他的缺陷和创造一些新的弊端。只有可能得到最好的、最丰富的和最充实的经验，才是对人最好的。要达到这样的一种经验，不应被理解为专属于"改革家们"的问题，而是人们的共同目的。哲学对这个共同目的所能作出的贡献，就是批评。批评一定包含了对任何时期得到的价值的计划和分配中总是有缺陷和错误的高度意识。

然而,要在这个消极的方面作出公正而适当的批评,那就必须以我们对人类经验已经达成和提供的积极的好的东西以及提高了的欣赏为基础。科学、技艺和社会交谊等方面的积极的、具体的好,乃是哲学即批评的基本题材。而且,只因为这样的积极的好业已存在,这些好的解放和可靠的扩张才是智慧的明确目标。一个人愈是觉察到经验所具有的意义的丰富,一个胸襟开阔和宽宏大量的思想家就愈会意识到那种阻止他去分享那些意义的限制,愈会觉察到它们的那种偶然的和随意的分布情况。如果工具的效能需要强调的话,那不是因为工具本身的缘故,而是为了使价值的分配丰满且更为可靠;要达到这一点,如果没有具有工具作用的东西,就是不可能的。

如果哲学就是批评,那么,关于哲学和形而上学的关系又将怎样看呢?因为形而上学乃是对各种存在——且不论它们分化成物理的和心理的——所表现的一般特性的陈述,似乎跟批评和选择,跟一种追求效率的爱智是没有关系的。它从分析和界说开始,而且也以分析和界说结束。当它把那些一定会在每一种语言领域中表现出来的特性和特征揭示出来时,它的工作便完成了。因此,论证是不可避免的。既然在每一个争论的主题中所发现的特性乃是自然存在不可避免的特性,那么,这种特性的性质本身就不容许有这样一个结论。具有特性的个体和经常的关系、偶然性和需要、运动和静止都是一切存在的共同特性。这个事实乃是价值和价值之不稳定性这两者的根源,乃是偶然的直接占有和对保证获得和占有的先在条件的反省这两者的根源。所以任何探索和界说这些特性的理论就只是批评领域的一个平面图,上面设置着一些基本的框架路线,以备用来进行比较精细的测绘。

如果自然的一般特性乃是绝对地与外界隔绝的,那么只要在它们之中把经验的对象和兴趣挑选出来就够了。但是,它们实际上是紧密地混杂在一起的,因而一切重要的争论都跟它们彼此之间互相交杂的程度和比例有关系。如果单纯地留意到偶然性乃是自然事件的一个特性而把它记录下来,那么这和智慧丝毫没有关系。然而,如果留意到偶然性和一个具体的生活情境的联系,那么这至少可以成为智慧的开始。对自然之目的的探求和界说,本身是没有意义的。但是,这个发现所揭示的实际经历能使一个人接近最高的问题:生与死。

一个人愈是明确地知道,围绕在人类生活四周的这个世界具有如此这般的特征(无论他是怎样界说的),他就愈会试图根据世界所具有的这个特征去指导生活行为,去指导别人的和他自己的生活行为。而且,如果他发觉他不能成功,他发觉这种尝试使他自己陷于混乱、矛盾和黑暗,也使别人陷入混乱,使他们跟外界隔绝开来,那么粗浅的教训就使他认识到他所确定的东西乃是一种错觉,从而需要修正对于自然本质的见解,使这些见解更为适合于表现自然的具体事实。人需要地面以供他行走,人需要海洋以供他游泳或航行,人需要天空以供他飞行。人类必然要在这个世界之内活动,而且为了本身的生存,他必须在某种程度上让他自己作为自然界的一部分去适应其他的部分。

在心灵、思维中,这种情境、这种景象已经开始觉察到它自身了。在这里的不再是一部分被迫地适应另一部分并以强制的失败和成功作为其后果,代之而起的乃是寻求事物的意义,借助这些意义来考虑所要从事的动作与所要形成的计划和政策,或是寻求作为目标的动作的意义,以考虑它们所导致和排除的对象。在组成自然的能量和动作之间，有一个不可分裂的轴心。知识改进这个联系。认为知识分裂了这联系，认为知识在事物的交相作用之间夹入了一些不透明的东西的这个观点，乃是十分幼稚的。知识，即科学，对于在它所可能达到的范围以内的这些特殊的交相作用是有所改变的，而由于它要估计到这些交相作用的过去和未来，因此它本身就是一种对交相作用的改变。对于存在的一般洞察——这是我们在经验中可理解的意义上对形而上学唯一可以给予的界说——它本身就是一个附加的交相作用的事实，所以也跟任何其他的自然事件一样，服从于同样的理智的要求：对它所发现的东西所发生的影响、倾向和后果要进行探究。这个宇宙不是无限的自我表征的系列，恰是因为在其中增加一个表征会使这个宇宙变成另外一个宇宙。

通过一个间接的途径，我们就达到了有关一切批评的最广泛的问题，即存在和价值的关系，或者按照对这个问题通常的提法，实在的和理想的东西之间的关系。

许多哲学派别通常坚持一种非此即彼的笼统的关系。或者说，我们所最为赞扬的因而被我们称为理想的那些善，乃是完全、彻底地跟实有等同的；或者说，存在的领域和理想的领域相互之间是完全隔绝的。在正统的欧洲传统中，前一种思想流传着。"有"（*ens*）和"真"（*verum*）、"善"（*bonum*）是一回事情。"有"按其全义而言，乃是力量所趋向的完善的状态，衡量完善程度和实在程度的尺度就是力量的范围。罪恶和错误就是没有力量，就是反对全能——反对实有的一些无用的姿态。斯宾诺莎曾经根据新的科学观点，用这个意思重述过中古神学。现代公开的唯心主义曾经提出过同样的主张。在他们夸大了思想和思想的对象的作用之后,在他们夸大了人类希望的理想的作用之后,他们便设法去证明,归根结底,这些东西都不是理想的而是实在的——不是跟意义和理想一样的实在,而是跟存在物一样的实在。因此,在肯定对这个理想的信仰的同时又把它本身给否定了。只有把理想转变为实在,那就是说,转变成物理的或精神的东西,而且既然它缺乏那种在经验中的物理的和精神-物理的东西所具有的特性,它就变成一种特别的存在,所谓形而上学的东西了。这些唯心主义者才能信任他们的理想。

也有一些哲学派别(比较少),它们断定,理想是十分神圣的,因而与存在没有任何接触之点。它们以为,接触就会引起污染,而污染就是蔓延。初视之下,这样一个观点似乎表现出一定程度的信仰的高贵性和否定的精美性。但是,一个在存在中没有根基的理想领域既无效能,也与我们无关。它是黑暗中的一束光,当它照耀虚空时并没有照见任何东西,甚至也不能把自己揭示出来。它对我们无所教益,因为它不能被翻译成实际发生的事情所具有的意义和重要性,所以它是没有结果的。它既不能减少存在物的荒凉景象,也不能改变它的粗陋状况。因此,由于它立誓不在自然事情之中有其立足点,于是它否认了它本身。它不再是理想,而变成了虚空的幻想或文字上的巧辩。

我们说这些话并不是出于敌意的责难,而是想指出:关于存在和价值关系的这些笼统的想法,是没有用处的。通过这些想法的反面含义,可以显示出唯一的一种主张,只有它能够发挥有效的批评作用,在具有解放、扩张和澄清作用的鉴别活动中发挥作用。这样一个理论会指明,所谓理想的意义和感性的意义同样都是存在物所产生的,只要它们继续存在,就总是为事情所支持的。

它们是存在之可能性的指针，所以既是为我们所享受的，也是为我们所利用的。我们利用理想来激励行动，以获取和支持它们的原因条件。这种主张利用由特殊事情产生的特别意义去批评这些特殊事情，它也批评特殊的意义和善，说产生这些特殊意义和善的条件是稀少的、意外的、不能保留的或者是常有的、柔顺的、调和的、持久的，而且说它们的后果在行为中提供启示和方向，或者使我们的建议暗淡无光，使我们的目光狭隘、判断模糊，以致歪曲我们的见地。善无论如何总是善，但是当这些善（无论被称为美或真或正义）在创造新的善和保持旧的善的时候，对于判断起着坚定、激发和扩张的作用时，那么，它们对于反省来说就证明了自己。从常识方面来看，这句话乃是众所周知之事。如果从哲学方面来看，它是一个障碍物，这是因为哲学传统认为辨别分析就意味着多元论，因而顽强地反对在存在的领域中从事区别。它坚持不全宁无的态度，由于它先在地接受了一种武断的主张，认为有一个完善的统一体，因而它不能偏向于某些存在物而反对其他的存在物，而在其间有所选择。所以按照它的做法，这样的区分总是具有等级性的，在一个性质相同的秩序中，在程度上多一些和少一些、高一些和低一些。

我愿意借用我们最伟大的美国哲学家之一所说的一些光辉语句，这些语句带有诗意，因而它们可以成功地表达枯燥无味的散文所不能表达的东西。霍姆斯（Justice Holmes）曾经写道："不可避免的事情的发生，其模式中包含着努力。我们都有意或无意地致力于创造一个我们所喜欢的世界，而且虽然我们可以跟斯宾诺莎一样，把对过去的批评视为无益的，但是我们却有十足的理由尽我们之所能按照我们所向往的来创造未来。"然后，他继续说:"我们也有十足的理由试图使我们的欲望成为理智的。困难在于我们大部分的理想都是不明确的,而且即使我们曾把它们提得很明确,对于怎样实现它们的途径,我们却很少有实验的知识。"而当我们致力于使我们的欲望、我们的努力和我们的理想(这些东西对我们说来,是跟我们的疼痛和衣服一样自然的)明确,根据对条件和后果的探究去说明它们时(而不是就它们本身去说明它们,因为这是不可能的),这种努力就是我所谓的批评;而且当我们把这个工作推广到更广泛的范围时,那就是哲学。在另一篇文章里,霍姆斯也触及到哲学(按我们所理解的)跟我们对生活世界的科学和形而上学的洞察之间的关系。

"当我们谈到我们对于宇宙的态度时,我们看不到有任何理性的根据去要求有这样一个至高无上的东西,这个要求是不会得到满足的,除非我们有把握说,我们的真理乃是宇宙的真理。如果有这么一个东西的话……如果一个人觉得没有理由相信意义、意识和理想是人类的标志,那也不足以证明法国怀疑论者所熟悉的那一套是正确的,即站在柱脚上,宣称以一种傲慢轻视的眼光瞧着一个在毁灭中的世界。真正的结论是说,部分不能吞灭整体……如果我们相信,我们来自宇宙,而非宇宙来自我们,我们就必然要承认,当我们论及纯物质时,我们简直不知所云。我们的确知道,某一个能量的复杂体能够摇摆它的尾巴而另一个能够推演三段论式。这些都是未知的力量,如果可能的话,它还有更大的我们不能理解的力量。……我们为什么还不满足呢?为什么我们还要运用宇宙所供给我们的能量去公然反抗它,而且还对苍天摩拳擦掌以示抗议呢?这在我看来,似乎是愚笨而可笑的。"

"宇宙所有的东西远超过我们所知道的东西,小兵不知道出征的计划,甚或还有一个……对于我们的行为是没有影响的。我们仍然要进行战斗——我们全都要这样,因为我们要活下去,至少有些人要这样,因为我们要实现我们自发的本性和证明我们的力量,以此为乐事。至于这些在任何事情中对我们有价值的东西到底最后的评价如何,那就留给未知者去决定吧。宇宙已经产生我们而且在这里面具有了一切我们所信仰的所喜爱的东西,虽然宇宙所有还不止于此,这对于我们来说已经是足够的了。如果我们不想把我们的生存视为一个外在的小神灵的存在,而是在这个宇宙以内的一个神经中枢,那么在我们的背后还有无限。它给予了我们以唯一的但恰当的重要意义。如果我们的想象力十分强大,而把我们自己视为跟其余的东西不可分离的一些部分,并且把我们最终的兴趣扩充到我们身体以外去,那么,我们为了我们自己以外的目的而牺牲我们的生命也是应该的了。要求确定性的动机是我们在人类中所发现的共同愿望和理想。哲学并没有给我们动机,但是它告诉人们:他们做他们所想要去做的事情,这并不是愚笨的。它产生了尽管孤独凄凉但却让我们舍身追求的希望,使我们展望着人类思想所能达到的最远的境界,使我们遥听到那个未知者所奏出的一种和谐的弦音。"

　　人们在各个极端之间游移着。他们把自己理解为神灵,或是杜撰出一个有威力而狡猾的神灵做他们的同盟,以驱使这个世界服从于他们的吩咐,满足他们的愿望。在幻灭之中,他们否认跟这个使他们失望的世界所具有的关系,紧紧抱住理想的东西,把它当作他们自己的占有物,以一种高傲的居高临下的姿态,超然于坚实的事物进程(与我们的希望和欲念很少有关系的进程)之外。但是一个已经在经验面前揭露自己,而且经过训练达到成熟的心灵,知道它自己的渺小和无能。它知道,它的愿望和认可,无论在知识或行为方面,都不是衡量这个宇宙的最后尺度,因而它们终究还是变化无常的。但是它也知道,它对于力量和成就的这种不成熟的假定,也并不是一个将被完全遗忘的梦境。它意味着,有一个跟宇宙融会一体的境界要被保持下来。这个信仰以及它所激起的在思想上的努力和奋斗,也是这个宇宙的一部分行动;而它们,无论是多么微小,在某种方式之下,也推动着宇宙前进。关于我们的重要性,我们已经有一种经过了修正的感知,即理解到,它并不是衡量整体的尺度,这跟我们相信我们以及我们的努力不仅对我们本身而且对于整体是有重要意义的信仰是一致的。

忠实于我们所属的自然界,作为它的一部分,无论我们是多么微弱,也要求我们培植我们的愿望和理想,以至于我们把它们转变成智慧,而按照自然所可能允许的途径和手段去修正它们。当我们尽量运用我们的思想而把我们微薄的力量投入这种动荡不平的事物均衡状态中时,我们知道,虽然宇宙在残害我们,我们仍然可以信任它,因为我们的命运总是和存在其中的一切好的东西联系在一起的。我们知道,这样的思想和努力乃是产生更好的东西的一个条件。若就我们而论,它是唯一的条件,因为它是唯一在我们力量范围以内的东西。如果除此以外,要求更多的东西,这是幼稚的;但是如果要求得比这还更少一些,这又是懦怯的。期望宇宙符合和满足我们一切的愿望,这是一种自我中心的表现,把我们自己跟宇宙分割开来了;但是要求过低,同样是这样的。诚意地提出要求,如要求我们自己一样,就会激起我们一切的想象力,而且在行动中发挥一切技能和勇气。

所以，哲学并非起源于任何一个特别的冲动或经验中的一个分隔的部门，而是起源于整个人类的情境，而同时这个人类的情境又完全出于自然之中。它反映自然的特性，它无可争辩地证明了：在自然界本身中，性质和关系、个别性和一致性、最后性和效能性、偶然性和必然性都是不可分割地联结在一起的。在这个互相渗透的状况中，激烈的冲动和愉快的吻合使得经验成为我们所意识到的情况。它们外表的现象引起了我们的怀疑，迫使我们从事探究，要求我们有所选择，而且要求我们对于我们所作的选择负责。假使自然界是完全和谐的，那么生活就会是自发的展开。假使不是在人和自然两者之中都有不协调的状况，假使这种不协调的状况只是在人与自然之间才有，那么人类就会成为自然的残酷的统治者，或者成为受自然压迫的一种牢骚满腹的降服者。正是人类既为自然所支持而又为它所挫败的这种特别的互相混杂的情况，组成了经验。哲学思想中的这些主要的对立面，即目的和机械、主观和客观、必然和自由、心灵和身体、个别和一般等，全是企图陈述这样一个事实：自然导致而且部分地支持意义和善，而同时在一些紧要的关头上却又撤去了它的帮助，反而愚弄它自己的创造物。

人类追求想象的对象，这是连续的自然过程的一部分。它是人类从他所由发生的这个世界中学习得来的，而不是他所任意加到那个世界中去的。当他在这些努力以外再加上知觉和观念时，这究竟也不是他所附加上去的，这种附加又是自然界的行为而且是其自身领域进一步的复杂化。采取行动，享受和遭受行动的后果，从事反省，按照探究所揭示的前因和后果对已有的但粗糙而性质相同的善和恶进行鉴别和区分，根据曾经习得的东西来采取行动,从而投身于新的和未经考虑的境地中去,检查和修正曾经学会的东西,从事新的善和恶,这些都是人的行动,而所表现的进程乃是自然界的进展过程。它们是在自然中的偶然状况、满足状态、质上的个体化和类上的一致性等所显现出来的结果。于是,对于自然的组成结构加以留意、进行记录、予以界说,这与批评的职能不是无关的。它是批评领域的一个初步轮廓,其主要意义在于帮助我们了解理智活动的必要性和本质。

如果我没有弄错的话,在现代哲学中,主观性的实际的可憎之处并不在它的反对者所曾指出的地方。它的实际的害处和它的可憎的负担,是在它自身批评性的主张中表现出来的。因为他们认为,只有知识才正确地涉及存在,而欲望、信念、"实际的"活动、价值全是人类主体的属性,这种区分把主观性变成了一个陷阱和危险。在这里,信念的问题是关键性的。因为信念中包括默许和肯定的一方面,它所呈现出来的性质包括个人的成分,而且包括价值(无论运用何种关于价值的定义),这是大家所承认的。所以在信念和知识之间必须划上一道严格的分界线,因为后者已被按照纯客观性来加以界说。对于信念需要进行控制,这是大家所承认。按照这些学说讲来,知识,即使仅仅是出自偶然的,乃是作为从事这种控制工作的工具而发挥作用的。于是,在实践中,知识、科学、真理其实就是批评信念的方法。它是决定个人因素如何正确地参与在信念之中的方法。那么在知识和信念之间,除了方法、工具与接纳的对象(与盲目、偶然产生的信念对象相比,这个对象是结论,是受到产生它的方法的特征影响的)之间的区别之外,为什么还要保持有别的区别呢?科学本身乃是以接纳和拒绝的方式批判性地决定好坏的一种工具,对于这样熟知之事,为什么感觉到焦虑不安呢?

我只能看出有一个答案。欲望、信仰、追求、选择都被认为是"主观的";而所谓"主观的"意思就是说,它跟自然的存在物是孤立分隔的,它是自外闯入的一个不可解释的东西。这就是严格分隔信念和知识的理由。如果所谓个人性的事情是在自然以外的,那么,我们不愿意把科学当作实现个人因素的正当活动的一种手段,正如一个画家的技术和物质设备是他的创作的手段一样,这是有根据的。如果我们在这样的理解之下,把达到某种事物的手段变成个人性的事情,那么,科学便丧失了它的客观性而染上了一些仅仅是私人的和任意的事情的特征。

不过,这个结论还包括有一个未曾验证和未曾批评过的假设。把怀疑、努力、目的、各式各样色彩的好和坏、取和舍等孤立起来的理由是,它们不属于这个宇宙,而只有这个宇宙中的事物——不管这个宇宙的结构是机械的还是理性的——才是普遍的知识的对象。因此,这个论点便在一种恶性循环中转移着,这个问题自始就犯了"丐辞"的毛病。如果个体化的性质、静止的状况、具有限制作用的"终结",以及偶然的变化,都是自然界所具有的特征,那么,它们就把它们自己在使用、享受和遭受、追求和努力之中体现出来;而这种使用、享受和遭受、追求和努力等,便形成了意识经验。它们既是认知经验对象的组成部分,而且同样也是实在的,"在客观上"是属于自然范围以内的。于是,我们就没有根据去否认或规避这个事实的全部意义:这些认知经验对象的组成部分乃是我们调节评价、修订和改正价值、有控制地产生和保卫价值的手段,甚至是唯一的手段。

知识是信念的一个事例。在认识论中,通常用避而不谈这一事实的办法来忘却由于把信念视为在存在上是主观的、个人的和私有的这种思想而产生的恶果。在处理美感方面的善和道德方面的善时，还没有找到这样一个办法。在这里，那种讨厌的片面性的见解便充分地发挥着它的力量。平常流行的办法就是把价值和爱好联系起来，把它当作单纯是个人之事，而忽视了这样一个麻烦的事实，即这个理论在逻辑上必然因而也把所有一切的信念都变成任意的、不可讨论的偏爱之事了。所以在美学和道德学说中众说纷纭，莫衷一是，也就毫不足怪了。既然它们的题材完全是跟科学的题材分隔的，既然它们被指为属于独立的、不能与其他事物共同参与的存在领域之内的，那么达成一致的唯一可能的方法便已预先被排斥了。

实际上，这个后果是不能被容忍的，因而它很少被面对。价值的"标准"突然出现，以作为嗜好和良心的准绳。在爱好和值得爱好的东西之间、在所向往的和可以向往的东西之间、在现有的和应有的东西之间的区别，都烟消云散了。似乎有直接的价值，但也有标准价值，而标准价值则可以用来判断和衡量直接的好和坏。因此，在真伪之间、在实虚之间便出现了在反省上的区别。然而，按严格的逻辑而论，它的出现也就是它的消逝。因为如果这个标准本身是一个价值，那么，按照定义讲来，这只是某一特殊主观人物所具有的一种特殊爱好的对象的另一名称而已。如果对它的爱好跟某些其他的爱好发生冲突，最强烈的一面就取得了胜利。在这里就没有所谓真假、实虚的问题，而只有强弱的问题了。至于到底哪一方面应该强些这样的问题，跟在斗鸡中考虑这个问题，是一样毫无意义的。

这样一个结论便中止了一切追求一致和追求组织的企图，反而唤起了一个相反的学说。这个"标准"绝不是好的,至少,在我们看来,它不是好的。可以说,它是在理性上所领会的一个原则。与其说它是好的,毋宁说它是"对的";而且既然它是对的,它就是判断一切好坏的标准。如果对的也就是好的,这种等同性便是潜在地存在于某种超经验的领域之内,在某种不朽的、非经验的实有领域之内,而它也是一个价值的领域。把好坏的标准理解为理性的一个原则和最高实有的一种形式,这样,好的标准便处在实际的欲望、争取、满足和挫折以外,和它们对立起来了。在决定这些欲望、争取、满足和挫折时,它应该参与其间;但是绝大部分时间,它却并未参与。现有和应有之间的区别乃是一种在类别上的区别,乃是一种隔绝。一个完整的循环便完成了,最后只是反驳说,所谓标准,其本身只是某个人武断的爱好的一个庄严的伪装而已——只是某一个偶然披上了权威外衣的人的独断($ipse\ dixit$)而已。

把美和道德的善的经验归结成没有根据的冲动,这和把真的经验归结成没有根据的冲动一样,都是使人气愤的。常识有一个坚定不移的信念,认为在享受和行为中,有直接的好,并且认为还有可以估计和修改这些好的原则。常识保持着这个坚定的信念,因为它不知道在知识跟信念、行为、美感欣赏之间有什么严格的划分。关于客观的实在和主观事情之间的区分,常识对此也完全是无辜的。它把争取、目的、探究、欲望、"实际"的生活当作跟科学讨论的主题一样,都是自然的事实。从常识方面看来,前者的确是一种更为直接和迫切的实在。所以理解对直接的好进行理性的或客观的批评和纠正这个观念,在常识看来是没有什么困难的。如果常识会说话,它就会说:产生善恶的同样一些自然过程也产生了争取这个而避免那个的努力行动,而且产生了控制这种努力行动的判断。它的弱点在于,它没有认识到审慎周密和系统化的科学乃是适当判断的先在条件,因而也是正确的努力和正确的选择的先在条件。它的批评工具大部分乃是一些片面的判断,乃是习俗、偶然的机遇和既得利益的未经批评的产物。所以当常识开始对它自己的信念进行反省时,它就很容易沦为传统学说的俘虏,而这个恶性循环又开始旋转起来。对于价值,有进行客观批评的必要性和可能性;在这一点上,常识是正确的,而它的弱点则在于如何达到这一点的方法上面。

然而,这时候,关于走出信念问题的困境,却有了一个案例。过去曾经有过一个时期,对于外在事物的信念大部分决定于直接取舍的好处,至于在信念中的直接的好和实在的或真正的东西之间的区别,主要是指这个事实,即所谓实在的或真正的东西乃是为教会和国家权威所批准的对象。然而,现在谁都知道,每一个信念的价值都必须受到批评。在科学研究中,批评并不一定要涉及一种超经验的标准的真理,这已是众所周知之事了。一个直接的信念或价值只是向探究所提出的挑战,而一个最终的作为批判性探究的结论具有满足所发现的因果关系的价值的信念对象,这两者之间的区别乃是在理智经验的进程中所产生的。结果便有了外表的好和真实的好之间的区别。渐渐地,桀骜不驯的世界被说服了,它相信:这样规定的意义界定了被我们接受和肯定的好。这时候,为情欲、阶级利益、习俗和权威所决定的信念仍然普遍地流行着,支持着这样一个看法,即信念的对象是如何形成和如何达到的,这对于一个信念的价值是最关紧要的事情。因此,我们就更加明白了:如果对于直接的好要进行批评性的评价,我们就要以具有好的性质的对象是怎样产生的和将有怎样的后果为依据。

  从外在形式上看,实验科学有无穷的变化。在原则上,它是简单的。当我们知道一个对象是怎样制造出来的时候,我们就认识了这个对象,而我们愈是亲自去制造这种对象,就愈知道它是怎么回事。旧的传统强迫我们把思维称为"心理的",但是"心理的"思维只局限于有机体以内,是实验工作的一部分,它产生了初步的适应的状态。只要思维仍然保持在这个阶段上,我们还不至于把这个内在的、没有后果的情况当作证明有一个优越于身体而独立于身体之外的非物质的理性的根据。只要思维是这样封闭在机体以内的,在"外边的"自然情景中的外在行动便不可避免地被剥夺了它所具有的丰富的意义。当"外边的"和"内部的"活动在一个单一的实验操作中结合起来,用来作为发现和证明的唯一恰当的方法时,有效的批评、一贯的和有条理的价值便产生了。有一些技艺是通过赋予事物以意义的方式来形成对象的,而思维是和这样的技艺站在同一个行列的。

  有人以为,产生知识的过程起源于无意义的感觉材料,或起源于纯逻辑的原理,或起源于这两者的结合,把它们作为原始的出发点和材料。反映心物分隔的旧二元论的心理学,使这个见解更为流行。把这个概念当作是心灵的自然史,完全是神话。一切认识活动和从事认知的努力都是从某种信念、某种业已接受和肯定的意义出发的,而这种信念或意义乃是过去的经验、个人的和社会的经验的一个积累。在每一个事例中,从偶尔的怀疑到复杂的科学工作,认知的技艺总是对于当作真实货币而在当时流通的信念进行批评,以期对它有所修正。当更为自由、更为丰富和更为可靠的信念对象被建立起来而被视为直接接受的善时,认识活动便终止了。这种活动,从实际的意义上讲来,就是行动和制造。这个操作的过程是从一个被视为明显而可疑的善好出发的,而以另一个被检验和被证实的善好为终结的,而认识的最后动作就是对具有重大意义的结论性的东西的接受和理智的鉴赏。

有没有任何理由来假定在其他的价值和评价的情况中,情况会有所不同呢?在科学研究对信念价值的关系、美学批评对美感价值的关系和道德判断对道德的善好的关系之间,有什么内在的差别吗?在逻辑的方法方面,有什么差别吗?如果我们采纳一个流行的学说而主张在任何有爱好、兴趣、偏向的地方就有直接的价值,那么这就很清楚,这种爱好就是一种动作;如果不是一种外显的动作,至少也是一种性情上的倾向和方向。但是,大多数的爱好,一切刚刚出现的爱好,都是盲目的和粗俗的。它们不知道它们是怎么一回事,而且也不知道为什么把它们自己附着在这个对象或那个对象身上。再者,每一个这样的动作总是冒有危险而担负着一定的责任的,而它们之所以是如此,这也是盲目的。因为在存在中,对于爱好总是有着与之竞争的要求。偏爱于这个就要排斥那个,任何爱好都是无意中进行的选择。没有拒绝,就没有选择;兴趣和偏见是有选择性的,是有所偏爱的。把这个东西当作是好的,这就是在动作中宣称了(虽然最初并不是在思想中)它要比某个别的东西好一些。这个决定是武断的、临时的、未加思索的,因为做这个决定时并未曾思及其他的对象,也并未曾进行比较。我们说,一个对象是好的,这似乎是一个绝对的和内在的陈述,当我们在直接行动中而不是在思想中作这样的肯定时尤为如此。但是当我们认识到，这个陈述其实是说，一个东西比另一个东西好的时候，论点就转移到某种比较的、相关联的、因果性的、理智的和客观的东西上面来了。在直接的状态中，没有一个东西比任何其他东西好一些或坏一些，它就是它现有的那样而已。比较乃是在事物之间、在事物的效能之间、在事物所带来的增长和阻碍之间的比较。比较好些的东西较之其他所爱好的东西和价值，乃是更加可靠、更加自由、更加充实的。

于是，作出一个评价，进行估计判断，这就是要有意识地知觉生产性和抵抗性的关系，从而使价值成为有意义、有理智和可理解的。当我们能觉察到所爱好和偏爱的对象所由产生的原因条件时，也就觉察到了它后来的活动情况。在美感的善好和道德的善好的情况中，由反省揭示出来的成为善好的对象的决定因素的原因条件，较之在信念对象的情况中，在更大的程度上，是处在有机的组织之内的，这个发现对于进行批评性判定的技术来说，具有巨大的意义。但是，这并不改变我们在关于价值和评价彼此之关系的知识中所获得的逻辑。它指出了在有意识地再塑善好的技艺中所要控制和利用的特殊材料。知识的探究是从原先存在的信念出发的，同样，美感和道德方面的批评也是从原先存在的、在静观享受和社会交际中自然的善好出发的。它的目的是使得有可能更有意识、更有意义地去爱好和选择，而不是盲目地去爱好和选择。凡值得被称为"批评"这个名称的东西，就是用来指称那些对条件和后果的揭示，这些揭示可以使爱好、偏袒和兴趣在一种负责任的和有知识指导的方式之下而不是在无知和宿命式的方式之下去表达自身。

这里所提出的这个关于善好和批评之关系的学说，我们可以用伦理学说来举例以说明它的意义。我想，很少有人会否认，虽然有不少旨趣和理智修养很高的先生们曾经专注于这个问题，但是它的结果，如果从科学上取得的一致性方面来判断，可以说是使人失望的。这个结果的出现，一部分是由于这个题目的重要性、它跟人最深切关心的东西所具有的密切联系、它跟他的根深蒂固的传统以及它跟他的当代社会生活中最尖锐复杂的问题所具有的密切联系。在这样的条件之下，适当的理智工具的客观独立和发展必然是困难的。但是我想，在一切的分歧之中，我们发觉了有一个共同的在理智上的先入之见，它不可避免地推迟了我们获得科学方法的可能性。这个或暗示或明显的假定，就是说，道德学说乃是研究目的、价值的，而不是涉及关于目的和价值的批评的。关于目的和价值的批评，在事实上不仅独立于道德学说之外，而且它们本身甚至并不具有道德的性质。一次性地发现和说明"善好"和"最高的善"以求在理性上支持一切的美德和义务，并且希望毕其功于一役，这乃是传统道德学的任务。否认道德学说具有这样的职能，这在许多人看来，似乎等于否认了道德哲学的可能性。然而，在别的事情方面，如果我们不断地遭遇失败，那么，这就要被视为我们在这一方面犯了错误的证据。而在一个愿意放弃传统偏见的人看来，道德学在方法上没有达到一致，乃至在道德学是否属于哲学的一个部门这个一般的结论上也没有达到一致，也可以作出同样的解释。

当然，这并不是说，传统思想假定：善好和最高的善乃是道德学说所创造出来的。那个假定还没有这样坏，它只是说，道德的善好是在道德学说的领域中所揭示出来的，并且使人们意识到它们并加强了对它们的特征的知觉。然而，在经验的事实上，使人们知觉到善好的乃是技艺，那些互相沟通的技艺和作为扩大了的对社会交往的延续的文学艺术。总的来讲，道德学者的著作在这一方面是发生过效用的；但是，这种效用不在于他们公开承认的意向，不在于他们的理论主张方面，而在于他们曾经天才式地对诗歌、小说、寓言和戏剧的技艺的参与。伟大的道德技艺家们曾经遗留给人类许多想象的生活关系，但它们变成了主义说教之后，这就成了使它们僵化成为呆板教条的原因了，原有对于人生关系和善好的那种有启发作用的洞察消逝了，代之而来的只是一种武断的条款法规。直接诉诸一个技艺家的洞察所集中、突出和加强的经验（体现在和任何技艺家揭示意义的工作属于同一类型的文学创作上），这曾被视为就是去发现和说明对科学或哲学理性来说所谓真正的事物。

这时候，理论上的批评（即对于那些在经验中是好的而不是在理论上是好的事物，我们要去发现它们的条件和后果、它们的存在关系）可以做的工作却未曾做。毫无疑问，原因多半是手头上还没有必备的在物理学、生理学和经济学方面的工具。但是，现在当具有潜能的工具业已有了比较适当的准备时，如果人们还不认识到，道德学说的任务绝不是论及圆满终结和善的本身而是去发现它们之所以出现的前因后果，乃是从事一种事实的和分析的工作而不是从事一种思辨的、告诫式或规范式的工作，那么，这些工具就不会得到应用。这个论点也没有忘记曾经有过一种假冒的自然主义和经验主义的伦理学，它主张，善既是在道德理论之前存在的，也是在道德行为之前存在的，而只有当它们被当作为反省所选择和追求的对象而在行为中被运用时，它们才成为有道德的。但是，明显的例外倒反而证明了那个规律。因为这些形式的道德学说,虽然使得它摆脱了告诉人们什么是好的这个责任,而把这个任务留给生活本身;但同时它却未曾留意到,道德学说的职能乃是批评,它通过发现存在的前因和后果来执行这个职能时,也在性质上转变、改造了以后的行动,而这种行动的转变和改造又试验性地检验了这些理论的结论。

所以,这些道德学说,如亚里士多德的伦理学一样,是思辨的。把先在的善加以界说并排列成一个有等级的秩序而加以归类,而最后有一个唯一的善、最高的善的概念,或者,像快乐论的伦理学一样,它们把具体的善所具有的一个特点,即它们的快乐状态,在思辨上加以抽绎。而且,它们未曾提供一个分析具体情境的方法而只是树立了一些计算的规则并制定一些需要遵循的政策,而这些政策只是计算的固定结果而不是在理智上试验的结果。当这些伦理学者,如边沁(Jeremy Bentham)一样,对于人们由于可以改变的制度而遭受到的痛苦具有人道的敏感性时;或者如密尔一样,能够天才地洞察到一种自由的和高尚的快乐所具有的组成因素时,他们也曾激起过他们同时代人的慈悲的行动。但是,他们的学说跟这种实际的后果之间的联系乃是偶然的,当他们的一切言行被当作文学上的而不是科学上的工具时,正如狄更斯(Charles Dickens)在社会改革方面所作出的崇高贡献一样,他们的观念才起着作用。

这里提出的主张,其内涵在哲学中曾输入了一种作为有效用的可以证实的"实践"的因素,这是传统的观点感到讨厌的东西。然而,如果人是在自然以内而不是在自然之外的一个小神灵,而且他是在自然以内作为能量的一种式样,跟其他的式样不可分离地联系着的,那么,交相作用乃是每一种人类的关系所不可避免的一个特性。思维,甚至哲学的思维,也不例外。这种交相作用具有片面性,因为人类的因素是有所偏颇和具有偏向性的。但是,这种片面性并不因为它是片面的而令人讨厌。以质性的历史进程为特征的世界自有它自己的开端、趋向和终结,在这样一个世界里面,任何交相发生的作用都必然是一个强烈的变化——这是一个具有片面性、特殊性的世界。片面性中令人讨厌的东西来源于这样一个幻想,即以为有些状态和动作并不是交相作用的。有些思想不成熟而且没有经过训练的人相信,动作是寓居在一个特殊的和孤立的存在物里面的,而且是起源于这样一个特殊的和孤立的存在物的。这个信念会破坏理智的批评的进展。理智的批评把孤立片面的动作这个概念转变成共同认可的交相作用。把知识、静观、爱好、兴趣、价值或者其他等等跟动作孤立起来的这个观点,是这样一个观点的复活,即认为事物能够脱离与其他事物的积极联系而存在,而被认知。

当人类发觉,在他的主动力量和成就中,他并不是一个小神灵时,他还要保持他从前的那种狂妄自大,并紧紧地抱住这样一个概念,即在某种领域中,无论是知识的领域或美感静观的领域,他仍然是在那个交相作用和变化着的事情向前发展的过程以外而和它们相隔绝的,而且他孤独地在那里,除了对他自己以外,对谁也不负责任,就好像是一个神一样。当他清晰和充分地知觉到,他是在自然以内的,是自然界交相作用的一部分时,便看到,所要划分的这一界线并不是在行动和思想之间,或在行动和欣赏之间,而是在盲目的、仆从的、无意义的行动和自由的、有意义的、有定向的和负责任的行动之间。知识,如同一棵树的生长和地球的运行一样,乃是交相作用的一种样式;但是,这种样式能使其他样式变得或是明显或是重要或是有价值或是具有指导性,它使实有转变成手段,效用转变成后果。

一切的理性本身就是被论证出来的,因此是方法而不是实体;是活动的过程,而不是"目的本身"(end in itself)。把理性想象成实体就是把它送到自然界以外去了,把它变成一个神,无论是一个大的、原始神,或是一个小的、派生出来的神,它处在存在的偶然状况以外而不受存在的变化的影响。这种"理性"的意义,就被认为可以洞察永存不朽的实在。一切的关系、一切的共相和规律本身是没有时间性的,这的确是真的。即使时间上的秩序,作为一个秩序而论,也是没有时间性的,因为这种秩序是一种关系。但是,如果我们把一切跟时间无关的东西都带有颂扬意义地称为永存不朽的东西,这只是等于宣称,与存在无干的东西形成了一种高级的存在。秩序、关系、共相作为知识的对象而言,乃是重要的和无价的。它们之所以如此,是因为它们能够应用于集中性的、广阔的、个体化的存在物,它们可以应用到具有空间性和时间性的事物身上。应用并不是因为某种外在的东西,不是因为某种被称作为效用的东西。应用就是由于这些规律、原理和理想。如果它们对具体事物的超脱不是出于应用的目的,它们就会没有意义;正是在事情进程中应用的意图和可能性使这些规律、原理和理想具有了重要意义。如果没有应用的现实性,没有实现它们的意图的努力,它们的意义既不是真的,也不是假的。因为没有应用,也就没有效果和检验。因此,它们就不再是知识,乃至不是反省的对象,而变成一个超然的静观对象了。于是,它们便可以具有梦境对象所具有的美感价值。但是,我们毕竟并没有把有时间性的经验、人类的欲望、爱好和情欲置之脑后而不顾。我们只是用一种局部的和暂时的逃避生活痛苦的方法来涂抹自然。这些从事情进程中抽绎出来的永恒对象,虽然和"现象"相对立而被称为"实在",其实它们只是产生于个人的欲望而形成于私人的幻想的一种最为闲散无用而瞬息即逝的现象而已。

　　理智是应用于信念、欣赏和行为中的善好的根本方法,以便建立更自由和更可靠的善好,把赞同和肯定的东西转变成共同意义的自由交流,把感触转变成有秩序的和自由的感知,把被动的反应转变成主动的活动。因此,理智乃是我们最深层的信念和忠诚的合理对象,乃是一切合理的希望的基石和支柱。说这样一句话,并不是要纵情于浪漫的理想。这并不是说,理智将永远统治着事情的进程,甚至这也并不意味着它是永远不会被毁灭和被破坏的。分歧之点在于选择,而选择总是在几种可以选择的可能之中从事抉择。至于理智,即有思考的评价的方法将有什么成就,只要一经试验,就由尝试的结果去决定了。既然理智的方法乃是跟存在中杂乱和规则、偶然和秩序之间相互交织的状态有关的,那么相信有一个全面的和最后的胜利,这简直等于梦想了。但是,我们必须对某种程序进行试验,因为生活本身就是一系列的尝试。粗心和习惯、架子十足的超然态度、孤僻的冥想本身也是一些选择。如果我们说,理智和其他的方法如权威、模仿,任性和无知、偏见和情欲等比较起来,乃是一种较好的方法,这不能算是一个过分的说法。这些办法也都曾经尝试过而且实现了其意志,其结果并未指明:理智的方法,利用科学去批评和改造在自然中的偶然的善好而把它们变成有益的和有结果的技艺的善好,在创作中把知识和价值结合起来,是不值得尝试的。也许还有这样一些人,在他们看来,把哲学看成是发展多种批评方法的批判性方法,是大逆不道的事情。但是,这种对哲学的见解也有待于尝试,而这种尝试将证明它或驳斥它,这有待于以后的结果。已为我们所获得的知识,以及已为思想所推动的经验,就是要唤起这样的尝试,而且要证明从事这种尝试是合理的。

附录

APPENDIXES

1. 未完成的导言

编辑提示

1948年10月,杜威为再版的《哲学的改造》扩写了导论。此后不久,他又开始为《经验与自然》的再版撰写一个类似的导论。1949年7月,我收到了杜威手稿的第一部分,上面满是手工和打字机的纠错痕迹。一两天内,我给他送回一个清晰的打印稿。7月底,我收到了第一部分和其他两个部分的修订稿。其中所作的修订比编辑所作的还要多,这些再加工的工作构成了新的版本,甚至包含了由于上下文的变化而作了重大修改的重复的部分。到8月底的时候,手稿总计一百多页,非常整洁且是双面打印。

这个导论从三个方面来说,是一件没有完成的工作。它只有一个开始却没有结尾,其材料除了一些有歧义的重复之外,还支离破碎,缺乏组织性;其次,一些打算更广泛地探讨这个和那个主题的承诺,并没有兑现;最后,杜威提到了一些新的问题,并列出了纲要,但他没有进一步讨论。这个未完成的导论提出了一个宏伟的设想——用哲学解释西方人的历史。杜威最初的想法是在完成这个导论之后,写一本这样的书。但是,这本书的想法太吸引人了,以致无法推迟:它迫使杜威把它写进了导论。

在编辑这个手稿的过程中,我集中关注的是杜威的思想,对历史的材料只是稍作关注。我想让这些想法尽可能地展示它们在杜威思想中的关联;但是,我并没有试图去填补,或模糊任何在杜威未完成的作品中存在的漏洞。

为了保持杜威的原意，我不得不对杜威的文本进行调整、重组、删减和压缩。我不认为我刻意要通过这种惯常做法而让人们注意到我这个编辑所付出的努力。

约瑟夫·拉特纳

《经验与自然》：再版导言

在构成本书基础的那些讲演发表之后，非常重要的25年一晃而过。对于本书标题所指明的哲学问题以及文中所讨论的那些主题来说，历史的影响尤其重要。显然，自然科学的发展必定会深刻地影响到哲学关于自然的观点。的确，在短短25年的时间里，自然科学的变化是自牛顿的《自然哲学的数学原理》问世以来最大的。从人类的事务、兴趣、价值观和世界观（即标题和正文中所指的"经验"）上来看，混乱正在发生，广泛而深远，它威胁到古老的且被认为是非常稳固的整个秩序结构，一些人对之满怀希望，而另一些人则满怀恐惧。这个文本所持的立场是如何成立的？特别是，当我们根据自然科学和人类状况的当前形势来重新审视这个文本时，它是如何站得住脚的呢？

《经验与自然》第二版与第一版没有变化，这个事实可以被看作一个证据，说明如果现在来写，作者没有发现过去这个文本有任何与他必须说的那些内容严重不符的东西。但是，他也发现，通过插入一些事件，可以使25年前所持的观点被放在一个比当时可能想到的更大的背景之下。这个导论将旨在阐明这个更大的背景。

I.

本文写作的一个独特特征，就是对"经验"一词的运用。"经验"属于自然世界，包含了丰富的内涵。它被用来代表作为自然的一部分的人类应付自然的其他所有方面和阶段的每一种实际的和可能的方式，不仅包括人类有用的和好的艺术、各种发现和发明、经过检验和证明的各种知识，还包括人类的幻觉、错误和白日梦。概括地说，"经验"用来指示所有属于人类的东西。

这些年间发生在科学领域中的以及人类生活的建构和解构中的事件表明，至少在西方世界，对于人类参与自然处理与自然关系的那些活动的特殊方式而言，"经验"是一个合适的名称，对它的独特使用是在这样的文化之内的：这种文化是从中世纪而来的，也标志了与中世纪的决裂。"经验与自然"这一表达的局限性，可以通过下面这个更普遍的表述被克服，即西方哲学在其整个历史中的突出问题，始终是一方面被看作是人的东西与另一方面被看作是自然的东西之间的联系和区分。

稍后将谈谈"经验"在表示后中世纪时期的精神独特性方面的合适性。作为一个名称，这个词的模糊性是其合适性的一部分。经验所指不是被限制在某种狭窄和有限的意义上，正如我们在稍后的讨论中将看到的，哲学试图在一种高度专业化的层面上来使用经验的努力，是这个时期的哲学最终抓不住它理应关注的那些感动人们精神的事件之主要原因。

在深入探讨这一观点之前，注意到这一点是恰当的：把"经验"看作这样一个名称，它尤其适合于对一个特定文化时代中人与自然的关系所展开的哲学讨论，这会涉及承认哲学在不同文化时代和领域的多样性。这种观点与通常的人们关于哲学的假定尖锐对立。

从哲学无论何时何地总是关注人与自然的联系与区分这个意义上认为哲学的范围是全面的、无所不包的,这实际上最终会否认它是全面的——从它在一切时间和地点其内容都是同样的意义上来看。这其实是要否认哲学的范围能一劳永逸地予以确定(好像哲学可以独立于时空似的);用传统哲学熟悉的话语来说,好像哲学的主题是永恒的、不朽的和普遍的,因此完全不受人类活动变化的影响——不仅包括那些在审美、工业、政治等领域出现的变化,也包括自然科学中出现的变化。

那种认为"经验"有一种固有的意义,它提供了一种明确的判断标准,其他所有事物的地位都根据这个标准来判断的假设,正如我们在稍后的讨论中将看到的,使那些声称是经验哲学的哲学不能有效地应对经验,以致最终不仅丧失了其内部的活力,而且丧失了外部众人的尊重。

现在,我应该提醒大家注意这样一个事实,即尽管19世纪是历史上最好的时期,对全部历史有了决定性的发现,在植物和动物物种方面(这些一直被认为是永恒的)达到顶峰,然而,在很大程度上,哲学家们却未能从这些发现中得到启发。

在探讨了涵盖万有的哲学问题在历史上的必然变形这一主题之后,我想请大家注意哲学家们的一个共同趋势。这些名义上相信哲学关注的万有是在永恒的、普遍同一或统一的东西的意义上的哲学家,避开了这样一个令人为难的事实:到目前为止,哲学的变化已经扩展到了这样的程度,即哲学的争议和好战的本性,以及对立的学派的代表不能达成一致的事实,构成了长期以来哲学丧失尊重的重要原因。此外，当自然科学在研究时间和空间的事物方面不断取得进步时，哲学存在着一种固有的要研究超越时空的东西的自负。那些抱着同情态度关注哲学的人，完全有理由为此焦虑。

当然，这里的立场没有认为，哲学学派的争吵状态是一件值得高度赞扬的事情，而是认为哲学的过程更加重要、更有教益性，因为它揭示出：哲学是对与特定时间中的自然环境相关的人类问题的一种高度概括化的处理。因此，对于如此广泛而深刻的各种问题所提出的不同的解决方案，不仅是人们所期望的；而且当它在历史文化背景中被解释时，可以提供更多的可支配的资源。注意这一点当然是有意义的，按照规定，从前处于哲学中心的那些问题渐渐丧失了重要性，这种消解是和现实情况联结在一起的，它们并没有在一个有效的关于事物的普遍永恒的秩序中得到最终答案。我们确切地知道的东西似乎表明，过程（如果是什么东西的话）就是所谓"普遍性的"东西。

II.

我有幸能够定位这样一个文化历史时代和地理上的区域，在其中，我对"经验"一词的使用可以通过引用一位见识很深刻、学识很广博的历史学家的话得到保证。我指的是阿克顿勋爵（Lord Acton），他在担任剑桥大学历史系教授的就职演说中说过这样的话："现代历史是从四百年前开始的，它与先前的时代有一条明显的可理解的界限，并且在其历史进程中展示了自身具体而独特的特征。现代历史不是中世纪的正常延续，只是表面上有其合法的继承的标志。它突如其来地在全新的法则下，确立了事物的一种新秩序,慢慢削弱着连续性的古老统治。在那个时代,哥伦布颠覆了世界观念,完全改变了生产、财富和权力的条件;在那个时代,马基雅维利(Machiavelli)把政府从法律的限制中解放出来;伊拉斯莫(Erasmus)把研究古代的潮流从世俗的途径转变成了基督徒的途径;路德打破了权威和传统最牢固的锁链;哥白尼建立了一种不可摧毁的、标志着即将到来的时代进步的力量。极少数的哲学家表现出一种同样没有限制的原创性和对继承下来的种种约束的鄙视,例如在神圣权利的发现中,在侵略性的罗马帝国主义中。同样的影响在任何地方都可以看到,一代人见证了所有这些变化。这是新生命的觉醒,世界运行在一个新的轨道上,被此前不知道的种种力量所决定……,16世纪在应付着从未经历过的经验中前进着,带着希望随时期待一种难以估量的变化。"①

  对浓缩在刚刚引用的这段简短陈述中的令人惊叹的观察,就一些特殊地方进行评论,这只是画蛇添足。但是,我忍不住要把我们的注意力从哥伦布建立的、习惯上被认为是地理上的功绩转向商业方面,由此转向在政治和经济秩序方面造成的革命。国王们的神圣权力的兴起和罗马新的帝国主义政策,作为同一种趋势的两个方面合在一起,都不是传统上流行的观念,而我提到过,比及许多历史著作,伊拉斯莫的著作更加清楚地阐明了文艺复兴为变革所做的准备。哥白尼的著作破天荒地把即将到来的时代看作"进步的标志",这个宣称似乎表达了两次世界大战之前流行的

---

① 格特鲁德·希麦尔法伯(Gertrude Himmelfarb),选自《自由与权力论丛》(*Essays on Freedom and Power*),附导论,波士顿:培根出版社,1948年,第5—6页。斜体印刷。所摘录的引文原文题目是"历史研究",发表于1895年。

乐观主义的话；但是，如果有人注意到我自作主张地用楷体写的"难以估量的变化"这一短语，这一印象便能得到纠正。因为阿克顿勋爵提到的那些事件所开启的时代中心正是这样一场运动，即从被认为是稳定和秩序不可缺少的固定性中摆脱出来，转而趋向于不可预见和不可预期的变化进程。

我用楷体字强调的另一个短语——"应付着从未经历过的经验"，在不粗暴对待或曲解其意义的基础上，可以被当作接下来的内容。在阿克顿勋爵所面对的那个时代之前的几个世纪，"从未经历过的经验"在用语上是荒唐的，是矛盾的。因为"经验"这个词所指的方法和主题，在至少15个世纪的欧洲历史中，与从牛津词典中引用来的那个意义上的经验的东西是等同的，即"与治疗或处置的规则等有关，因为发现（或相信）它在实践上是成功的，所以采纳它。其有效性的根据，人们并不知道"。尽管被引用的这个定义主要指医学实践，但它以一种非常有启发性的方式，揭示了直到自然科学的革命时期为止人们对待经验的整个看法。因为作为经历中的"经验"，必须只与实践的东西相关，在这种意义上，实践的东西是与理论完全隔离的；在其最好的意义上（如亚里士多德所表述的），也只能是一种实际活动累积起来的无心的、没有理性指导的结果，这种实际活动经常被重复，以至于形成一种在实践中有用的习惯。此外，根据亚里士多德的形式因的观念，习惯产生的方式决定着习惯在"知识"中的地位和功能。习惯的产生方式没有任何理性的帮助或指导，因此也就不能是理性的理解或促进理性的理解（即知识或科学）。

随着诸如伽利略的自由落体试验之类的代表性事例所带来的改变，"经验"在特征和功能上完全发生了转变。经验的，变成了实验性的。人们发现,知识来源于:(1)存在着的种种后果中;(2)那些经过深思熟虑构造成形的活动中,这些活动既不以过去形成的习惯为基础,也不是由纯粹思想的力量而产生,它们是通过反思材料及它们的种种可能性获得的——这些材料和可能性可以作为一个行动计划中的要素,当这个计划被实现时,它可以有助于发现新①材料或新方法,而这些新材料和新方法将扩大或改进先前被看作知识的东西;(3)尝试性的和假想的行动计划中,人们并不知道其有效性,也不知道其结果,正因如此,在启发和指导公开的制造和创造活动中,假说或假说的形成是有用的,这些活动启示了——得以观察到——新材料和新过程,接着又被用于开始和指导进一步的探究。要清楚地把握伽利略之前所理解的"经验的"和伽利略之后才知道的"实验性的"之间的区别,人们只需要把今天的知识同"近代"开始时的四百年前的知识作一个比较。这种不同,不仅仅是量上的,也是质上的。认识-探究是一种持续的关注,它的深度和广度处于不断的扩展之中。

III.

人类关系的形式性的组织方面的革命,比起人类身体和心灵中的革命来说,更容易发生。对那些从婴儿时期起就从他们所出生的体制条件中获得理智的和道德的滋养并且肯定不知道其他情形的人来说,当政府倒台、新的法律被建立起来的时候,他们并没有改变他们的各种愿望和信念。在古老的东西已经改变了其

---

① "新"这个词在修辞学上是冗长的,但它可能有助于使人注意与"发现"有关的东西。

形式之后，对古老东西所形成的习惯仍然会持续很久。各种观察、交流、赞赏和反对的方式植根于人们的性格中，既没有被扔掉，也没有被那些记录历史的人所认为的革命所修正。只有当革命的变化是由实际的道德上的和理智上的变化所完成的，它们的种种后果才能避免内部的分裂。只有少数受到革命影响的人才经历与革命的兴趣和目标一致的、种种个人前景和深层次信念上的改变，超过这少数人的情况是很少见的。信念上的习惯甚至比公开行动的习惯更顽固。从中世纪的体制到近代体制，在范围和强度上都发生了很大的变化，以致人们如果不依靠古老的习惯来解决新问题，变化就会使他们陷入混乱。但是，在混乱中的拯救并没有克服内在的分裂，没有克服矛盾和冲突，这些必然会引起注意，必然会引起相反方向的运动。

渗透在所谓现代转变深处的不协调，其最明显的表现就是众所周知的科学与宗教之争。但是，在这个与旧事物作斗争产生新事物的特定的分裂与矛盾的历史时期中，所记载的历史事件事实上是偶然的，几乎是片段的，处于一种持续几个世纪的深刻的内战之中。这场战争的几个突出事件是：教会和国家的冲突，统治者和人民的冲突，贵族阶层和资产阶级的冲突，资产阶级和无产阶级的冲突，雇主和雇员的冲突。在大多数人中，这个冲突具有一种令人不舒适的、半显半藏的迷惑人的形式，以至于使我们的理想的精神标准和原则指向一个方向，而世俗的日常生活中的利益和工作却使劲把我们拉向另一相反方向。个人生活中的这种矛盾心理是微妙的和多变的。在社会领域，在大规模的妥协中（这种妥协在商业上的成功和遵守公认的道德义务之间、在私人的与公开的诚实之间是普遍的），这一点很容易被确认，或者说好听一点,被看到。还有其他一些适应和改变稀释了神圣和世俗之间长久的斗争——这种妥协和相互的适应现在看上去,似乎是当前的体制要保持的主要职能。

这里,我们关注的是反映怀疑性的哲学中的分歧,即非故意的但却不可避免的理智上的双重性。这标志着某种秩序发生了出人预料的且尚没有为之做好准备的改变,直到短短几个世纪之前,这种秩序在人们生活的各个方面一直都很盛行,还被视作是文明的;而现在,它转向了一种新的秩序。我们至多只能说这种秩序还处于变化中,但没有人知道它将走向何方。

IV.

在传统哲学中,宇宙和知识在两个根本不同的等级或层次上被连在一起。从宇宙论上说,有时存在、有时不存在的东西或事物是低级的,因此它们被证明自身并不拥有存在,并且依赖外在于它们的事物。总之,它们的出现,本质上是偶然的,而不是必然的。假定存在的等级和知识的等级是完全对应的,那么,相应于低级的事物而言,理解它们的器官和活动就是低级的,最低级的器官和活动就是感觉。关于事物(其形式在整体上通常但并不总是这样或是那样的)的知识,就是经验的知识。在宇宙的另一头是完美的、自身完备的存在,它不依赖任何外在于其自身存在的事物。因此,它在时间上是永恒的、不变的和普遍的,在任何地方都是一样的,因此它不会在某个地方。对于认识而言,科学与存在在其最高和最终的意义上是一一对应的。

如果有一个词完全对立于"一一对应",表达极端对立之间的不同,那么,这个词就适用于现在所进行的人们所理解的科学。

在古希腊——中世纪的理论中,科学就是并且恰恰就是这种东西,它超越时空,不受地点和时间的影响。在近代实践中,自然科学必须或是把事情包含在内或是把事情排除在外,这些事情是在特定时空中联系在一起的;当特殊的东西在一个相互联系的事件体系中被定位和定时时,它们就是被科学地认知了。此外,传统的观点认为,科学研究固定不变的性质,而所谓固定不变的性质就是时时处处都是其本身的作为事物本质的性质。因为科学与本质的这种联系,并且只和本质相关,所有传统的科学知识都是分类学性质的——根据每一种事物不可变化的存在性,它把事物分为不同的、固定的、静止的种类或物种。今天,为了掩盖极端的对——对应的反对,科学探究用一种如此密切地把所有科学对象联系在一起的连续性(反思和推理可以从一个对象到另一个对象无阻碍地流动)取代了传统观点所要求的物种或品类之间的孤立。

在希腊理论中,"感觉"是认识的中介和器官,可感觉的东西和感觉都是稍纵即逝的。希腊的科学认识是关于普遍的东西,感觉或感性知觉是关于特定的东西——一块石头、一个虫子或无论什么东西。在自然科学目前的做法中,尽管感性知觉自身并不构成认识,但是它在双方面都关系到能否科学地认识自然。对于产生问题促进科学探究来说,感性知觉是必不可少的。对检验关于问题所提出的解决方案来说,感性知觉也是不可或缺的。

从希腊到近代,科学认识方法的变革受到了近代实验的影响。实验——近代科学认识必不可少的工具——是进行系列观察的艺术。在这种艺术中,人们有意识地去改变和控制自然条件,从而去发现和揭示在一般情况下不会被注意的自然的对象。

这是确定所要研究的问题,以及检验与事物状态有关的任何普遍原理或理论的必要条件。由此,就科学认识的活动而言,理论不再是希腊人所认为的终极性的东西,而是获得了"有用的假说"这个现代性的地位和作用。希腊人的理论观作为一种障碍,顽固地挡在了系统理解自然事件的前进道路上。

科学研究的实验方法推倒了横亘在理论和实践之间的那堵墙。认识不是理论,不是对纯粹而完整的存在的沉思,不是不带一丝一毫"实践"色彩的活动。认识需要某种行动和活动。它从永恒性转向过程、变化,从过去转向未来,从前提转向结果,从孤立转向连续,从强加于殊相的法则转向联系(在其中,作为一个不断扩展其时空范围的整体的部分的个别的事物,可以互相交流沟通)。

人类不可能一下子把观点从永恒的东西转到一条如果不参与到其各种偏差、倒退和运动中,其范围和方向就不能预先被确定的变化轨道上来。因此,出现了过去几个世纪的不兼容性和分散性、种种迷惑和冲突、不确定的来回摸索,以及同情新事物的哲学的两面性(正因为同情新东西,它陷入了无方向的潮起潮落中)。

V.

通过讨论感觉、感性知觉及理论,我们提出了这样一个问题:反思思维的性质是什么?

传统观点的含义很少被明确地阐述过。其基本意思或潜在的假设是:有一种独特的器官、机体、部门在进行反思活动。在日常活动常见的认知领域中,人们可能会普遍认为,所谓的反思思维,一方面关注那些必然与所要追寻的规定性目的相关的问题,另一方面关注方法的选择,并使这些方法以最大利润、最少浪费达到目的。如果不认可这一点,那么无论如何,目前的讨论也要设定这个假设。

考虑日常生活的事件,思考替代性的原因-结果(或结果-原因)的问题,在其中,反思与实践问题有关(这个实践问题的意义是指:在一个人的生命活动过程中,关注将要做的事)。着眼于对现实性过去的考察来探究可能性未来,这是反思所要履行的职责。在这种反思中,每一次对已设定的目的的改变,都要求观察过去遭受之经验的反思性行为作出相应改变。

如果在反思性的探究中,有人碰巧想到,在过去类似的条件下,某种事情肯定会成功,那么,在反思中想到这一点,将给准备试着提出的目的带来非常巨大的变化。

我故意使用"碰巧"一词。一个擅长反思或在反思上得到训练的人,通常能够把他的心灵牢牢地拴在唤起反思的实践问题上,连同那些迫使他考虑将来的可能性和过去的实际情况之间的因-果联系的带有感情色彩的问题。但是,他无法通过"意志"行动来决定可以预见的条件或目的。这是他已经形成的心理机制或性格所致——在心理学上通常叫做"联想",常被认为与反思相对立,而不被看作是进行反思的机制或工具。并且,当我处于一个主题之中时,我的努力不是去发展语言。已经在使用的名称提供的是工具和机制,通过它们过去-未来的元素在反思中展现自身——从时间上来说,反思是当前的事情。

前面的思考所得到的结论是双重的。从消极面来看,它表明用某种特殊的、"精神的"组织或能力来说明反思活动是徒劳无益的。反思的真正含义是：它返回去（有时是一而再地）回顾过去的经验——无论是直接获得的，还是通过交流和阅读来间接获得的，从而发现那些与反思时具体要做的事情相关的事实。由此，（我认为）"回顾"（going over）一词或"好好看看"（giving it a good going‑over）这个半俚语用在这里的合适性怎么也不夸张。这里的内容在所有地方都有价值；但不包含它对特定的原因‑结果的影响，假如行为是明智的，这个特定的结果‑原因之间的关系一定会被规定。

VI.

科学知识与常识认知之间的关系是怎样的呢？

从婴儿到整个一生，每个正常人的抚育、培养和学校教育，都是由学习在行动与享受的环境中做什么及如何去做组成的。与科学认知比较，常识，即日常认知的独特性，在于它是具体的。

在语言上，这种具体性是通过限定词表达出来的。各种活动可以被确定为这、那以及其他东西；进而确定为所涉及的具体时间（现在、然后、还没有）和具体地点（这里、那里、那边）。可以把这些限定词的种种具体性还原到它们的纯骨架上，或者，如果人们喜欢的话，给它们减肥，只留下必要的确立常识活动的时空位置和关系的年代或地理信息。

比较而言，科学语言完全是中立的，被用来描述发生在任何时间和地点的事件。它不需要像历史记录和传记那样，去关注公元前和公元后。发生在某个遥远地区的事情，就好像发生在五分钟之前。发生在遥远的天文星系的事情，就好像发生在隔壁。为了对事情进行总结性的陈述，科学语言就是一种代码；通过它，在某个具体时空发生的事情,能够转变为在其他时空发生的事情。就科学能够把时-空作为一个地方(locale)而言,科学超越了当下的事件和存在。

从理论上讲,上述最后一句的"就……而言"是没有例外的。实际上,或者事实上,它受到了已有的受支配的实践手段的范围和/或(and/or)领域的限制。这个断言的含义可以通过下面的思考而得到:在常识和科学探究中,实践的或行动制作的方面和理智的或理论的方面之间有什么样的关系。

在日常认识中,认识是为了做事,在科学认识中则相反。这并不是说,它不牵涉大量的行动或制作。科学实验室所做的并不是炫耀辞藻,它是一个工作场所,是用来从事认识的。但是,正如日常认识中,行动制作受到处于被支配状态的已知事物的数量和种类的限制一样,在科学认识中,能获得的相互交换和转换的程度,也受制于实验仪器和其他可控制的装备以及技术的实际操作的精密度和范围。在工业活动中,在把原材料转变为用来消费和享用的商品的过程中,并不存在先天的限制,也不存在因牵涉到材料的内在的不可改变的本质而产生的限制。限制都是技术装备和操作上的,并且要通过技术程序与过程的发明和提高来克服。因此,在自然科学中遇到的种种困难和障碍,都是"实践的",得依靠和运用各种实验技术和材料来克服和解决。

日常认识与个人处境有着千丝万缕的联系。科学认识则摆脱了个人处境和由其强加的实践性。这种摆脱没有破坏科学认识的实践可能性;而恰是其实践力量的来源。远离直接的实践,为运用实验操作进行认识提供了机会和可能性,而这种认识最终还是要以对实际有用的常识和日常活动的扩展为目标,这种扩展在以前是难以置信的。

正如我所言,日常认识关心的是做事,关心要做的或要制作的东西,关心对于生活而言必需的东西,关心紧急状况出现时对它的应付,关心机会出现时对它的利用,以及关心对各种义务的完成、对障碍的摆脱和克服,关心朋友之间的互相帮助,关心对对手的超越和与对手的和解,关心使生活方便和愉快的种种方式,等等。日常认知所面对的处境,为戏剧、小说、历史、自传和白日梦提供了无尽的材料。

由于一种专门语言的产生,更确切地说,由于许多专门语言的产生,科学认识的解放作用便形成并得到了深化和扩展。另一方面,对于所有日常的做-享受,日常语言就够了。例如,比较一下日常使用和语言中的水与用 H_2O 所代表的水。我们日常对水的用法受到常识知识的限制,即固体液体气体几种形态构成了水的可能的转变范围。

日常认识中对水的使用-享受是广泛的,但若是与下面这个事实比较起来,它就显得很受限制了。这个事实就是: H_2O 和其他复合物属于共同的家族,在理论上可以彼此转变,但在实践上转变有阻碍(正如我们已经指出的)。这种观点在最新的科学成就中得到了最清楚的验证。现在已经证明,复合物就是"元素"的复合。很久以来,人们认为元素是最终的,因此是不朽的;但是,现在,在理论实验的承诺中,它们也是可以相互转换的。整个事件中,在理智上最有启发性的发现是:不确定的广泛的转变不是通过固定的意向来发现的,而是寻求其他假说的实验研究的一种结果。同样,最新的实验科学研究已经把以前是独立的、孤立的、"特殊的"科学,变成了一个相互联系的系列,它们构成一种不断流动、可以转变的连续体系。

科学知识和日常知识的极端不同，被认为是哲学的一大"难题"。哲学家们坚持认为，解决这个"难题"必须在仅仅是"现象"的世界和"实在"的世界之间作出彻底的划分。即使我们为了达到"实在"，必须从现象世界得来的暗示中开始并一步步推向前去。

为了认识实在，我们必须充分信任被我们当作幻象的东西，我们如何能够解释这种独特的学说呢？如果离开"只有不朽的、普遍的和永恒的东西才能被真正认识"这个假设，我不知道这个解释会是什么样的。因为除非我们沉浸于这个假设之中，否则，对于科学认识和日常认识之间的差异，所做的解释是如此简单，以致乍一看让我们吃惊。日常认识与生活中关心的东西有关；今天，生活在科学认识活动和其结果盛行的环境中，离不开范围广阔的、多种多样的交流网络。连贯的说话、写下来和打印出来的文字，以及发生的一切事情，对我们来说，都有可能成为证明某种其他东西存在的一种标志，科学研究把这种东西从它日常的具体时空背景中抽取出来。物理学公式远离了在各种各样的使用享受中所知道的内容——这是所有日常认识的特点，但它并不停留在这种孤立的疏远状态。它是一个伴随各种发明的过程，提供各种不同层次和程度的使用享受。几个世纪以来，这一点是相当直接的，而在今天更是实实在在理所当然的。机器时代正在转变成力量的时代，这是常识。

在古代传统中，科学和日常经验的不同，并非程度的不同，而是根本种类的不同。非常可笑的是：近代科学认识相对于日常认识的优越性方面，正是古代传统主义者所轻视的地方。正是在实践性、有用性方面,科学中的认知和知识才优于常识中的认知和知识。通过让理论从属于实验的实践,通过把认识从对实践利益的直接关注中解放出来,为了维持和丰富人类生活而需要做的事情在大范围中做到了。由于近代科学的认识方式支持和提升了人类生活,所以那些具有最高文化的人、艺术家以及手工劳动者、最聪明的政治家以及开挖沟渠者,他们的生活都从中得到了好处。把实践和有用与地位卑微者和苦力劳动者相联系的,只是某个职业性的有闲阶层中的古老的势利者。

VII.

从哲学上反映自古希腊-中世纪到近代的文化转变,是这个再版导论的主题。因此,我们必须思考,哲学体系是如何用更古老的体系中形成的假设来说明新事物的。我心中想到的是这样一个事实,即致力于不朽的东西,因而致力于既不受时间影响、也不受任何空间场所限制的东西,使哲学家们同情新事物,觉得他们能够为之提供一种永恒的和普遍的基础来加强它。

我要专门讨论的例子与新物理学的早期历史有密切而广泛的联系。我指的是科学在赋予物质、运动和定量测量的身份和角色的过程中所出现的那种新旧事物不相容的混合。从它们在自然科学认识中的地位和作用来看,新事物是非常具有革命性的。从严格的历史观点来看,革命性的新事物与旧事物的混合总是不可避免的,从物理学当前的发展观点来看,这个混合如此脱离常规,以致几乎难以置信。

在古希腊—中世纪的宇宙论—本体论的图景中,物质、运动和定量研究在自然存在和认识方式的等级序列中处于最低层次,从字面上说是最卑贱的层次。物质没有任何特征，没有属于自己的任何性质——这是任何知识的必要条件。只要物质是通过偶然的外在环境拥有一些特殊的稍纵即逝的存在，或者是特殊的容易转变的事件，物质本身不仅不能以一种科学的方式来认识，也不能通过感觉来认知。因为科学是关于存在的、自我活动的、自我支持的、独立于偶然性的、自我同一的，是关于普遍永恒的和不朽的东西的。根据古老的认识图景，没有什么比关于物质的科学更自相矛盾，从理智上看来更荒唐的了。

只是在短短的几个世纪之前，物理学的革命才把物质看作一个自身存在的"实体"。它成为一种在古老的宇宙论-存在论的意义上的"实体"——它作为固体是自我支撑的，并在其所有"可感觉的"变化中保持自身同一。新物理学在量上测量了运动的方向和程度，这种测量假定运动的同一条件必然会再现，从而暗含了某种不变性。对待运动的革命与物质革命是完全一样的，因为在古希腊—中世纪的图景中，运动是变化的一种模式，而变化自身是由于存在的缺乏而产生的，因此它不可能被科学地认识。再者，在古老的图景中，量仅仅是实体的一个"偶性"（古代意义上的"偶性"），各种量是偶然的变化，不影响实体的形式和本质。近代意义上的测量（measurement）和古代意义上的"尺度"（measure）是根本不同的。"尺度"关涉的是比例适当的、结构性的秩序，这个秩序是用来涵括自然世界的，它带有美学的特征，对应的是"宇宙"（cosmos）这个词。

进一步的深入分析会有启发性。

在新物理学中，时间和空间是永远独立存在和自我支撑的，它们都是宇宙论-本体论的实体。时间和空间彼此独立，作为全然外在的容器或包裹物，它们也独立于在其里面运动的原子物体。组成物质的原子物体是不可见的，也是永恒的，发生在它们中间的无数次碰撞丝毫不会影响它们的终极本质，以及它们的宇宙论 存在论的物质实体性。

显然，不用深入细节来讨论，无论我们到哪里去考察新物理学的基础，我们都能发现传承下来的永恒性和普遍性概念一直是革命性变革的必要支持，而这种变革如果推广开来，将会彻底摧毁古老的图景。人们无需特别敏锐的洞察力就可以认识到，以前没有发生的事情现在确实发生了。天文学和物理学上的最新发展已经破坏了时-空彼此的独立性，以及它们永恒的自我同一的普遍性，它们不再是容器或包裹物。"时间-空间"和"相对性"这些术语大致概括了最新的成就。关于永恒原子的可转变性，我们已经提过了。在天文学和物理学上，希腊-中世纪的宇宙论-本体论的思想结构已被彻底摧毁。在这些领域，新事物已经从旧事物中解放出来了。

VIII.

根据一个我们不必追寻的复杂的历史路线，"近代"哲学体系的典型问题的产生，是新天文学和物理学把物理的（physical）东西变为物质的（material）东西之结果。"自然的"和"物理的"这组词来自拉丁文和希腊文，它们表示同样的内容。在哲学上，拉丁文的自然是对古希腊的 phusis 的翻译，英语中的名词"物理学"和形容词"物理的"，也是如此。从古希腊宇宙论-存在论科学，以及受到中世纪哲学的超自然主义影响的科学立场来看，物理的和物质的同一是完全不可想象、不可理解的。在古希腊-中世纪哲学中,物理的和物质的是根本不同的——正如有形式的东西和无形式的东西根本不同一样。物理的(*phusis*)规定了从种子到成熟形式的生长,生长运动是朝向目的(ends)、最终目标(terminal goals)的运动;因此,物理的东西与人类的最高目的和价值有关。尽管物理的东西(*phusis*)缺乏理想和理性存在必然具有的自我运动,因此在其最高形式方面不属于科学,但它属于认知的一个较低层次。再者,它的运动过程的规律,对于满足所有人类低级的、普通的需要,以及更高一级的自由人的政治和道德生活的目标来说,是足够的。

当物理的东西被等同于物质的东西时,人类(首先是人类心灵)的地位和知性就发生了巨大的变化。希腊理论把人类心灵和其活动设想为生命活动的最高实现。在已被接受的存在论意义上的宇宙论中,生命的不同等级和不同"心灵"的最高实现或等级存在着对应。最低级的等级是感觉,最高级的是灵魂。最低级的与最不完美的东西和最容易变化的东西有关,最高级的与最完美的东西和存在、永恒及不朽的东西有关。

尽管希腊哲学的宇宙论-存在论体系是一个固定物种的等级体系,但它构成了一个宇宙。所有的部分,从最低级的到最高级的,从物理的到理想的、精神的方面,构成一个和谐的甚至可以说是美好的系统性整体。

伽利略和牛顿的物理学和天文学动摇了古希腊宇宙结构的基础。把物理的东西等同于物质实体,最终就会把心灵看作一种分离的、独立的实体。统一的希腊体系因此被破坏了。自然被分为两个部分——如果"部分"一词能够用于两个完全没有共同性的东西的话。物质和心灵是完全相反的:物质是外在的,心灵是内在的;物质是客观的,心灵是主观的;物质是非个人的,心灵是个人的。自然科学领域是研究物质及其性质的。哲学研究心灵,研究人性。从洛克开始,对人性的研究不是致力于心理学而是致力于认识论——以解释内在的、个人的东西如何能够认识外在的、非个人的东西。在传统哲学中,知识理论主要是关于逻辑的;在"近代"哲学中,逻辑学被认识论取代非常富有象征意味。

随着人性从物理性中分离出来,认识论的解决方法产生了诸多无法解决的困惑。但是,人们并没有放弃这一事业。当认识论问题变成:知识如何可能时,这一事业达到了其顶峰。正是在这个时期,自然知识获得了比人类以往任何历史时期更稳定、更快的发展!

IX.

物质和心灵的二元论不用为它的主导性的哲学问题公开地提供政治理由。然而,那些支撑宇宙二元对立的假设并没有消除。相反,它们构成今天吸引哲学家们的那些问题的持久来源,与以前的模棱两可相比,这些哲学家为他们能够用一种更准确的方式取代过去的哲学"思维"而沾沾自喜。在人们力图为物理和数学科学提供"基础"的努力中,我们可以发现一个突出的例子。在正式的表达中,这无论如何与"知识究竟如何可能"是不同的问题。把主体看作精神的,把"被认识的对象"看作物理的,人们并没有明确指出这一区分是问题的来源。但是,不是明确的东西在原则上却是隐含着的。人们假定,科学的整个事业本身就不是自我支持的,它必然不可能为它自身提供它所需要的"基础",因此,那些新的所谓严谨的哲学家和他们的逻辑学的任务就是:为科学做科学自身做不了的事情。

从当今大多数所谓的"逻辑"已经被污染的情况来看,推定逻辑学是所需要的基础的创始者和权威者,怎么都有点喜剧的味道,而不仅仅是一种讽刺。这种推定假定了以下事实,即至少在形式上,新逻辑学是用类似数学符号的那种专门符号体系建立起来的。然而,数学的"基础"经历了一次根本性、革命性的变化。终极的数学"基础"是被预设出来的,这种观点已经取代了那种认为数学内容来自一套不证自明的或明白无误的真理的古老看法。设定的方法使数学内容不再需要任何从外部提供的"基础"。这种陈旧的观点造就了康德。新康德主义是一种非常独特的极端现代的思想。这些人研究历史文本很是粗糙,他们试图从阻碍性的心理特性中解放康德哲学的先天条件,把它们当作一种通过准数学符号建立起来的严格逻辑结构。

我在前面已经指出,新物理学的产生,需要综合运用实验、假说和数学。在这几个世纪中,这种新的认识方法已经变成了最彻底地被尝试和检验过的方法:运用这种方法获得的种种结论在所有人类已知的东西中是最可靠的。"最可靠地建立"与"正确无误地建立"当然有天壤之别。只有那不朽的和永恒的东西才可以被正确无误地认识。在自然科学之外寻找"基础"以证明自然科学的科学性,为这个追求奠定基础的就是那条古老且不言自明的原则,即科学探究必然要求认识不朽的、永恒的东西,而只有哲学才能进入这个永恒的东西所居住的先验的超自然领域。

科学认识的历史是一个在实验中不断发展的实验、测试、检查、控制探究和结论的方法史。比起知识理论上的规训,科学认识不断进行的自我规训要严格得多。对科学研究进行观察所能学到的最基本的东西就是：保证作为一个理论观点所需要的基础的事实数据是可观察的事实，这是极端重要的。但是，决心要为物理学提供一些不受时空限制的"基础"的哲学家们，却没有可观察的东西来观察。他们没有意识到在认识方法之外寻找基础的荒唐性，这些认识方法在研究过程中是经过反复检验的。

构成宇宙二元对立之基础的假设的另一个突出例子是：现代的哲学家们绞尽脑汁地试图证明，在连续性的科学研究活动之外独立存在的"归纳"活动是合理的。他们认为，一些事物就其本身而言本质上就是特殊的，因此，不能用来验证一般的东西，这是一个古老的宇宙论观点。当古老的假设被引入新科学时，一个明显的结果就是，"归纳问题"是不可解决的；而人们却试图努力在自然科学的领域之外，解决这个问题。

在实际的科学实践中，推理（一个不像"归纳"那么模糊的词）的基础不是众多殊相，而是实验性的有控制的分析的结果，这种分析被看作一个典型的例子，以过去被科学证明是真的东西为基础。如果说它还不是完全典型的，那么，可以说，它是一种不典型的还有错误的东西。人们不是通过那些涉及根本存在的、最终的思辨原理，而是在接下来的科学研究中，通过实验结果的各种表现和推测来发现这些不典型的东西的不同程度的错误。

近代哲学坚持古老假定的第三个突出例子，表现在它对科学"法则"的态度上。任何思辨哲学家都不承认"支配"殊相的法则和"服从"法则的殊相的二元论的神人同形同性论。但是，以某种或其他形式，作为殊相的存在（固有的和本质的）和作为普遍的法则（固有的和本质的）之间的区别仍然存在。的确，那种认为法则是一种反复出现的统一性的观点，在研究工作中，当它实际代表和扮演着一种本体论的功能区分时,常被认为是实证主义打败形而上学的标志。

最常见的哲学错误就是错误地把最终的结果转变为在先的条件,由此回避了对作为最终主题条件的那些操作和过程进行考虑。当我们避开这种错误,深入到那些科学研究的事实中时,我们发现,"法则"的发现并非成熟物理学的可见目的(end-in-view)。

科学事实强化了与物理科学的发展保持实际联系的人们的这种认知,即物理科学的主题在于时间-空间联系。这种联系中的时间-空间元素是研究得到的确定性结论,也是运用那些方法得到的结论。这对于统一性的法则是科学的客观对象这种观念来说,是非常重要的。它向那些在观察(留意和注意)的哲学家们表明——无论科学研究最新发现的客观对象是什么或不是什么,它们都是从属于事件的秩序。

以当代眼光来看,科学研究所寻求的客观对象是一种事实秩序,其在时空范围内是无所不包的,而所谓的法则是一种有用的工具,它把先前没有放在存在的时空序列中的殊相,放进了一个正在构造或重构的秩序中。

总之,就其本身而言,科学法则既不是一种普遍的,也不是一种特殊的公式。它是一种构成事实或时空联系的工具,通过它,此前一直在时空上有所中断和彼此孤立的地方有了连续性。

在不断的研究和再研究的过程中,物理学发现,其最好的、最有根据的结论是某种可能性的秩序。那些有意无意受到古代宇宙论-存在论假设所激发的哲学家,对这种发现持消极态度。他们一直认为,必然性(不是可能性)是真实科学的本质,必然性要求不朽和永恒。所以,他们一再努力用超验的、超自然的原则来支持自然科学，他们认为科学本身缺乏并极为需要这些原则。

X.

从抽象层面来考虑，人们可以合理地期待，在近代科学之初所获得的外在时空中的"物质"概念，将导致彻底的唯物主义自然哲学。但是，往这个方向的努力很少，也没有影响到哲学的主导进程。为什么呢？"科学和宗教之间的战争"的起源，回答了这个问题。早期的战争得到了公开的承认，因为问题所在既不是作为个人偏好的宗教，也不是神学-存在论的理论；战争之所以爆发和持续下来，那是因为，个人的宗教和神学在强大的机构中组织起来，深深地植根于那个时期的文化中。

当物理的东西被等同于物质实体时，依靠神圣且深厚的传统，古希腊-中世纪的心灵学说在道德-宗教信仰和机构中扎根；对其突然的抛弃（假设不可能的东西），不仅会造成道德宗教上的混乱，也会造成难以忍受的理智上的混乱。从具体层面来考虑，彻底的唯物主义因此就只是一种缺乏体制和文化支持的形而上学理论。另一方面，二元论是对历史文化背景的回应，也得到其支持。

我们必须区分二元论的短期效果和长期效果。

当心灵获得独立而分离的存在地位时，其结果是，哲学家们逐渐形成了一种独立的不同于物理学家们用于认识物理自然的认识方法。在存在论和方法论上，与"外部世界"分离的短期效果就是提高了人性的重要性。在历史上第一次，对人性的研究就其自身成为一个事业。哲学家赋予心灵的、内在的和精神的研究以优越性，甚至是首要性。他们声称，心灵与自然相关，自然不是作为外物那样呈现自己,而是亲密和直接地向人展现其内部和是其所是。

从短期来看,近代哲学的"主体"提法很少引起关注;从长远来看,它成为那些无法解决的哲学问题的一个主要来源。

"主体"偏见的另一个长远效果,是形成和巩固了对最重要时期的人类生活-人际关系和它们与各种制度的起源、地位和变化的联系之歪曲解释。

XI.

我们可以正当地怀疑:对于一个不了解哲学史的近代哲学家来说,古希腊哲学是否具有某种现实性。然而,在古希腊时期,那些在理智和情感上获得高层次满足的人,是最有学问和最有能力的人。今天,对于那些既不愚蠢也不是没有文化的人来说,通过关于物质和心灵、现实和理想、纯粹经验和超越理性的非传统的"近代"二元论来解决所有基本问题,将带来理智和情感上的满足。这种二元论也是关于物理性的东西和精神性的东西的,前者仅仅是手段,永远不是目的;后者则是内在的、本质的、必然的目的自身,必须被认真对待,即使我们承认所掌握的工具是低层次的,以至于完全不可能实现目的自身。的确,对许多人而言,正是这种不可能性顺带地证明了其目的自身是理想,是应该被实现的。这里所表达的仍然只是保存了旧的假设的旧的教条性的观点,只是改换了词语。

日常语言不会运用哲学专业术语来系统阐释二元分立;但是,在人们熟悉的语言中,它也受到了欢迎。有一个超俗的、具有终极和永恒价值的领域,它摆脱了世俗的事物和人的存在都受其支配的偶然性。无论这个终极、永恒的王国在生活中的作用是什么，它都不是要在这里在此刻，通过减少我们遇到的偶然性和可能性的次数和/或密度来增加安全性。法国启蒙运动的伟大鼓吹者狄德罗发现，当我们不能阻止偶然性发生时，可以利用数学来对付由偶然所造成的种种恶果。今天，在被认为是物理的或物质的偶然性方面，他教导的方法得到了广泛运用。尽管如此，当人们急切寻求保证措施来防备由于社会秩序的不协调而带来的偶然性时，我们听说，这一过程削弱了自尊，动摇了人的决心，破坏了为未来做预备的动机，而这些是人类愿意付出艰苦劳动的基础。目前的这种对待防备不幸的保证措施的两面态度，正是那种消除了目的与手段之间的连接而代之以不可逾越的鸿沟的道德的一个简明清晰的案例。它说明了，当所涉及的主体处于物质的世俗领域时，我们该如何选择；而当所涉及的主体处于道德的、精神的和理想的神圣王国时，我们又该如何面对。

  关于理想的、分离的和独立的目的本身的教义，作为知识的一个学科，在近代哲学的道德观中，保持了它对永恒性、不朽性的不变的向往。常识和科学知识越被清晰地证明是彼此相关的，是关于时空和存在的，道德知识和道德理论就越关心永恒的和不朽的所谓绝对。于是，这样一种学说就被提出来了，即道德知识是先天的，在人类最神圣的心灵结构中，它所拥有的器官和位置是唯一且独立的。这种学说可能被当作一种技术性哲学，当作只有那些热衷于抽象学术理论的人才感兴趣的东西而被驳斥。然而，当尘世的世俗活动不断引起人类的兴趣，要求人类给予越来越多的注意力和精力时，在真正道德的和俗世的东西之间作出一种歧视性的划分，就根本算不上一种抽象的技术了。

绝对的、超理性的道德主义者与传统的超自然主义者(各种不同的神学论证)指责"世俗主义"的理由一样，说它是使人类苦恼的种种恶的主要(即使不是唯一的)根源。如果(一个很有力量的如果)"世俗主义"的目的和方法是把注意力集中在实际存在的普遍不确定性、迷惑，深层次的分裂、紧张和冲突方面——它们是由于未能发展出与近代持续出现的巨大转变所造成的种种问题相关的工具-目的而带来的不可避免的后果——那么，对"世俗主义"的谴责将会是非常有价值的。二元论哲学只是对这些问题的一个苍白无力的反思——正是这些艰难的道德问题的复杂性，构成了"世俗主义"。但是，超理性的道德主义者和传统的、有体制支持的超自然主义者，不是帮助我们去弄清楚我们的道德问题，指导我们解决这些问题，而是相反。他们总是鼓吹绝对的、永恒的和不朽的东西，不断贬损、指责和哀叹尘世的世俗生活。他们宣称，这种生活本质上是低级的、"堕落的"或微不足道的。

　　对于那些在现在从事的科学探究之前的人们来说，依靠被认为是天生稳定的、永远不变的、本身能够被依靠的东西就是自然而然的了(在这个词的若干意义之中的一个意义上)。但是，既然科学已经大量地证实了依赖时空材料可以获得确证知识，那么，真的不必再到那所谓永恒的、不朽的非自然王国去寻求财富、寻求智慧的指导了。

XII.

　　人的独特性与内在且私密的东西的同一，使心理学或任何被看作关于内在且私密的东西的科学变成了产生和传播经济学上自由放任的自由主义和个体主义信条的主要因素。来自封建主义的法律和政治遗产，阻碍、偏离、扭曲了构成"变革轨道"的运动——把个人行动从先前的传统和政府的严格掌控中解放出来。

由于变革运动仅在非官方人员的自愿联合中有组织地体现出来，因此，新的与承袭下来的旧的体制秩序之间的冲突就被认为是不可调和的敌对双方——个人和国家之间的冲突。国家，就其本性来说，是压制的；个人的自由，则本质上是完全独立的个人自由。国家的正当功能是切线性的和否定性的，即对自由个体的违约行为进行处罚。国家要想完成一个积极的社会目的，不管这个目的多么重要和显而易见，必然会违反神圣的自然法和公民不可剥夺的权利。

诉诸自然法和自然权利，不可否认地，更大地促进了经济活动的自由，也不可否认地具有反社会的后果。它把政治法律和正义降到十足人为的、完全缺乏道德上的权威作用的层次上。任何对公共利益领域的经济活动进行规范或控制的尝试，都被指责为是用人为法来干扰自然法的有效运行，因此必然会破坏"自由"。

自由放任的个人自由主义越过其最初的解放功能，在退化了的社会观和制度模式中越来越僵化和顽固。19世纪早期，反对自由放任的自由主义不断增长的无政府主义倾向的是这样一些人：他们把社会的稳定和秩序的恢复，等同于回到中世纪权威机构的道德政治上的绝对主义。新中世纪主义者除了把更早的时代浪漫化之外，忽视了这样一个事实，即工业革命已经有效地摧毁了封建主义前科学的、前技术的、前民主的基础。

科学的经济学家们没有犯新中世纪主义者的错误。但是，在他们自己独特的"科学"方式之中，他们也没有面对事实。

成熟的、"科学的"经济学内容被等同于经济学家所指的生活的物质层面。这种等同或定义的后果,是把经济学从道德和政治中分离和孤立出来。

我怀疑,是否因为我们可能过分强调了在某个基础的存在论层次上的二元论之重要性,因而划分了经济活动领域与道德政治的旨趣和价值领域。如果有某种理论性质的建构会对人类的福祉(在这个词的最宽泛的意义上)产生比这更大的灾难,我承认,我对它会是什么样还一无所知。没有什么能够比这个区分更有效地让道德哲学变得无关紧要,没有什么比这个区分能够更彻底地把政治哲学变成无用的东西。

事实是,近代的商品生产和分配方式是技术的结果,物理(物质)科学使这些技术变得可能。但是,经济活动领域——异常复杂的经济事务——在社会生活中无处不在,它满足人类的各种需要,无论个人的还是体制的,人们通过它的作用来判断其好坏,这也是一个事实。

人们能够自信地断言,人类生活的每一个方面——内容、结构和阶段,都因为加快和促进工业技术革命而发生了根本的变化,直接或间接地,或好或坏。例如:他们改变了家庭的结构、妇女的地位、两性及父母和小孩的关系;教育在每一个方面,从量上和质上,都发生了改变;大量人口城市化,带来了新的职业和新的生活方式;交通和通讯也革命化了,伴随着不可估量的人类后果。友好的和敌对的、合作和竞争的国内和国际关系也多样化了,并且加强了。地方和世界范围内的阶级和种族问题产生或恶化了。最重要的是:工业技术革命在很大程度上,如果不是完全的话,对发生在一代人中的两次世界大战以及其他毁灭性的威胁负有责任。过去的以及正在酝酿中的战争的累积的、扩散的后果,构成了我们所有问题的核心和根源,从日常生活的个人事务到世界范围的社会和政治秩序以及工业、贸易和经济上的事务。

科学的经济学家们,受到了科学的本性是客观中立的这个广为流行的观念的鼓舞。现在,那些把社会主题在科学上的后退归咎于缺乏正确的研究方法的人,大多鼓吹立即采纳在处理物理主题时已经验证了的研究技术,作为对这种严重事态的弥补。他们没有意识到这一事实,即这些技术的成功,只是因为它们是用了专为实验操作的材料来设计的,而在这些材料中,关于人类的(价值上的)考虑明显被排除了。

经济学家们只是"科学地"研究人类事务的一个阶层。他们不可能从专业上承认,在人类事务的产生和管理中,需要、目的和不间断的评价(不同于评估判断)所起的作用。

但是,无论科学的经济学家们用什么理由来证明从他们的专业关注中排除经济事务的人类后果的合理性,哲学如果要赞同经济学具有自身独立的主题和事业,那就必须否认经济学自己宣称的在范围上的无所不包性。不考虑经济事务和其人性上的后果的哲学,是一种逃避性的理智上的健美操而已。

我将在考察一些其他的哲学问题之后,再来全面地讨论经济活动与主导生活从而主导哲学的那些问题之间的关系。正如我们将看到的,所谓哲学面对的挑战,只有坚定不移地用当前的危机所要求的系统的全面性来重新表述其问题时,才可能遇到。

XIII.

讨论过程中出现的一种情绪上的变化,很难不引起读者的注意。它甚至会引发这样的追问:一种理智实体上的变化,也就是一种内在的冲突,是否可能发生?无论我前面引用的段落中,阿克顿勋爵的态度可能是什么,不容置疑的是,我在为阿克顿勋爵记录下来的事实欢呼。这些事实开启了一个时代,在这个时代中,人与自然的关系注定会发生从符合到创造,以至于从服从到命令的改变。然而,一旦我们要求读者考虑那个令人振奋的前景,他就会发现,与人类出现在地球上之后的此前世界相比,自己面对着一个更加分裂的世界。

这个对比肯定真实地在那儿,而不是一种修饰或戏剧上的道具。之所以有这个对比,这是因为,我们在事件的过程中发现了它,尤其是在通过哲学故事来反思描述的文化史事件中。如果人们不尝试用概括的语言来报道发生的事情,那么,就可能不会注意到这些事情。这些事情需要时间去揭示其运动的方向,需要时间去揭示一个新的运动在何种程度上处在一个新的轨道上,人们在报道这个事情时必然会渗入过去历史中残余的习惯和倾向。人们甚至可以说,革命性的突破感越尖锐和确信,就越有必要在其将被逐渐或多或少无意识地取代的条件下,对其作出理智的估算。直到一种新的运动发展成熟,直到它变成事实,人们才能在其自身的视野中察觉到它。

这个导论接下来就会指出,这个世纪发生的事件,包括积极的和消极的、完成的以及中断的,为我们认识过去大约四个世纪以来所发生的变化轨迹指明了道路。这条道路将使我们清醒地观察到从生活和认识的前科学、前技术和前民主的条件中传承下来的那些妨碍性的、偏离的和歪曲的因素。由此,就让我们能够以适当的自信和决心去追踪这条变化轨迹。有了方向感这个优势,这条轨迹就变得更加清晰,正如它变得越发统一一样。

我不知道除了回到那个关注经验的时代(现在这个时代快要结束了)之外,还有什么地方能够更有希望地预示哲学所追求的方向。这里,我们一定不要从哲学给予经验的那种时断时续的说明方面来看待经验;而是必须看看,在我们的日常语言和习惯俗语中以及各种断裂中表达出来的那种新的信念,这些断裂是由于在追求经验的过程中开展独立活动所导致的。因此,要理解和把握经验,必须克服那种后天养成的无能,即看不到通过过程且仅仅通过过程显示出来的在连续性中应该看到的东西。

编辑提示

1949年9—10月间,大量的繁缛琐事打断了杜威的导论写作。由于工作的变化以及突然感染病毒,写作又中断了几次。1950年3月和7月,杜威一度考虑恢复这项工作,但是两次都因其他项目的诱惑太吸引人,而又不得不放弃。当杜威最后在1951年1月重新回到他在1949年8月留下的这项工作时,他认为完成导论是一件非常棘手的任务。

约瑟夫·拉特纳

如果我在今天写作(或重写)《经验与自然》,我会把这本书命名为《文化与自然》,具体的内容也会因此修改。我会放弃"经验"这一术语,因为我越来越认识到,妨碍理解我所用"经验"的那种历史障碍,在实践上是难以克服的。我将代之以"文化"这一术语,因为以其在今天牢固确立起来的意义,它能充分地表达我的经验哲学。

我不认为,我所作的工作完全受到了误导。我仍然相信,有很多不同于历史依据的理论根据来支持我用"经验"表示无所不包的主题。在典型的"近代"(后中世纪的)哲学中,这一主题分化成了关于主体和客体、心灵与世界、心理的和物理的二元论。如果"经验"要表示无所不包的主题,它必须同时指称被经验的东西和经验它的方式。

通过比较其内容的包容性,认为哲学不同于其他理智的或认知的工作,这的确不是什么新奇的观点;认为我们需要一种语言来表达哲学的独特性,也不是什么创新。但是,对一些我理解不了的事情进行讽刺性的歪曲之后,能被引用来作为我所需要的"经验"名称的理论根据,在历史上,就成了那些有效地去理解我赋予这个名称的意义的障碍。

现在,这些历史障碍如此显而易见,以至于我时常想知道,它们在过去怎么被忽视了?近代哲学有一个时期,那时诉诸"经验"是把哲学从干瘪的抽象中解救出来的一个完全有建设性的呼吁。但是,我不能理解如下事实,即哲学内外随后的发展,败坏和毁灭了这种呼吁的建设性——"经验"实际上已经完全等同于心理学意义上的经验;而人们已经认定,心理的东西本质上就是灵性的、精神的和私人的东西。我对"经验"也指称被经验的东西的坚持,仅仅是在名称上、观念上做文章,因为它忽视了让"经验"的使用变得奇怪和不可理解的讽刺性的歪曲。

"文化"这个名称在其人类学意义上[不是马修·阿诺德(Matthew Arnold)的人类学],指代以各种方式经验到的极其广泛的事物。作为一个名称,它具有的恰恰是作为一个名称的"经验"已经丧失的那些重要意义的主要部分。它指称作为"物质"的人工产品,以及在物质之上和使用物质的过程。通过"文化"所指的事实，也包括科学和"道德"上的全部信仰、态度、倾向，这些东西作为一种文化事实决定文化的"物质"部分的具体使用方式，因此，从哲学上来说，也配得上"理想"这个名字（甚至"精神"这个名字，如果人们能够理解的话）。

"文化"包括物质的东西和理想的东西的相互关系（与"经验"的通行用法相反），在它们的相互作用中，"文化"也表示人类事务、兴趣、关注和价值的丰富多样性。喜欢搞分割的人，可以把它们划分为"宗教"、"道德"、"美学"、"政治"、"经济"等不同领域，这是一种主要的哲学考虑。"文化"不是分离、孤立和隔离日常生活的方方面面，而是以一种人类和人文的统一，把这些东西整合起来——这是"经验"做不到的。如果哲学要包罗万象却又不是一潭死水的话，①"经验"现在无法为哲学做到而文化却能成功做到的东西是非常重要的。

文化"包含传承下来的人工产品、货物、技术程序、观念、习惯和价值。只有作为文化的一部分，社会组织才能被真正理解"。这个简短的引文甚至全面概括了这个词所代表的人类生活的各种条件和方方面面。人工产品包括习俗、寺庙及其仪式、武器、装备、工具、器具、交通工具、道路、服装、装饰和饰品，等等。它们与使用它们所涉及的技术程序一起，构成"文化的物质层面"。但是，接下来重要的是："然而，文化的物质装备本身不是一种力量。知识在人工产品的生产、管理和使用中是必要的……并且，在本质上是与来自宗教、法律和伦理规则的精神和道德的领域联系在

---

① 见阿尔文·约翰逊（Alvin Johnson）主编的《社会科学百科全书》（*Encyclopaedia of the Social Sciences*）中，马利诺夫斯基撰写的词条"文化"。

一起的。操作和拥有这些物品,也暗含着对它们的价值评价。"生产商品过程中的协作和享受这些产品的日常方式,"总是建立在一种确定的社会组织形式上的",简而言之,"物质文化要求一整套……由理智知识、道德、精神和经济价值体系、社会组织和语言的主要部分所构成"。

哲学体系与文化的密切联系,通过如下事实得到了进一步的澄明,即"情感以及价值的形成,总是建立在一个社会的文化体制上的",情感和价值决定了人对"神秘的、宗教的或形而上学的世界观的实在性的态度"。我这里不能长篇大论地阐释其含义,但忍不住要借用这样一句话:"文化既是个体心理的,也是集体共有的。"[①]

[①] 引自《社会科学百科全书》,第 4 卷,第 621—623 页。所引最后一处的斜体是我加的。

2. 经验与哲学方法

正如拉尔夫·佩里(Ralph Perry)先生所言,经验是一个含糊其辞的词。在许多以思想不连贯为特点的思想家那里,这个词的多变性是显而易见的。一方面,他们迫切地要求一种经验的方法;他们发誓弃绝先天的和超验的东西;他们时刻提防,他们所用的数据没有经验作保证。另一方面,他们又不认同经验的概念,说它是纯然主观的,无论谁把经验作为主题,从逻辑上说,他将必然处于最隐蔽的唯心主义之中。

有趣的是,要解释这个自相矛盾的态度偏离了我们的目的。然而,可以猜测的是,这种矛盾是由于站在两个彼此绝缘的论域里进行思考的过失。他们坚持经验方法,根据近代发展起来的科学方法思考经验问题。但是,他们认为,经验作为一种独特的主题,有另一个来源——19世纪详细阐述的反省心理学。[①] 而我们必须作出选择。如果把经验等同于纯然心理的状态是正确的话,那么,最不可能的事就是,我们宣称经验方法是理解我们所生活的自然和社会世界的科学道路。如果科学方法本质上是经验的,那么,经验的内容不可能是反省心理学告诉我们的那个样子。

当人们提出要阐明经验对哲学的意义的时候,无论这种建议是否正确,认识到这种不连贯性,可以使我们(作者和读者)抓住和理解那种多变的经验概念,尤其是在当前的这个讨论中,它对

[①] "在心理学上,意识是一个立即发生的过程。"这是鲍德温(Baldwin)的《哲学和心理学词典》(*Dictionary of Philosophy and Psychology*)中的基本定义。

关于自然、世界、宇宙的理论具有什么样的意义构成争论的时候。我知道,除了提醒读者,在他读到这个阐述时,他应该把"经验"解释为当他坦诚信任经验方法时,他自己所使用的那种含义,而非在他以为经验是关于记忆的、私人的和生理的时所使用的含义,除此之外,没有更好的方式来告诫他避免错误。

有两种接近哲学目标的途径。我们可以从总体的经验(experience in gross)开始,从原初的和粗糙的经验开始,通过它的独特特征和独特趋向,注意到构成产生和维持经验的世界的某些东西。或者,我们可以从精心选择出来的产品开始,从最好的科学方法的最权威的表述开始,然后返回到主要的生活事实上去。这两种方法在起点和方向上都不同,但是在客观的或最终的内容上却是一样的。那些从普通日常经验开始的人,必须记住最有用的知识的种种发现;而那些从后者开始的人,必须在某种程度上回到日常普通的经验事实上去。

每条途径都有其优势和危险。那些能够追求所谓科学的专门和精确知识之路的人,是幸运的。但是,思想史表明,他们很容易忘记:科学就是一门艺术,是进行研究的高超技巧。而那些没有直接从事这种艺术的人,很容易把科学当作某种已经完成的、本身是绝对的东西,而不是某种技术的结果。因此,"科学的"哲学一再把其所处时代的科学看成是哲学的前提,只是这一前提被后来的科学逐渐削弱了。即使一个时期的科学提供了确定合理的基础,这也不能保证,哲学家们不再需要敏锐和诚实,只要运用这个基础就能避免迷失。自诩科学的哲学家们已经习惯于运用更遥远、更精致的科学产品来否认、怀疑或扭曲直接明了的日常经验事实,他们意识不到,这样的话,哲学本身是在自杀。

另一方面，从肉眼可见的经验开始的那种方法要求非比寻常的真诚和耐心。科学的内容无论好的还是坏的，至少都"在那里"；它是已总结在书本里的、确定的事实和原理，是一种独立的、外在的东西。但是，粗糙的和活生生的经验是变幻无常的，像心情和时态一样。要抓住和描述它，不仅是一个熟练的技术者的任务，也是一位艺术家的任务。正如思想史表明的那样，一件平常事，如此地平常，但哲学家还是几乎不可避免地把他们自己对直接经验的描述同以前思想家关于它的解释混在了一起。确实，自诩的经验主义者常常只是用辩证发展的经验观念来替代对人类生活经验的分析。

17世纪以来，"经验主义"在哲学领域一统天下，这种现象突出地表明了这种危险。一种"主义"不可能确切无误地出自经验。因为关于经验的任何解释，不可避免地要求简化，往一个特殊方向的简化，这个方向可能仅仅因为传统上受人喜爱而被人们假定为是自然的习惯。至少200年来，许多兴趣，如宗教的、工业的、政治的，都集中到个人的身上。因此，除了古典学派，所有的体系都这样来思考问题，即使得个体性既是中心的又是孤立的。当经验的概念被引入时，不熟悉这种追问的人就带着一种傲慢的胜利者的口吻说："谁的经验？"这意思是说，经验不仅仅总是某人的，而且"某人"的独特性如此广泛地影响到经验，以致经验仅仅只是某人的，而不是其他人和其他东西的。

由此导致的思辨的处境可以通过一段引文来说明，这段引文之所以被挑出来，因为它是当代典型的哲学思考。"当我看一把椅子时，我说我经验到它。但是，我实际经验的只是构成一把椅子的一些组成部分，即特殊光照条件下的椅子的颜色，从某个角度去看的椅子呈现出的形状,等等。"具有经验的人,不同于把经验理论化的哲学家,他可能会说,他经验到这把椅子最有可能不是在看它的时候,而是坐在它上面的时候,他之所以能够说坐在椅子上面,正是因为他的经验并不仅仅是限定在特定光线下的颜色和带角的形状。他会说,当他看它时,他经验到比一把椅子多得多的东西,而不是经验到某种少于一把椅子的东西;他注意到一个广阔的空间的背景,例如椅子所在的空间、它的历史,包括椅子的年代、价格,以及把它作为家具使用而带来的公共的和私人的影响,等等。

这些评价证明不了什么。但是,它们表明,名义上的某种经验哲学是多么地远离经验的日常意义。通过辩证地发展包含在引文中的那种经验的观念,我们可以获得很多有趣的结果。这里可能会出现很多问题,这些问题训练了理论家的精巧,也能说服许多学者相信:他离他拥有的经验越远,也就离经验中的实在越近。如果人们最终没忘记所获得的结论只具有一种思辨的意义,是通过专业的生理学角度的技术分析获得的关于前提的一种阐述,那么,这种训练就是无害的。因此,我宁愿以奥德修斯(Odysseus)的狗在它主人回来后的行为,作为哲学家对待经验的例子。一个生理学家可能会出于特殊的目的,把奥赛罗(Othello)对一个手帕的知觉,简化为某种光照条件下的一些简单的颜色要素和从某种视觉角度看到的形状。但是,实际的经验肩负着历史和预言,充满着爱、嫉妒和邪恶,它完成了过去的人际关系,注定迈向悲惨的命运。

谈论显而易见的事情有如此多的理由,所以现在,经验主义只是思辨地阐述得自生理学的材料。因此,对于任何认真地在经验的层面上进行哲学思考的人来说,要求他意识到他正在谈论的东西是那种不进行思辨活动的人叫做经验的东西,是他在人和物的世界里所遭遇到的生活,是很必要的。否则,我们就是在两个维度上,在黑与白中,得到一种刻板的成见,而不是完整的、多姿多彩的活动和经历,这些活动和经历才是哲学家的真实材料。

从眼前最近的东西而不是从精致的科学产品开始,既不意味着是从心理学的结果开始的,也不意味着是从物理学的结果开始的。的确,比起物理学的经验来说,前面的材料离直接经验更远。它意味着从科学的身后开始,从粗略的肉眼可见的经验特征开始。那么,科学作为人类经验的一个阶段,是与兴趣有关的;但它本身并不比魔术、神话、政治、绘画、诗歌以及宗教裁判所更与兴趣有关。人类受白日梦和欲望的支配,这既和追求自然的哲学理论相关,也和数学、物理学相关。想象与精致的观察一样受到注意。正如桑塔亚那(Santayana)谈到雪莱(Shelley)时指出的那样,一些人是不受"经验"影响的,他们保持着完整的儿童时代的态度,这是一个经验事实。对于一个彻底的经验主义者来说,哲学上最超验的东西是一种经验现象。它也许不能从理智上证明其创造者想要用它来证明的东西,但是,它表明某种关于经验的东西、某种对于后来根据经验来解释自然可能具有重大价值的东西。

因此,经验根本不是"意识",不是在特定时刻定性地和集中地出现的东西。一般人不需要被告知:无知是经验的一种主要特征;因此,习惯是确定的、习以为常的,以至于我们不知不觉地一味依赖它们。然而,无知、习惯以及远处的重大含义,都是那些把经验还原为意识的所谓经验主义所否认的东西。对于一种经验理论而言,重要的是需知道,在某种环境下,人们高度重视独特的和清晰的东西。但更重要的是知道,在其他环境中,如在夜晚中,模糊的、黑暗的和神秘的东西就会涌现出来。因为理智在潜意识的名义下犯下罪过不足以成为拒绝这一点的理由,即那没有明确呈现的东西,比起思想家们重视的意识领域而言,才是构成经验的一个更大的部分。

当我们经验疾病、宗教、爱与知识本身时,各种力量和潜在的后果会牵涉进来。它们既不是直接呈现的,也不是隐含在逻辑中的。它们"在经验之中",就像我们的不舒服和喜悦一样真实。考虑一下对死亡的预期和记忆在人类生活(从宗教到保险公司)中所扮演的角色,我们对把死亡看作不在经验中的经验理论,还有什么话说?经验不是一个流,甚至感觉流和在其表面流动的观念也只是哲学家喜欢去研究的一个部分。经验不仅包括经验流,也包括自然构造和习惯所构成的持久的河岸。飞翔是由不会飞翔的大气来支撑的,即使在大气最不稳定的时候。

当我们说经验是描述我们所生存的世界的一个着眼点时,我们的意思是:经验是这样一种东西,它至少和这个星球上的所有历史一样宽广、深刻、全面——因为历史不会凭空产生,它包含了地球以及与人相关的物质关系。当我们把经验同化为历史而不是生理感觉时,我们注意到,历史不仅指客观的条件、力量、事件,也指人类对这些事件的记录和评估。同样,经验指的是任何经验到的东西、任何经历和尝试的东西,也包括经验的过程。正如"历史"的本质里就包含了主观的和客观的意义,经验也是如此。正如威廉·詹姆斯所言,这是一个"双重"事实。[①] 没有太阳、月亮和

---

① 劳埃德·摩根(Lloyd Morgan):《直觉与经验》(*Instinct and Experience*),第126—128页。

星星，山脉和河流，森林和矿藏，土壤、雨和风，历史就什么也不是。这些东西不仅是历史和经验的外在条件，它们还与历史和经验融合在一起。但是，没有人类的态度和兴趣，没有记录和解释，这些东西也不会是历史。

当普通人亲历疾病、繁华、爱、婚姻以及死亡时，会接受这种以最大的天真和宽容来理解的经验概念，但也明显地有人反驳。这个反驳是，此时经验被看作是如此包罗万象和变化多样，以至于对哲学的目的而言毫无用处。正如我们在这里所设想的那样，经验包括我们思考和谈论的一切实际的或潜在的事情。因此，我们恰恰也可以从一切事情或任何事情开始，放弃观念和"经验"这个词。那种已经被抛弃的传统经验观念，可能是错误的。但是，它至少指代了某种具体的、不同的东西，某种可被设定来与其他事物对立的东西，因此可以作为一种批判和评估的原则。而全部范围的关于事实和梦想，关于事件、行动、欲望、幻想与意义的领域，不论其有效或是无效，不能与任何东西相对。如果从字面上来理解，"经验"指代的恰恰就是这个广泛的领域。

这的确是经验作为哲学的指导性方法的弱点。在我们面前，它是一个包罗万象的和诚实的中立者，与狡诈和偏见无关。但不知不觉的是，在特定方向上被指出来的、充满倾向性结论的一个简化的、选定的东西，取代了我们所有人拥有的这个自由的、完全的、公正的和柔顺的伙伴。这种事情经常发生，以至于一个研究者与其声称他坚持了一个经验的方法，还不如去做一个小心翼翼的怀疑论者来得更好。当这种有倾向性的过程（思想史证明，这是很容易落入的一种过程）被避免时，替代它的似乎是没有区分的一切东西，以致经验不再具有意义。

这种反驳揭示了一种真正的经验方法的确切意义。因为它揭示了这个事实，即经验对于哲学而言是方法，不是特殊的内容。它也揭示了哲学所需要的那种方法。经验包括梦想、疯狂、疾病、死亡、劳动、战争、迷惑、模棱两可、谎言以及错误。它既包括经验体系，也包括先验体系；既包括魔法和迷信，也包括科学。它包括使人从经验中学习的倾向，也包括与模糊的暗示紧密相关的技巧。这一事实让我们一眼就看出：每一种自诩是经验的并让我们确信"有一种特殊的内容是经验而其他则不是"的哲学是多么地错误。

经验作为哲学方法的价值是：它迫使我们注意，意义来自各方面。我们要解决某个问题，排除某种怀疑，回答某个问题，必须面对指出来的一些事情，在那里发现我们的答案。作为方法，它与"理性主义"有一个明显的差异：它没有某种特殊的内容，而理性主义的方法则假定了纯粹逻辑的思想和其产物的首要性和终极性。有两种证明方式：一种是从被假设为拥有逻辑完整性的前提开始的推理，一种是对一个事物的显示、指点、展现。后者的方法是经验总结、归纳、构造普遍和难以言表之物的方法。说正确的方法是关于指出和显示的，而不是关于满足理智的要求或理性观念的逻辑推导的，尽管这是非理性的，这并不暗示它偏好不合理性。因为被指出、被发现和被展示的东西之一，是推理和支配它的逻辑。但是，这些东西也必须被发现、被展示，它们的权威依靠这种经验指示法所发现的结果。最极端的理性也是允许的，也具有一个位置，可以根据个人的爱好称之为次理性的或超理性的。

我要说，经验的概念对于哲学的价值，在于它断言了指示、发现和展示的方法之终极性和全面性,同时断定了被指出的东西必然要被看到并以坚定的信念不折不扣地被接受。如果哲学家们普遍遵循指示的方法,那么,经验这个词语和观念可能被抛弃;它将是多余的,因为我们拥有它所代表的一切东西。但是,只要人们愿意在哲学中(正如他们在科学中一直如此一样)根据美学的、道德的或逻辑的标准来界定和设想"实在",我们就需要经验的观念来提醒我们,"实在"包括一切被指示、被发现的东西。

当构成广阔宇宙的各种因素,不利的、不稳定的、不确定的、非理性的以及讨厌的东西,得到与高贵的、荣耀的和正确的东西同等的注意时,那么,可以想象,哲学不会需要经验的概念。但是,在那天到来之前,我们需要一个警示性和指导性的词语,诸如经验这样的词来提醒我们,那不仅是被逻辑地思考的、也是人类居住的令人痛苦和享受的世界,在所有人类的研究和假定中,享有最终决定权。这是一种谦卑的学说,但也是一种指导性的学说。因为它告诉我们:要打开心灵的窗户,随时关注多种多样的生活和历史阶段。哲学家们如此认可普遍性,却常常是片面的专家,他们把自身限制在真正可信的、确定已知的东西上,忽视无知、错误、愚蠢和生活中的日常享受与消遣,因为我们"有限的"(finite)本性[这个词语对于现代人来说,是一个被祝福的词语,就像"非存在"(non-being)这个词对于希腊人那样],他们抛弃了这些,没有什么比这一现象更具有讽刺意味了。

思想史充分表明,为了把握那些被做的、被遭受的和想象的事情,需要一种取代推理的方法及其结果的程序方法,把指示、发现和显示方法置于众方法之前。哲学家们惯于从高度简化的前提开始。他们这样做不是无意的,而是引以为傲的。他们认为,这是他们真正理解哲学事业的证据。获得关于事物知识的绝对确定性，以及生活秩序上的绝对安全，被认为就是哲学研究的目的。因此，哲学家们从很简单的材料和原则入手，去获得所寻求的东西。当某种历史上的宗教不再赋予人们确定和安全感时，人们尤其希望哲学能够做到这一点。希腊时期的人们是这样做的，17世纪的欧洲人也是这样做的，我们今天也如此。人们可能会诉诸形式和本质、内在的反省事实和数学真理。随着时间的转移，主题内容会发生变化。不变的是对确信和秩序的需要，只有通过忽视自然大量呈现给我们的事物，这种要求才能得以满足。

当我们寻找运用这种偏见的简单的例子时，可能最容易想到笛卡尔和其思想的确定性，想到斯宾诺莎和他的信条：一个真观念本身就带着真理，因而无论如何，必然被想到的东西，必定——且必定仅仅——是那个东西。而自称是经验主义的思想家们，也提供了例子，例如洛克和他的"简单观念"，休谟和他的"印象"。我看不出，当代人们对终极"感觉材料"的强烈追求，或相信数学的符号逻辑最终会开启哲学的终极真理的奥秘，在原则上与此有什么不同。

现在，经验的观念，无论怎样缺乏独特的内容——既然它包括了所有的内容，至少，它告诉我们：我们一定不要从任意挑选出来的简单东西开始，从它们推导出复杂多样的东西，并把不能这样推导出来的东西归于一个低级的存在领域。它告诫我们：我们最初发现的东西总是混乱复杂的；我们从这些东西着手并在其内进行区分、归纳、分析；我们必须追踪调查这些活动，指出它们以及将它们运用于其上的事物和它们的精确结论。当我们思考它们的种种果实时，不要忽视生产这种果实的那种技艺。打磨石头的人占据一个位置,堆砌石头建造庙宇和宫殿的人占据一个位置。但是,"经验"提醒我们:一块石头从前是地层的一部分,一个凿石头的人把它凿出来,另一个人把大石头变成小块,最后人们把它打磨光滑,放进一个设计好的和有规则的结构中。经验方法告诫我们:从这些据说是最终的和简单的东西着手的体系,总是像掷装了铅的骰子一样;为了获得想要的结论,它们的前提被设定了。

所谓的怀疑论者做得也不好,无论他们始终坚持怀疑态度,还是为了发现一个能成功地通向确定性的出口而运用怀疑。人类天生就是一种轻信的动物。警告他们不要太轻易、太随意地接受那些在接受之前原本应该展示其依据的信念,是一件好事。但是,一些事情,一些行动和经历,根本就不是关乎信念的问题,它们恰恰就是信念本身。没有人曾经怀疑过出生、死亡、爱或恨,不管有多少关于这方面的理论应当引起怀疑。在阐明常识中的信念的种种漏洞方面,哲学家们已经表现了他们应有的聪明才智,但他们也表现出不恰当的机灵,即他们忽视了那些显示自身必须被认真对待的每个人都有的经验中的事情。难怪休谟在和他的朋友们玩十五子棋取乐的时候,他的怀疑就消失不见了。这并不是说,他的一些怀疑论在这里不合适;而是说,在这种同伴关系中,他进入了另一个没有被他自己哲学化的世界。愉快和痛苦的秩序与信念、印象和观念的秩序是不一样的。埃皮克提图建议一个奴隶给其相信怀疑主义学派的主人梳完头后,把辣椒汁涂在他的头上。这无关乎对系统化的信念的怀疑,而是一种适宜的提醒,即无论我们必须注意什么事情,关于高兴和痛苦的事情不能怀疑它们的存在。

再者，当一个思想家冒险从一些太粗糙而不能进入理智领域的事情开始时，他发现，作为一个经验主义者，他没有必要去面对那个纷繁复杂的世界整体。事物都是分门别类被指出来的，拥有秩序和安排。对反省思维来说，前哲学的选择和安排可能不是最终的，但却是重要的。他们的偏见不是橱窗上的或图书馆式的偏见，而是对自然事件某一方面的压力进行反应的人的偏见。在那些通常放在经验前面的形容词中，我们找到了自然倾向的关键。经验是政治的、宗教的、感性的、工业的、理智的、我的和你的。

这些形容词表明，事物是在特定背景下出现的，有不同的味道、颜色、重量、样式和方向。作为方法的经验告诫我们：要对这些多样性一视同仁。非经验的方法从以下假设出发，即这些事物中的某一个是特别的、至高无上的。它是一个标准，要根据这个标准来衡量其他一切事物的重要性和真正的性质。那么，其接下来的东西就是思辨的。根据逻辑地隐含在他们自己选定的标准和尺度中的东西，哲学家们推出各种结论。

哲学是那些称得上"理智的"学科的一个分支领域。由于哲学家明确且正当的事业，就是从知识（能被证实的信念）的角度去反思事物，因此他容易把反思的结果当作某种在先的事物。也就是说，他不是把认知的结果看作对事物的陈述，而是看作一个与事物"本身"的样子等同的存在。这样，其他模式的经验内容就是偏离、缺陷或者歧异——或者正如辩证的哲学家所言，仅仅是"现象"。经验的或描述的方法告诉我们：我们必须跟随反思经验的提炼和阐释，到我们所做的、所享受的和所遭受的那些粗劣的和强制性的事情上来——到迫使我们去劳作、满足各种需要、它的美使我们感到惊奇、以惩罚迫使我们服从的事情上去。日常的区分是一种便利,最普通的划分也就有最大的便利。但是,没有理由假定,它本身的"实在"或真理比它所划分出来的数字,更具有实在性或真理性。理智经验的对象是最常见的划分其他事物的模式,它们具有重要的价值;但是,把它们转变为唯一的实在,必然会导致独断的分类和种种不可解决的问题。

并不是所有的哲学都假定,以逻辑为标准的反思经验是经验、宗教、美学、工业以及社会目标的标准。许多思想家断定,辩证法走进了死胡同,它让我们卷入自相矛盾的表述中。因此,他们寄希望于某种他们认为比思想还高级的东西。不过,他们设想,这个更高的对象是一种更高种类的知识,是直观或直接的洞见,是关于真实实在的神秘确定性,是有意义的。因此,思想家仍然不能从他必须作为人类的角度来看待事物,不能把事物当作在死亡和失败的惩罚下要关注的东西,不能把事物看作与使用和享受、与主导和服从相关的东西。比思想还高级的东西这个观念仍然暗示了:它们本身是知识的对象。

于是,有一些哲学家发现了自己处于种种理智困难之中。例如康德,他断言,道德经验比科学更深层次地揭示了物自身。还有更多不相信科学的人,声称宗教经验穿透了限制理智视野的屏障。这些明显的例外证实了存在某种规则。因为这种主张暗示,道德或宗教经验取代了知识,充分而绝对地做到了自然知识只是部分或相对地做到的事情。这意思是说,道德和宗教具有一种直接的启发性价值。现在,说世界是这样的,即人们用敬畏、崇拜、虔诚、牺牲和祷告来接近某些对象,以及存在的理论所认定的事实必须与科学的事实保持一致,这是一回事。但是,说宗教经验证明了它自身的对象的实在性,或者说意识到一种义务,证明了其特殊对象的有效性，或者说普遍的义务事实本身就可以说明其实在性，这是另一回事。特洛伊的海伦、丹麦的哈姆雷特是那些要求哲学家像关注分子和整数一样关注事物的两个例子，但是，它们出现在经验中，并不保证它们与后者是同类事物。

我们必须设想，世界能够让奉献、虔诚、爱、美和神秘与任何别的事物一样真实。但是，是否所爱的和所奉献的对象具有那爱者和奉献者赋予它们的一切性质，是需要证据的，并且证据总是外在的。人们可能会把在经验上不可避免的各种强制和禁令叫做绝对命令，它们的存在正如重力法则对于自然理论一样重要。但是，它们给它们自身之外的何种对象提供了证据？在满足各种需要的努力中是否涉及部落禁忌、康德哲学的物自身、上帝、一个政治主权或社会习俗的网络？这个问题的解决需要指点的方法，需要发现和指出事物呈现自己的具体环境。

甚至哲学史上的古典经验主义，几乎一直只是关心作为知识的经验，关心可知或不可知的对象。但是，由于对象是在许多不同于发现知识的其他方式上被发现、被对待的，所以，真正的经验主义将从所有宏观经验的集合（形容词性的）出发，把它们当作具有同样的价值；如果有必要，进一步的研究可以回到起点。人可能在不知道自己发疯的情况下发疯，也可能在没有发疯的情况下知道什么是发疯；事实上，直接经验的缺乏，正是研究精神失常的必要条件。充分认识到这一事实的意义，几乎可以说，是经验方法必须对哲学作出的主要贡献。

因为它表明，不同于认知、与认知绝不相同的存有和拥有是反思和知识的前提条件。是生气、愚蠢、明智、好问的，拥有糖、日光、钱、房子和土地、朋友、法律、主人、主题、苦与乐，这与认识我们所是、所拥有和所使用的东西,以及认识拥有和使用我们的东西,处在一个不可共度的维度。它们的存在是唯一的,严格地说,是不可描述的。它们只能所是和被拥有,然后在反思中被指出。在这句话的适当意义上,它们的存在是绝对的,是定性的。所有认知经验必须从以这种唯一的、不可修复的和迫切的方式所是和所拥有的事物开始和结束。只有这个事实成为哲学的一个常识,经验的观念对于哲学家来说,才是一个不言而喻的道理。

我们的论证不可避免地转了一个圈,又回到我们开始的地方。近代哲学是公开的(古代哲学是隐蔽的)关于知识和已知事物的理论。一种知识理论,在如何最经济、自由、有效地进行认识的意义上,作为一种启发性的和有益的探究技术,是必不可少的。不过,过去在知识理论这个名称下所做的,则不是这样的事情。它是关于我们能否认识,是为了证实或反驳泛滥的怀疑主义(而不是如何有益地进行怀疑)的事情;是关于知识能走多远,它的限度在哪里(不是具体的时空限制,而是内在的和最终的限度)的问题。我们所说的内容,就是要解释这个事实。这是由于未能简单、直接和无偏见地抓住被经验事物的不同阶段,是由于理智主义者出自他自己的特殊的职业经验所具有的偏见。

当人们对能够成为知识对象的事物存在偏好(这种偏好是生产出来的)时,在事物的存在、对事物的拥有和对事物的认识上作出区分就是不可能的。如果拥有甜的、红的、硬的、痛苦等,必然等同于认识这些事物,那么,认识论的经典问题,以及反对泛滥的怀疑,为科学作辩护的必要性就不可避免。我在阐释中提到两个传统问题。首先,在认识论的唯心论者和唯实论者之间有一个争论。甜、硬、固体、疼痛、方形等是心理的,还是生理的呢?从经验上说,答案显而易见,它们两者都不是。它们就是其本身独一无二的性质,是被指出来的、被拥有的事物。但是,知识涉及分类。如果拥有也就是认识,那么,这些东西不能"真的"只是它们所具有的那些性质;它们必定是相关的、被归纳的以及被解释的。关于分类性认知的两个最普遍的术语,是物理的和精神的。因此,争论就产生了。

另一个不可避免的问题是直接的或"报告性的"知识,通过感官获得的知识等与反思的推理知识和科学之间的关系。后者的恰当对象的实在性是如何与直接感觉的或者报告性知识的对象——不论被定义为物理的还是生理的——"协调一致"的呢?正如人们在它上面发挥的大量聪明才智所证明的那样,这个问题在思辨上是吸引人的。但是,人们至今没有发现普遍令人满意的答案,而且可以预言,没有人会提供这种答案。因为这个问题从经验上说,是不真实的。并没有其对象必须协调的两种知识。被经验事物有两种维度:一个维度是拥有它们,另一个维度是认识它们,以致我们能以更有意义、更有把握的方式拥有它们。认识我们所拥有和所是的东西是不容易的,不管它是国家、麻疹、美德或是红色。因此,就有一个问题,即为了获得、纠正、避免所是和拥有它们,如何找出对于发现这些事物来说是必要的东西。

但是,坦率地说,知识问题通常是无意义的。因为知识本身是我们经验地拥有的东西之一。怀疑主义可能在任何时候对我们任何具体的理智信仰和结论提出怀疑,以便让我们保持警惕,让我们保持研究和好奇,而怀疑我们拥有和是的东西是不可能的。没有一个人曾经坦率地说怀疑过这些。然而,由于不能分辨各类知识对象(这里适用怀疑,因此就是关于解释和分类的)和直接被拥有的事情,怀疑主义的狂妄自负隐藏起来了。一个人可以怀疑他是否得了麻疹,因为麻疹是一个理智术语、一种分类,但他不能怀疑他经验地拥有的东西——不像经常断言的那样,是因为他拥有关于它的直接确定的知识;而是因为,这根本不关乎知识,也不关乎理智,不关乎正确或错误、相信或怀疑的问题,而是一种实存。

他或许不知道他在生病,更不知道他生的是什么病;但是,除非有某种直接的、非认知的东西呈现在经验中,这样它才能在接下来的反思中、在反映这些反思结果的行动中被指出来;不然的话,认识既没有主题,也没有客观对象。在传统认识论中,这一事实既被认识到了,也被滥用了。有人说,当我们能够怀疑,一个特定事物是不是红的或甜的时候,我们拥有一种直接的或直观的认知确定性,即我们被红色或甜味所刺激,或具有甜的和红的感觉。但是,作为被认知物,红和甜只是因为被吸纳进思想中,才是感觉材料。它们的被给予,是某种输入的东西;它们主要直接地与更复杂的研究过程相关。只有具有了受神经系统的技术知识支持的高度理智上的专业化之后,感觉材料的概念才会出现。为了确定某个特定问题中究竟什么是"直接材料",它还动用探究中的资源。要认识一种特性,诸如感觉,还得进行复杂且客观的指称;这不是记录一种内在地被给予的性质。认识论的感觉主义者和认识论理性主义者犯了同样的错误;相信认知性质是内在的,一望便知的。

由于经验方法是指示性的,所以,这个词在其简单意义上是现实的。事物首先是被行动所指向的,是被经历的;当事物本身还有后续活动时,就会通过它们自己的活动过程,显示它们是"主观的"还是"客观的"。这些术语像物理的和生理的术语一样，表示它们是不同的东西，这里没有什么主观上的优先性假定。人类最初的偏见都是针对客观的分类的，这是一个历史事实。这里所能指的东西是独立于意志（意志的产生本身不需要意志）和它的存在，独立于选择的。对于没有批判精神的人来说，就是冥冥中注定的。只有当涉及虚荣、声望和财产权的时候，自然人才会像自负自满的小孩子一样，去使用一种主观的或个人的解释。

然后，反思把疾病、不幸和错误这类事情的发生，归咎于个人自己的所作所为，而不是归咎于神或敌人或巫术或命运。那么，就可以理解，事情从一个客观的领域转移到一个主观的领域中。但是，更确切说来，它们被赋予了一种新的客观指称，这里涉及的对象正是作为它们的基础和来源的人格主体。当我们说，一个人的疾病是由于他自己的不小心，并不是因为有一个看不见的敌人，把一个外部的东西魔术般地放到他的体内时，我们还是在客观事件的领域内谈论。当我们把错误归结为人自身性格上的某种东西，而不是归结为有敌意的神想让他盲目，或者归结为事物内在的虚幻性质时，这是同样的情况。由此，从实践上来说，主观的和客观的、个人的和非个人的、原因和结果之间的区分，就非常重要。但是对于理论而言，它处于连续的世界之中。

哲学家们称为主观的东西，大多有一种非常明显的客观身份。政治机构、家庭、艺术、技术在科学和哲学出现之前很久，反映的就是客观事件。政治经验涉及关隘、山谷、河流、海洋、森林和平原。人们为这些东西而争斗，为这些东西行使管辖权，为这些东西服从和反叛。对这些事情的存在和拥有、从事和经历，处于开放的公众世界中。正如在我们研究或意识到那些发生在我们自己身体组织内的过程之前，我们就已经在消化那些来自个人之外的世界上的食物。因此，在我们意识到我们自己的态度，也就是说，意识到神经系统的活动之前，我们就已经生活在一个被客观地决定了的世界之中，这使得我们与它们处于一种有效的关系之中。关于我们自己的态度和神经系统的活动的知识，就是对事物直接操作的一种替代，正如代谢过程是对食物的替代一样。在两种情况下，我们都是认识了一种新的对象。通过这个新对象，我们与个人之外的世界，建立了一种更积极的关系。

当我们谈论美学经验时，不是指某种私人的和生理学的东西。天上的合唱和地上的响应都牵涉进来了，正如油漆、刷子、大理石、凿子、庙宇、宫殿和剧院也卷入进来一样。欣赏总是对某种东西的欣赏，而不是对欣赏本身的欣赏。在意识到我们自己的态度之前，我们就已经热烈而兴奋地意识到了对象；而获得辨别那种态度的能力，只表明对最初的内容有了更多的区分。尽管当代理论强调宗教中心理的和个人的因素，但是，历史上的宗教总是有其神圣的地点、时间、人员和仪式。人们可能会相信，在知识的对象的秩序中，这些对象并不具有信念赋予它们的性质；但是，经验内容具有自然的客观指向，这一见证会让人印象非常深刻。如果经验的偏见不是指向客观事物的话，神话不会被看作同物理事实一样的东西。把敬拜和祷告的对象看作一种理想或"本质"，把它们看作诗艺的或审美的对象，这是反思的最新成就，而不是一开始就如此。如果说，对宗教现象的研究证明了某种东西，那么，这就是：种种行动、礼仪、崇拜、典礼以及机构是首要的，情感上的信仰聚集在它们周围。即使是宗教经验，也没有逃脱内置在更直接的经验中的客观的限制，在这些直接经验中，男人们汗流浃背地耕种土地，女人们辛勤地收获成果。在这些活动中，有利于和不利于成功的对象，影响了最精确和最精神化的情感和概念。

经验就是去经验，就是个人的感觉、印象和感受的连续过程，这种观念完全是一个最新的观念。它隐含着一种真正的和重要的发现。但是，有人也许会说，没有人认真对待它。它还只是思辨发展的一个起点，这些思辨对于模糊基本的概念倒是有十足的兴趣。这个发现是重要的，因为它表明了，在我们所持的信念中对机体的态度和倾向的操作，以及要想有效控制信念就必须控制这些态度和倾向的必然性。经验过程表面上的孤立，好像它们实际上就是某种固态的和整体的东西一样，是荒诞的；因为倾向和态度总是指向或来自这些东西之外的事物。爱和恨、欲望和恐惧、相信和否认，不仅仅是一个动物机体的心灵状态或身体状态；它们积极地与其他事物发生关系——接受和拒绝、同化和排斥其他事物，努力获得或逃避事物。

在动物的复杂组织形式中，能够发现和证明这些行为特有的结构和功能，并转而为新的反应模式提供内容；这个事实，表现了经验方法在哲学上的一种最有价值的运用。它动摇了顽固的独断论，也把怀疑主义从少数几个超然的思想家的空洞虚无的产品改造为研究具体信念的一种共同的和富有成效的方法。个人经验的这些东西，总是带着来自习惯和传统的意义。从出生起，个人就看到他周围的人以某种方式对待事物，赋予事物某种用处，分配事物某种效用。这些事物因此就被他赋予某些特性。这种赋予是内在的、不可理解的。习惯对于信念的影响力绝不会完全消失，除非生理学和心理学证明了模仿、建议、激励以及权威是如何唤起某些反应的，而习惯又是如何把这些反应确定和巩固下来并变成表面看来无可置疑的必然的东西。

人靠希望活着，但期望的内容，即预期的东西，依赖于记忆；而记忆的内容在被个别的东西回忆起来之前，是一组事情。控制信念、期望和记忆的传统是有限的，常被滥用了。即便木头也不总是会燃烧；种子并不总是生长；食品并不总是有营养；水在解渴时也许会带来恶性的瘟疫。在复杂的事件中，建立在预期信念基础上对行为的阻扰，是更有渗透力的。沉浸在劳动中的人，通过留意影响效果的进一步的限制性条件，对于这些不能解释的事物的行为，能够有某种理解；竭尽所能后不久，他又重新开始依靠各种神秘的影响力，把个人的作用和神奇的反作用隐藏了起来。享受闲暇、不必为了脱离困境而忙着做事的思想家们，在一个更高的、更形而上学的存在领域寻求确定性，把实际的和可能的领域定义为仅仅是"现象"。或者，他变成不再抱有幻想的怀疑主义者，不再用理智的态度对待对象。第一个方法造成了迷信，第二个方法不会有任何成果，因为它没有解决实际问题，即调整具体的关于对象的信念，使得它们可以考虑在远处的最终的事物。在推理、信仰以及所有涉及事物的其他关系中，发现和指出个人态度和倾向的作用（构成系统化的心理学的发现），是调整关于对象的观念所必需的艺术；而这种艺术，是获得解放的一种必不可少的因素。

然而，哲学家们误解了这种发现。原来的困惑依然存在；把直接的拥有与认识等同起来，似乎是经典哲学传统一个合理且持久的部分。在一个对其他"拥有"来说是基础的意义上"拥有"这些个人的倾向，被转变成这样一种信念，即它们是知识的首要的和主要的对象，具有传统哲学分配给其首要的和主要的知识对象的那些实在性质。与此同时，从事科学和实际事务的人利用了这种发现；他们确信，通过更好地关注个人态度的产生和运用，人类能够更确定、更有意义地调整其对环境事物根深蒂固的被迫的关注。

由此，经验观念对于哲学反思的价值就在于，它不仅表示田野、太阳和云雨、种子和收获，也表示劳动、计划、发明、使用、经历和享受的人。经验指代被经验的东西、充满人和事的世界；它指代和经验过程紧密相关的世界，指代人类的事业和命运。自然在人这里的位置，与人在自然中的位置同样重要。自然属性的人，是受支配的人；认识和利用人的自然属性，则是智慧和艺术。经验对于哲学家的价值在于，它不断地提醒他们：有某种既非唯一又孤立的主体或客体，即物质或心灵，也非二者叠加的事物。统一的生命是一个基本事实，在我们对此的认知变成习惯的、不知不觉的和普遍的之前，我们都需要经验这样一个词来提醒我们注意这一点，需要经验这样一个词来让我们注意到当那个整体被否认或忽视时思想所产生的扭曲。

构成经验的种种含义指向历史，指向时间的进程。专业人员意识到，有无数聪明才智用在了发现某种应该是完全当下的东西上，它是如此地完全当下，以致排除了运动和变化的东西。这种研究与事物的阶段有关。有一些圆满终结的时刻，之前之后都被合理地遗忘了，人类独有的利益关系就体现在当下。但是，即便这样的作为过程的终点反过来成了过渡性的和有效的对象被发现了，它们也可能是预期性的，或者是认知意义上的。不受时间影响的同化过程的合理性，不能证明无时间的对象的合法性。经验是历史的；把一些对象看作终极的，本身就是历史中的一段插曲。要证明一个被同化的意识，其最终要依靠超越时间变化的东西，这种证明在认识上的价值并不比证明其他任何纯粹的直接意识的价值大。也即，它根本不是证明，它是一种拥有，不是一种认知。因此，它被看作认知时，它绝对不是自然的和纯粹的；它受到一种思辨形而上学的兴趣的唆使。因为同化在对象的直接性质中，所以不存在一个时刻有那样的证明。这里有享受和拥有，不需要思考它是如何来的或者它将去哪里，它给出了什么证据。当它变成证据时，它总是证明了一种不完全的或特殊的与局部的存在。

认为终极的和当下的对象是永恒的这个假设，带来了某种不可解决的哲学问题。过去和将来变成纯粹推理的、思辨的，变成某种得通过纯粹信仰来达到的东西。而事实上，人们发现，任何被指代的东西都具有时间性和对象性；在其内部，它有来回的运动；它通过变强变弱，表明自己的存在。把时间性转化为时间的秩序是理智的安排，它要面对怀疑和错误。尽管过去和将来是每一当下事物的性质，但这种当下并不保证哥伦布发现美洲的日期，也不保证下一次月食何时出现。因为这些事情要求测量、比较，需要与发生在遥远地方的事情相联系。但是，当下经验的对象具有一种时间过程的实际性，因此，在非反思性地存在的和被拥有的某种事物之内，反思可能会给这些事物安排一种连续的秩序。

这些评论的内容是预期性的。只有当我们已经彻底探究和描述了经验观念中的一些含义时，才能拥有它们的全部意义。之所以要简要阐述这个序言性的思考，是因为这样一个事实，即经验常常被用来指代一种质料或内容，而不是一种方法。它进而获得了某种区分性的、选择性的意义,并被用来证明某种对象,排斥和指责其他对象,却没有实际的经验以及它的前件。"经验"变成了一种理论,像所有其他类似的理论一样,是辩证的、先验的。有人反对说,替代性的经验概念可以运用到非常广泛和普遍的事物中去,以至于不再具有任何独特的意义。这种反对从原则上看,是深刻的。但是,面对历史上哲学的主流传统,这种替代性的观念是有启发性、有用的。它让我们小心那些导致错误结论的各种方法,提醒我们要遵循正确的程序。

第一,它防止我们把已经熟悉的区分当成是原初的、原始的和简单的,这些区分是我们理智传统的一种习惯——例如物理的和精神的区分。它告诫我们:所有理智的术语是区分和分类的产物。作为哲学家,我们必须回到先于和产生这些反思性解释的最初的生命情境中去。于是,我们小心谨慎地重新复活先前的解释进程,随时关注它们所指的那些事物。因此,经验主义是真正批判性的方法。它使我们清晰而小心地从起初的非批判的步伐开始,向我们揭示顺着走下去可能要面对的各种偶然性的结果。

第二,经验的观念提醒我们:在哲学反思之前,对象就被归入某个类中,它们通过那些我们经常放在经验之前的形容词被指示出来——如形容词道德的、审美的、理智的、宗教的、个人的、政治的。所以,这种观念告诫我们小心传统,这种传统把某种经验的对象当作评价所有其他事物的"实在性"和意义的认知的、固定的标准。它让我们小心,不要把某种组织方式中的对象的独特性质变成其他方式中的对象。知识本身必须被经验;它在我们能够认识它之前,必须被拥有、具有、执行;拥有它并不等于认识它,或者知道它并不是拥有它,这与发怒、生病或者通过继承遗产成为财产所有者的情况是一样的。在我们能够对它们的经验进行反思之前，必须通过直接的指示来确定被认识的东西，正如我们在对待好与坏、红与绿、甜与酸时所做的那样。

第三，这个概念提醒我们：我们必须从错综复杂的事物，而不是从出于有效判断和行动的目的而简化的事物开始；无论这个目的是经济的，还是辩证美学的或道德的。哲学材料的简化在很大程度上，是由辩护方法所决定的，即由美化事物的某些种类和阶段的兴趣来决定的。这种倾向如此强烈，以致如果一个哲学家指明某个特殊的东西非常重要，需要引起注意，那么，几乎可以肯定的是：一些批评者会从他所描述的东西是否就是他所指的东西这个问题上转移到价值问题上。例如，我断言一切所指的事物都具有时间性。可以肯定的是，这一陈述将被一些批评者认为，这暗示了我更喜欢变化而不是持久性，而这隐含着我认为事物最好应该处于流变中。我们已经说过，对象主要是通过它们的实践关系被指称出来的，如在对事物的做、经历、接触、具有和利用中。哲学传统不把这个断言作为指示问题来讨论，而是把它看作一个赞词；它仿佛暗含着：实践优于理论。那么，通过指出思辨生活的优越性，这一点就可以被"反驳"。

这种偏见如此强烈和持久，所以我认为，它证明了一个重要事实，即大部分哲学的简化都源于一种被忽略和被否认的道德旨趣。我们持续不变地关注好与坏、繁荣与失败，还有选择。我们天生要从价值和福利角度来思考问题。关于福利的理想，是变化的；但是，对它的兴趣所带来的影响，是普遍的、不可回避的。在一种尽管不是约定俗成的但重要的意义上，所有人都带着一种道德的偏见和关注来思考，不管是"非道德"的人还是正直的人；邪恶的人和正义的人仅仅把不同的东西看成是好的东西。现在，这个事实在我看来，似乎对于哲学而言格外重要；它表明，在某种意义上，所有哲学都是道德的一个分支。但是，认为反思的最终根据就是使人们能够更好地选择善与恶这个观念，的确与那种直接把存在的特性转变为道德性质的态度，以及那种把偏好的性质转变为真实存在的特性的态度，是相反的。因为前者关注所要进行的行动，以及欲望、目的和努力的方向；后者是有待被发现的存在的事件，它可能是选择和行动的材料，但材料不是目标，也不是完成的对象。

对于反思来说，那最终的东西总是比被给予的东西更好或者更坏。但是，如果最终的好东西现在就被给予，那会更好；正因为此，身份上属于闲暇阶层不必急于应对各种环境的哲学家，就把最终的东西转变成某种存在，某种即便它不实存（exist）、也存在（is）的东西。持久性、真实的本质、总体性、秩序、统一、理性，以及经典传统的一、多和善，明显都是一些表示赞美的谓语。因此，当我们发现，这些术语被用于描述某种哲学体系的基础和恰当的结论的时候，就有理由怀疑，这是对实存的一种人为简化。规定对一个终极善的偏好的反思，思辨地制造了一个实体变形的奇迹。这里，就需要我们回到经验这个术语所表达的混合的和纠缠在一起的事物那里去。

道德谬误的存在以不易觉察的方式被模糊和伪装起来。自我欺骗的最大动力，源自道德这个词所包含的一些惯性的联系。当一个思想家摆脱这种联系时，他以为自己已经摆脱了道德。通过偏好一种反思性的"善"，他的结论被确定下来，也就是说，他偏好能够满足理性地检查和判断的具有善的品质的事物。

但是，他可能公然蔑视道德生活，理由是它涉及不断更新的争斗、努力、失望。因此，他声称，真正的善是非道德的，因为它不涉及这些事情。受到独特的性情和教育背景的影响，在很大程度上，由于社会和经济地位的影响，真正的善被认为要么是美感的，要么是辩证的，要么出自宗教背景。而作为哲学研究对象的"实在"，被描述为具有在选择已经存在的善的时候所要求的那些特性。然而，重要的事情，不是思想家把道德生活贬损为冲突的和实践的尝试；而是最终作为道德本质的反思性的善之观念已经被转变为关于存在的规范和模式。他对善的选择，无论是逻辑地设想的善，还是受后天的情趣影响的善，是整个事件的核心。

我认为，在任何有反思参与的活动中，选择活动都是不可避免的。它本身不是在伪造。欺骗是由于，事实上，它的出现被掩盖了，被伪装了，被否认了。经验方法发现和指出这种选择活动，正如发现和指出其他事件。由此，它使我们避免把最终的作用转变为在先的存在：无论在数学对象的持存、审美的本质、纯粹物理的自然秩序上，抑或是在上帝的名义下，这种转变都是一种哲学谬误。坦率地说，在这里，我的意图无非是想激励同辈哲学家们。但是我认为，对一种经验方法的追求，是让坦率的意图得以实施的方式。不管用什么作为选择的内容来决定对它的需要，并给予它指导，经验方法坦诚地指明了它之所是；而对于这个事实以及它的活动和结果的选择，经验方法同样指明了。

采纳经验方法并没有保证：所有与某种特殊结论相关的事物都能实际地被发现出来或被指出来，或当被发现时，它们能被正确地展示或传达出来。但是，经验方法指出，人们何时何地，以及如何获得指定描述的那些事物。它在他人面前放了一张已经有人走过的道路地图；如果他们愿意，可以根据这张地图重走那条道路，亲自去游览那一路的风景。因此，某一个人的发现，可能被其他人的发现所纠正和拓展，既有确证，也有同样的人类的证实、拓展和修正。由此，采纳经验的或指示的方法，将为哲学的反思带来某种可能达成一致的合作倾向，自然科学中的研究正以这种一致为标志。科学研究者并不通过其定义的合理性和其辩证法的说服力来说服他人，而是把作为某些事物被发现的结果的特定的研究、行动和发现的经验过程摆在人们面前。他呼吁其他人，通过一条类似的进程，弄明白他们所发现的东西与他的报告是如何一致的。

辩证法因此本身也获得了一个指定的地位和职责。当它出现在哲学思想中时，它对最初的选择行动的依赖，常常不能被人们坦率地承认。人们声称，其前提是无可怀疑的和自我保证的。诚实的经验方法会说明选择行动是在何时何地以及为什么会发生的，这样就使其他人能够重复它并检验它的价值。作为一个经验事件，选择将揭示理智简化的根据和基础；这样，它们就不再是自我封闭的东西，好像是意见和论证的事情似的，除了完全接受或是完全拒绝不存在其他选项。被伪装或被否认的选择，是那些不同哲学信念之间令人震惊的差别之根源；这些差别让初学者感到惊奇，是专家们的玩物。被坦率承认的选择，是一个其优点需要被尝试、其结果需要被检验的试验。在所有那些所谓直接知识或不证自明的信念的标题下，无论是逻辑的、美学的，还是认识论的，都有某种出于某个目的而挑选出来的东西，因而这种东西不是简单的，不是不证自明的和本身值得赞赏的。陈述这个目的，以使它可能被重复试验，它的价值和为它作出的选择的相关性也可能得到检测。思维的、科学的和哲学的主旨不是要消除选择，而是要使它少些武断、更有意义。当它的性质和结果经过了前述情形的考验之后，供给他人反思时，这种选择就不再是武断的了；当人们发现选择的理由是有分量的，其结果又是重要的时候，它就有意义了。这一声明不是要称赞那种信仰的意志。这也不是声明，我们应该选择，或者某些选择是自我证明自身的。它是声明，反思和理智活动出现在哪里，哪里就有一种由于选择而产生的区别。证明一种选择是合理的，完全是另外一件事；它是外在的。这种证明取决于观察、记忆和深谋远虑地参与选择的程度，取决于选择的后果。当选择被坦率承认时，其他人能够重复这个经验的过程。它是一个需要被尝试的实验，不是一个自动的安全装备。

在这里所提及的这种特殊的活动，不能作为一种主义来为经验的方法的性质提供说明。真理还是谬误，取决于当其他人小心谨慎地从事观察、反思实验时，他们所发现的东西。反驳一个经验结果，不是通过否认某人发现事情是这样的等等来进行的，而是通过指出发现相反情况的经验过程来进行的。让另一个人看到错误，并引导他获得真理，就是帮助他发现和看到他至今为止未能发现和认识到的某种东西。反思和辩证法的所有智慧和敏锐，都在对方向（它理智性地指出所要遵循的道路）的阐述和传达中才能找到。每一个哲学体系都提出了这类实验的种种后果。作为实验，它们为我们观察事件和可经验对象的性质提供了有价值的东西。对于传统哲学，有人提出了严厉的批评；其他人则毫不怀疑地遵循。但是，这种批评不是直接针对实验的；其目的是针对选择出来的实验性的哲学传统对实验的否认。这种否认把哲学从它们实际的背景和功能中孤立出来,因此,把潜在的启发变成了武断的断定。

一切哲学都要运用经验的内容,即使是最先验的哲学,它们没有什么别的东西可以运用。但是,由于忽略了它们所考察的主题所需要的经验条件,以及未能为经验的指向和研究提供指导,它们又变成非经验的了。因此,我们就可以说,经验方法的最终问题就是:信念和行为的指导和标准是否处于可以分享的生活情境中。对自诩是非经验哲学的最终职责是:它们在诋毁经验事件和经验对象时,否认了日常生活本身能提供调整方法的能力,以及在其自身之内提供充足的目标、理想和标准的能力。这样,他们实际上声称,他们有接近真理的私人通道,剥夺了日常经验事物的启发性和指导意义,而这些东西是哲学从中派生出来的东西。先验主义者与他的主要敌人——感觉主义者,一起图谋把经验的内容狭义化,贬低它对一种更宽广的和指导性的反思性选择的效力。尊重经验,就是尊重思想和知识中的各种可能性,尊重不得不注意到的经验中的快乐与悲伤的种种可能性。从理智上真诚地对待经验,是生命确立方向的前提条件,也是人与人之间相互宽容和慷慨合作的前提条件。对经验事物的尊重,单这一点就能带来对他人的尊重,而这是经验的中心,它使经验脱离了庇护、支配和强加的意志。

校后记

POSTSCRIPT

一、关于校订底本与校订原则的说明

本次校订《经验与自然》，底本是华东师范大学出版社于2015年出版的中文版《杜威全集·晚期著作》第一卷，译自博伊兹顿（Jo Ann Boydston）编辑的英文版《杜威晚期著作·第1卷》(John Dewey, The Later Works, Vol. 1, Carbondale and Edwardsville: Southern Illinois University Press, 1981)。为了凝练内容和主题，在本次校订中，我们只保留了《经验与自然》的序言、正文以及附录1"未完成的导言"和附录2第一版第一章"经验与哲学方法"，删除了底本中胡克所作的"导言"以及附录3和原英文编者所添加的各种编辑说明。

需要说明的是，2015年出版的《杜威全集·晚期著作》第一卷中文版中的主体部分，即《经验与自然》的序言和正文，原本就是校本，以傅统先先生翻译、商务印书馆1960年出版的《经验与自然》中文译本为底本。这个译本是《经验与自然》最早的也是当时唯一的中文译本，此后，商务印书馆、江苏教育出版社、中国人民大学出版社的译本都是以此版本为基础的。这个最早的中文译本中包含了杜威写于1929年的序言，第一章内容也是杜威于1929年改写过的，显然，它所依据的英文原本应该是1929年诺顿公司的伦敦版《经验与自然》。杜威于1949年为本书的再版而写作的"未完成的导言"，以及本书第一版的第一章原文，并未体现在傅统先的译本中。为了更好地把握杜威在本书中的思想，这两个部分的内容显然是不可缺少的，因而，我们将它们作为附录1、附录2呈现在本书中。

傅统先的《经验与自然》中文译本是一本比较经典的译本，当然，这个译本中也有不少需要完善和校正的地方。2015年出版的《杜威全集·晚期著作》第一卷，也是由我作为校者。那时我初涉译校之事，虽然觉得《经验与自然》有些艰涩难懂，但还是凭着一股冲劲，抱着学习的心态，努力地在中文译本中"找茬"，用了两年多的时间完成了校订工作。这一次再校，虽然比上次要轻松一些，但仍不敢松懈。严复曾讲道，译事三难：信、达、雅。我希望自己力争做到，每一次校阅，在译文的"信"上要更有保证，在"达"上要更进一层，至于"雅"，虽现在力所难及，但仍视之为值得期盼之事。我相信，随着杜威研究的深入开展，随着中国学界学术自信力的不断增长，我们在翻译的追求和层次上也会不断向前进展。校订中不确切的地方也渴盼得到方家们的指正。

二、关于《经验与自然》成书和演变的过程

杜威一生著作等身，尤其是在他的晚年，更是涌现了许多有代表性的著作。《经验与自然》，就是其中之一，在本书初版时，他已经六十六岁了。

1922年，"美国哲学协会分支委员会"（committees appointed from the Divisions of the American Philosophical Association）邀请杜威在保罗·卡鲁斯基金会上作第一期系列演讲。杜威共作了三次演讲。以这三次演讲的内容为基础，杜威花了两年时间，将它们扩展到十章内容（也就是本书中的后九章以及后来被改写

的现在作为附录 2 出现的第一章),于 1925 年在公开法庭(Open Court)出版社以《经验与自然》为名出版。

该书发行之后,引起人们的热烈关注,在 1925 年就有 25 篇相关评论发表,1926、1927、1928 年也发表了 10 篇相关评论。[1]这些评论激起了杜威进一步的思考,其中出现的误解也促使杜威想要对本书的相关内容进行修正。但就在《经验与自然》的修订版快要完成之时,公开法庭公司与 W. W. 诺顿公司展开了谈判,诺顿公司获得了新一版的版权,于 1929 年在伦敦发行《经验与自然》第二版[2]。

在这第二版中,为了更好地表达自己书中的思想,杜威增加了序言,并重写了第一章。博伊兹顿编辑的《杜威晚期著作・第 1 卷》就是以这第二版的内容为基础的。1948 年,灯塔出版社(Beacon Press)建议杜威再出一个有导言的新版本,杜威答应了。从 1949 年到 1951 年,杜威断断续续地写作导言,但最终却没有成功,最后,他撇开未完成的导言,新写了 6 页稿子。这个未完成的导言以及后来新写的 6 页稿子,被《杜威晚期著作・第 1 卷》作为附录 1 收录进来。

---

[1] 《杜威全集・晚期著作》第一卷,华东师范大学出版社,2015 年,第 334 页。
[2] 虽然准确说来,这可能应该算是第三版。因为在本书初版发行的同一年,存在着另外一个说不清来源的版权登记。见《杜威全集・晚期著作》第一卷,华东师范大学出版社,2015 年,第 338 页。

三、关于《经验与自然》基本内容的理解

《经验与自然》被不少评论者看作杜威的主要代表作,某些评论者甚至将它视为杜威表达形而上学思想的主要著作。① 从形而上学的角度来解读杜威,这对当前中国学界来说还是新鲜之事。虽然《经验与自然》在 20 世纪 60 年代就已经出版,但国内学界对此书的关注度远远比不上对杜威另一本著作即《哲学的改造》一书的关注度,近些年来,国内学界越来越重视杜威的经验概念,但在这些研究中具有明确的形而上学意识的还不多。

目前国内学者对杜威的理解,主流趋势是将杜威的实用主义与形而上学对立起来,理查德·罗蒂的杜威解读之流行更是加强了这个趋势。这既不利于我们深入把握实用主义,也不利于我们深入把握西方形而上学的精神内核。而在当前的中国学界中,对西方形而上学的理解把握、综合判摄已成为一个重要任务。借助于本书的译校和出版,我们希望能引导学界重新思考实用主义和西方传统形而上学的关系,并通过这种思考进一步把握西方形而上学的本质。

实际上,在这本《经验与自然》中,杜威表达了自己对西方传统形而上学以及近代形而上学一系列论题的思考。这些思考有

---

① 《杜威全集·晚期著作》第一卷,华东师范大学出版社,2015 年,导言第 1 页。

一个贯穿的线索,这就是书名中的关键概念:经验与自然。它以"经验方法"作为起点,以对"哲学之价值"的回答作为最终落脚之处。全书除去序言,一共有十章内容。第一章属于总论,是杜威思考形而上学问题一个总的态度和方法,也可以说,这部分内容其精神贯穿于全书。从第二章到第九章,可以看作是分论,第二、三章讨论的是世界存在的一般本性问题,第四章讨论知识问题,第五章讨论语言和意义问题,第六、七、八章则分别讨论心灵、灵魂和意识问题,第九章讨论技艺问题。虽然这八章内容,在逻辑上似乎并没有呈现出明显的体系性,但显然可以看出,它们是对传统形而上学和近代形而上学一系列重大问题的回应,甚至还包括了形而上学研究的崭新话题:技艺问题。书中最后一章研究价值问题,实际上是杜威对自己的哲学和形而上学思想一个总的概括。

形而上学并不是杜威所喜欢的词,[①]而且在本书中,杜威也没有刻意去建构一种形而上学,那么,我们在什么意义上把杜威在本书中所阐述的思想称作为形而上学呢?从"形而上学"一词的本意来说,它指的是"物理学之后",包含了"超出物理学"的意思,在今天的学术语境之中,我们可以把这个意思解释成"超出于专门科学之外"。有了专门科学之后,我们还需要哲学或者说形而上学吗?杜威对此的回答是肯定的。尽管杜威是科学研究的积极提倡者,在他的思想中,甚至有某种科学乐观主义的味道,但这并不意味着,对他来说,科学回答了一切问题,不再需要哲学或形而上学了。在《经验与自然》中,杜威试图阐述的东西正是超出于

---

① 《杜威全集·晚期著作》第一卷,华东师范大学出版社,2015年,导言第2页。

一般科学的东西。正是在这个意义上,我们说,杜威的《经验与自然》表达了一种形而上学思想。

但是,这种形而上学与传统的形而上学之间有什么不同呢?在杜威不同的著作中,我们可以看到,他激烈反对传统形而上学尤其是近代以来的形而上学。这种反对集中到一点上,就是反对一切形式的二元论:在传统形而上学那里是现象与理念、质料和形式的二元论,而在近代哲学中则是心身、主客、本体现象、经验理性、理论实践、事实价值的二元论。通过反对二元论,杜威所要倡导的是,回到二元对立从其中产生的那个起点上,即本书题目中那个关键概念:经验。这个词明显是从经验主义传统中借用过来的,但杜威却要赋予它新的含义。① 概而言之,杜威为这个概念所赋予的新含义就是,它要承担双方面的内涵,即包纳传统二元论中的"二元"。这正是杜威经验概念的费解之处,也正是引起众多研究者的兴趣的地方。

考虑到这一概念对理解杜威实用主义形而上学的重要性,这里需要指出的是:

第一,这个概念是一个动态的概念。它与实践、行动、生存等概念是有内在呼应关系的,在很多情况下,杜威对它们甚至并不作严格的区分。"动态"意味着什么?这里可以与海德格尔的相关概念作个比较。海德格尔用"生存"概括此在的特点,把生存描述为"在世之中",这成为他整个此在形而上学的基础。同样,在

---

① 我们可以看到,由于这个词所负载的强烈的主观性意义,迫使杜威不得不试图更换这个词,用"文化"来代替它,尽管这一设想最终没有得以实行。见《杜威全集·晚期著作》第一卷,华东师范大学出版社,2015年,第302页。

杜威眼里，经验也不是一个具体的什么东西，它就是这个存在的过程，而且必然是脱离不开环境和世界的过程。当然，当海德格尔强调此在的"向来我属性"，由此区分此在的"本真存在"和"非本真存在"时，杜威对此倒是并没有怎么强调，如果说，这里的经验总是人的经验，杜威对此恐怕也不会反对，但他要强调的是，是人的经验，并不表明它是主观的，所以，"向来我属性"，对杜威来说，可能就有点意味太重了。正因为是一个动态的概念，我们就不可能用下定义的办法去研究"经验"，用杜威的话来说，就是用"直指法"。

第二，我们还要注意，杜威所谓的"经验"概念包含了非常广泛的内容，可以说，举凡人与自然打交道的方方面面都在其中，甚至思辨的哲学、宗教等活动也是在这个经验之中。这也就是为什么通过对这一概念的阐述，杜威能将传统形而上学的种种议题收纳其中，甚至包括技艺问题。这一点可以与马克思《德意志意识形态》中的"生产"概念相媲美。马克思正是通过这个概念来解释整个人类生活的，它是决定性的。杜威也有这样的取向。这个取向包含了一种整体性视角。杜威具有强烈的整体性情怀。他反对二元论，实际上就是反对一种分离性，而强调整体性、连续性。但值得注意的是，杜威并不因此而赞成一元论或决定论，倒更倾向于詹姆斯的多元论。他如何做到既是一个整体论者，又同时是多元论者呢？这恐怕得助于他的经验概念所具有的动态性、广泛性。当然，他眼中的所谓多元，不是指向分离分立的存在，而是指向多元一体的状态。

第三，我们还要特别注意经验和自然之间的关系。这本书有两个关键词，一个是经验，我们对此作了重点阐述，另一个是自然概念，它虽然好像是在幕后，但又时时就在幕前。这一点，我们翻开本书的目录，就能一目了然。杜威在本书第一章一开始，就开宗明义，提出经验的自然主义，而在最后一章，在表达一个积极的哲学概念之前，恰好也正是以对自然的描述作为终结的，这其中包含了令人深思的意味。经验与自然当然是分离不开的，但是，经验等同于自然吗？如果等同，又何必并立？我们可以看到，杜威的自然主义与近代科学中流行的自然主义有一个重大差异：它包含着对价值的认同，反对事实和价值的分离。杜威所积极构建的哲学概念，是一种价值批评，是对善的追求。这一善的概念与他的自然概念有密切的联系。自然，可以从最低的层面说，也可以从最高的层面说。正像经验是一个动态的概念一样，自然也是一个未完成之物，这个未完成之物恰好正是人的经验时刻朝向的东西。这是杜威形而上学最高的层面，也可以说，是古今形而上学思考所给予我们的最高的东西。

马荣

2019年1月

图书在版编目(CIP)数据

经验与自然/(美)约翰·杜威著;傅统先译. —上海:华东师范大学出版社,2019
(杜威著作精选)
ISBN 978-7-5675-9040-3

Ⅰ.①经… Ⅱ.①约…②傅… Ⅲ.①实用主义-美国 Ⅳ.①B712.51

中国版本图书馆 CIP 数据核字(2019)第 110367 号

杜威著作精选
经验与自然

著　　者	(美)约翰·杜威
译　　者	傅统先
校　　者	马　荣
责任编辑	朱华华
责任校对	张佳妮
装帧设计	卢晓红

出版发行	华东师范大学出版社
社　　址	上海市中山北路 3663 号　邮编 200062
网　　址	www.ecnupress.com.cn
电　　话	021-60821666　行政传真 021-62572105
客服电话	021-62865537　门市(邮购)电话 021-62869887
地　　址	上海市中山北路 3663 号华东师范大学校内先锋路口
网　　店	http://hdsdcbs.tmall.com
印 刷 者	上海盛隆印务有限公司
开　　本	890×1240　32 开
印　　张	15.5
字　　数	334 千字
版　　次	2019 年 8 月第 1 版
印　　次	2019 年 8 月第 1 次
书　　号	ISBN 978-7-5675-9040-3
定　　价	60.00 元

出版人　王　焰

(如发现本版图书有印订质量问题,请寄回本社客服中心调换或电话 021-62865537 联系)